日本蜡烛图技术详解

——酒田 78 条战法解析（珍藏版）

朱成万 著

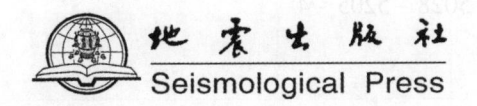

地震出版社
Seismological Press

图书在版编目（CIP）数据

日本蜡烛图技术详解：酒田78条战法解析：珍藏版/
朱成万著.—2版.—北京：地震出版社，2021.4
ISBN 978-7-5028-5205-4

Ⅰ.①日… Ⅱ.①朱… Ⅲ.①股票交易-基本知识
Ⅳ.①F830.91

中国版本图书馆CIP数据核字（2020）第171090号

地震版　XM4630/（6038）

日本蜡烛图技术详解——酒田78条战法解析（珍藏版）
朱成万　著
责任编辑：王亚明
责任校对：凌　樱

出版发行：地震出版社

北京市海淀区民族大学南路9号　　　　邮编：100081
发行部：68423031　　　　　　　　　　传真：68467991
总编室：68462709　68423029
证券图书事业部：68426052　68470332　传真：68455221
http://www.seismologicalpress.com
E-mail: zqbj68426052@163.com

经销：全国各地新华书店
印刷：北京广达印刷有限公司

版（印）次：2021年4月第二版　2021年4月第二次印刷
开本：787×1092　1/16
字数：422千字
印张：23.5
书号：ISBN 978-7-5028-5205-4
定价：80.00元
版权所有　翻印必究
（图书出现印装问题，本社负责调换）

第 2 版前言

本书自 2015 年出版以来，深受读者好评，成为股票买卖必备书籍之一。应广大读者的要求，本着经典与实用的原则，今再次出版。

酒田战法经典——百年传承，K 线瑰宝，久而弥香。

酒田战法实用——买、卖、暂观，指令明确，毫不含糊。

本书注解的《酒田战法》乃一本旷世奇书，是证券、期货市场中经典中的经典，堪称证券、期货市场中的《孙子兵法》！

K 线是市场语言，市场包容了一切：恐惧、贪婪、诡诈、天真、亢奋、消极、幕后操作、阴谋与欺骗……人性未变，酒田战法经过两个半世纪的洗礼，至今仍战无不胜。

本书中的每条战法，作者加配了图形，并给出了明确的买、卖、暂观等信号。读者来信普遍反映，这些指示不但准确率高，而且操作性非常强。

在本次再版过程中，作者对原书做了较大的修改，加入了近年来的一些心得体会，同时修订了上一版中的一些错误，以期更深入地理解酒田战法的精髓，适应瞬息万变的市场，与时俱进，走上赢家之路。

朱成万
2020 年 8 月于杭州

前　言

酒田战法的原版书《本间宗久翁密录》中并无任何图形，仅有100多条类似于条文的记载，经过一二百年来日本人的再三研究，终于在日本昭和二十四年出现了第一本图形版证券买卖的秘宝——《酒田战法》。此为为了纪念本间宗久，以其出生地酒田命名的书名。它包含了78条战法，并对每一种图形都给出了"买""卖""暂观""转换"等明确的买卖信号，操作性非常强。

《本间宗久翁密录》的作者本间宗久约1724年生于日本酒田市，投身米市行情的研究前后达40年之久。他对商品的行情波动、季节性、大户心理等可谓了如指掌，积累了令人无法想象的财富，受到万人敬仰，被当时的幕府天皇聘为财政首席。当时日本民间流传着一句话："一辈子或许能争上领主的宝座，但休想像本间宗久一样有钱。"享有荣华富贵的本间宗久，最后遁入佛门，享年79岁。

《酒田战法》，一本旷世奇书！

其堪称证券、期货市场中的《孙子兵法》！经过两个半世纪的洗礼，至今仍战无不胜。

经典著作可以让我们追溯过往、走向未来，是人类的无价之宝。美国将《孙子兵法》作为西点军校的必修课，日本将《三国演义》用于企业管理。在全球一体化的今天，研究经典著作显得尤为重要。

但是，原书毕竟产生于几百年之前，随着时代的变迁，不可能完全适用于当今的A股市场。再者，原书行文过于简略，不好理解。因此，我们需要用发展的眼光继承前人的智慧，将笼统的战法条文精细化，与时代接轨。

本书中，笔者将每一个战法当作一个数学定理来看待。学习数学定理的一般过程是，首先知道定理是什么，之后对定理进行证明，接着对定理进行变式研究，再通过例题、习题来理解定理的本质，最后进行概括提炼。本书按照这一过程，从以下五个方面对每一种战法进行深入剖析。

【形态特征】揭示每一战法的K线特征，即知道每一种战法是什么，这是应用酒田战法的基础。

【技术含义】揭示每一种战法形成的机理，试图揭示主力的运作意图与轨迹。

【变式研究】分析实际走势中的变化，或者将类似的战法进行比较，达到举一反三、触类旁通的效果。这有助于投资者抓住战法的核心，而不受细枝末节的干扰。

【实战验证】将每一战法运用于A股的实际走势，分析各种战法适用的条件和可能的发展。实践是检验真理的唯一标准。从实践中来，到实践中去，运用酒田战法赚钱，才是硬道理。

【小结】对每一战法进行概括、提升。

世界上没有两片相同的树叶，同样，股票市场中也没有两只走势完全相同的股票。只要能领会酒田战法的精髓并加以消化，投资者就能适应瞬息万变的市场，与时俱进，走上赢家之路。

朱成万

2014年12月于杭州

目　　录

战法 1：大阳线——买入 …………………………………………（ 1 ）

战法 2：大阴线——卖出 …………………………………………（ 7 ）

战法 3：覆盖线——卖出 …………………………………………（ 13 ）

战法 4：十字星——暂观 …………………………………………（ 18 ）

战法 5：极短线——暂观 …………………………………………（ 26 ）

战法 6：连续线——买、卖 ………………………………………（ 31 ）

战法 7：切入线——买、卖 ………………………………………（ 35 ）

战法 8：探底线——买入 …………………………………………（ 42 ）

战法 9：三连线——卖、买 ………………………………………（ 47 ）

战法 10：怀抱线——买、卖 ……………………………………（ 52 ）

战法 11：跳空——买、卖 ………………………………………（ 59 ）

战法 12：孕出线——买、卖 ……………………………………（ 68 ）

战法 13：追切线——卖出 ………………………………………（ 74 ）

战法 14：入首线——卖出 ………………………………………（ 78 ）

战法 15：黑三兵——卖出 ………………………………………（ 83 ）

战法 16：二星——转换 …………………………………………（ 89 ）

战法 17：三星——卖出 …………………………………………（ 94 ）

战法 18：反打前三——卖出 ……………………………………（ 99 ）

战法 19：反拖线——买、卖 ……………………………………（103）

战法 20：吊首线——卖出 ………………………………………（110）

战法 21：下阻线——买入 ………………………………………（114）

战法 22：交错线——暂观 ··· （123）

战法 23：外孕十字星——卖、买、暂观 ······························ （127）

战法 24：跳空连双阴——卖出 ·· （135）

战法 25：浪高线——卖、分歧 ·· （139）

战法 26：阳包阳——卖出 ··· （145）

战法 27：阴包阴——买入 ··· （150）

战法 28：破档上跳空——买入 ·· （154）

战法 29：破档下跳空——卖出 ·· （159）

战法 30：破前覆盖线——买入 ·· （164）

战法 31：低档五连阳——买入 ·· （168）

战法 32：高档五连阴——卖出 ·· （173）

战法 33：低档转化线——暂观 ·· （177）

战法 34：插入线——买入 ··· （181）

战法 35：低档小跳空——买入 ·· （188）

战法 36：回落覆盖线——卖出 ·· （192）

战法 37：大阳前阻线——卖出 ·· （196）

战法 38：破档三阳收十字——卖出 ··································· （200）

战法 39：牛皮破档并列红——买、卖 ································ （205）

战法 40：下落跳双阴——卖出 ·· （212）

战法 41：红三兵——买入 ··· （216）

战法 42：三兵前阻型——卖出 ·· （221）

战法 43：川字三黑——暂观 ··· （225）

战法 44：倒川字三黑——暂观 ·· （230）

战法 45：夜星——卖出 ·· （234）

战法 46：上空黑二兵——卖出 ·· （240）

战法 47：晨星——买入 ·· （244）

战法 48：十字夜明星——卖出 ……………………………………（249）

战法 49：长黑回补型——卖出 ……………………………………（253）

战法 50：落底无力型——买入 ……………………………………（256）

战法 51：下落二星——卖出 ………………………………………（259）

战法 52：下落三星——买、卖 ……………………………………（264）

战法 53：逆袭线——买入 …………………………………………（269）

战法 54：回落再涨型——买入 ……………………………………（274）

战法 55：上升前阻型——卖出 ……………………………………（279）

战法 56：上升最后怀抱线——卖出 ………………………………（284）

战法 57：下降最后怀抱线——买入 ………………………………（288）

战法 58：上舍子线——卖出 ………………………………………（293）

战法 59：下舍子线——买入 ………………………………………（299）

战法 60：上升三法——买入 ………………………………………（304）

战法 61：下降三法——卖出 ………………………………………（309）

战法 62：U 字形——买入 …………………………………………（314）

战法 63：擎天一柱底——买入 ……………………………………（318）

战法 64：下落变化底——买入 ……………………………………（322）

战法 65：锅底——买入 ……………………………………………（326）

战法 66：半圆天井——卖出 ………………………………………（330）

战法 67：三山——卖出 ……………………………………………（334）

战法 68：三川——买入 ……………………………………………（345）

战法 69：三兵——买、卖 …………………………………………（356）

战法 70：三空——买、卖 …………………………………………（360）

战法 71～78：简要介绍 ……………………………………………（365）

战法1：大阳线——买入

> 大幅低开高收的阳线，此为涨势信号的一种。依阳线的长短，另有中阳线和小阳线等，我们依阳线的长短幅度可预测出当日的涨势强度。

大阳线

形态特征

大阳线，是指大幅低开高走而形成的棒体。根据开盘到收盘的涨幅，阳线可以严格分为大阳线、中阳线和小阳线。

大阳线：涨幅为7%及以上；

中阳线：涨幅为3%~7%；

小阳线：涨幅为1%~3%。

对大盘或大盘股而言，涨幅超过4%通常就可以算作大阳线。周K线上涨幅度超过10%可称为周大阳线，月K线上涨幅度超过20%的可称为月大阳线。

大阳线的形态特征如下。

（1）在任何位置、任何波段都可能出现。

（2）几乎以最低价开盘，以最高价收盘，通常无上下影线，如果有也很短。

（3）在涨跌停板制度下，最大的日阳线实体可达当日开盘价的20%，即以跌停板开盘，以涨停板收盘。

技术含义

大阳线和大阴线是整个K线的源泉，酒田战法将大阳线放在起首篇，可见其地位之重要。据统计，投资者有40%左右的输赢都与大阳线有关，因此，有人说，弄懂了大阳线和大阴线，一只脚就跨进股市赢家的大门了。

股市的每一根K线都代表着一场多空搏杀的战争。小阴线、小阳线自然是小规模的战争，胜负的结果对整个战役并没有决定性意义。大阳线或大阴线代表着一场大规模的战争，胜负的结果对整个战役具有决定性意义，胜出的一方往往能主导后市的发展趋势。大阳线代表着在一场重大战役中多方全线胜出，往往是大行情启动的标志。

阳线代表多方力量占据主动，其力度大小，与其实体长短成正比。也就是说，阳线实体越长，则买方力量越强；反之，阳线实体越短，则买方力量越弱。

一般而言，大阳线具有四种功能：突破功能、试盘功能、出货功能和修正功能。

另外，月线图上大阳线发出信号的可信度级别高于周线图，周线图上大阳线发出信号的可信度级别高于日线图。

变式研究

根据大阳线所处的波段位置以及其发挥的功效，我们可以将大阳线分为四种：低位大阳线、中位大阳线、高位大阳线和反弹大阳线。

（1）低位大阳线——也称谷底大阳线，在股价有了较大跌幅后出现，常常伴随成交量的放大。它意味着盘中做空力量已经耗尽或暂时得到了充分的释放，行情极有可能迎来一轮可观的升势。此时，投资者如果发现股价重心开始明显向上，可全力买入。

（2）中位大阳线——在股价有了一定涨幅之后出现，股价继续上涨。这表示主力通过拉大阳线鼓舞士气，同时清洗出一些不坚定分子。中位大阳线实际上可起到"空中加油"的作用，一轮完整的牛市上涨过程，中途会出现许多大阳线。此时，投资者可继续看多、做多。

（3）高位大阳线——在股价有了较大涨幅之后出现，但是股价随后回落。它是主力为了出货而拉出的大阳线，实际上起到的是"拉高诱多出货"的作用。成交量放出天量是高位大阳线区别中位大阳线的典型特征。

（4）反弹大阳线——有两种情况：其一，股价连续下跌后突然出现1根大阳线，但之后股价稍做上涨即告回落，或者第二天就出现了回落，这种形式大阳线的寿命是非常短的；其二，反弹行情上升到一定高度时拉出大阳线，此大阳线多半用于掩护主力出货。因为反弹不能改变整个下跌趋势，故之后仍将回落。对此，投资者应采取止盈的策略。

实战验证

在A股市场，大盘的大阳线、大盘股的大阳线和小盘股的大阳线，具有不同的特点、不同的市场含义。

对大盘而言，不论是历史大牛市的底部，还是中等上升行情的阶段性底部，都会出现大阳线，此为一波行情发动的征兆。比如，2008年上证指数1664点大底是由10月28日的1根7%的大阳线支撑起来的，2009年9月阶段性底部2639点是由9月3日的1根5%的大阳线支撑确认的。

在上升途中，只要出现大阳线，说明行情还有继续冲高的欲望与潜能。比如，2009年11月2日出现1根5%的大阳线，后面的涨幅便很可观。

在顶部很少出现大阳线，即使行情已经明显步入天井圈，但只要出现大阳线，至少还有1周多的上涨时间。对大盘而言，上升途中出现大阳线第2天就开始回落，这种情况很少发生。

对个股而言，在一波大行情底部不一定会出现大阳线；在上升途中，出现大阳线后第2天就开始回落，大阳线成为顶部特征，这种情况非常普遍。

例题1 大阳线撑起1664点底部

2008年A股经历了历史上最大的熊市，上证指数从6124点跌至1664点，于2008年10月末形成了著名的1664点大底。在此底部，上证指数出现了许多大阳线。

图示中，2008年8月20日出现了1根涨幅为7.63%的大阳线，成交量有所放大，但是第2天收出1根小阴线，它们组成了孕出线形态，随后行情继续回落。此大阳线是典型的反弹大阳线，也叫"一日游大阳线"，行情继续步入熊途。

10月28日跳空低开，最低探至1664点，随后反弹并收出1根实体约为7%的大阳线，成交量比之前略有放大，后市虽然有所回调，但是并没能跌破此大阳线的开盘价。K线理论认为，大阳线对行情有着很强的支撑作用，后市只要不破其开盘价，它的支撑作用就一定有效。因此，我们完全有理由认为，**2008年的1664点大底是由10月28日这根大阳线支撑起来的。**

11月10日上证指数再次跳空高开，如图中C处所示，收出1根涨幅为7.27%的大阳线，同时，成交量明显放大，这是突破大阳线，是脱离底部、多头胜利的宣言。

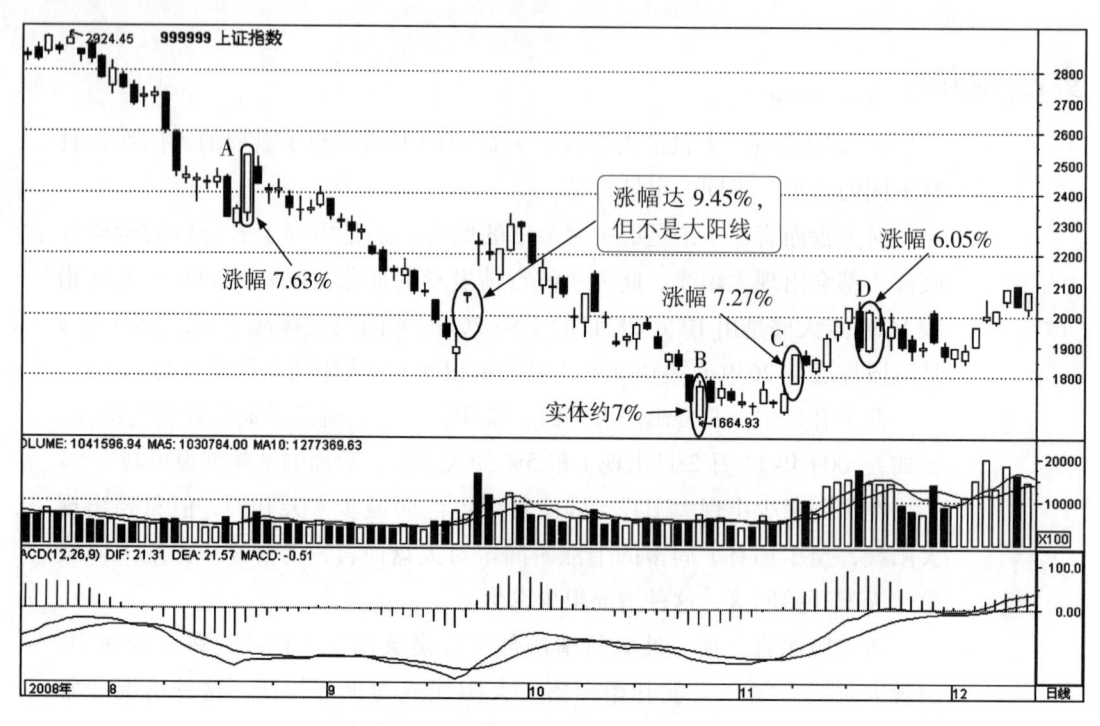

上证指数（999999）2008年8—12月走势图

图中 D 处的大阳线是对前一天大阴线跌幅过大的修正，但随后几天继续调整，此为"一日游大阳线"。

例题2　个股大阳线（建研集团002398）

建研集团7个月的走势图中，出现了7处大阳线（图中用 A～G 做了标记）。

大阳线 A 是高位大阳线。股价在上升约两周后出现向上跳空的射击之星，第2天收大阳线，当天成交量急剧放大，随后收小阴线，形成了孕出线，此为见顶信号，股价随后回落。同样，大阳线 E 也是高位大阳线，它们都是主力拉高出货的骗线。

在高位拉出1根或数根大阳线进行诱多出货，从统计资料来看，主力这一招很灵，上当受骗者众多。一般来说，盘中出现大阳线，尤其是涨停大阳线，很多人会以为有什么重大利好，会抢着跟进，即使当天因为股价涨停而没有买进，第2天、第3天也会千方百计地抢着跟进。主力就在中小机构和散户的跟风中，抛出了大量筹码，从而实现了胜利大逃亡。

大阳线 B 是反弹大阳线，是脱离底部盘整区域，向上选择方向的结果。它与之前的 K 线组合形成了塔形底，这往往是新一轮行情的开始。

大阳线 C 和 G 都是低位大阳线，第 2 天都是收小 K 线，虽然阴阳不同，但收盘价都高于大阳线的收盘价，后市回调也仅仅触及该阳线的 1/2 处。

大阳线 D 是中位大阳线，股价继续上涨。

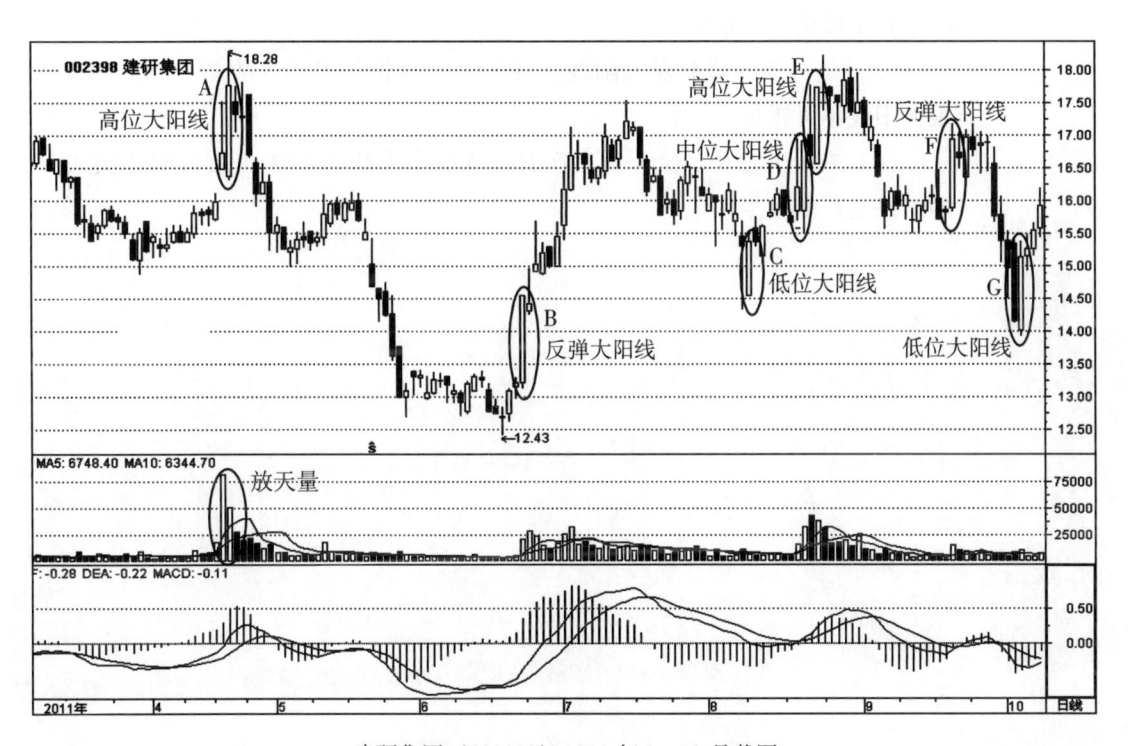

建研集团（002398）2011 年 3—10 月截图

大阳线 F 是反弹大阳线，股价在大阳线实体上半部盘整了 6 天，随后收出 1 根大阴线跌破该大阳线的收盘价，"反弹六日游"行情到此终结，后市出现暴跌。

小　结

总体来说，大阳线表示多方占据优势，是一种买入信号，但也要参考行情所处的位置。一般来说，在连续下跌时出现大阳线，反映多头不甘失败，发起反攻，股价可能见底回升；在刚刚形成涨势时出现大阳线，表示股价有加速上扬的可能；在股价连续加速上涨后出现大阳线，则是见顶信号，投资者要当心股价见顶回落。

统计心得

（1）高位大阳线在小盘股中经常出现，而在大盘或大盘股中很少发生。

（2）对大盘而言，即使在高位出现大阳线，通常也可以继续上涨一周以上；个股则不一定。

（3）每一年的第1根大阳线往往是一年行情的开始，故新一年的第1根大阳线不可错过。

（4）在上升途中，大阳线后次日上涨概率大约为70%，故大阳线买入的结果是盈多亏少。

战法2：大阴线——卖出

大幅高开低收、当日以"长黑"收市的阴线，此为跌势信号的一种。依阴线的长短，另有中阴线和小阴线等。我们依阴线的长短幅度可预测出当日的跌势强度。

形态特征

大阴线又称长阴线，是指大幅高开低走而形成的棒体。根据开盘到收盘的跌幅，阴线可以严格分为大阴线、中阴线和小阴线。

大阴线：跌幅为7%及以上；

中阴线：跌幅为3%~7%；

小阴线：跌幅为1%~3%。

对大盘或大盘股而言，跌幅超过4%通常就可以算是大阴线了。

大阴线的形态特征如下。

（1）无论股价处于什么波段，都有可能出现。

（2）几乎以最高价开盘，最低价收盘。上下影线可以有，但较短。

（3）在涨跌停板制度下，最大的日阴线实体可达当日开盘价的20%，即以涨停板开盘，跌停板收盘。

技术含义

大阴线正好和大阳线相反，大阴线表示多方在空方打击下节节败退，毫无招架之力。故大阴线的出现，是行情开始走弱的预兆。

阴线代表卖力的大小，与其实体长短成正比，即阴线实体越长，卖力越大；反之，卖力越小。所以大阴线比起中阴线、小阴线，其杀伤力是非常巨大的。

当股价有了一定涨幅之后出现了大阴线，表明市场杀跌量能大，后市将以下跌为主，这时应该以抛出股票为上策；如股价刚刚开始下跌时便出现大阴线，那么这根大阴线就起着助跌的作用，它是对下跌行情开始的一种确认，这时应继续看空、做空；在股价连续快速下跌后期出现大阴线，可能意味着这是空方的最后一击，股价不久将见底回升，这时就要做好进场的准备。

变式研究

橘子生在南方称为橘，又甘又甜；生在北方称作枳，又苦又涩。同样的种子，生在不同的环境，其结果大相径庭。同理，一模一样的大阴线，处在不同的波段、不同的位置上，对后市的指引作用也截然不同。根据大阴线的位置和作用，我们通常把大阴线分为以下六种。

（1）顶部大阴线——在上升趋势末期出现，是空头在高价位击败多头，主力不计成本出货的结果。如果这根大阴线与之前的K线构成某种看跌型K线组合，其顶部反转信号则可以进一步得到确认。

（2）突破大阴线——突破某种形态时出现的大阴线，往往伴随着跳空现象。通常它会带动均线系统，开始一段较大幅度的下跌。

（3）加速大阴线——发生在下降趋势运行途中，既是对下降趋势的推动，又是对下降趋势的验证。

（4）底部大阴线——在行情超跌时出现，也叫"最后大阴线"，它的实体长度至少为其之前阴线的3倍。同时，技术指标出现超卖，如乖离率过大等。它一般不宜单独作为判断底部的依据，需要得到后市K线的确认。

（5）横盘大阴线——在横向盘整期间出现的K线组合一般是大阳线和大阴线的交替组合。如果这种情形发生在相对高位或跌势中途，且阴线的数量和长度占上风，则股价下跌概率非常大。

（6）反叛大阴线：在上升趋势运行途中突然出现，不久之后股价向上突破该大阴线的开盘价，此为主力洗盘所为，也称洗盘的大阴线。

实战验证

例题1　形态识别（上证指数）

2010年4月19日上证指数跳空低开，收盘时形成放量巨阴。此向下跳

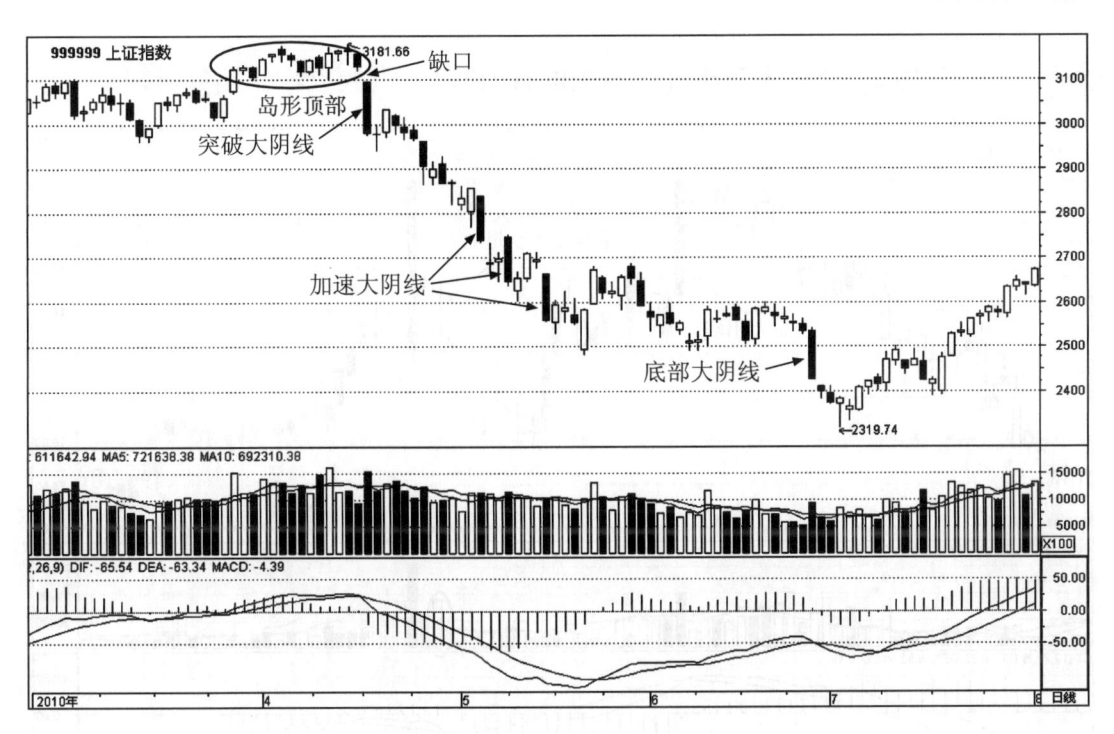

上证指数（999999）2010年3—7月截图

空缺口与 2010 年 3 月 29 日的向上跳空形成了一个岛形顶部，故这根大阴线是突破该形态的大阴线。岛形顶部本身是反转的信号，此时"大阴线+下跳空"可谓雪上加霜，行情已经崩溃，后市将步入熊市。正如我们看到的，短短 50 余天，上证指数从 3181 点跌到 2319 点，惨不忍睹。

随后，2010 年 5 月 6 日、11 日、17 日出现 3 根大阴线，这是下跌途中的加速大阴线。投资者不能因为市场严重超跌而抢反弹。熊市不言底，在下跌趋势中任何抢反弹的行为，都如火中取栗，其结果只有三个字——被套牢。我们说空仓是一种境界，对职业投资者来说，不出现亏损，保住战果，比任何东西都来得重要；对散户来说，一年四季都满仓，是亏损的主要原因之一。

随着大盘一路下挫，2010 年 6 月 29 日再次出现大阴线，这是底部大阴线。这时候，如果你还是抱着大阴线出局的思想，说不定就是割肉割在地板上，掉入主力的诱空陷阱中。需要说明的是，虽然底部大阴线是见底信号，但并不是买入信号。因为，底部大阴线只有在脱离底部后，才可确认它是底部大阴线，而在出现大阴线的当天，我们是无法确定它是加速大阴线还是底部大阴线的。

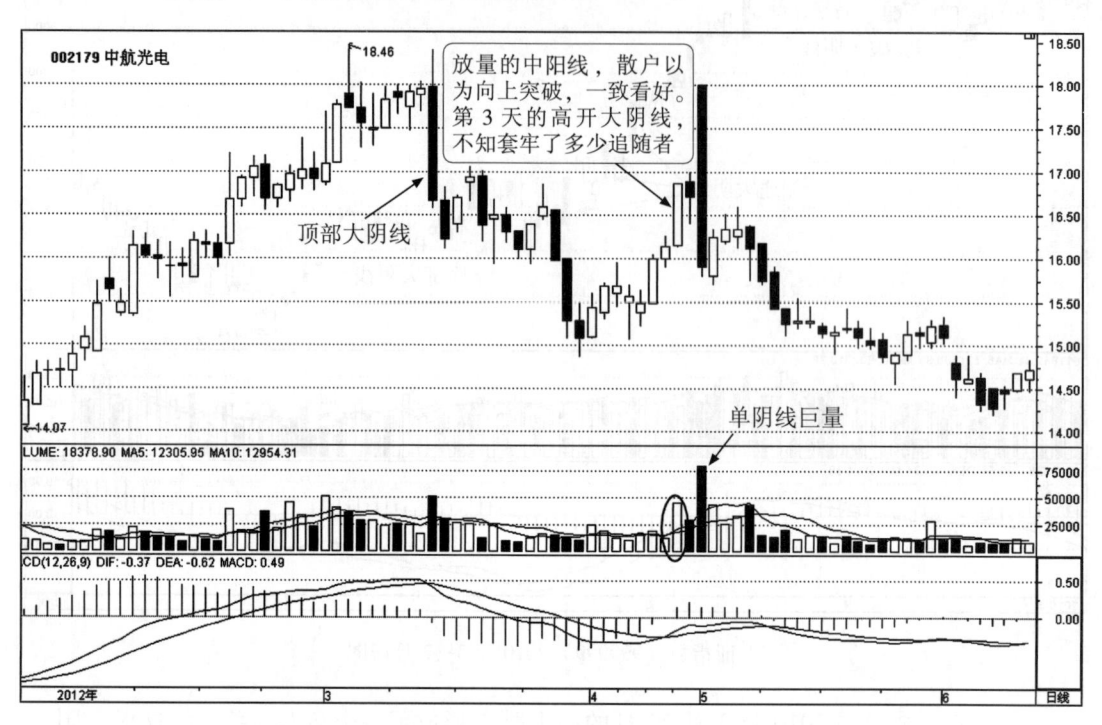

例题 2　个股大阴线（中航光电 002179）

中航光电（002179）2012年2—6月截图

　　中航光电2012年2月出现一波凌厉的上涨，3月14日出现1根大阴线，此为顶部大阴线，它完全包含了前面6根小K线，形成了穿头破脚形态。当天成交量是前一天的3倍，显然是主力出货所致。它出现后，短短十来天，股价从18元跌至15元以下，跌幅巨大。

　　经过一波凌厉下跌后，股价再次回升。2012年4月16日出现1根放量的中阳线，形势一片大好，散户以为这是多头有节奏的上攻，于是争相买入。第3天（2012年5月4日）再次跳空高开，正当投资者为自己踏空而懊恼，这时股价如期回调，于是大家蜂拥买进。殊不知，这是主力制造的大陷阱，到收盘时呈现1根从天而降的大阴线，成交量放出天量，当天买入的筹码全部套牢。一般来说，顶部大阴线出现后，今后较长时间内股价不会回升到此价位。当天买入者，要么割肉卖出，要么忍受长期被套的煎熬。实际上该股随后一路下挫，中途几乎没有反弹，到2012年8月30日跌至了12.35元，跌幅超过30%，惨不忍睹。

小 结

大阳线代表上涨，大阴线代表下跌。但是大阴线下跌的概率要比大阳线上涨的概率大。

大阴线预示着行情将要由升转跌，但物极必反，有时大阴线出现后股价出现了见底回升的情况。因此，大阴线出现后行情是上涨还是下跌，要具体情况具体分析了。一般来说，我们应遵循"四看"策略：一看出现位置，二看成交量，三看后市走势，四看均线系统。

一看出现位置

（1）大阴线出现在上涨行情末期，股价有了较大的涨幅之后，这时出现的大阴线多是主力出货所致，股价将要回落，因此要卖出股票。

（2）大阴线出现在下跌行情开始，此时股价下跌趋势形成，下降空间打开，后市必将续跌。有时连续出现多根大阴线，表明空头主力做空量能强大，这是熊市的特征。

（3）大阴线出现在较大跌幅之后，暗示着做空量能释放完毕，股价有可能止跌回升，因此投资者要做好进场的准备，一旦发现股价重心上移，便可进场做多。

二看成交量

毫无疑问，高位放量的大阴线是主力出逃所致，但是下跌往往不需要多大的成交量，有时股票洗盘的时候会爆出巨量（主力对倒）。因此，成交量要结合股价位置来看，单纯看成交量往往陷入主力设置的量的陷阱中。

三看后市走势

趋势明朗后再操作，是稳健和谨慎的做法。通常，突破大阴线是可以当时确定的，可以立马卖出；洗盘的大阴线、底部大阴线都需要之后走势的确认。

四看均线系统

均线系统也是重要的参考对象。比如，如果中期均线刚刚走好，此时的大阴线则可能是诱空的陷阱；如果出现"一阴穿多线"的形态，均线向下发散，则是行情崩溃的标志，要果断出局。

统计心得

（1）一见到大阴线就卖出股票，结果是赢多输少。

（2）一年之中只要逃过几次大跌，投资收益率就不会太差，至少可以跑赢大盘。

（3）跳空大阴线出现后，必有巨大的跌幅。因此，出现突破大阴线后要立即卖出，不可犹豫，更不可抢反弹。

战法3：覆盖线——卖出

续前1日的大阳线之后高开低收，收在前日阳线之中。阴线收盘价越低表示卖力越大，如接近前阳线的开盘价位置，则表示市场卖压甚大，应转买为卖。由于阴线几乎覆盖前阳线，故而得名，通常阴线伸入阳线部分如超过1/2，即表示可以转为抛售。

形态特征

覆盖线由一阳一阴2根K线组成，第1根为大阳线或中阳线，第2根为阴线，收盘价跌至前一天的阳线实体之内，有覆盖之势，所以叫覆盖线。其特征如下。

（1）第1根为大阳线或中阳线，第2根为阴线。

（2）阴线开盘价高于阳线的收盘价，标准形态应覆盖阳线的上影线。

（3）阴线收在阳线实体内，通常要求阴线实体深入阳线实体1/2。如果没有深入阳线实体的一半，则需第3天确认。

技术含义

股价连续多天上涨之后，某天以高价开出，随后买盘不想追高，使涨势变为跌势，收盘价跌至前一天的阳线实体之内，插入越深，表明卖压越大。

在高价区，股价高开后获利盘的抛压促使股价下跌，也可能是主力盘中快速打压，套牢当天高位跟风筹码。这都表明股价失去上涨动能，可能转而下跌。

应特别注意，如果阴线开盘高于某重要阻力位，表明此阻力位冲不过去，之后下跌的概率就非常大，故覆盖线是卖出信号。

变式研究

由 1 根阳线和 1 根阴线组成的图形，根据阴线与阳线所处位置，又分为友淡反攻、乌云盖顶、倾盆大雨和穿头破脚等，它们都是看跌信号。阴线收得越低，卖力越大。它们代表的看跌信号依次渐强，即 **"友淡反攻＜乌云盖顶＜倾盆大雨和穿头破脚"**。

友淡反攻	乌云盖顶（覆盖线）	倾盆大雨	穿头破脚（怀抱线）

后续发展

覆盖线不是反转信号，原则上，投资者不必对它的跌幅有太多的期待。事情的发展从来都是多变的，股市的发展尤其如此。因此，覆盖线出现后，并非一卖了之，要密切关注其后的发展。

交错线（战法22）——暂观

在盘整期出现覆盖线，可能形成交错线。交错线的前两根 K 线组合构成了覆盖线。交错线的后续发展无法预测，只能静观其变。

下降覆盖线——卖出

由 4 根 K 线组成，前两根为穿头破脚，后两根为覆盖线。此覆盖线是对前期穿头破脚见顶的确认，是卖出信号。

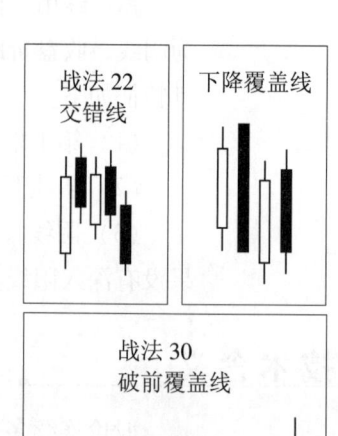

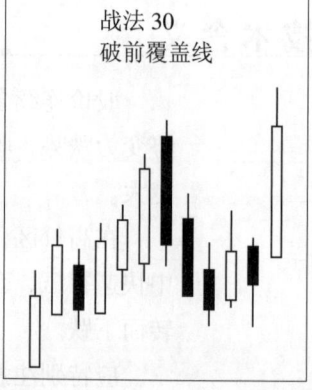

战法22 交错线

下降覆盖线

战法30 破前覆盖线

破前覆盖线（战法30）——买入

经过数天回落，出现大阳线突破（需要放量）覆盖线高点时，可以买入。

实战验证

例题1 下降趋势中的覆盖线

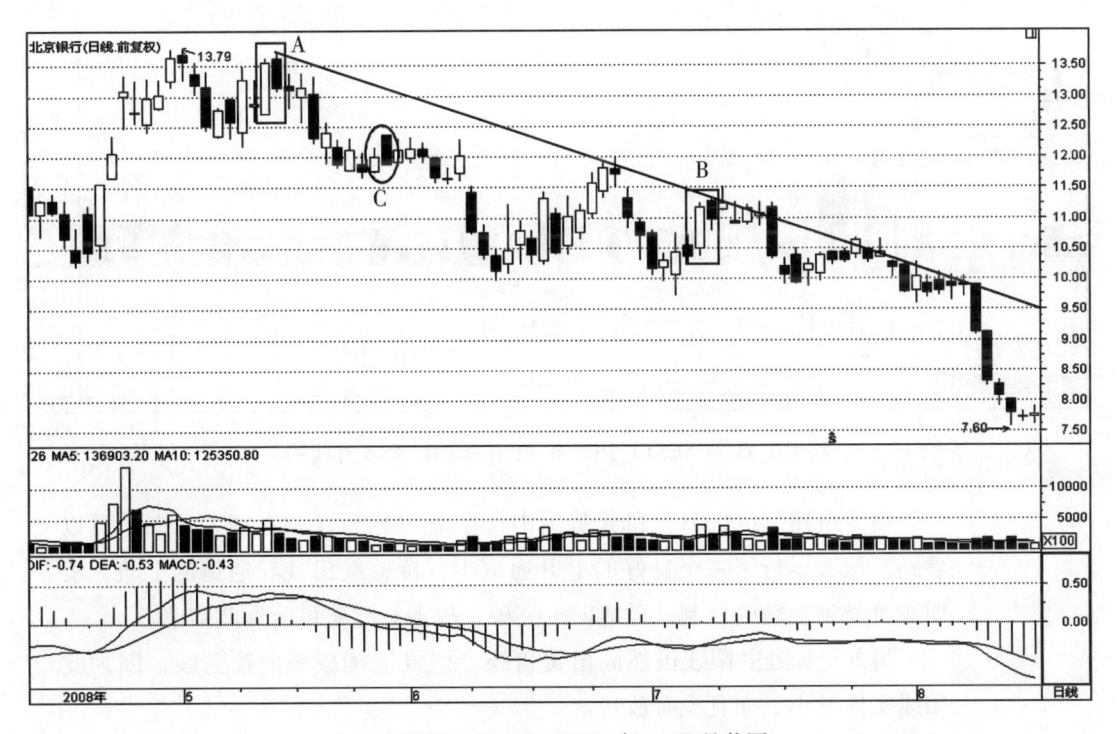

北京银行（601069）2008年4—8月截图

北京银行（601069）2008年5月15日早盘高开，试图冲击前期13.79元高点，结果失败了，形成了小双顶。在右顶A处出现了覆盖线，其阴线深入阳线实体1/2，第2天的阴十字星是股价见顶的进一步确认。两周后出现了一个跳空缺口，行情彻底变坏。下跌途中出现了反弹，到压力线B处再次出现覆盖线，反弹也随之夭折。可见，不论在下跌初期还是中期，出现覆盖线都是卖出信号。

另外，C处K线组合不是覆盖线。其一，阳线实体太小，覆盖线要求第1根为大阳线或者中阳线；其二，不在上升趋势中，覆盖线要求行情处于明确的上升趋势，有时趋势可以很小，但必须明确可辨。

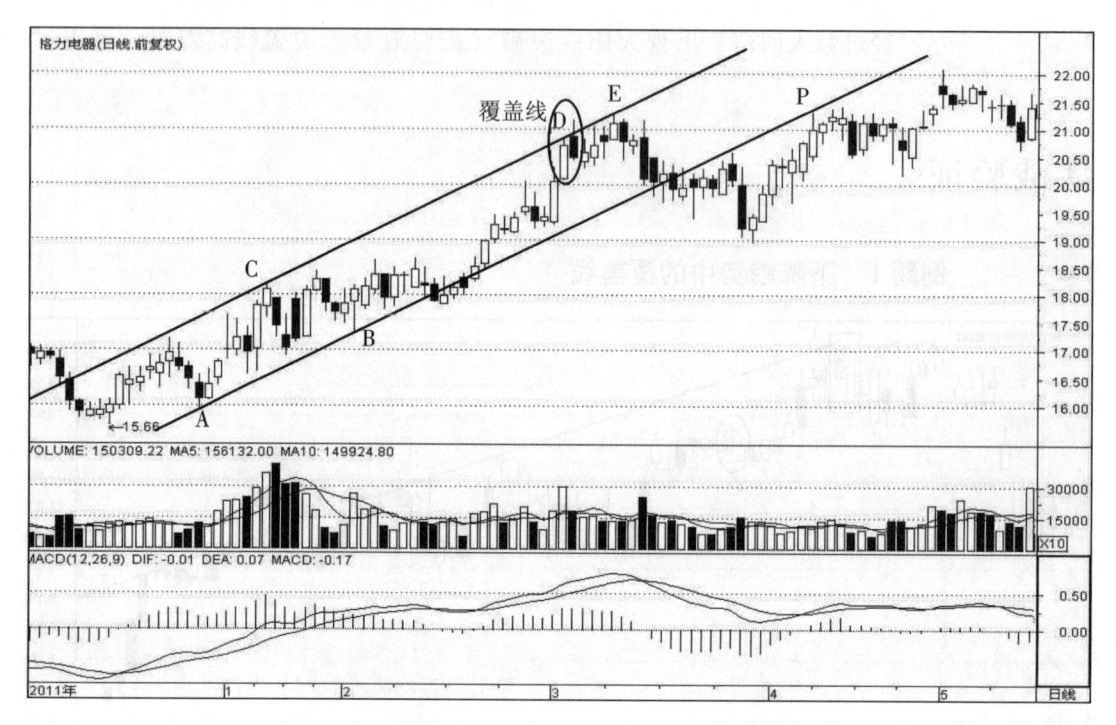

例题 2　上升趋势中心覆盖线

格力电器（000651）2011 年 12 月至 2012 年 5 月截图

格力电器（000651）的走势图中，在 D 处出现了覆盖线。从图中可以看到，该股运行于一个良好的上升通道中，覆盖线出现在通道的上轨，表明股价受到上轨的压制，没能向上突破，故上升趋势可能到此结束。

另外，E 处的阳线虽然高出覆盖线，但没能构成破前覆盖线，因为此阳线实体过小，而且没有放量。

由于覆盖线不是反转信号，股价虽然出现回调，但幅度并不大，到 19 元左右再次回升。运行到 P 处时，可以看到此时 A、B 处的支撑线成了压力线，这说明在 D 处覆盖线出现时卖出股票是正确的。

小　结

覆盖线不是反转信号，覆盖线后的回调不会很深。

覆盖线出现后，并非立马要求卖出，有时需要第 3 天进行确认。如果第 3 天收阳线，则可以继续看多，特别是出现破前覆盖线时，可以加码买入。如果第 3 天继续收阴线，或者十字星，则可以卖出。

如果上升了较长时间，出现覆盖线，通常表明行情到达天井。如果再出现其他见顶信号，则可确认此波行情已经结束，应该卖出筹码。

统计心得

（1）一般而言，大盘股容易出现覆盖线，小盘股容易出现穿头破脚。

（2）标准的覆盖线出现后，行情继续攀升的例子极少。

（3）在上升趋势中第一次出现覆盖线（通常为洗盘），可以在回调的3~5天后加仓买入。如果此时中期均线（20天均线或30天均线）拐头向上，则可以重仓杀入。

战法4：十字星——暂观

开盘价与收盘价在同一价位上，但上下方各冒出长短不同的影线，图中(1)~(4)的名称分别为：普通十字星、长十字星、倒T字星、T字星。普通十字星、T字星和倒T字星皆为"转换线"，长十字星则为"多空分歧线"。

十字星

(1)(2)(3)(4)

形态特征

十字星是一种基本K线形态，是一种只有上下影线，没有实体的K线。其特征如下。

(1) 开盘价等于收盘价（有时将实体很小的阴线或阳线，也看作十字星）。

(2) 带有上下影线：上影线越长，表示卖压越重；下影线越长，表示买盘越旺盛。

(3) 十字星可以分为普通十字星、长十字星（带有长上下影线）、T字星（光头或光脚）、倒T字星、一字星等几类。

技术含义

十字星表示多空双方的力量暂时达到平衡，股价有换手要求，但这种换手一般不改变股价原来的运行方向。酒田战法认为，十字星、T字星和倒T字星皆为"转换线"，多空双方暂时得以平衡；长十字星则为"多空分歧线"，通常会成为阶段性的底部或顶部。

在上升趋势中，如果出现十字星，说明市场从以前多方掌握主动开始向空方转换，多方与空方的力量变得均衡了。也就是说，最终多方或空方都无法战胜对方，预示着市场的顶部可能到来。就像前行的汽车从快速行驶突然开始减速并停了下来，下一步这辆汽车是继续向前走还是倒退，或者就地停留呢？总之，汽车已经停下了，市场趋势已经发生变化了，从上涨或下跌变成了静止，它后面将如何走呢？这就要看开车人（市场）是继续原来的方向还是向相反的方向走了。无论后市如何，总之现在它停下来了，我们就要警觉。

在下降趋势中出现十字星，说明多方力量开始与空方力量抗衡了，接下来市场有可能由多方主导，开始上升。

后续发展

十字星表示多空分歧，它的出现是一个预警信号，表明当前的趋势不会长时间延续。但市场后续的发展，还得看十字星与前面、后面几天的K线组合。酒田战法中有关十字星的组合有如下几种。

战法23：外孕十字星——卖、买、暂观；

战法38：破档三阳收十字——卖出；

战法47：晨星——买入；

战法48：十字夜明星——卖出；

战法58：上舍子线——卖出；

战法59：下舍子线——买入。

从这些战法中我们可以看出，高位十字星是卖出信号，低位十字星是买入信号。但有关统计认为，下降趋势中的低位十字星的反转功能很弱。这就是说，十字星在构成底部反转信号时，需要比顶部反转更多的辅佐信号。

分类详解

下面将分别分析普通十字星、长十字星、T字星（光头或光脚）、倒T字星、一字星等几类。

普通十字星

普通十字星是所有十字星中最常见的一种，通常要求它的最高价、最低价与收盘价的距离均小于2.5%。开盘价与收盘价相同，表明在市场交易中，多空力量达到暂时均衡，盘中股价虽暂时出现高于或低于开盘价成交，但收盘价仍然恢复到开盘价的位置。十字星的出现，仅仅表示多空暂时得以平衡，并不代表行情非常沉闷，成交量不一定要萎缩，相反，有时成交量非常大。

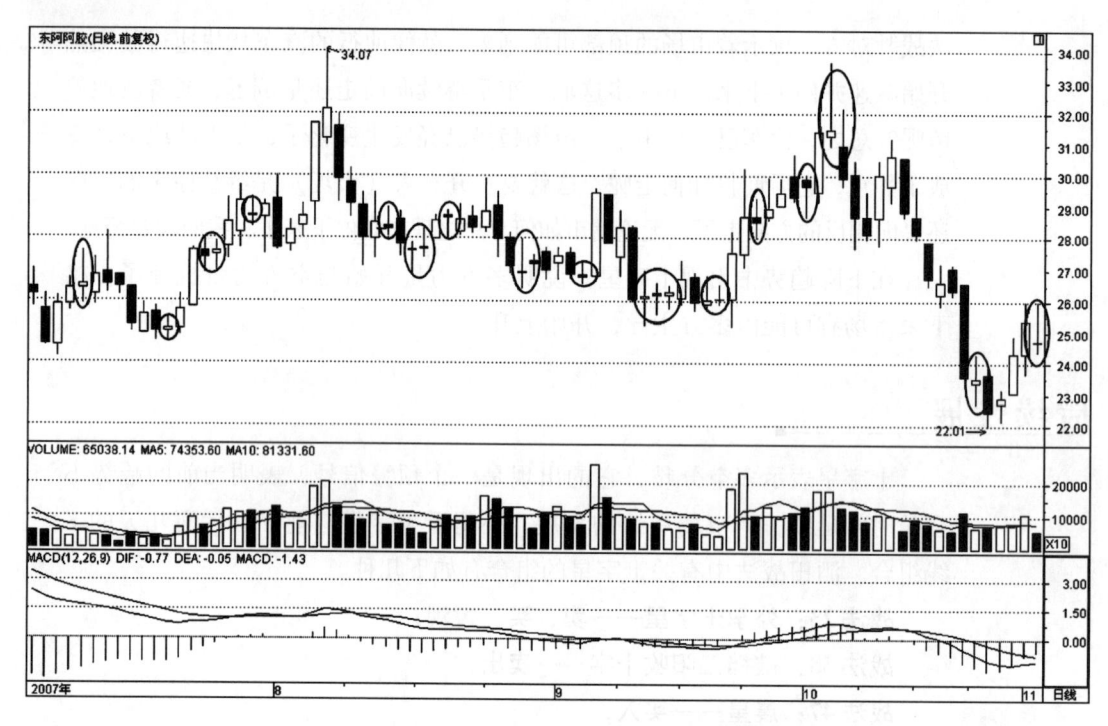

东阿阿胶（000423）2007年7—11月截图

如图所示，东阿阿胶（000423）短短4个多月，出现了22根十字星。这些十字星有的出现在上升途中，有的出现在下跌途中，有的构成阶段性的底部或顶部。K线理论认为，如果一只股票经常出现十字星，则无参考价值，偶尔出现才有参考价值。实际上，不同类别的十字星的实战含义差别并不大，远不如十字星本身所处的位置重要。

十字星出现跳空，是一类比较罕见的情况，这时应特别关注。

跳空十字星出现于低价区，不论是上跳空还是下跳空，都是中期买入信号。股价有望形成反转，走出一波中级行情。当股价经过长期大幅下挫之后，跳空出现一根十字星，若伴随有放大的成交量，则意味着筑底有望完成。如果隔日再出现一根放量的大阳线（可能形成晨星），则多方优势确立，股价将急转直上。

跳空十字星出现于高价区，不论是上跳空还是下跳空，都是中期卖出信号。跳空十字星出现在股价长期攀升之后的高价区，其意义与出现于低价区相反，是多方势力衰竭，空方将发动反攻的信号。股价将陷入低迷，是强烈的卖出信号。

注意，与低位十字星放量不同，高位十字星可以是等量或缩量。

长十字星

长十字星也称"长腿十字星"。如果实体很小,而上下影线很长,则称"浪高线"。

长十字星的上下影线均较长,其最高价、最低价与收盘价的距离均大于3%。虽然从外表看,长十字星与普通十字星极为相似,都是上下影线几乎相等,多空双方表现出势均力敌,但是,长十字星的巨大振幅显示出市场格局将发生新的变化,市场趋势将得以改变,特别是在高价位或低价位时出现长十字星,意味着反转随时可能出现。

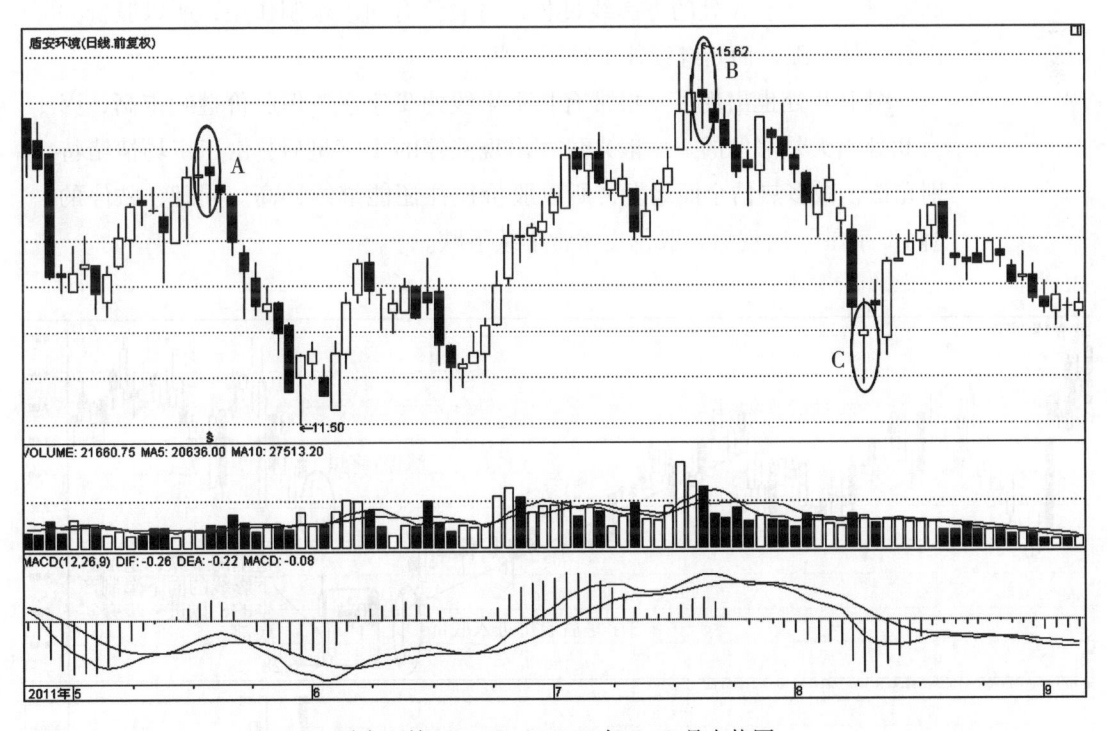

盾安环境(002011)2011年5—8月走势图

盾安环境走势中出现A、B、C三处长十字星,它们分别构成了阶段性的顶部或底部。统计发现,在上升或下降途中较少见到长十字星,故有的K线理论认为,长十字星只有上影线创新高或下影线创新低时才有价值。

T字星

T字星,是指没有上影线的十字形K线。造成这种现象的原因是开盘时大涨(或涨停),然后价格急速下探(或涨停板打开),之后又被迅速拉回，收盘价以与开盘价或最高价相同的价格报收。

事实上这种走势和"一"字涨停线有类似之处，只不过后者的走势更强。如果收"T字星"的当天成交量不是特别大（通常5%以上的换手率为"大量"，10%以上的换手率为"巨量"），后市仍然看涨。

由实际统计可知，T字星的下影线如果很短，则无多大的意义，此时只能将其看作普通十字星。只有下影线较长时，才有见顶或见底的预警作用。但如果出现在下跌途中，过长的下影线，预示着日后的发展通常要回落到长下影线的一半以下夯实底部。例如在赛为智能（300044）的截图中，在A处出现了一根带有长下影线的T字星，跌势也就止住了，股价进入底部区域。但由于A处的下影线过长，对股价有向下牵制作用，所以股价并没有立马上涨，而是继续往下跌了一些。

图中B处也出现了一根带有长下影线的T字星，但股价继续走高，因为B处当天是涨停的。一般来说，出现涨停的T字星后，由于市场情绪特别亢奋，做多热情全面爆发，所以股价往往还能继续冲高。同理，跌停的"倒T字星"出现后，股价也常常继续下跌。

赛为智能（300044）2019年5—9月截图

对于具有长下影线的K线，如果有较小的实体，在低位称为"锤头线"——见底信号，在高位称为"吊首线"——见顶信号。特别是在上升了一段时间之后出现吊首线，如果当天成交量特别巨大，那么就要警惕，行情即便不速死，也离头部不远了。有的K线理论将吊首线、锤头线和T字星当作一类形态来分析。本着严谨的原则，本书对其区别对待——吊首线、锤头线将在战法8、20、21等中论述。

倒T字星

倒T字星"⊥"，是指没有下影线的十字形K线，又称"墓碑线"，它的形状如同墓碑。如果发生在高价区，在此买进的人们就如同进了坟墓，难以翻身。

造成这种现象的原因是开盘大跌（或跌停），之后价格急速上拉（或跌停板打开），然后迅速被打回原形，以与开盘价和最低价相同的价格报收。事实上这种走势和"一"字跌停线有类似之处，只不过后者向下的力度更大。

倒T字星出现在上升趋势末端的高价圈时，通常暗示股价即将回档，头部形成；当它出现在下降趋势末端的低价圈时，往往是主力的一种试盘动作，即在正式建仓前测试一下盘面的压力大小和活跃度。

广联达（002410）2011年10月至2012年1月走势图

如广联达走势图所示，2011年11月3日出现倒T字星，并伴随着成交量放大，反弹随之结束。之后股价一路下跌，到2011年12月15日才出现反弹，之后连续出现2根T字星。此后虽然没有立马下跌，但已经预警，我们就须高度注意。2012年1月连续3根大阴线，将反弹的获利化为乌有。

如果有很小的实体，长上影线，下影线很短或没有，则称"倒锤头线"。如果股价持续下跌时间较长，出现倒锤头线，则属于比较安全的底部。但如果股价持续上涨并出现倒锤头线，则称"射击之星"，此为见顶信号，投资者应该及时出货。

一字星

一字星，是指个股当天的收盘价、开盘价、最高价和最低价这四个价位全部相等，盘中股价没有任何波动起伏，股价被牢牢封在涨停或压制在跌停的位置，说明市场上极度看好或看空该股。其在近年来的高控盘庄股和问题股跳水中屡见不鲜，一些超级牛股也曾经有过类似走势。不论是在上涨还是下跌的中途，一字星都是股价将继续原有趋势的强烈信号。

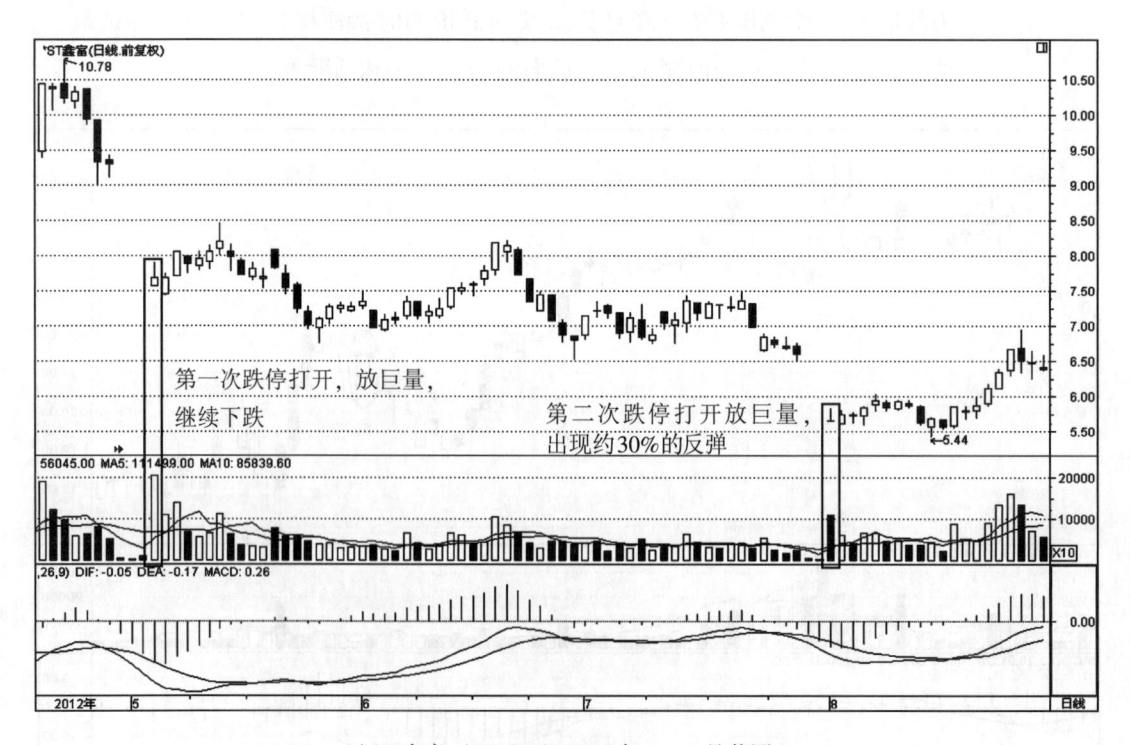

*ST鑫富（002019）2012年4—8月截图

如图所示，*ST鑫富第一次连续封住三个跌停，第四个跌停被打开且放出巨量，这是机构在不计成本地出逃。股价在此处稍做停留后，继续下跌。3个月后第二次出现连续跌停，当跌停被打开时也放出巨量，但是股价立马反弹（上涨幅度大约30%）。

重点提示，如果一只股票连续跌停，第一次跌停打开且放巨量，则这种放量都是机构在卖出，散户在买进。这时候不要以为跌得多了，便宜了，而抢反弹，那样只会把自己套在半山腰。但是，第二波跌停打开且放巨量时，投资者可以重仓杀入，因为大多数情况下短线会有 **20%** 的空间。

小　结

将十字星视为单独的买进或卖出信号是错误的，应结合第 2 天或第 3 天的确认线再做决定。十字星的不同分类实战含义差别不太大，远不如十字星本身所处的位置重要。如果一只股票经常出现十字星，则无参考价值，偶尔出现才有参考价值。

战法5：极短线——暂观

超短的阴线或阳线称为极短线，它常会在行情最沉闷的时候出现。日本商品期货的粗糖和大豆在最牛皮的时候，有时候会出现长达一两个月的极短线，此时市场人气最为涣散。极短线如突然出现在一般走势中，表示市场正处于不明朗的"多空分歧阶段"。

形态特征

超短的阴线或阳线称为极短线，也就是我们常说的小阴、小阳线。其特征如下：

（1）在行情低迷的时候容易出现。

（2）实体涨跌幅在2%之内，或振幅不超过3%。

（3）成交量很小。

（4）持续时间有长有短，短时为3～5天，长时可达一两个月。

技术含义

在行情低迷、没有人气的情况下容易出现极短线。大盘股、老庄股在获利不易的情况下容易出现这种线形。极短线如果出现在持续上升之后，表示高位震荡，可能是下跌的先兆；如果出现在长期下跌的末期，可能是筑底信号。

仅仅1根或2根极短线无实际意义。当连续出现多根小阴线或小阳线，阴阳夹杂，此表示行情处于牛皮市，涨跌难以估计，故酒田战法对极短线的操作建议是"暂观"。

变式研究

在酒田战法中出现极短线的图形有如下几种。

战法 17：三星——卖出

在 1 根大阴线后，3 根极短线串联在一起，后市下跌概率较大。类似地，下落三星（战法 52）中同样有 3 根极短线串联在一起。

战法 65：锅底——买入

市场长期低迷，对于利空消息亦不太起作用，这时自然会出现许多极短线，且成交量很小，这是典型的底部特征。

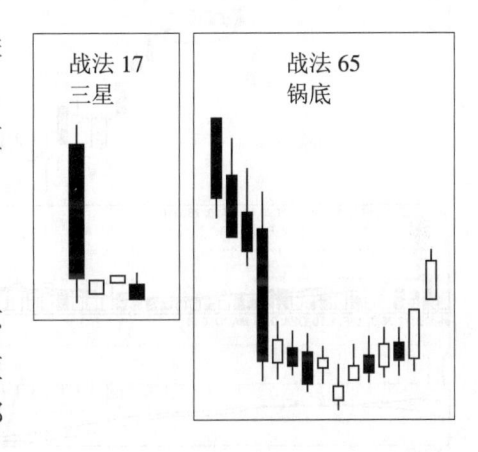

实战验证

单根极短线并不显眼，但是一旦形成了一个群体，就会众人拾柴火焰高，具有较大的威力。通常这样的一个群体筑成一个小的平台，成为上升或下跌的中继站。同时，这也是一个密集成交区，成为后市发展的阻力。

例题 1 中继站

包钢稀土（600111）走势图中出现三处极短线群，它们的特点有"三小"：K 线实体小、振幅小和成交量小。A、B 两处的极短线是下跌的中继站，股价继续下跌。在触底反转后，以六连阳强势突破 B 处的密集成交区，之后出现 1 根中阴线（反拖线）强势洗盘，其目的是消化 B 处的筹码。随后 1 根大阳线，行情继续回升，但 A 处极短线群所累积的筹码具有相当大的阻力，在此处横盘整理了 10 天才出现大阳突破。

当上升到 C 处时，出现了连续 10 根极短线，此为上升途中的中继站，进行空中加油，为后市的拉升积累量能与动力。到 2012 年 6 月 1 日，该股涨到 47 元（前复权价），股价翻了一番。

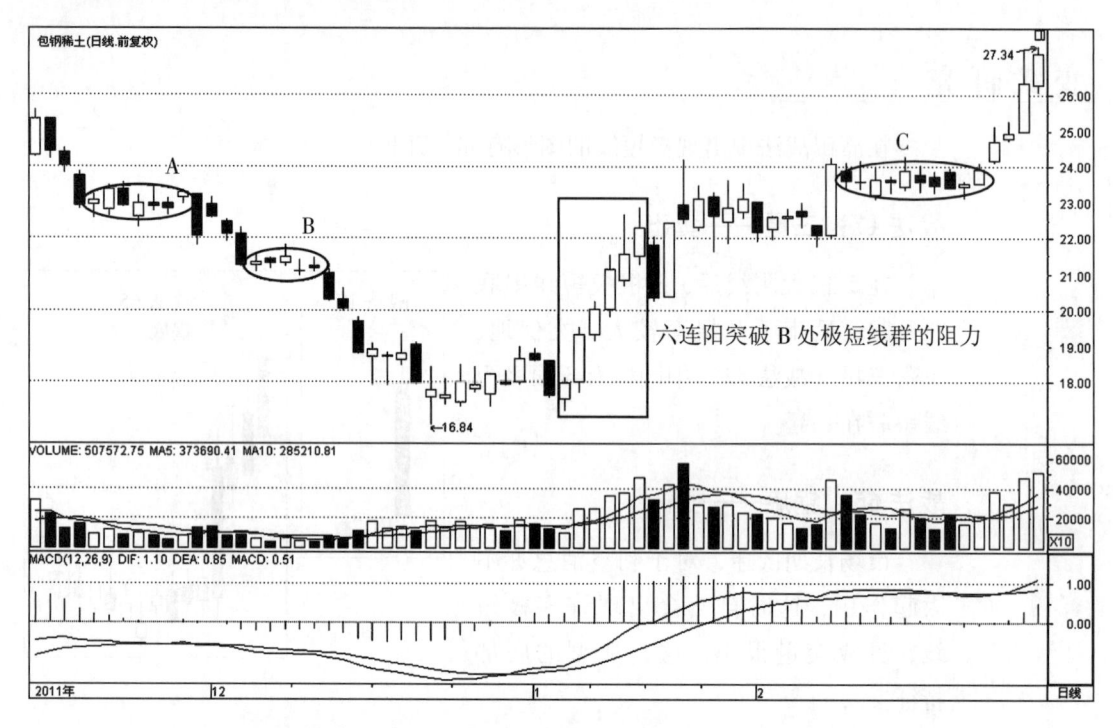

包钢稀土（600111）2011年11月至2012年2月走势图

例题2　高位极短线

江苏阳光（600220）走势图中出现了A、B两处极短线群。A处极短线群构成一个小平台，处于三重底的颈线位置，突破后上涨到达了三重底的最小测量幅度。

B处的极短线群走势更复杂，持续时间达两个月之久，是典型的牛皮市。12月4日的1根大阴线向下突破，股市有谚语"久盘必跌"，既然盘整了很久，那么下跌一定是很猛烈的。

需要说明的是，虽然B处形成了一个下凹的圆弧，成交量呈现中间低两边高，但这不是圆底，因为圆底通常出现在长期下跌的末期，而此处明显属于高位。所以我们不能一厢情愿地认为会继续上涨。

当然，有时在高位出现极短线群，股价会继续上升。

因此，出现极短线后，投资者应该少安毋躁，不要急于买进或卖出，应等待市场选择方向，再做进一步的行动。

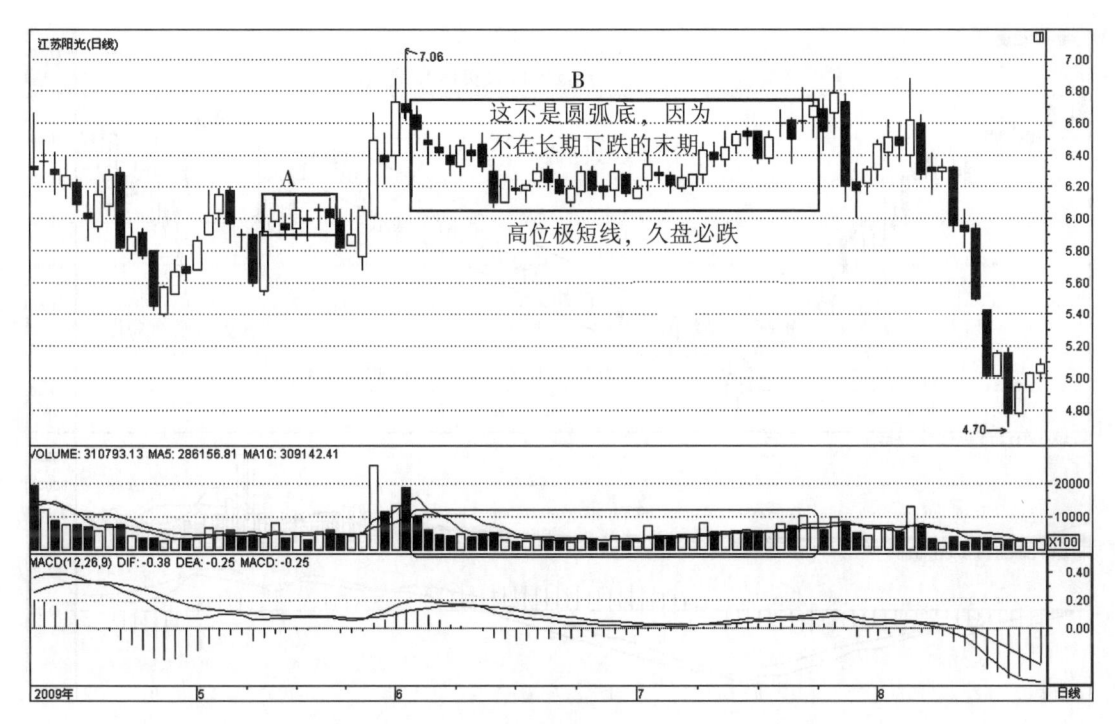

江苏阳光（600220）2009年4—8月走势图

例题3　冉冉上升形的极短线

长春一东（600148）在2012年2—3月的极短线群构成了冉冉上升形，股价逐步攀升，成交量温和放大，这是非常稳健的走势。

冉冉上升形的极短线通常上升的角度比较平，如果同期大盘也上涨的话，它通常跑不赢指数。有K线理论认为，这是没有主力照顾的股票，或者是主力力量较弱的表现。不过，持有这种股票有一个好处，那就是不会大起大落，比较安全。即使出现回调，只要K线实体不是很大，都比较安全。但是，一旦出现大的实体K线，或者突然放量，这时就离顶部不远了，而且不会在顶部停留，而会呈现V形反转，立马快速回落。所以投资者遇到这种情况时，要眼疾手快，马上出局为妙。

与冉冉上升形相对应的是绵绵阴跌形的极短线，它的杀伤力也是巨大的。

坊间有一种观点认为，在极短线群里，如果阴线多于阳线，则后市以上涨居多；反之，阳线多于阴线，后市以下跌居多。笔者认为，这是一种片面的看法，其对冉冉上升形或绵绵下跌形而言或许成立，但横盘期间的极短线没有此统计规律。

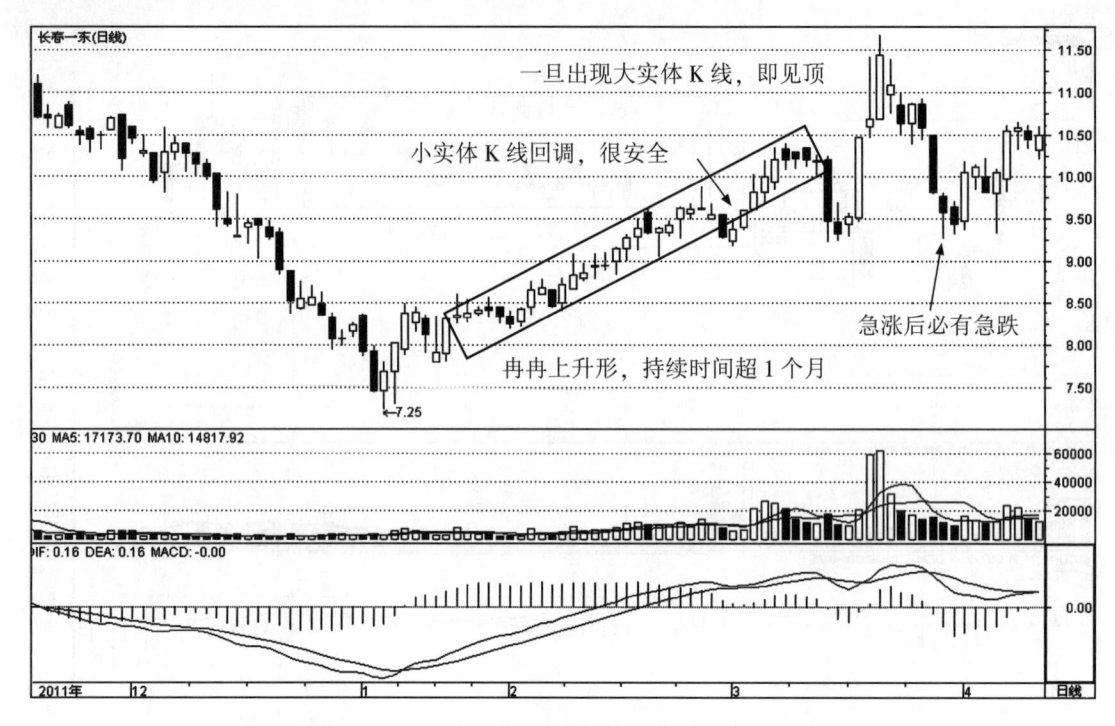

长春一东（600148）2011 年 11 月至 2012 年 4 月截图

小　结

　　极短线只有形成一个群体，才有实际意义。横盘的极短线可能成为顶部，也可能成为底部，也可能成为上升或下跌的中继站。只有等到方向明确，投资者才可进行操作。

　　当极短线呈现上升或下降趋势，表明市场走势稳健，趋势会延续。一旦出现大实体 K 线，通常预示着此趋势快结束了。

战法6：连续线——买、卖

前后几根K线连续上下排列，即次日开、收盘皆在前1日的价幅之中（不论阴阳线），中间绝对没有跳空缺口，这种排列不论上升还是下降都是走稳健步伐的。3~5根K线连在一起经常可见，有时甚至多达8~10根。对于连续线，有一简单预测法，如在天井圈出现连续5根阴阳线夹杂而下，此即为不久市场将下挫的征兆；而脱出盘档后如连出3根这种线形而且创新高或新低价，则应迅速获利了结或暂时回补买入。

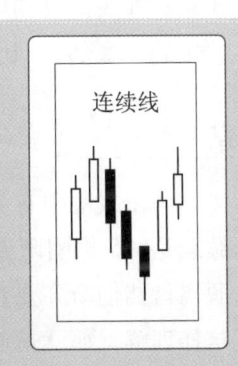

形态特征

前后几根日线连续上下排列，中间绝对没有跳空缺口的线形称为连续线，即盘档或者整理形态。其结构特征如下。

（1）前后几根日线连续上下排列，呈现横盘整理形态。

（2）中间没有跳空缺口，即第二天的开盘价或收盘价都在前1日的价幅之内。

（3）时间上，通常会持续3~5天，有的会持续8~10天。

（4）经典形态有两种：

其一，如上图所示的7根——先两红，后三黑（不是黑三兵），最后两红；

其二，5根K线阴阳夹杂，类似交错线——要求在天井圈。

（5）严格要求的话，连续线不能含有十字星，也不能形成怀抱线。

技术含义

连续线即现在常讲的盘档或者整理，其中没有跳空缺口的形态，有时有缺口但很快被填补的形态也可看作连续线。这是一种稳健的走法，有时候会延续很久。对盘整中的股票，不能准确预测它何时会突破，因此在未选择方向时，应暂时观望。

如果在天井圈出现这种线形，多为庄家出货所为，所以下跌概率较大。特别是，如果出现3根阴阳夹杂而下，则后市通常会有较大跌幅。如果脱出盘档，再出现这种阴阳夹杂的连续线，并创新高，那么投资者应该获利了结；而脱离盘档向下，出现阴阳夹杂的连续线，可能已经调整到位（不一定到达底部），比如到了箱体的下沿，这时可以考虑适度建仓。

变式研究

酒田战法中有关连续线的这段文字不好理解。原文指出在天井圈的连续线是"5根阴阳夹杂"，而标准图示是三阴四阳，且中间出现三连阴。而脱离盘档创新高要获利了结，脱离盘档创新低可以买入。如此，我们只能这样理解，那就是连续线不是一种固定的线形，可能出现多种组合，可以是横盘整理（如标准图示，或阴阳夹杂，或类似交错线），可以是单边向上，可以是单边向下，还可以类似三连线，这样脱离盘档才可以创新高或新低。

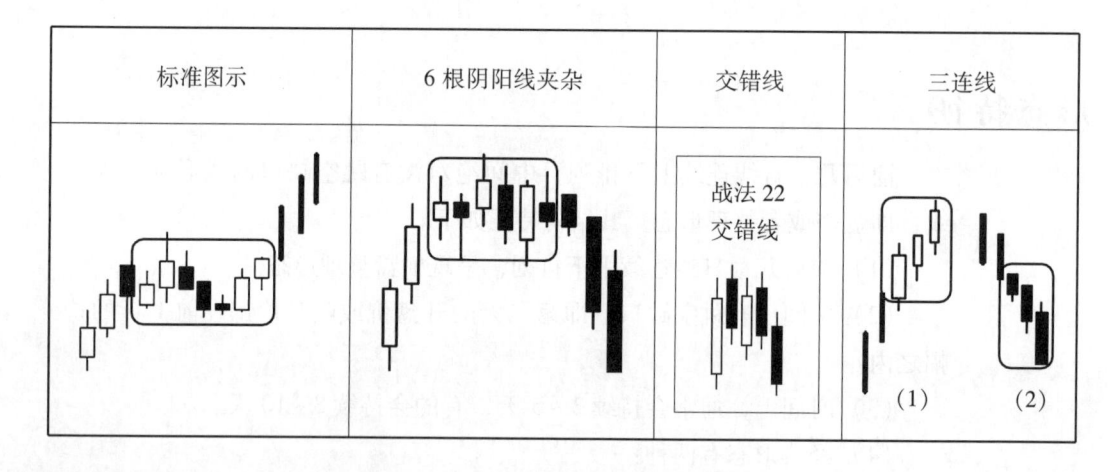

标准图示	6根阴阳线夹杂	交错线	三连线
		战法22 交错线	(1) (2)

实战验证

例题1　三阴四阳形（雅戈尔）

雅戈尔（600177）2012年1月19日以及随后几天形成了标准图示的连续线，即先二连阳，接着三连阴，最后二连阳。该形态出现后，股价继续盘整了1个月之久，到2月底阳线D出现时，成交量急剧放大，股价才开

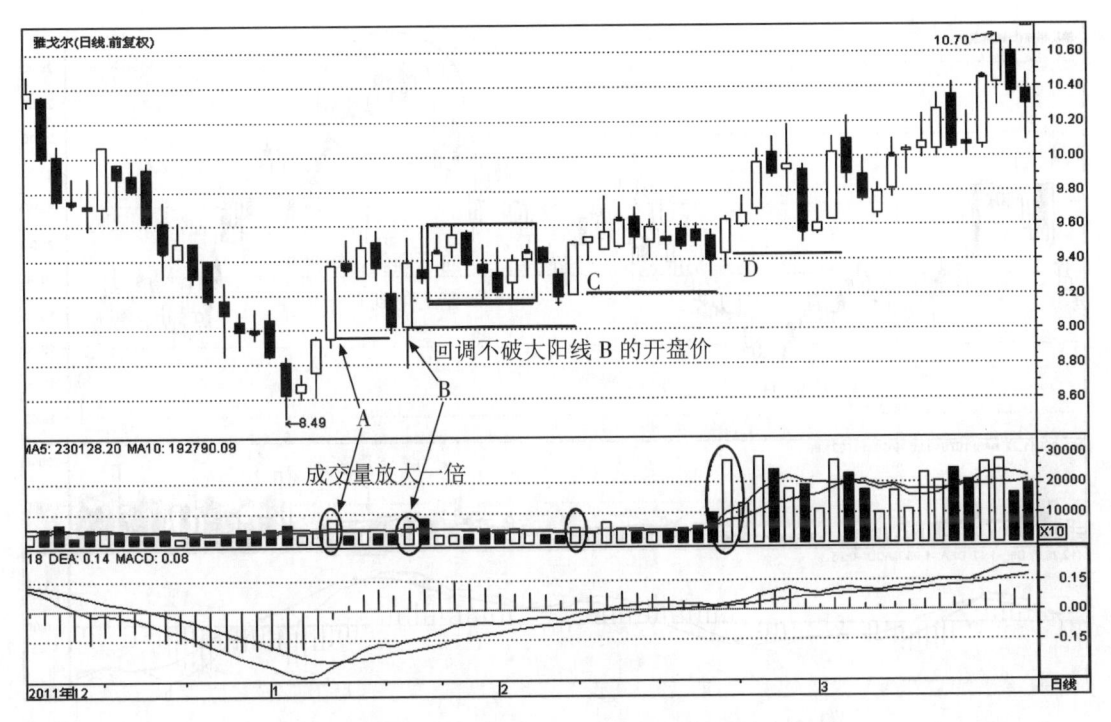

雅戈尔（600177）2011年12月至2012年3月走势图

始拉升。

进一步分析我们注意到，A、B两处的大阳线非常显眼，它们的成交量都比前一天放大一倍。分析成交量的时候，成交量的绝对值是一方面，其相对值也具有参考意义。通常，如果某天成交量是前一天的一倍或两三倍，即使绝对值很小，对后几天也有非常大的影响。既然大阳线B具有重要的意义，那么后市的盘整或回调只要不破B的开盘价，就说明B的支撑作用一直在，就可以持股待涨。

在操作上，投资者可以根据成交量翻倍的中大阳线来设计止损位：当大阳线B出现后，止损位设在B的开盘价9.02元处；当大阳线C出现后，止损位设在C的开盘价9.20元处；当大阳线D出现后，止损位设在D的开盘价9.44元处。需要说明的是，**止损位只能不断提升，而不能不断降低。**

例题2　5根阴阳夹杂形（精功科技）

精功科技（002006）在天井圈出现阴阳夹杂向下的连续线，股价随之下挫，该股于2011年12月跌到12.31元，才出现一波反弹。2011年8月底出现阴阳夹杂而下的连续线时，没有出局的投资者损失惨重。

按照酒田战法中的"如在天井圈出现连续5根阴阳夹杂而下，此即为

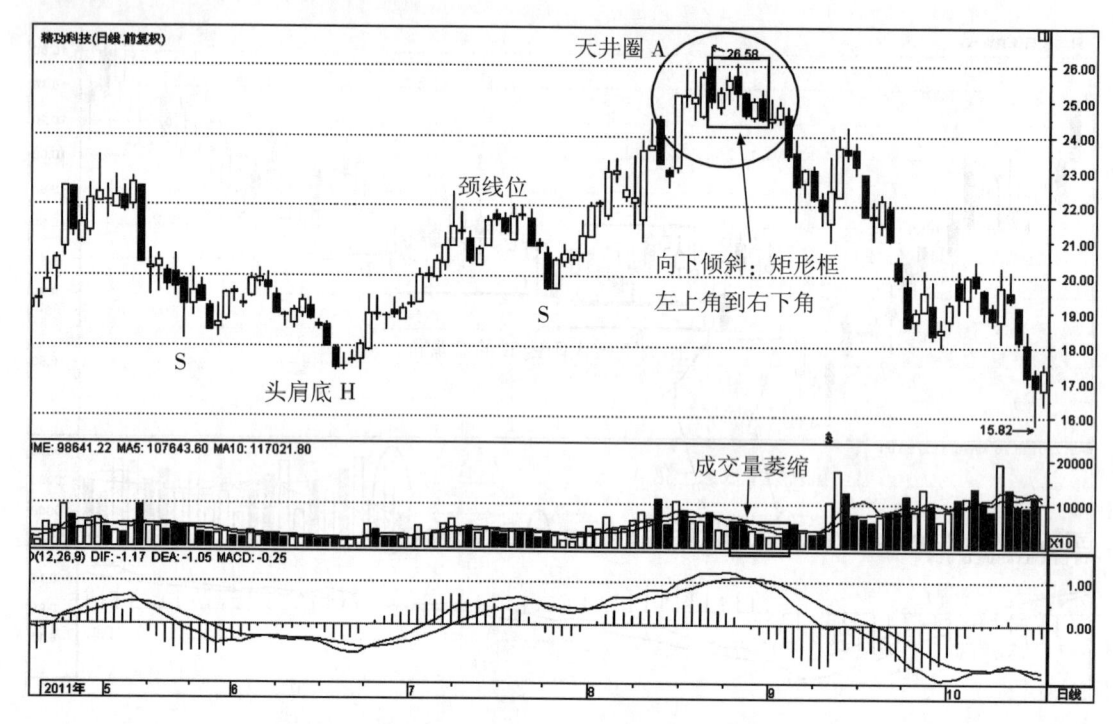

精功科技（002006）2011年4—10月截图

不久市场将下挫的征兆"，这里须弄清两个问题：一是凭什么说A处为天井圈；二是这里的连续线有何特征。

先看第一个问题。从图中可以看到，该股2011年4—8月形成了头肩底，突破颈线后，达到了头肩底理论的最小测量值。因此，此区域随时有调整的可能。另外，从成交量上看，股价创新高，成交量反而萎缩；再者，从技术指标上看，MACD出现高位死叉。种种迹象表明，此处有形成顶部的可能。

再看第二个问题。这里的5根阴阳夹杂的连续线是呈下倾趋势的，如图所示，几根K线从矩形框的左上角到右下角排列，倾斜的角度不是很大。另外，此阴阳夹杂的K线，没有出现三连阴（如果此时发生三连阴，则为黑三兵），即便如此，行情依旧崩溃了。

小 结

连续线表明股价走势稳健，行情会继续延续。但如果此线形出现在天井圈，通常会形成"和尚头"，后市将下挫。

战法7：切入线——买、卖

第2天的阳线开盘切在前日之最低点（含影线在内），此属于看涨的信号；反之，如果阴线开在前一日最高点，则为下挫的信号。切入线为酒田战法的主要线形之一，往往在切入线之后随即有大行情出现。

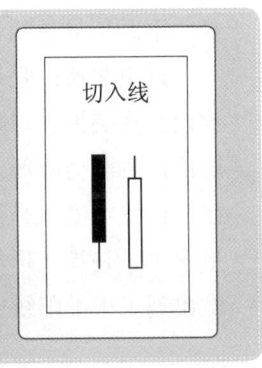

切入线

形态特征

切入线或称"并排线"，在高位容易形成平顶，在低位容易形成平底。其形态特征如下。

（1）由2根K线构成，一阴一阳，形成平底或者平顶。

（2）这2根K线为中阴线和中阳线（若是小阳线与小阴线，则揭示的反转信号不强）。

（3）分为两类：

①新高切入线，即平顶——先阳后阴——为下挫信号；

②新低切入线，即平底——先阴后阳——为上涨信号。

新高切入线（平顶）

形态识别

如图所示，在上升趋势中，第1天为大阳线或中阳线，第2天阴线开盘价与前1根阳线收盘价（或最高价）持平。

新高切入线（平顶）通常由相邻的K线组成，也可以由相隔较近的K线组成。

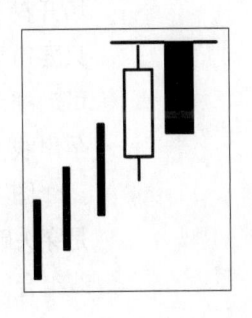

出现切入线后，只要股价上涨幅度超过10%，就可以将其视为高位切入线。

新高切入线形成机理

在上升趋势中，股价经过拉升后进入顶部区域，第2天没能继续创新高，而是收阴线，说明股价会有掉头向下的迹象。通常，第2天的阴线越长，下跌信号越明显。

这里之所以强调"上升趋势"，是因为有K线理论认为，切入线必须比前置线突出，以显示有探测价格的功能。如果走势平缓，那么它快速反转的概率就会降低。所谓"比前置线突出"，即要么位置突出，要么线形突出。位置突出，是指出现在明确的上升趋势中，股价通常创近期新高。线形突出，是指线形与前几日对比明显。比如，前几天都是小阴小阳线，突然出现1根中阳线或中阴线，则显得非常突出。

变式研究

图（1）是一个覆盖线的变体，第2天的开盘价高于第一天的收盘价（而不是高于第一天的最高价），而且第2天阴线的最高点与前一天的最高点齐平。这个形态既可以看作覆盖线，又可以看作新高切入线（平顶），是一个双重组合。

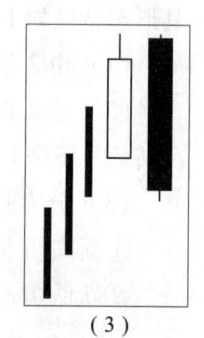

（1）　　　　　　（2）　　　　　　（3）

图（2）中，先是1根长长的大阳线，后是1根上吊线。次日，如果市场开盘于上吊线的实体之下，则可以把这种形态判断为一个顶部反转信号。只要市场的收盘价不高于这个平头形态的顶部，那么这种看跌的态度就不可动摇。这2根K线的组合也可以看作1根孕出线。根据K线理论，这根孕出线处于上升趋势中，构成了一种顶部反转形态。

图（3）所示的新高切入线（平顶），也是一个双重组合——既是平顶，又是穿头破脚的组合形态。综合来看，图（3）是这3个图示中见顶信号最强的K线组合。

实战验证

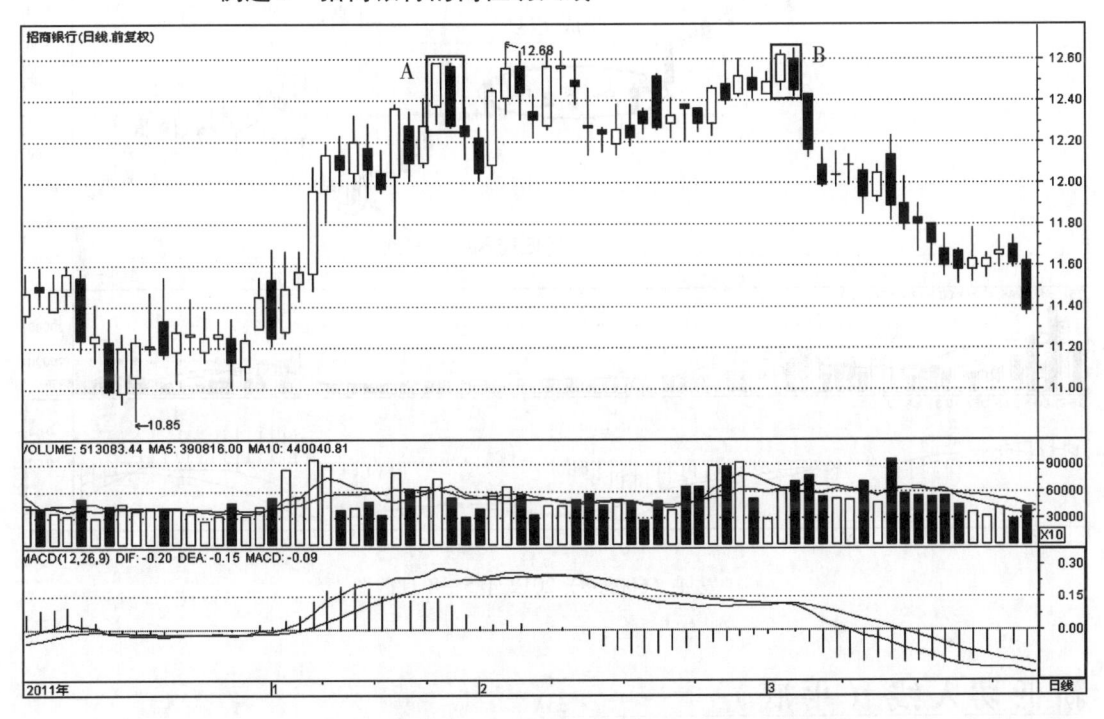

例题1 招商银行的高位切入线

招商银行（600036）2011年12月至2012年3月截图

图中出现A、B两处切入线。A处一阴一阳2根日线构成了平顶，创近期新高，为新高切入线。第2天的阴线实体包含第1天的阳线实体（而且包含下影线），形成了穿头破脚的怀抱线，是见顶的进一步佐证。A处的新高切入线出现后，股价结束了上升趋势，转而在高位盘整。盘整1个月后，在B处再次出现切入线（平顶），行情急转直下。从技术指标上看，B处的MACD反身向下。统计表明，MACD反身向下的杀伤力胜过高位死叉。因此，投资者可在B处出现第2根阴线时，卖出股票，不必等到黑三兵的出现。

例题2 五矿发展（600058）反弹到压力位

如图所示，五矿发展（600058）运行于长期的下降通道中，2012年7月31日和8月1日两天的K线构成了新低切入线，股价触底反弹。反弹到23元附近时，接近前面的密集成交区，出现了3根最高点几乎平齐的K线组合，表明此处压力极大，股价稍做整理后跳空向下。

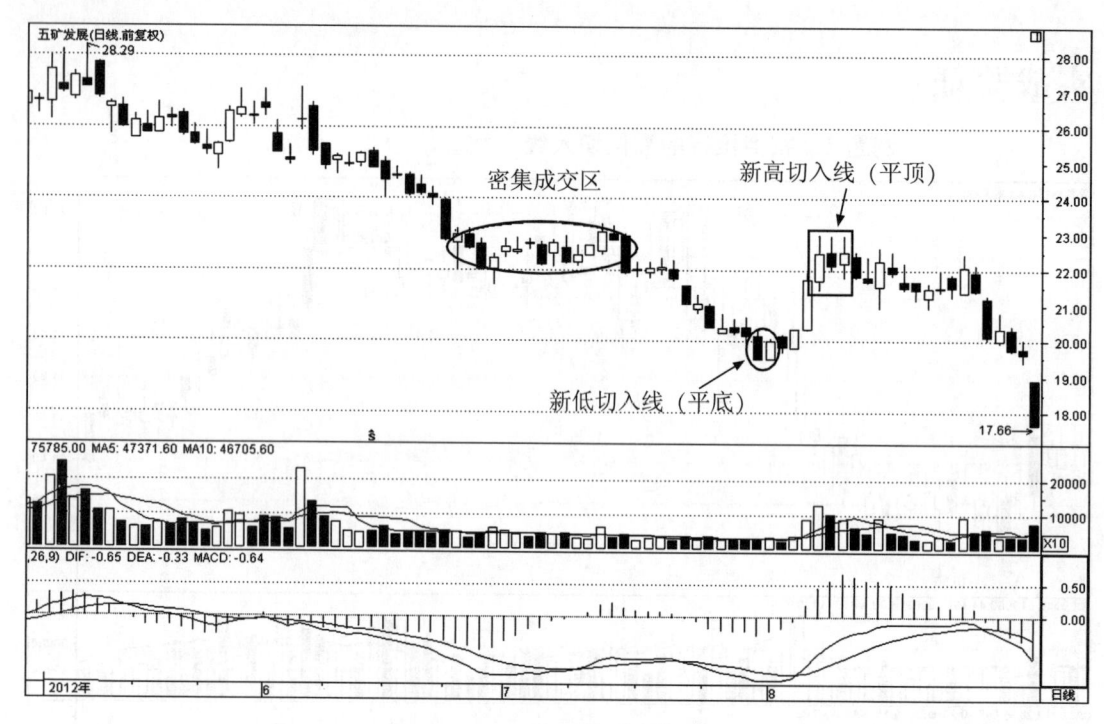

五矿发展（600058）2012年5—8月截图

新低切入线（平底）

形态识别

　　新低切入线也称平底。在下降趋势中，第1天为大阴线或中阴线，第2天阳线开盘价与前1根阴线收盘价或最低价持平。

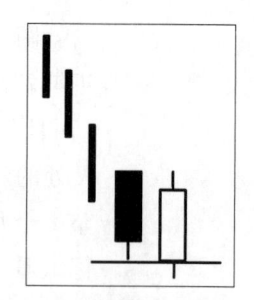

新低切入线形成机理

　　在下降趋势中，1根顺势的长阴线后出现1根反转的阳线，阳线开盘价与阴线的最低位置平齐，显示了低档的强劲买盘。这是多头被逼到最后防线，在退无可退的情况下大举反击的表现。

　　与新高切入线类似，这里强调"下降趋势"。

变式研究

类比新高切入线，下面是新低切入线的变式形态。

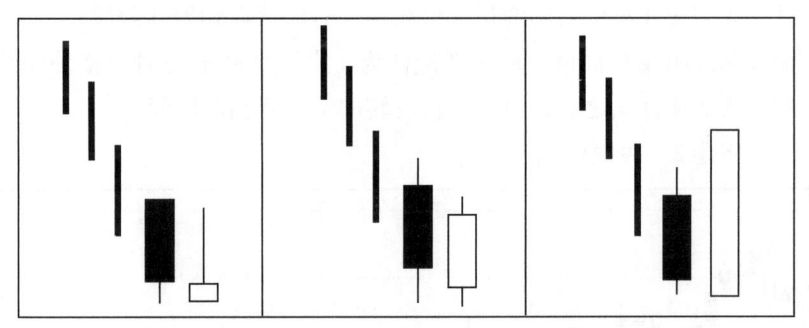

三个图形的共同特征是，最低价平齐，说明往下发展遇到了阻力。

不同点是第二天阳线的形态，通常阳线实体越长，其反转上升的信号就越强，因此这三个图形的见底信号是依次渐强的。

实战验证

例题1 一波大行情的起点

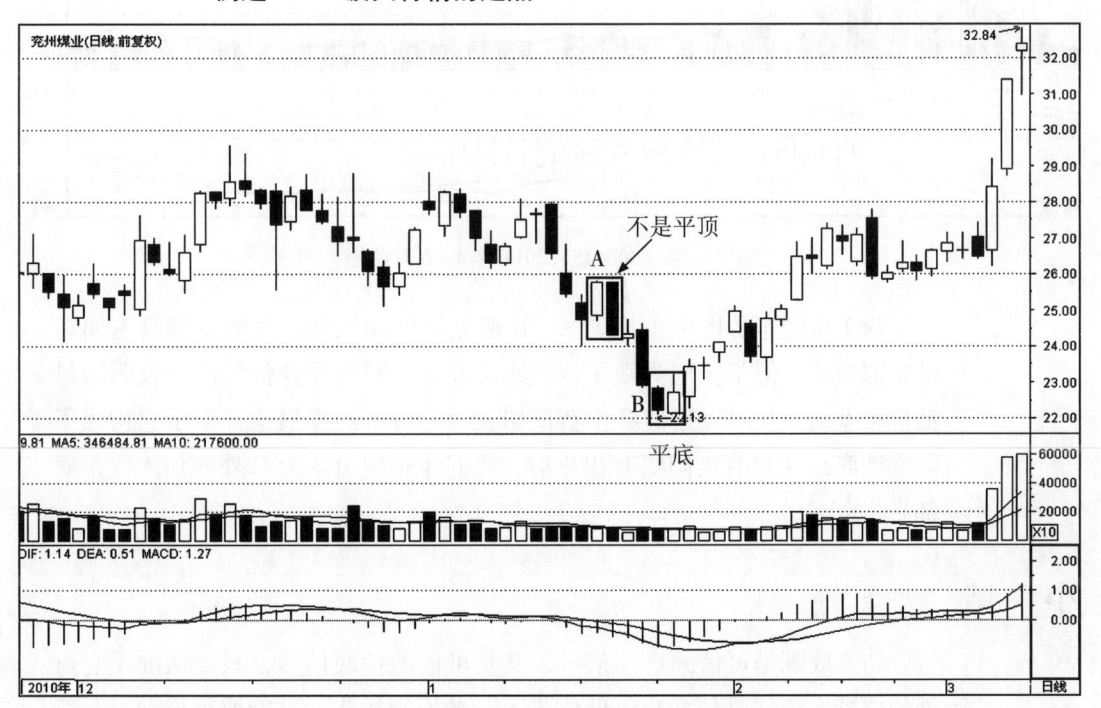

兖州煤业（600188）2010年12月至2011年3月截图

在盘整一段时间后，2011年1月26日出现新低切入线，成为此波大行情的起始点。我们分析当时市场的情况，发现其有明显的底部特征：①已经连续跌了16天，时间上有反弹要求；②成交量萎缩，这是底部的必要条件；③阳线开盘价与阴线最低价相等（有时可以相差几分钱），而且阳线收盘价接近阴线开盘价。K线理论认为，出现平底形态时应格外注意，尤其在多头低迷许久之后，总是期待反转向上，开创新局面。

例题2　失败的例子

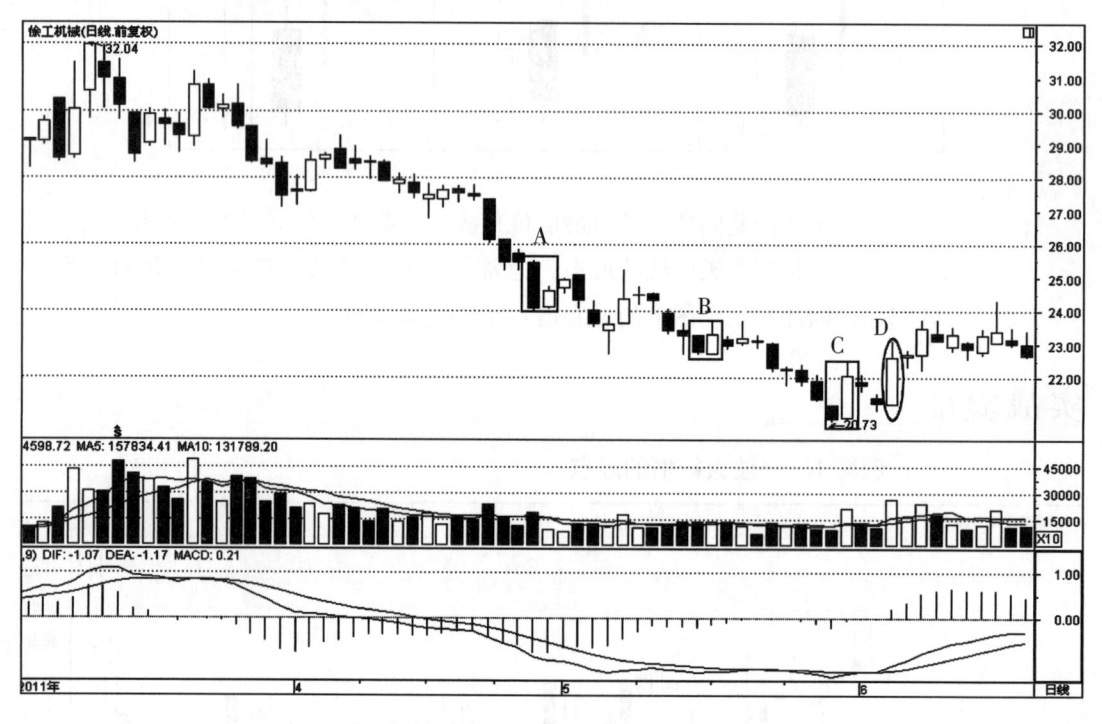

徐工机械（000425）2011年3—6月截图

徐工机械走势图中出现了A、B两处新低切入线，虽然它们具有明显的底部特征，但都探底失败了。C处切入线的阳线开盘价与前一天阴线最低价相差无几，可以近似看作新低切入线，后市的发展也证明了它构成了阶段性底部（只有大阳线D出现后，我们才有理由认为C处的切入线是底部）。

小　结

切入线既是可信的逃顶信号，又是可信的抄底信号，只要认准了它所处的位置，按"高位卖出，低位买入"的原则操作，准能取得成功。一般认为，新高切入线的见顶信号要强于新低切入线的见底信号。因此，两者的操作策略是不同的。

新高切入线的卖出要坚持"宜速不宜缓"的原则。具体要求是，新高切入线出现后，应在该形态形成日的当天卖出股票。通常情况下，收盘前 20 分钟，就可确认切入线的形成，此时可卖出。

新低切入线的买入则适用"宜缓不宜速"的原则。即新低切入线形成后，不要马上介入，应观察一两天，待行情出现止跌反弹的迹象时再出手。具体要求是，新低切入线出现后，当股价上涨超过切入线的最高价时，才可以买入。

战法8：探底线——买入

在连续下挫之后，最后出现一根带长下影线的小阴线欲试探底部，称为"探底线"。通常下跌一个月之后如出现此线形，有可能反跌为涨，故探底线为"止跌"的信号，次日的行市发展须随时留意。

探底线

形态特征

在连续下挫之后，最后出现1根长下影线的小阴线欲试探底部，称为"探底线"。其特征如下。

（1）前提条件：处于连续下挫行情，若下跌超1个月之久则更具有反转意义。

（2）核心线形：锤头线——实体很小（阳线阴线皆可），上影线短而下影线长，下影线至少是实体的两倍。

（3）锤头线前一天为阴线，最好是大阴线或中阴线。

技术含义

股价经过长期（1个月甚至数月）连续下跌，最后出现"锤头线"探明底部。锤头线前一天为中阴线或大阴线，能促使股价加速见底。

探底线的核心线形为锤头线，在日语里又称"探水杆"，即探一下水的深浅。锤头线是反转信号，信号强度强于十字星。

探底线延续前一日的跌势低开，或小幅跳空低开，然后股价大幅急剧下挫。跌到一定深度后，戛然而止，股价掉头向上反攻，最后形成带长下影线的阴线，此为止跌信号。

注意，这里说的是"探底"，而不是"××底"，意思是锤头线出现后可能是底部，也可能不是底部，究竟是不是底部，需后面走势的确认。通常，只要锤头线之后的股价不跌破锤头线的最低价，便可视作探底成功。

相似形态

战法20：吊首线——卖出

锤头线出现在上升走势中，称为"吊首线"，为买势受挫的信号。

战法21：下阻线——买入

锤头线出现在接连下挫位置的底部，称为"下阻线"，表明往下跌无可跌，为买入信号。

下阻线与探底线的区别：其一，下阻线与前1根阴线实体间有严格的跳空；其二，下阻线的锤头线为阳线。

统计发现，下阻线与探底线虽形态差别较大，但两者市场含义几乎相同。

实战验证

例题1 线形识别

浙富股份（002266）走势图中，A处线形组合是探底线，虽然下跌时间不长，但是与酒田战法的标准图示一致，即第1根为阴线，第2根为小阳线，第3根为大阴线，第4根为锤头线。线形出现后，股价出现连续反弹。E处也是标准形态的探底线，同样探底后出现反弹。但是，它们的反弹都没能超过锤头线前一天的开盘价，就继续回落。这说明探底线不是反转的线形，对它的期待不可太高（同时也说明了酒田战法中为什么称之为"探底"，而不是"××底"）。

图中B、C两处都不是探底线，因为B处锤头线之前只有1根中阴线，不是在下跌趋势中。而C处，虽然在下跌趋势中，但核心线形——锤头线的下影线太短，长度没有实体长度的两倍。

探底线的核心线形锤头线有长长的下影线，格外引人注目。统计发现，

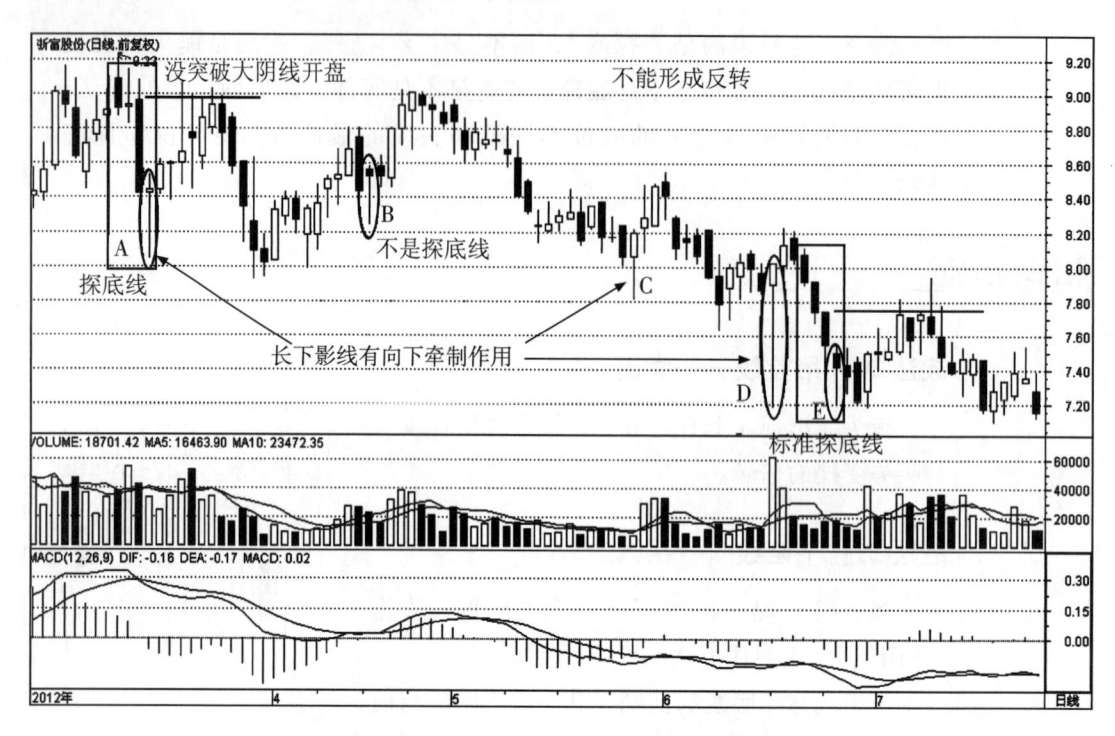

浙富股份（002266）2012年3—7月截图

如果出现长长的下影线，后市股价通常会继续往下，或者至少要触及前一天下影线的一半位置，即下影线有向下牵制作用，我们将在"战法21：下阻线——买入"中继续论述。

例题2 上证指数重要底部2319点

上证指数2010年7月2日出现了重要的阶段底部2319点。当日的K线形态是1根收红的锤头线，与前几根K线构成了典型的探底线。我们知道，顶部形成容易，底部形成难，在熊市更是如此。我们常说"熊市不言底"，那么此时的探底线是否能探底成功？换句话说，2319点是不是底？我们如何确认底部已经出现？下面用"三线扇形原理"进行简要分析。

三线扇形原理的内容是，在调整过程中，当下降压力线（称作1号线）被突破后，价格先是有所反弹，然后再度下跌，这时1号线已成为支撑线，股价将在新形成的下降压力线（称作2号线）之下运行。随后2号线也被突破了，这时价格再一次反弹，当重新遇阻回落的时候，得出3号下降压力线。同样地，这时2号线已经成为股价的支撑线。通过使用上述方法，我们得到一组形如扇子的三条下降压力线。三线扇形原理（底部形成过程）

由此得名。同样地，当价格在上升趋势中时也能如法做出顶部形成过程的扇形线。三线扇形原理的规则是，当第三条扇形线被向上突破时，该轮中等调整运动的低点已经出现。

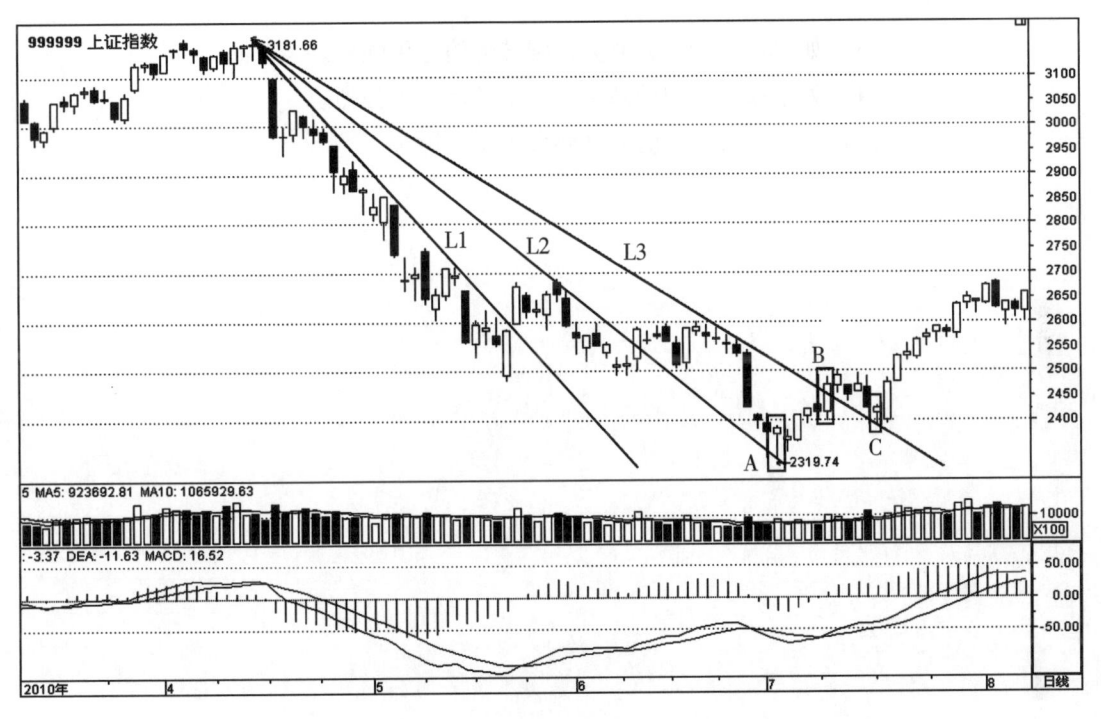

上证指数（999999）2010年3—8月截图

如图所示，我们从3181点出发做三条趋势线（下降压力线）。这三条趋势线中，后一条比前一条更平坦。在2010年5月24日冲破第一条下降压力线L1，随后回调，但并没有回到L1。当L2在2010年6月9日被突破后，上证指数再次回调，于2010年7月2日探底线的最低2319点处刚好触及L2，没有再跌至L2下面。L3在2010年7月9日被突破，随后回调到L3再次止住。到C处出现1根中阳线，并与前2根K线构成晨星形态，此时可以说L3被有效突破。也只有在这个时候，我们才可以宣告此轮调整的低点就是——2319点。

小　结

探底线的核心线形是锤头线，锤头线是反转信号，信号强度强于十字星。出现在底部，称为锤头线，意思是"用锤子夯实底部"；出现在顶部，称为"吊首线"，是见顶的征兆。

探底线止跌回升的效果如何，与下列因素密切相关。

（1）股价下跌时间越长，幅度越大，见底就越明显。

（2）锤头线实体越小，下影线越长，止跌作用越明显（注意，这一点有争议）。

（3）如果成交量明显放大，则转势信号更强烈。

（4）处于横盘期间的锤头线发出的信号不强烈。

（5）一般阳线锤头的力度要大于阴线锤头。

战法9：三连线——卖、买

三连线有上升三连线和下降三连线之别，如图中（1）和（2）所示。在高价圈连出3根阳线之后，多头应及时获利了结；反之，在低价圈连续出现三根阴线之后，空头应暂时回补买入，先获利一段后，再静观其变。

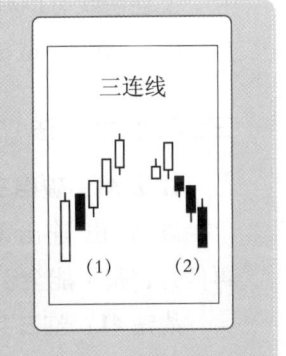

（注：网上流传的酒田战法配图有误，笔者对此图做了修改）

形态特征

三连线有两种形态，3根依次向上排列的阳线称为三连阳线或上升三连线，3根依次向下排列的阴线称为三连阴线或下降三连线。其特征如下。

（1）连续3根阳线或3根阴线的实体不能太小，最好为中、大阳线或中、大阴线。

（2）三连线的实体之间不能有跳空缺口。

（3）连续3根阳线或3根阴线的上下影线都不是很长。

技术含义

三连线是一种复杂的形态，对时间和位置要求很严格。同样的三连线，出现在一波三段的不同阶段里，命运是截然不同的。

三连阳如果出现在前段或中段，即为红三兵，意味着上涨量能极大，后市有较大的涨幅。但是，如果出现在后段，却是一种回光返照，表明利多出尽，是主力制造的骗线，后市将反转向下。

相反，如果在低价圈之后连续出现3根阴线，这时空头应暂时回补买入，先获利一段后，再静观其变。

变式研究

三连线分为三连阳线和三连阴线。在酒田战法里，出现三连阳线的线形有四种：战法38（破档三阳收十字）、战法41（红三兵）、战法42（三兵前阻型）、战法61（下降三法）。

三连阴线有四种：战法15（黑三兵）、战法43（川字三黑）、战法44（倒川字三黑）、战法60（上升三法）。

三连阳线之战法

战法38：破档三阳收十字——卖出

破档朝上连出3根阳线后，第4天突然冒出十字星，十字星后次日如再低开，很可能会引发多头大抛售而行市崩溃。

战法41：红三兵——买入

当红三兵出现在底部位置时，涨势最为凌厉，多头可倾全力出击。

战法42：三兵前阻型——卖出

同样是红三兵，但到第3根时已涨势受挫，收小阳线且上端出现影线。这种情况可视为"买力出尽"，故应立刻获利了结。

战法61：下降三法——卖出

此形态的三连阳线没有突破前1根大阴线的开盘价，后市将续跌。下降三法包括"卖""买""暂停"三个阶段，如次日出现开低阴线可以加抛。

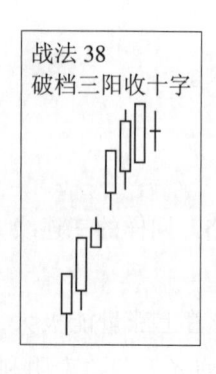

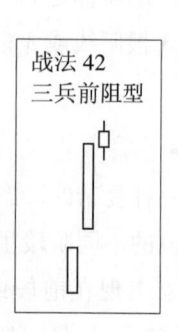

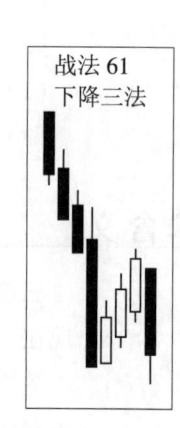

战法 9
三连线——卖、买

三连阴线之战法

战法 15：黑三兵——卖出

黑三兵为行情崩落的前兆，如在连续上升走势中出现此线形，行情不久后将大幅崩溃。

战法 43：川字三黑——暂观

川字三黑的排列是中间突出两边较低，即呈"川"字排列，在下降过程中不宜再抛售，应暂时观望一下再行动。

战法 44：倒川字三黑——暂观

为上述川字三黑的相反排列，亦不适宜看空，应持观望态度为佳。

战法 60：上升三法——买入

大阳线后出现三连阴线，但此三连阴线的回调不破大阳线的最低价，第 4 根超大阳线稳住跌势，股价将继续上升。

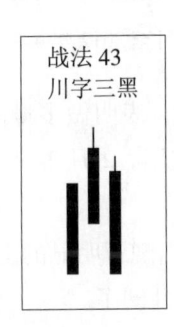

实战验证

例题 1　三连阳线（ST 泰复）

ST 泰复（000409）自 2011 年 12 月见底以来，在持续 3 个多月的上升中出现了多次三连阳。

2012 年 1 月探至最低点，然后以一个三连阳起涨，此 3 根阳线实体大小相当，几乎都以最高价收盘，是标准的红三兵。通常底部第一次出现三连阳（红三兵）时，会有一次回调，但只要不破红三兵第 1 天的开盘价，则此红三兵就有支撑作用。

2012 年 1 月 19 日起，再次出现三连阳，此三连阳旨在脱离底部区域。

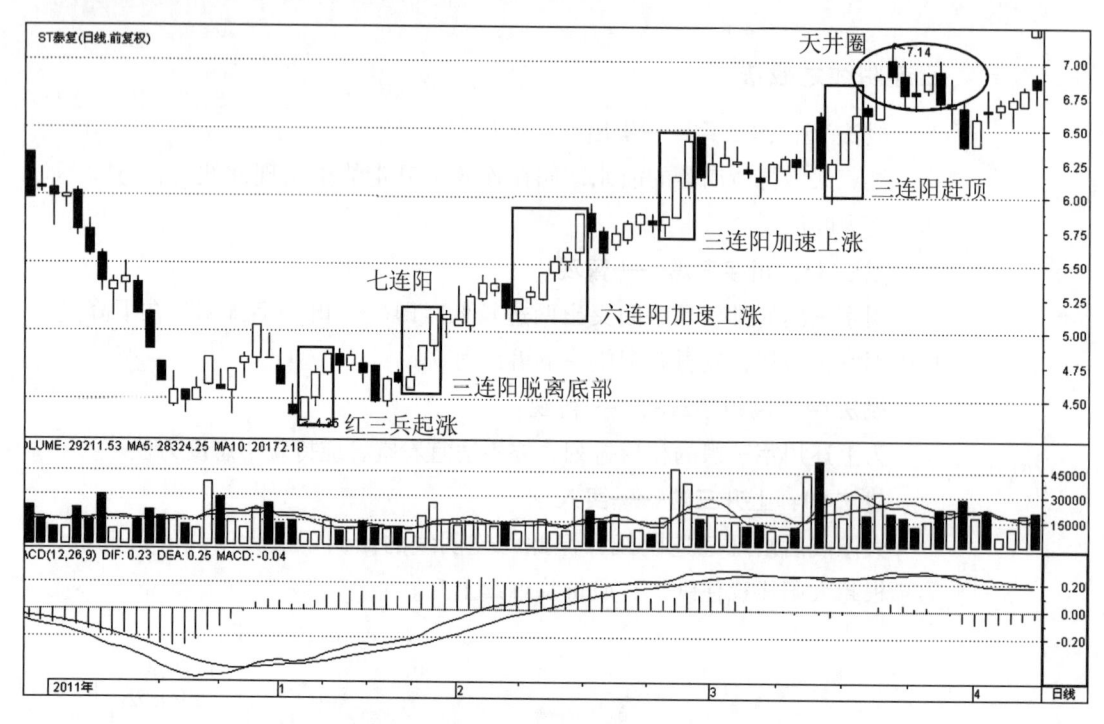

ST泰复（000409）2011年12月至2012年4月截图

由图可知，此时连续出现了7根阳线，表明做多量能强大，主力志在高远。果然，2012年2月8日起出现了六连阳，2月24日起再次出现三连阳，股价呈直线式上涨。

2012年3月15日起的三连阳，出现了明显的上下影线，说明上升遇到了一定的阻力，此时可能已经接近天井圈了。

例题2　三连阴线（海特高新）

海特高新（002023）于2012年5月初出现了一个三连阴线，拉开了下跌的序幕。这里的三连阴线实体越来越大，后两根几乎以最低价收盘，为顶部黑三兵。黑三兵出现后，多头试图抵抗，出现一个很小实体的三连阳线，但此3根阳线甚至没能收复黑三兵的最后1根阴线。因此，我们可以确认此时行情已经走坏，后市至少会有一波中等级别的回调（不是几天或者几个点位的调整）。

2012年5月下旬的川字三黑，以及6月初的倒川字三黑都没能止跌。至2012年6月下旬再出三连阴线，实体一个比一个大，此为加速下跌的信号，说明下跌远远没有到位。加速下跌后通常会出现"超卖"，技术上有反弹的要求，但随后的反弹也只是昙花一现，又回归跌途。

2012年7月末出现的四连阴线,可以看作后段四连阴线,是见底信号。特别是,随后反弹到第4天就收复了四连阴线的失地,这是前几次反弹不曾出现的现象。因此,我们有理由相信此波跌势已经止住。

海特高新(002023)2012年5—8月截图

小 结

三连线有三连阳线和三连阴线两种,其走势非常复杂。

它们出现的位置、时间对后市发展影响很大。比如,三连阳线出现在前段,股价会继续上升,出现在后段则会滞涨(或下跌)。

三连阳线的实体大小也很关键。比如,在低位出现三连阳线,若没能收复前面阴线的开盘价,可能形成下降三法;如果实体都为中阳线,则是红三兵的最佳形态;如果连出3根大阳线,则可能反弹已经到了天井圈。有时三连阳线中有1根大阳线,也表示反弹到位了。

在A股市场,不仅三连阳线常见,四连阳线、五连阳线也很常见,有时甚至会出现八连阳线和九连阳线,这些将在"战法31:低档五连阳——买入"中进行分析。

战法10：怀抱线——买、卖

第2日的大阳（大阴）线将前一天的小阴（小阳）线环抱住，此为一种极佳的买势信号或卖势信号。如在高价圈出现，投资者可以抛出；反之，在低价圈出现时，投资者可以买进。

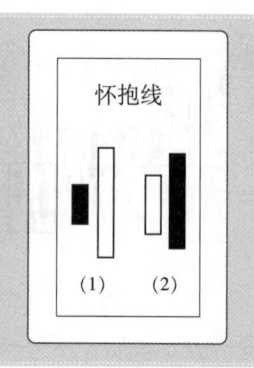

怀抱线

(1)　(2)

形态特征

怀抱线又称穿头破脚线，是指第2天的大阳线或大阴线将前一天的1根小阴线或小阳线环抱住，这是一种极佳的买进信号或卖出信号。其特征如下：

（1）由一阴一阳2根日线组成。

（2）第2根日线实体包含第1根的实体（严格地讲，还要求包含其上下影线）。

（3）可以出现在任何波段、任何位置。

技术含义

从技术上说，怀抱线不论出现在高位、低位还是横盘中，都是一种多空僵持的局面，所以怀抱线可视为一种横盘待变的走势。既然是待变的走势，所以当看到此形态的K线时，投资者就必须提高警惕。

市场处于清晰的上升或下降趋势中（趋势可以很短，但须明晰可辨）才具有反转意义，在盘整阶段则无反转意义。

需特别指出，在长期的上升走势中，如果最后出现一怀抱线（战法56：上升最后怀抱线——卖出），应该立即抛售。相对地，如果是在长期的下跌走势中最后出现怀抱线（战法57：下降最后怀抱线——买入），可以买进。

一般来说，**下列条件能增强其反转效果。**

（1）长期趋势末期出现。

（2）急剧变化（急涨或急跌）中出现。

（3）怀抱不止 1 根 K 线。

（4）第 2 根 K 线的成交量很大。

（5）在重要的支撑位或压力位处出现。

（6）2 根 K 线的实体差别较大。

相似形态

怀抱线的主要形态有：前小阳后大阴的阴抱阳、前小阴后大阳的阳抱阴、前小阳后大阳的阳抱阳，以及前小阴后大阴的阴抱阴。另外，前面的小 K 线也可以是十字星。

阴抱阳	阳抱阴	阳抱阳	阴抱阴	抱十字星	
看跌	看涨	见顶信号	见底信号	看涨	看跌

酒田战法中特别提到了两类怀抱线，分别如下。

战法 56：上升最后的怀抱线——卖出

在连续上升之后，最后突然出现 1 根大阳线，几乎环抱前面几根 K 线的涨势，可能会引发日后的下挫。

战法 57：下降最后怀抱线——买入

和上升最后怀抱线正好相

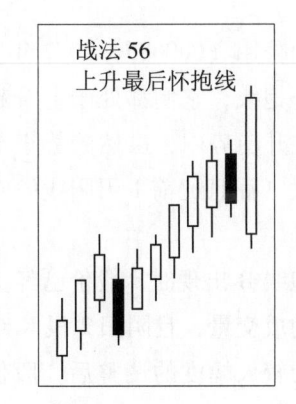

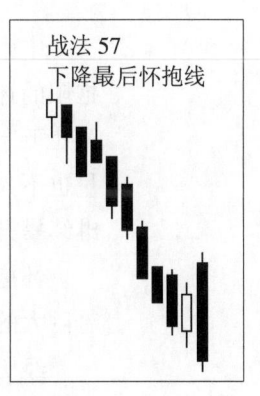

反,在连续下挫中最后出现1根超大阴线(通常在下跌途中连出7根阴线),很可能引发底部反弹,故下降最后怀抱线出现时,一般"反涨"的可能性较大。

新高怀抱线(阴抱阳)

出现在一段上升趋势之后的怀抱线,称为新高怀抱线。这是行情崩溃的标志,应卖出手中的筹码。

例题1 新高怀抱线(中山公用)

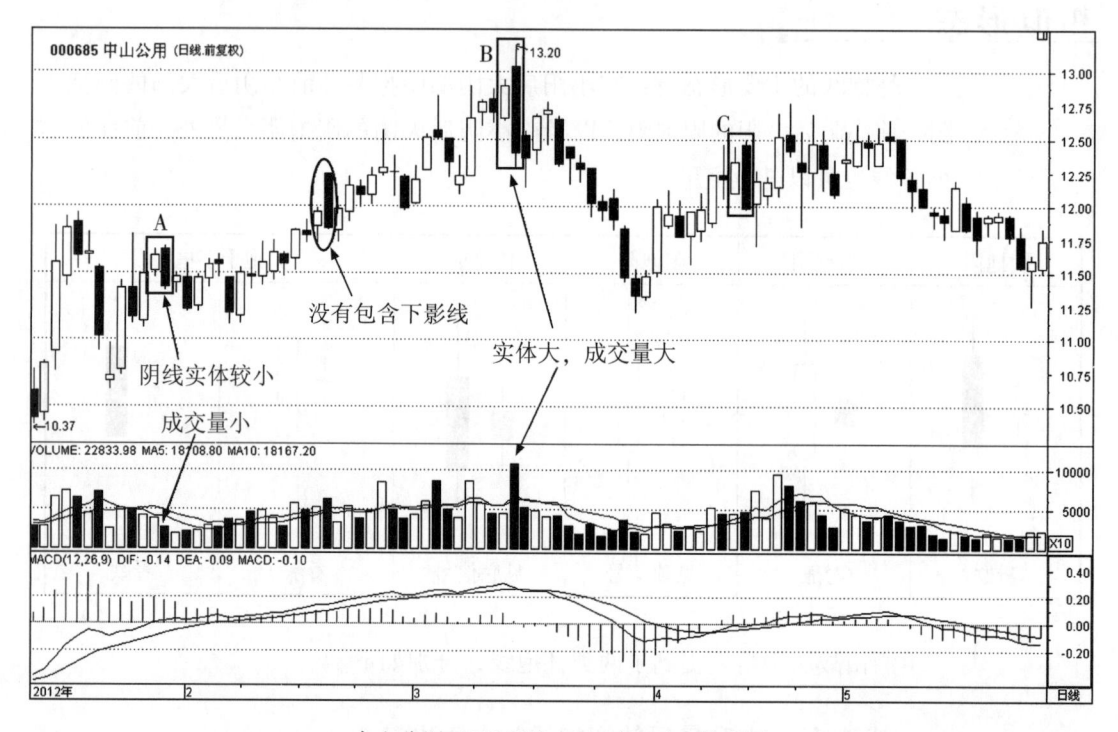

中山公用(000685)2012年1—5月截图

中山公用(000685)2012年1—5月走势图中出现了A、B、C三处阴抱阳的怀抱线,它们都处于上升趋势中,但后续的发展不尽相同。怀抱线A处于上升趋势中,虽然趋势很弱,但清晰可辨。此阴线实体不大,成交量也不大(而且比前1天阳线的成交量小),股价只是做了小幅盘整后,便继续攀升。

怀抱线B出现时,股价已经上涨了相当长的一段时间。超大阴线伴随着巨大的成交量,且阴阳2根K线实体悬殊,这样的怀抱线杀伤力极大。

经历较大幅度的调整后,股价出现反弹,反弹持续了两周,再次出现怀抱线，成交量有所放大。怀抱线 C 与 B 相比，阴线实体比 B 处的小，成交量放大了，但又不是很大，后市没有像 B 处那样立马暴跌。怀抱线 C 与 B、A 相比，阴线实体比 A 处的大，成交量变小了。随后股价在高位震荡，但没能有效突破 C 处阴线开盘价，此时行情已经步入天井了。

例题 2　怀抱却未创新高

宇通客车（600066）2011 年 8—12 月走势图

宇通客车（600066）经历一波连续下跌后，在 A 处出现阴抱阳的怀抱线，行情止跌企稳。这里有两个显著特点，2 根 K 线的实体都很小，成交量也很小，这样的怀抱线通常不具有反转的意义。接下来出现两次红三兵，股价并没有得到有效拉升，而是横盘整理，在 2011 年 9 月下旬形成一个密集成交区后，再次下跌。

2011 年 10 月 20 日触底后出现四连阳的强劲反弹，突破前期的密集成交区，然后高位整理，消化获利筹码。B 处出现阳抱阳，此时成交量萎缩，是典型的洗盘行为。C 处出现阴抱阳，大阴线的成交量没有明显放大，且大阴线收盘获得前期密集成交区的支撑。因此，这一怀抱线仅仅是在洗盘而已，后市将继续走高。

D 处的怀抱线，其大阴线的最高点明显低于前 1 根射击之星的高点，即没有创新高,也就称不上"新高"怀抱线了。加之成交量没有有效放大,所以我们有理由推断,此股票还有很大的上升空间。

新低怀抱线(阳抱阴)

出现在一段下降趋势中的怀抱线,称为新低怀抱线,是见底信号。

例题1　底部反转(中国国航)

中国国航(601111)2011年10月至2012年1月走势图

中国国航(601111)经过长期下跌,于2011年12月16日出现阳抱阴的怀抱线,股价开始止跌回升。此怀抱线具有反转的功能,下面分析其特征:①该股从2011年11月3日开始连续跌了1个月之久,几乎是垂直下跌,跌幅巨大;②怀抱线前出现三连阴线,这是此波跌幅的第三次三连阴线,有形成底部三连阴线的可能;③出现底部放量,特别是阳线的成交量有所放大;④阳线完全包含阴线,不但包含实体,而且包含上下影线。当然,并不是见到底部阳抱阴就能马上做多,而是要等到确认后才可以。此处的最佳买入点是在2011年12月22日,因为当天阳线收在前面最后1根阴线的上方。

中海油服（601808）2011 年 8—11 月截图

例题 2　继续上升（中海油服）

在一段跳空下跌后，A 处出现阳抱阴的怀抱线，成交量有所放大，市场出现小幅反弹，之后又继续下跌。出现连续 8 根阴线后在 B 处收出 1 根小阳线，之后再收阴线，再收十字星。这 4 根 K 线包含了多个组：前 2 根形成孕出线（阴孕阳），有止跌功能；第 2、3 根可以看作怀抱线，也有止跌功能；第 4 根十字星出现时又形成了外孕十字星，也有止跌功能。也就是说，这 4 根 K 线组合发出了三重止跌信号，为后市上升打下了坚实的基础。

上涨到 C 处出现了大阳线包含小阴线，这是在上升初期，所以后市即使出现回调，也不可怕，反而提供了良好的建仓、加仓的机会。在 D 处出现的大阳线，同样不是上升最后怀抱线。综合起来，我们可以判断该股还有上涨空间。事实上，该股随后一直上涨到 18 元（前复权价）才回落。

小　结

怀抱线具有反转的功能，其出现的位置具有决定性意义。即，如果出现在高价圈，是卖出信号；如果出现在低价圈，是买入信号。如果怀抱线出现在重要阻力位或重要支撑位,则其看涨看跌信号更强烈。

通常认为,怀抱线中2根K线的实体相差越大,则反转信号越强。但统计结果表明,见底怀抱线中的2根K线实体相差无几,而且以中小实体的阴、阳线为主。

统计心得

(1) 在上升初期,阴线、阳线实体长度差别不大,而且没有放巨量,则是洗盘。

(2) 若阴抱阳,特别是"长阴+巨量",则行情即将崩溃,应卖出筹码。

战法11：跳空——买、卖

> 跳空，英文为gap，是一种逐涨和逐跌的信号。如出现在牛皮盘档之后且连出3根，则威力最强。跳空有向上跳空和向下跳空之别，是暴涨和暴跌的先兆。通常在一种大行情发动时，出现向上跳空，如一周内不回补，即可能往上直线蹿升，因此多头可利用出现向上跳空之际迅速低价买入（向下跳空则抛售）。

形态特征

跳空又称缺口，是指股价在连续的波动中有一段价格没有任何成交，在股价的走势图中留下空白区域。

（1）跳空有向上跳空和向下跳空两种形态。

（2）发生在牛皮档的跳空，无论向上还是向下，都极具威力。

（3）常见的跳空缺口有四种——普通缺口、突破缺口、测量缺口、衰竭缺口。

（4）缺口1周以内若不被填补，股价将会出现暴涨或暴跌的行情。

技术含义

战场上，交战的双方对峙一段时间，若不进行和解，总会有一方取得优势。劣势的一方或且战且退，或兵败如山倒，弃甲而逃。胜利的一方乘胜追击，渡过河流或海洋继续作战，此时会面临严重的补给与退路问题。后面是"缺口"，敌方若反击，情势非常不利，若战败则必掉入河流或大海，不然就须投降。基于此项不利环境因素，胜利的一方必须奋力作战，向前挺进，距"缺口"一段距离建立据点，稳住阵脚。

股票市场的多空长期争战更是如此，受强烈利多或利空消息刺激，股价大幅跳空。跳空通常在股价大变动的开始或结束前出现，向上跳空表明涨势强劲，向下跳空则表明跌势强劲。跳空是明确趋势开始的重要标志，跳空缺口越大，表明趋势越明朗。

酒田战法认为，1周不回补缺口则有大行情，但统计发现，对A股而言，这一点似乎不成立。

形态类比

整个78条酒田战法中，涉及跳空的有19条之多，将近占了1/4，几乎囊括了缺口的所有形态。现将有关跳空战法汇集如下。

战法11：跳空——买、卖（普通缺口）

战法35：低档小跳空——买入（普通缺口）

战法54：回落再涨型——买入（普通缺口）

战法24：跳空连双阴——卖出（衰竭缺口）

战法39：牛皮破档并列红——买、卖（衰竭缺口）

战法45：夜星——卖出（衰竭缺口）

战法46：上空黑二兵——卖出（衰竭缺口）

战法58：上舍子线——卖出（衰竭缺口）

战法59：下舍子线——买入（衰竭缺口）

战法63：擎天一柱底——买入（衰竭缺口）

战法64：下落变化底——买入（衰竭缺口）

战法28：破档上跳空——买入（突破缺口）

战法29：破档下跳空——卖出（突破缺口）

战法65：锅底——买入（突破缺口）

战法66：半圆天井——卖出（突破缺口）

战法40：下落跳双阴——卖出（突破缺口或测量缺口）

战法51：下落二星——卖出（突破缺口或测量缺口）

战法52：下落三星——买、卖（突破缺口或测量缺口）

战法70：三空——买、卖（突破缺口、衰竭缺口）

缺口的回补

缺口回补的意义

短期内缺口即被封闭，表示多空双方争战，原先取得优势的一方后劲乏力，无法继续推进，而由进攻改为防守。长期存在的缺口若被封闭，表示股价趋势已反转，原先主动的一方已变为被动，原先被动的一方则转而控制大局。

对"缺口必回补"的理解

许多技术分析者认为，任何缺口必须封闭。措辞稍为缓和的则认为，假使一个缺口在3天内不封闭，则将在3个星期内封闭。这是有失偏颇的看法，事实上，**有许多缺口是不会封闭的**。

有人认为，若缺口3天内不封闭，则此缺口绝对有意义，短期内将不会被填补。一般而言，缺口若不被下一个次级波动封闭，则极可能在一年或几年后才会被封闭。

缺口的种类

缺口通常分为四类：普通缺口、突破缺口、测量缺口和衰竭缺口（除权、除息的缺口本节不予研究）。大行情通常有缺口，在牛市中可以出现十多次的向上跳空，在熊市中则可以出现十多次的向下跳空。当然，并非每一波大行情都有这些缺口。

普通缺口

在图形里，普通缺口经常出现在一个交易频繁的整理与反转区域，出现在整理形态的概率较反转形态大。它的出现如未导致股价脱离形态而上升或下降，短期内走势仍是盘局。普通缺口很容易被封闭，在多空争斗中不代表何方取得主动，其短期技术意义近乎零。

普通缺口会被填补，我们可以根据这一点赚取短期差价，即：当向上的普通缺口出现之后，在缺口上方的相对高点应抛出股票，然后待普通缺口封闭之后再买回股票；当向下的普通缺口出现之后，在缺口下方的相对低点应买入股票，然后待普通缺口封闭之后再卖出股票。

应用这种操作方法的前提是必须判明缺口是否是普通缺口，而且股票价格的涨跌必须有一定的幅度，这样才能采取这种高抛低吸的策略。

据统计，90%的情况下普通缺口都会被回补，所以不要一看见跳空上涨了，就头脑一热追杀进去。

莱宝高科（002106）在2012年4—5月出现了4次跳空，这些都是普通缺口。

它们都出现在长期下跌途中，处于低位（不能判断是底部）整理形态

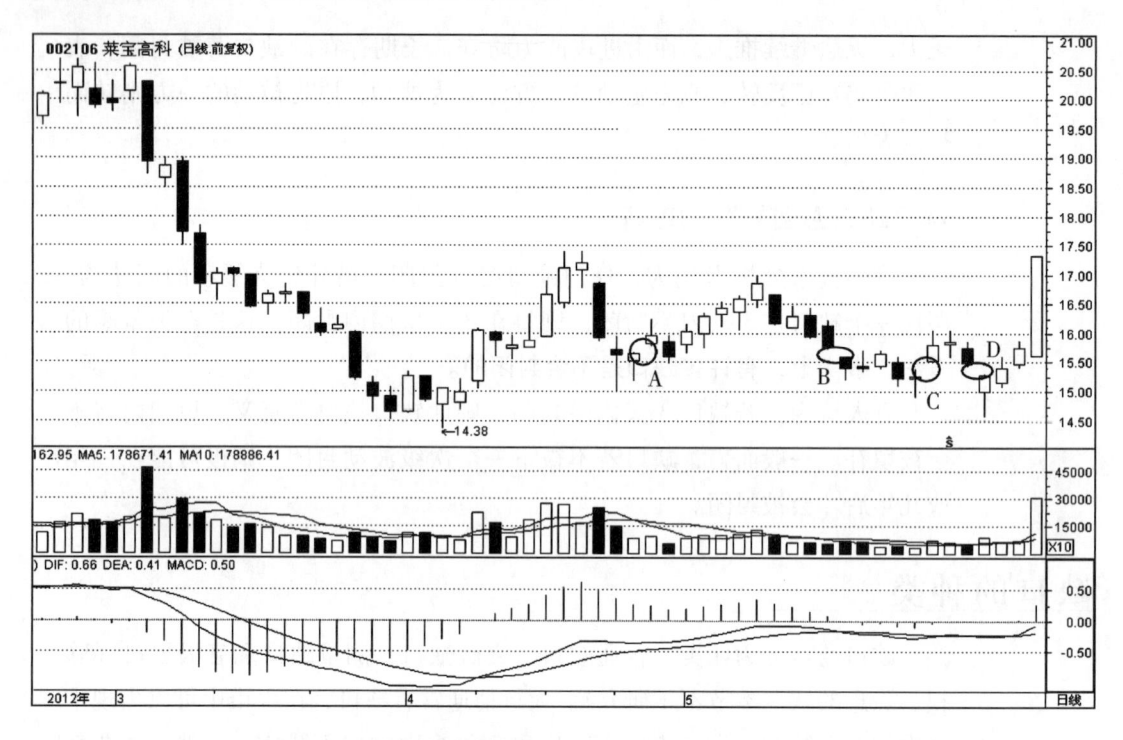

莱宝高科（002106）2012年2—5月走势图

中。从形态上看，它们运行于一个对称三角形形态之中。跳空的当天，成交量没有相应放大，甚至还出现了萎缩。

另外，我们还可以通过使用排除法，证明这些缺口都是普通缺口。每次无论向上跳空还是向下跳空，其都没有脱离其运行的形态，故不是突破缺口；不是在连续的下跌或上涨中，故不是测量缺口；在总体下跌趋势中，出现跳空没有创新低，故不是衰竭缺口。

缺口 A 发生在下跌途中，是普通缺口（在下跌趋势中，如果发生向下跳空，可能出现突破缺口或者衰竭缺口，而缺口 A 出现向上跳空，故是普通缺口）。我们可以在缺口发生当天快要收盘时（比如14时45分），判断这是普通缺口，随后几天一定会回补。于是我们可以以 16 元的价位卖出，在缺口下沿（15.65元）买回来，这样第2天即可获利0.35元。

缺口 B 出现后，第6天才回补（最佳回补期为缺口出现后3~5天），而且是以向上跳空（出现缺口 C）的形式回补。这里不是岛形底部，股价不会直接上升，故必定要回补缺口 C。

缺口 D 后出现红三兵，但仅凭红三兵我们是不能确定其今后走势的，只有出现了随后的放量大阳，打破了原来的运行轨迹，股价直线向上才成为可能。

突破缺口

突破缺口是相对突破某种形态而言的。当形态确立后，K线以缺口跳空上升或下降的形式远离形态，突破盘局。突破缺口表示真正的突破已经形成，行情将顺着股价趋势行进下去。也就是说，股价向形态上端突破，整理区域便成为支撑区，将有一段上升行情出现；股价向形态下端突破，整理区域就成为阻力区，将有一段下跌行情出现。

通常突破缺口越大，未来变动越剧烈。

突破缺口有成交量的配合具有重要的意义。

（1）如果发生缺口前成交量大，突破后成交量未扩大或随价位波动而相应减少，表示突破后并没有大换手，后继承接力量不强，此缺口将很快被填补。

（2）如果突破缺口发生后，成交量不但没有减少，反而扩大，则此缺口意义深远，近期将不会回补。

（3）下跌突破缺口并不一定会出现大成交量，但仍有效（向上突破缺口一定要大成交量配合，否则无效）。

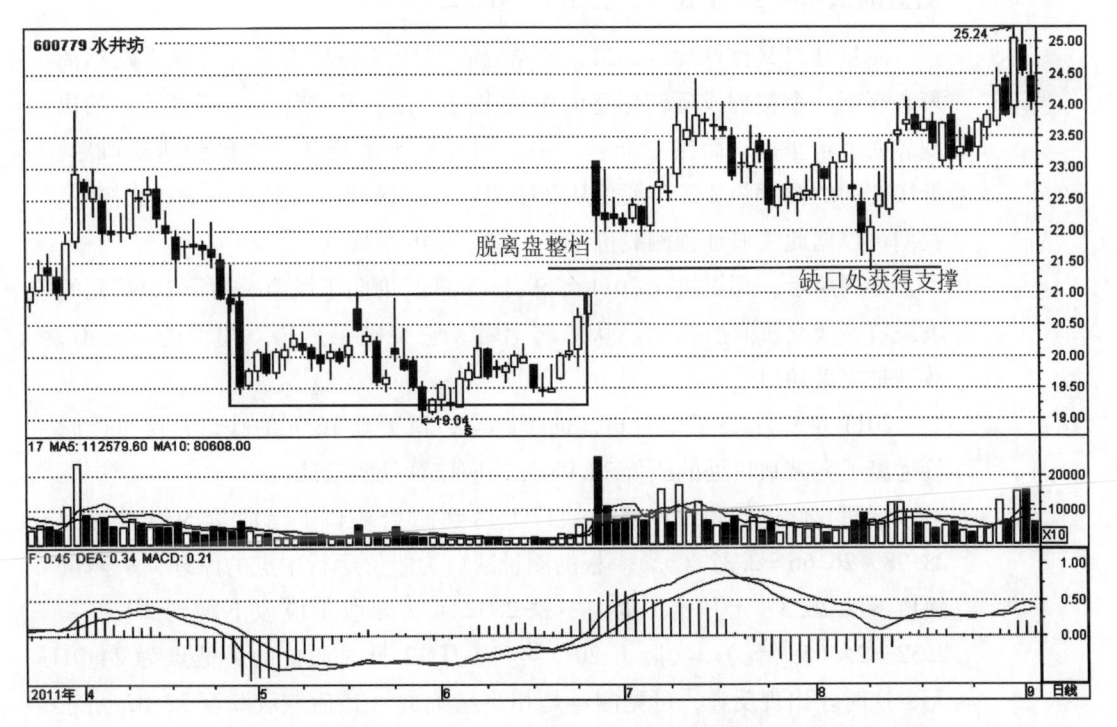

水井坊（600779）2011年4—8月走势图

通常认为，突破缺口的意义极大，因为它一般预示着行情走势将要发生重大的变化，而且这种变化趋势将沿着突破方向发展。比如，对于向上的突破缺口，若突破时成交量明显增大，且缺口未被封闭，则这种突破形成的缺口是真突破缺口。通常，突破缺口形态确认以后，无论价位升跌情况如何，投资者都可以大胆买入。

同样，向下的突破缺口出现后，后市的下跌也是巨大的。在出现向下跳空缺口后，无论你账户是盈利还是亏损，都必须痛下决心，卖出股票，不可以心存侥幸。

如图所示，水井坊经过一段时间的下跌后，出现1根大阴线，然后横盘整理，从2011年4月29日一直到6月24日，这期间股价运行在一个矩形框内，也可以看作形成了一个微型的头肩底。2011年6月25日出现一个巨大的上跳空缺口，成交量放出天量。很明显，这是一个突破缺口，它既可以看作突破矩形框的上沿，又可以看作突破头肩底的颈线位。股价在高位运行一段时间后回落到缺口附近，获得支撑，再次上升，最高达到25.24元，短短几天，上涨了约20%。

测量缺口（持续性缺口，亦称逃逸缺口）

测量缺口又称持续性缺口，通常是在股价突破形态后上升或下跌远离形态至下一个整理或反转形态的中途出现。在上升趋势中，测量缺口的出现表明市场坚挺；而在下降趋势中，则显示市场疲软。股价到达缺口后，继续变动的幅度一般等于股价从开始跳空（突破缺口）到这一缺口的幅度。我们可以据此大概地预测股价未来可能移动的距离。

如图所示，郑煤机在2011年9月13日股价向下跳空，留下0.60元的大缺口，成交量有所放大。从形态上看，它突破了直角三角形的下边沿，故这是突破缺口。

2011年9月23日股价再次向下跳空，留下0.16元的缺口，这时候股价远离了突破缺口处的股价28.98元，应该算是测量缺口。

下面我们进行测量：突破缺口上沿到测量缺口上沿股价的绝对值为28.98－26.66＝2.32（元）。根据测量缺口为股价运行中点的原理，从测量缺口下沿26.37元开始，也应下跌2.32元，即股价应该下跌到26.37－2.32＝24.05（元）。实际上2011年10月12日时股价的最低点为24.01元，这时才出现反弹，可见测量是相当精确的（最后该股跌至22.82元才真正见底）。

有意思的是，在2011年10月19日再次出现向下跳空缺口。如果这算

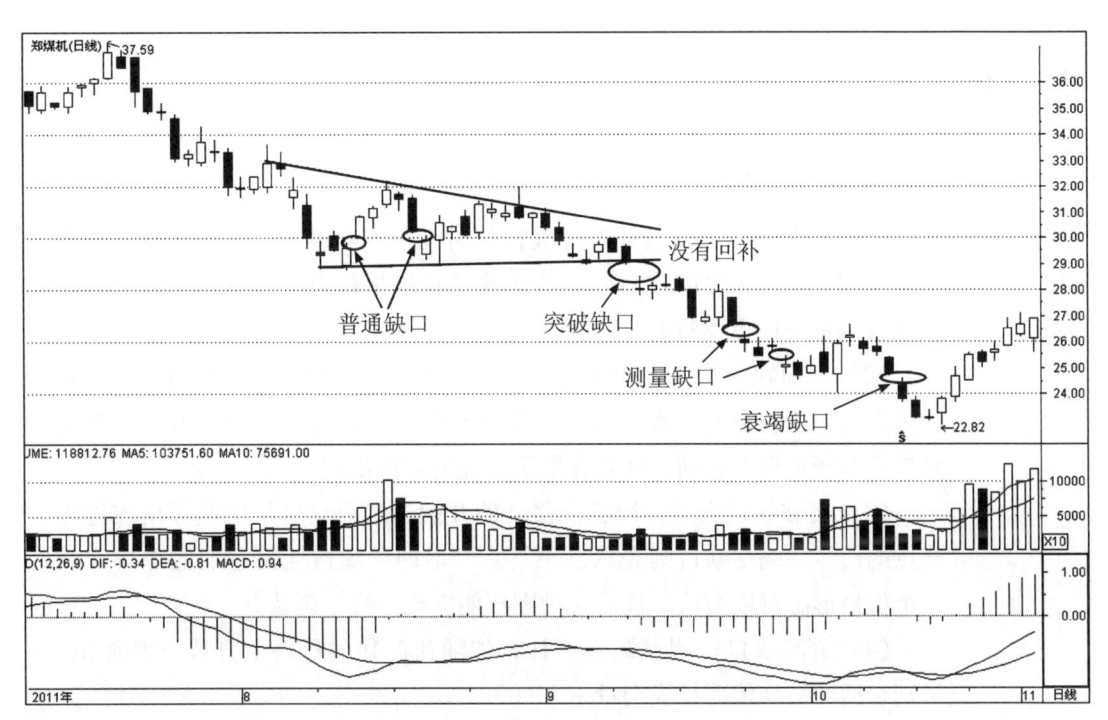

郑煤机（601717）2011年7—10月截图

作衰竭缺口的话，那么2011年9月19日出现的缺口，就要算作测量缺口。如此一来，此处出现了两个测量缺口，那么此段行情的中段位置，应是这两个缺口之间的位置。

衰竭缺口

衰竭缺口也称竭尽缺口，一般出现在趋势的尾声，是急速上升或下降的回光返照，随后市场将出现转折。需要说明的是，并不是所有股票在行情结束前都会产生竭尽缺口（具体实例可以参看上图）。

其判断标准如下。

（1）在普通性跳空、突破性跳空之后出现，并且很快被填补。

（2）缺口发生当日或次日成交量与过去一段时间相比，显得特别大。

（3）如果缺口出现后隔一天，收盘价停在缺口边缘（或回补），就可以肯定是竭尽缺口。

（4）有时在同一价位区域出现两个缺口，形成岛形反转，则这是两个竭尽缺口。

小 结

各类缺口的识别

（1）测量缺口与突破缺口一般在短时间内不会被封闭，普通缺口与竭尽缺口却会在几天之内被封闭。普通缺口较竭尽缺口更易被封闭，突破缺口则较测量缺口更不易被封闭。

（2）普通缺口与突破缺口发生时都有区域密集的价格形态陪衬，前者在形态内发生，没有脱离形态，后者则在股价变动超越形态时发生。测量缺口没有密集形态相随，而是在股价急速变动中出现。

（3）突破缺口表明一种股价移动的开始，测量缺口是快速移动或近于终点的信号，竭尽缺口则表示已至终点。前两种缺口凭借它们的位置和前一个价格形态可以辨认，最后一种则不能立刻分辨、确认。

（4）衰竭缺口像测量缺口一样，伴随快而猛的价格上升或下跌而生，辨别它们的最佳依据是成交量。

缺口操作的策略

（1）股价以大成交量向上突破时留下缺口，这是多头行情的征兆。继续上涨时应持有股票，在回跌时可以加码买进。

（2）急速上升过程中如果又出现一个缺口，则需研判这是逃逸缺口还是竭尽缺口。若推断此缺口是逃逸缺口，则可继续持有股票，在预估价位来临时，开始限价卖出。如果确定此缺口是竭尽缺口，则应立刻抛出股票。

（3）股价向盘档上端突破，3天内不回补，则投资者可以大胆买进；股价向盘档下端突破，3天内不回补，则投资者应该立刻抛出股票。

（4）热门股往往因此激发强烈的买气与卖意，冷门股则较少出现多空对峙，走势往往出现一边倒，完全由作手控制。因此，对这两种股票缺口的操作要非常谨慎。

统计心得

（1）连续跌停后第一次放量收红，不可跟进（参见"战法4：十字星——暂观"）。

连续跌停后第一次打开，是主力出货所为，不可以买入，谁接手谁倒霉。第二次跌停打开，放量时可以跟进。

（2）连续乱跳空——阶段底部，虽不是最低，但一定是底部区域。

实例 1：上证指数（999999）2008 年 9—12 月。

实例 2：中青宝（300052）2012 年 3—6 月。

（3）向下破位阳线——其作用相当于向下的突破缺口。

ST 秦岭（600217）在 2001 年 7 月 4 日出现了向下破位大阳线，随后一路下挫，到 11 元左右才见底，跌幅近 50%。

股价跳空低开再低走的话，就会收出十分明显的跳空阴线，一般投资者很容易看出这是出货信号，不会上当。所以，主力就发明了一种掩人耳目的新方法。具体做法是，以大幅度（甚至是跌停板）的价格低开，然后稍微拉高一点，使之变成阳线。尽管股价是下跌的，但不明真相的投资者会误以为这是股票见底信号，于是纷纷入场接盘。

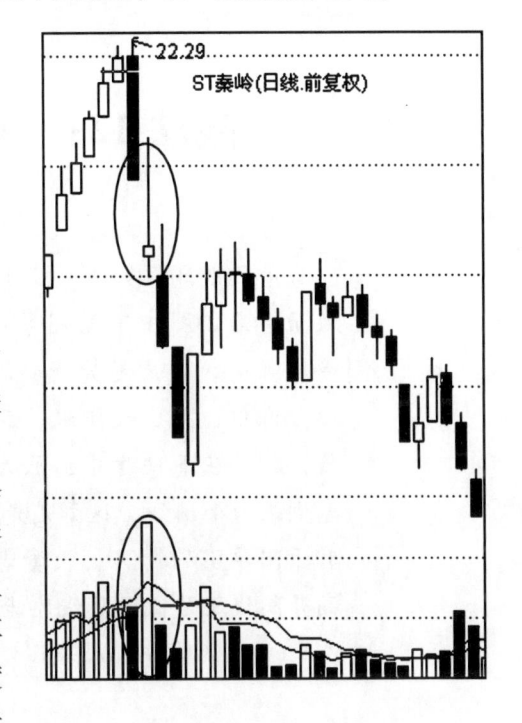

战法12：孕出线——买、卖

> 第2根日线从第1根日线中孕抱而出，故而得名。图中不论阴孕阳（1）还是阳孕阴（2），皆是走势渐弱的明证。尤其在上升途中，先出大阳线，后急剧缩成小阴线，抑或在下跌途中，原为大阴线，次日急剧缩为小阴线，这都是走势渐弱的先兆。对于阳孕阴的情况，投资者得看次日是出高开阳线还是低开阴线才能够做决定。
>
> （注：标题中，原著只有"卖"，本书修改为"买、卖"）

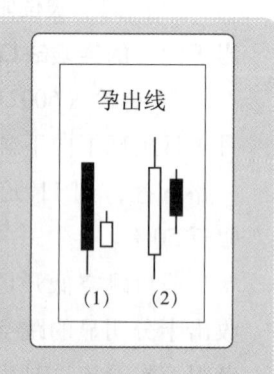

形态特征

前大后小形态的孕出线，又称"身怀六甲"，是与怀抱线组合形态正好相反的一种K线组合，其第2根K线的交易区间在前1根K线的交易区间之内。其特征如下。

（1）由2根K线组成，前大后小。

（2）后1根小K线的上下影线和实体部分都被前1根K线的实体所包含。

（3）当右边的小K线为十字星时，称为"外孕十字星"。

（4）类似怀抱线，孕出线也有四种："阳孕阴""阳孕阳""阴孕阳"和"阴孕阴"。本节主要研究"阳孕阴"与"阴孕阳"。

技术含义

本节研究的两种孕出线（"阳孕阴"与"阴孕阳"），都是趋势渐弱，动能渐衰的明证，发出的是"市场可能会发生逆转"的信号，具有"提前预警"的作用。孕出线的线形结构特点是前大后小，而且对比越强烈，效果越佳。如果前不大，后不小，即前面的仅能勉强包住后面的 K 线，那么反转的意义不大。相对而言，"外孕十字星"的预警信号更加强烈。

阳孕阴：在上升途中，先出 1 根大阳线，再急缩成小阴线，这是走势渐弱的先兆。

阴孕阳：在下跌末期或在相对低位，先出 1 根大阴线，再急缩成小阳线，可能意味着多头展开反击。如果第三个交易日再收阳线，且收在前 1 根较大阴线实体之上，则反弹或反转走势就基本确立了。

变式研究

孕出线

战法 12 孕出线	战法 12 孕出线	战法 23 外孕十字星	战法 26 阳包阳	战法 27 阴包阴
它们都表示多空分歧，日后的走势如何，要依下一根 K 线的走势而定				

吞噬线

阴吞阳 （穿头破脚）	阳吞阴 （穿头破脚）	战法 10 怀抱线	战法 10 怀抱线
一般而言，见顶信号强于见底信号，但要配合所处位置		一般而言，依旧保持原来趋势，但要看位置（战法 56、57）	

阳孕阴——上升最后孕出线（卖出）

在上升趋势中，先出 1 根大阳线或中阳线，再出 1 根小阴线，被阳线怀抱，称为"**上升最后孕出线**"，是见顶信号。以下三点需要重点强调。

（1）上升时间要 2 周以上。

（2）第 2 根为阴线且收盘位于阳线实体的下端，否则需等第 3 天确认。

（3）如果之前上升趋势不明显，则不具有涨跌信号功能。

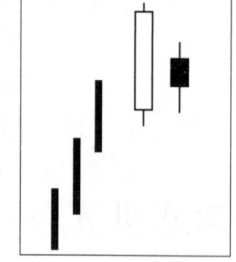

例题　典型例子

中科英华（600110）2012 年 2—6 月截图

中科英华（600110）走势图中出现了 A、B、C 三处阳孕阴的孕出线。孕出线 A 是在持续上升 1 个多月后出现的，其阴线收盘位于大阳线的实体下部，第 3 天再收中阴，而且收盘价低于大阳线的开盘价，具有典型的顶部特征，随后股价直线下跌。

下跌一段时间后，出现了底部岛形反转形态，股价反转向上。反弹到

B 处时再次出现孕出线，这里的小阴线收盘在大阳线的实体上部，而且第 3 天收阳线，即见顶确认失败。之后一段时间内股价一直在该大阳线的上半区域内盘整，直到出现孕出线 C。与 A 处的孕出线类似，这里也构成了阶段顶部，随后股价一路下挫。

阴孕阳——下降最后孕出线（买入）

在下跌趋势中，先出 1 根大阴线或中阴线，再出 1 根被阴线怀抱的小阳线，称为"**下降最后孕出线**"。下降最后孕出线与上升最后孕出线情况相反，是行情逆转向上的先兆。以下三点需要重点强调。

（1）下降时间要两周以上，若长达 1 个月之久则反转信号更强。

（2）第 2 根 K 线必须为阳线且收盘位于大阴线实体的上端。

（3）确认线：第 3 天或其后三五天内阳线的收盘价应高于大阴线或中阴线的开盘价，而且成交量需有所放大（上升的确认比下跌的确认更严格）。

例题 1　典型例子

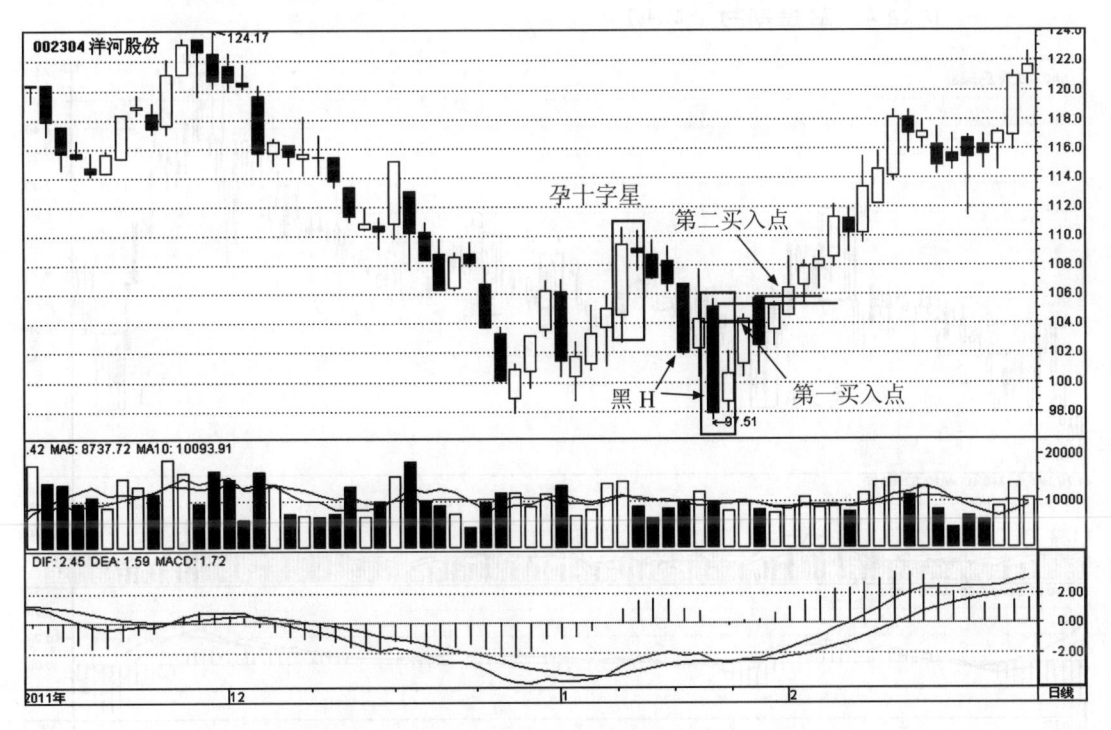

洋河股份（002304）2011 年 11 月至 2012 年 2 月走势图

洋河股份（002304）2011年12月在一波凌厉的下挫后，出现了红三兵。通常第一次出现红三兵后股价会立马回调。第二次反弹时出现了孕十字星，反弹随之夭折。之后下跌中出现了"黑H"，按理说股价会继续下跌，但随后的小阳线与前1根大阴线构成了孕出线，这是见底的标志。这里既有下跌的信号，又有止跌回升的信号，究竟哪个正确？我们无从得知，只能由市场自己裁决。这时，投资者只能静观其变，等市场趋势明朗后再做定夺。

2012年1月20日出现1根中阳线，至此已经二连阳，而且收盘位于大阴线的实体上部，激进的投资者可以试探性入场。稳健的投资者应该等到2012年2月1日再入场，因为这天阳线的收盘价不仅高于孕出线的大阴线开盘价，而且高于2012年1月30日中阴线的开盘价。

这里介绍一个操作技巧：对于直线上升的股票，第一次回调后的3~5天是良好的买入时机。如图所示，2012年1月19日到2月13日股价是以直线形式上升的，而且成交量温和放大。随后第一次回调后的第5天，即2012年2月20日，出现了极佳的买入点。

例题2　盘整期与下跌期

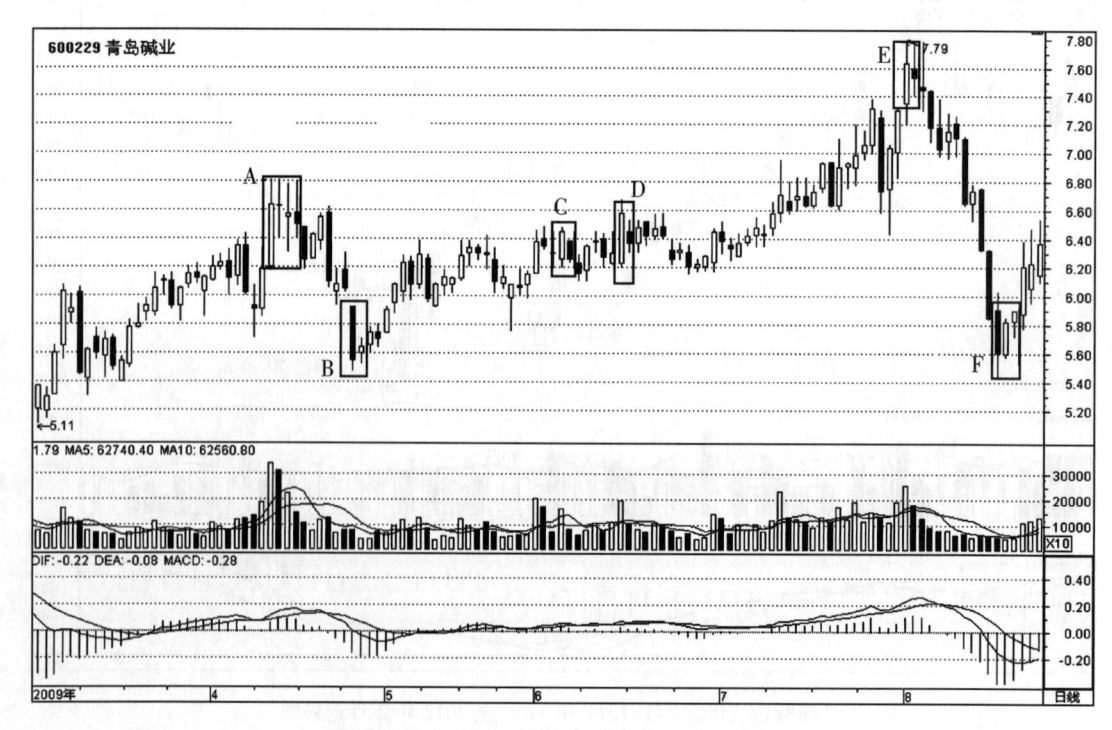

青岛碱业（600229）2009年3—9月的截图

青岛碱业（600229）截图中出现了多处孕出线，包括阳孕阴、阴孕阳，它们处于不同波段的不同位置。

孕出线 A、E 出现在较长的上升趋势中，都可以看作孕十字星，都是见顶信号。

孕出线 C、D 出现在盘整期，结果是继续盘整，即盘整期的孕出线无实际意义。

孕出线 B、F 出现在下跌趋势中，都是见底回升的信号。通常孕出线作为阶段性底部的信号，需要较长的下跌时间。图中 B、F 处的下跌时间都不长，但是下跌幅度较大，这就是所谓"以空间换时间"。

小　结

孕出线暗示着市场上升或下跌的力量已趋衰竭，随之而来的很可能是股价的转势。有时出现孕出线并不是反转信号，比如在盘整期；刚刚下跌四五天即出现孕出线，而且阳线收在阴线下部，常常不会止跌，后续走势需要进一步确认。

统计心得

对于直线上升的股票，第一次回调后的 3~5 天是良好的买入时机。

战法13：迫切线——卖出

第3根日线低开，但收在第二天阴线的下影线之下（正好相切），这种线形的出现是抛售的信号。

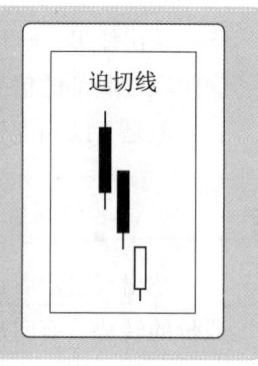

迫切线

形态特征

在连出2根阴线后，第3根阳线低开高走，收盘价刚好与第2根阴线的最低价持平，称为迫切线。其特征如下。

（1）由3根日线组成，前2根为阴线，第3根为阳线。

（2）第3根日线开低，收在第2根阴线之下，且两者正好相切。

（3）如果股价刚刚下跌，则称为"初跌迫切线"，是卖出信号。

技术含义

股价连续收2根阴线，说明上升趋势已经动摇或下跌的意愿开始浮现。第3天的低开，虽然收出阳线，但多头没能进一步攻击，致使阳线收盘在阴线低点处。反过来考虑，如果第3天收中阴线，则为黑三兵，可以想象价格会严重下挫。因此，迫切线的出现是抛售的信号。

迫切线是一种急剧下跌的K线形态，在下跌初期、中期都是卖出信号，如果跌很久了，则可能是见底的信号。在A股市场，迫切线出现得少之又少，难得一见。但一旦出现迫切线，则不可掉以轻心。

变式研究

在二连阴后，再出 1 根低开高走的阳线。如果阳线收盘深入阴线实体，则称为入手线；如果阳线在阴线实体下运行，或者阳线实体在阴影下，则为迫切线及其变式。

阳线最高点与阴线最低点相切	阳线收盘与阴线收盘相切	阳线收盘与阴线最低点相切	阳线运行于阴线下影线位置	战法 53 逆袭线
都是迫切线的变式，在下跌初期、中期，卖出信号				下跌后期，买入信号

变式的共同点：二连阴，无跳空，实体不相交。

实战验证

例题 1　形态识别

赢通通讯（002861）在 2020 年 3 月 10 日出现 1 根大阳线后，连收两根阴线，随后出现 1 根低开的大阳线，这根阳线的收盘与前一根阴线的收盘持平，即所谓"相切"。酒田战法将这 3 根 K 线组合称为迫切线，如图所示。

按照酒田战法，出现迫切线是卖出信号。果然，随后一个交易日该股票高开低走，出现 1 根大阴线，跌幅达 8% 以上，随后继续走低。所以，遇到迫切线，卖出手中的筹码是明智的选择。从图中可以看出，在下跌途中，迫切线为投资者提供了一个绝佳卖点。

例题 2　并未深跌

国金证券（600109）于 2006 年 6 月初出现了"两阴＋低开阳线"的 K 线组合。从时间上看，该股已经持续上升了 1 个月之久，而下跌时间才 3

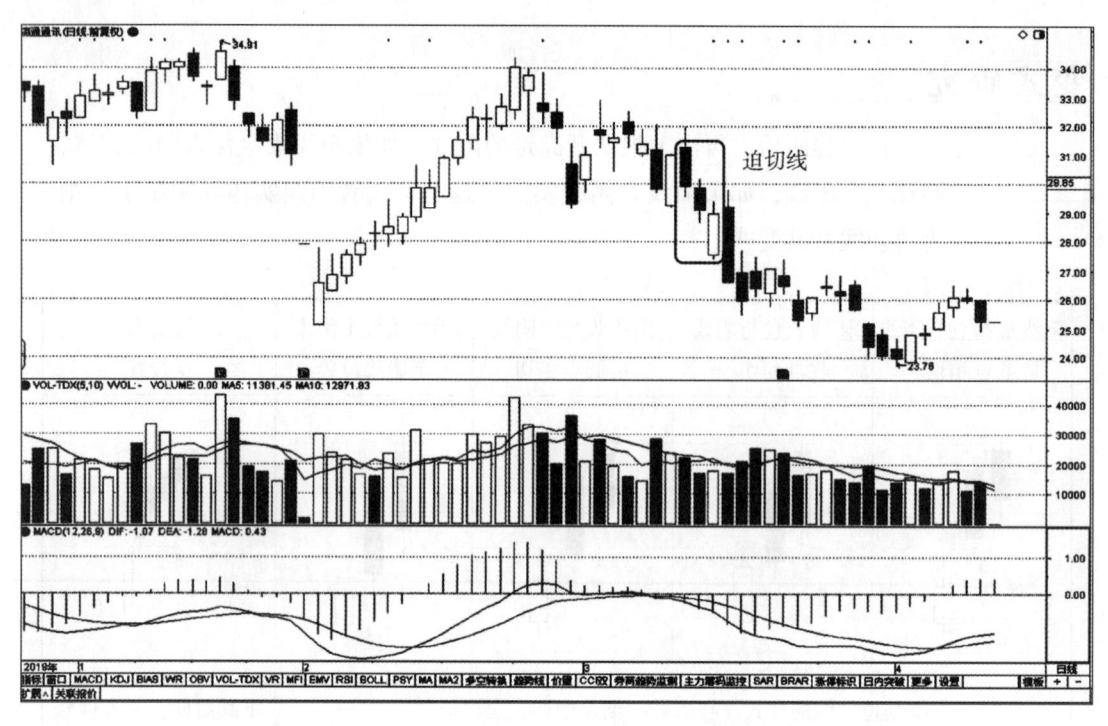

赢通通讯（002861）2020年1—4月截图

国金证券（600109）2006年4—7月截图

天，属于下跌初期；从形态上看，前2天都为阴线，第3天出现低位阳线，最高价与前一天阴线最低价相切，故此为标准的迫切线。但随后并没有深跌，如何理解呢？

我们认为，这与当时的大环境有关，当时正处于998点起步的大牛市，此时A股"齐涨共跌"特性明显，即"上涨"是当时的主基调。

但是，我们也要看到，出现迫切线后，该股虽然没有下跌，却也没有上涨，盘整了将近两个月才向上突破，此时其他大多数股票已经涨了很多。

退一步讲，迫切线的当天（阳线收盘时）卖出股票，一定会有更低位可以接回来。如图所示，迫切线的后一天为中阴线，其后第2天再次低开，故卖出后有充足的时间可以买回来。

小 结

迫切线是卖出信号，特别是在下跌初期，威力仅次于黑三兵。其市场含义类似于"战法11：跳空——买、卖"中提到的"向下破位大阳"。但如果其在长期下跌末期或急剧下挫之后出现，也可能因为超跌而诱发反弹。

战法14：入首线——卖出

是迫切线的变式，即第三日的阳线收盘深入前1天的K线之中，由此可以看出多空双方曾激烈交战过，如日后走势再探下位，则空头可乘胜追击之。

入首线

形态特征

入首线为迫切线的变式，即第3天的阳线收盘深入前1天的日线之中。其特征如下。

（1）形态类似迫切线，由3根日线组成，前2根为阴线，后1根为阳线。

（2）第3根日线跳空低开，开盘低于第2根阴线最低点，收盘在第2根阴线实体部分的下部。

（3）阴线和阳线实体都不宜过小，否则应当作"星"线看待。

（4）需要确认的是，如果日后再探下位，则属于抛售信号。

技术含义

入首线是迫切线的变式，在连出2根阴线后，第3天的阳线收盘深入前1天的日线之中，由此可看出多空头曾激烈交战过，并且短暂得以平衡。迫切线中阳线的收盘价与前1根阴线的最低价相同，说明多方力量薄弱，是卖出信号。入首线与迫切线相比，第3根阳线的收盘收于前1根阴线实体，说明多方实力有所增强，但又不够强。

通常以前1根阴线实体中位线为分水岭，如果阳线收盘在阴线实体下半部（入首线），表明多方力量比较弱；如果阳线收盘在阴线实体上半部（插入线），表明多方力量比较强。当然，如果阳线收盘价高于阴线的开盘价，多方的力量就更强大了。

除了上述阳线收盘位，入首线这一形态所处的位置也很关键。如果发生在初跌期（比如下跌 1 周之内），则会继续下跌；如果发生在中段，依然属于弱势的信号；如果发生在下跌后期，股价虽然不会立刻反弹，但也可以说离底部不远了。

形态类比

战法 13：迫切线——卖出

战法 14：入首线——卖出

战法 34：插入线——买入

战法 53：逆袭线——买入

（1）根据阳线收盘深入阴线实体多少而命名。迫切线和逆袭线的第 3 根阳线收盘价与阴线最低价相当，迫切线的阳线较小（小阳线或中阳线，但不是十字星），逆袭线阳线较大（中阳线或大阳线）；入首线和插入线的第 3 根阳线收盘深入阴线实体，但入首线收在实体下半部，插入线收在实体上半部。

（2）迫切线与入首线为卖出信号，而插入线和逆袭线为买入信号。

（3）逆袭线和插入线先前连出 4 根阴线，处于下跌后期；而迫切线与入首线均先出 2 根阴线，处于下跌初期和中期。

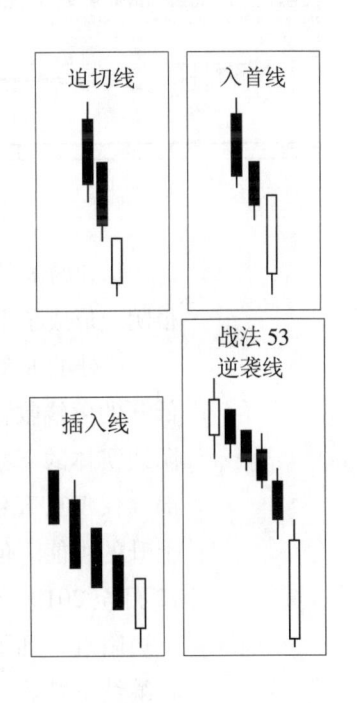

实战验证

例题 1　标准形态

广州浪奇（000523）走势图中出现多处"二连阴+低开阳线"的 K 线组合。

A 处的 K 线组合处于弱势反弹中，3 根 K 线的实体过小，不是入首线，只能当作上涨三颗星看待。

广州浪奇（000523）2012年4—8月走势图

B处的K线组合也不是入首线，因为第3根是高开的阳线，且与第2根阴线形成孕出线。在盘整期出现这种线形，是没有反转意义的。

C处的K线组合是入首线，3根K线的实体都不是很小，第3根跳空低开的阳线收盘深入第2根阴线的实体。标准的入首线要求阳线收盘于阴线实体的下半部，表明做多量能不足。此处阳线深入阴线实体的上半部，仅仅从K线组合角度看，这是多方力量较强的体现，后市有止跌或上升的可能。但如果从较长的时间来看，如图中矩形框中呈现的2011年12月至2012年8月的截图，我们可以看出C处的入首线位于直角三角形下边附近，到了向下突破时点。此阳线仅为形态突破后的反抽，后市仍将继续下跌。

D处的K线组合中，第1根阴线和第3根阳线实体都很小，又经历了较长时间的下跌，它所揭示的下跌信号相当弱，这时判断它是不是入首线已经不重要了。

例题2　形态识别

A处的两阴一阳K线组合不是入首线，因为第3根阳线收盘价高于第2根阴线开盘价。B处K线组合应看作插入线，因为出现了四连阴，而且阳

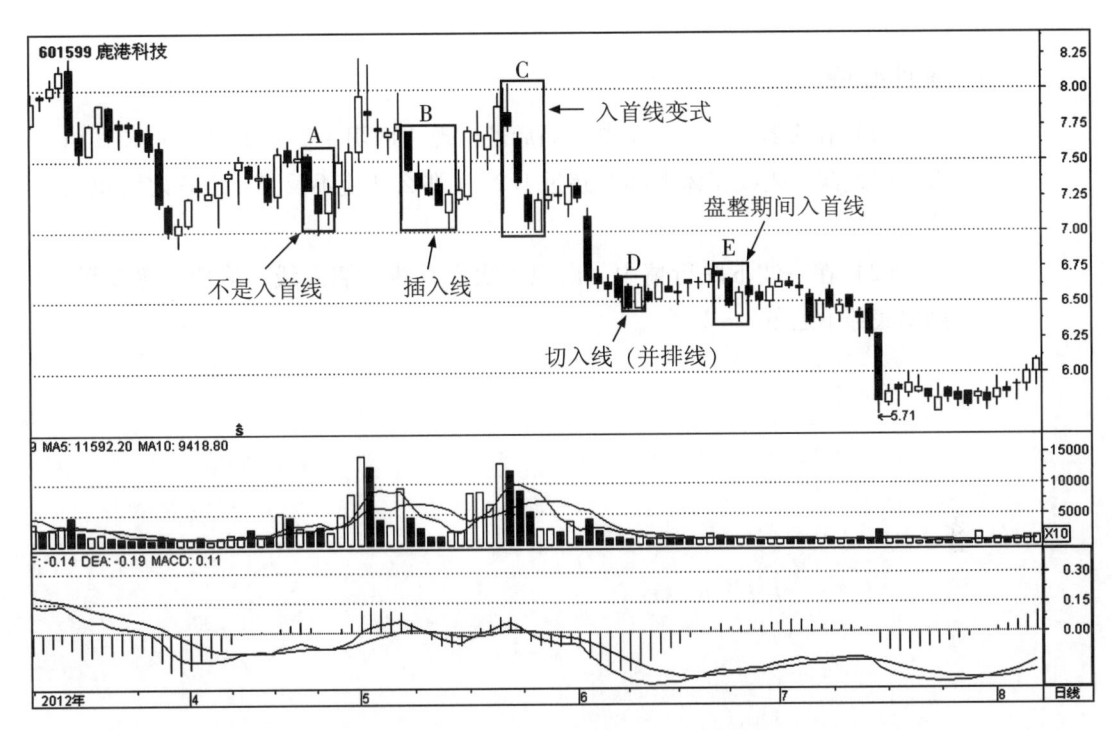

鹿港科技（601599）2012年3—8月截图

线收盘于阴线实体上半部。C处可以看作入首线的变式，这里有两个变化：其一，出现三连阴，或者说三只乌鸦；其二，阳线收于阴线实体上部。很明显，仅仅靠这1根阳线是不能阻挡三只乌鸦下跌量能的，故股价稍做盘整后，继续下跌。

D处K线组合看作切入线（并排线）更恰当，后市很长一段时间在此价位盘整。

E处K线组合是入首线，按照K线理论，在盘整期间出现的入首线是没有反转意义的，不是买入信号（盘整期间许多K线都失去了反转意义，比如十字星）。

小　结

分析入首线时要特别关注两点，一是出现的位置，二是阳线收盘是否超过前1根阴线实体的1/2。

入首线如果出现在高位，有时可能发展成"回档三五根"，从而继续上升，但更多的是反转下跌；如果出现在下跌途中，并且之前跌幅不大，则继续下跌概率较大；如果出现在长期下跌末期，且多次出现入首线、插入线、追切线等，则离底部不远了。

统计心得

（1）在多数情况下，下跌一周后若出现"两阴＋低开阳线"的 K 线组合，阳线深入阴线实体上部（超过 1/2），那么即使不反弹，下跌之势也会停歇。

（2）在一波下跌行情中，出现 3 次入首线、插入线、迫切线等线形，则离底部不远了。

战法 15：黑三兵——卖出

> 黑三兵的出现是行情崩落的前兆，如连续 1 个月的上升走势后，在上端出现此线形，则不久将大幅崩溃，甚至随即一连下挫 1 个月以上。
>
> 与黑三兵相反的是"红三兵"（参阅"战法 69：三兵——买、卖"部分），为大涨的信号之一。

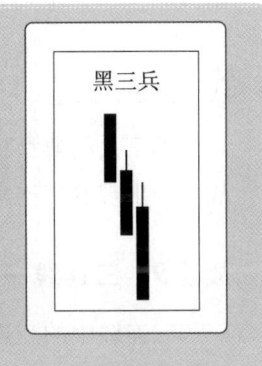

形态特征

黑三兵也称三只乌鸦，K 线组合图形与红三兵刚好相反，由 3 根连续下跌的阴线组合而成，3 根小阴线的收盘价 1 根比 1 根低。因为这 3 根小阴线像 3 个穿着黑色服装的卫兵在列队，故命名为"黑三兵"。其特征如下。

（1）可以在涨势中出现，也可在跌势中出现，都是卖出信号。

（2）由 3 根阴线组成，以中阴线或小阴线为宜，不是大阴线，也不是十字星。

（3）后 1 根阴线的开盘价在前 1 根阴线的实体之内，收盘价低于前 1 天的最低价。

（4）3 根阴线以最低价收盘，或者以接近最低价的价格收盘，下影线不能太长。

技术含义

日本谚语讲"好事不出门，坏事长翅膀"。一只乌鸦已是不祥之兆，何况三只乌鸦！仅看名称"三只乌鸦"就知道大事不妙。酒田战法认为，"黑三兵"的出现是市场行情崩溃的前兆。与"黑三兵"相对的线形是"红三兵"，它是市场大涨的信号之一。

连续3根中小阴线，显示了市场上多头力量与空头力量经过搏杀较量后，空头力量每一次都取得小胜。3根连续阴线累积，预示着股价将在空头力量的爆发过程中继续下跌。

黑三兵出现在下跌趋势启动之初，表明空头取得优势并开始发力，故后市将有巨大的跌幅。在下跌趋势末端，也会出现三连阴的K线形态，但这与黑三兵"形似而神不似"。

类比形态

黑三兵的典型特征是三连阴，但并不是所有三连阴都是黑三兵。酒田战法中出现的三连阴的K线组合还有另外四种。

战法9：三连线——卖、买

三连线中的三连阴可以看作黑三兵。

战法43：川字三黑——暂观

三连阴排列方式与黑三兵不一致。

战法44：倒川字三黑——暂观

三连阴排列方式与黑三兵不一致。

战法60：上升三法——买入

中间三连阴可以看作黑三兵，但此处的黑三兵是洗盘的黑三兵。

实战验证

例题1 形态识别

图中A、C、D三处均为标准黑三兵：3根阴线收盘一个比一个低；实体都是小阴线，且实体大小相差不大。B处三连阴不是黑三兵，因为后2根阴线实体太小，缩成了十字星。E处的六连阴是一个整体，不能分割成两个三连阴，也不构成两个黑三兵。

A处的黑三兵出现在上升趋势中（实际上这是一次比较大的反弹），在股价刚刚创出近期新高8.57元时出现黑三兵，反弹就到此结束了。从后市发展来看，这是行情崩溃的开始。股市中有句话叫作"三只乌鸦枝头叫，

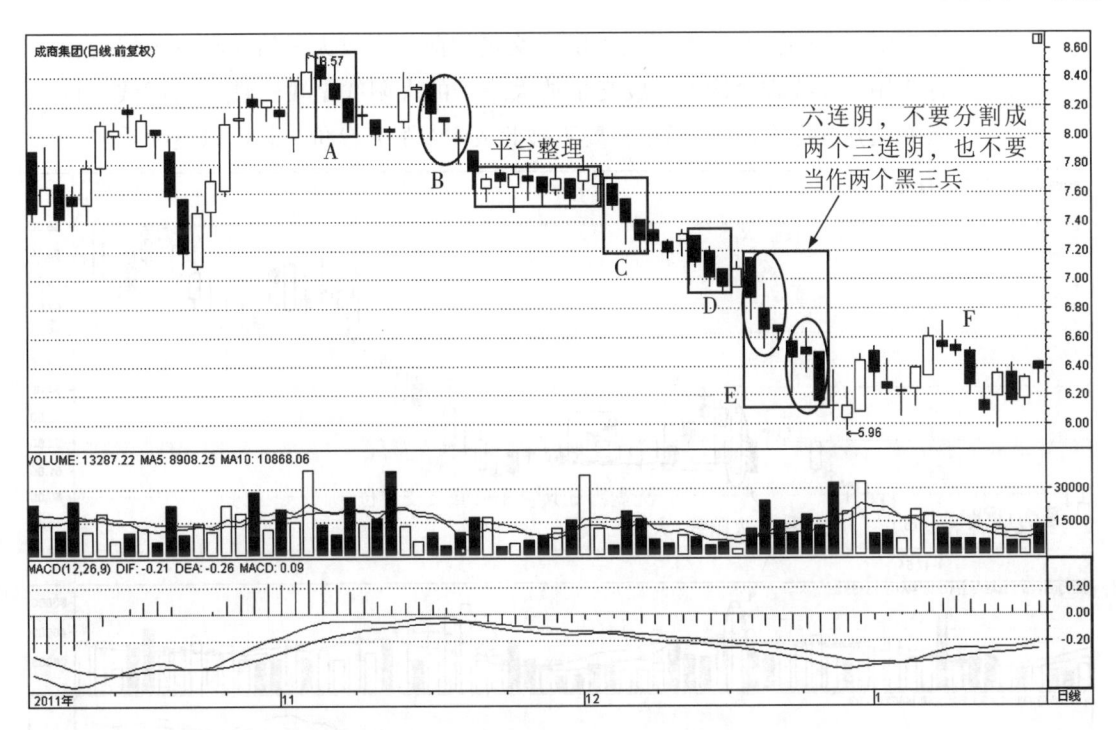

成商集团（600828）2011年10月至2012年1月截图

高位不走就被套"。在相对高位出现黑三兵，表明股价抛压沉重，上攻无力。投资者见此K线组合，应尽快抛空离场，或换股操作，留得青山在，不怕没柴烧。

C处黑三兵出现前股价在一矩形框内做平台整理，此黑三兵突破了矩形框的下沿。一般来说，突破某种形态的黑三兵杀伤力极大，这种杀伤力与破档下跳空基本相当。此时投资者不论有没有赚钱，不论有没有亏损，都要卖空股票。

D处的黑三兵也可以看作中段三连线，是股价继续下跌的信号。图中所示六连阴的最后1根阴线实体突然变大，这是通常所说的最后一跌，是行情即将见底的信号。

例题2 洗盘黑三兵

黑三兵的连续下挫足以威慑持股者。因此，黑三兵也经常被主力用来制造诱空陷阱，营造惨淡的市场气氛，逼迫投资者交出廉价的筹码。如图所示，云南白药在2012年5月接连出现两次黑三兵，股价并没有走坏，相反，该股成了2012年上半年的大牛股。可见这两个黑三兵都是主力洗盘的黑三兵。洗盘黑三兵的典型特征是，收盘不会跌破重要支撑位，比如图中 2012 年 5 月 10 日大阳线处的成交量较前一天放大一倍,具有很好的支撑作用(K 线理论认为,成交量放大一倍的大阳线是攻击性的大阳线,也具有很强支撑作用)。后市只要不破此大阳线的开盘价,就可以继续看多。

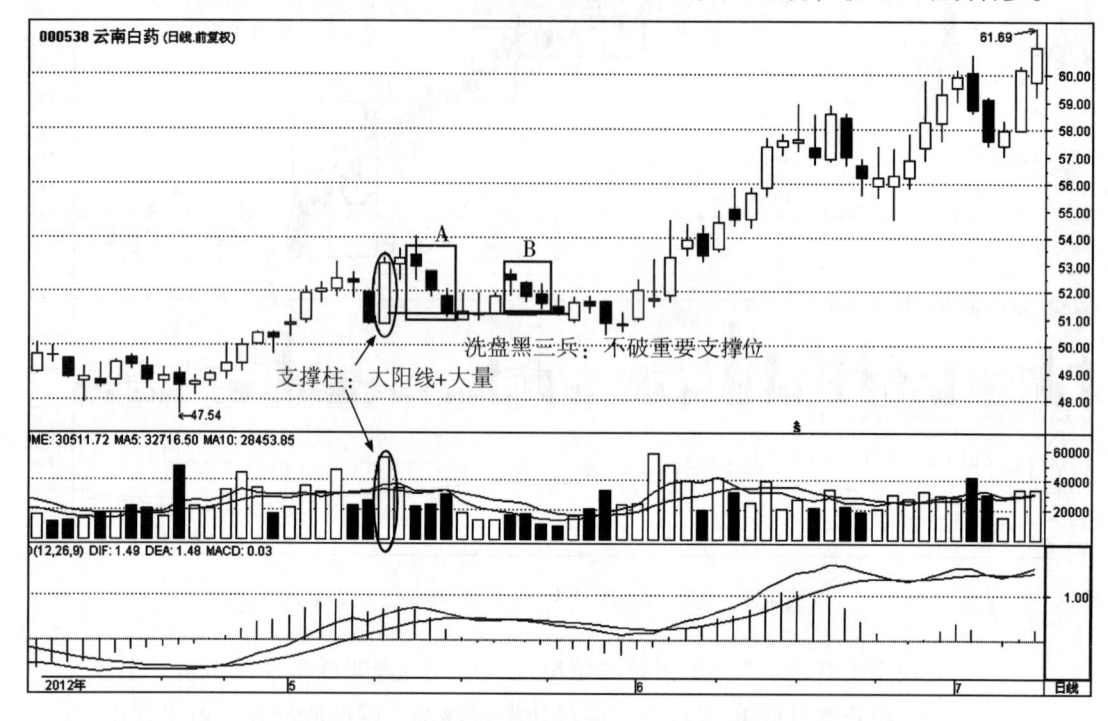

云南白药（000538）2012 年 4—7 月走势图

洗盘黑三兵除了具有"收盘不会跌破重要支撑位"这种典型特征外,还有其他特征:①上升途中第一次回调时出现黑三兵,而没有经历高位盘整阶段;②第 1 根阴线高开低走,呈现覆盖线的形态;③实体间不能有跳空;④阴线实体不能太大,以小阴为佳;⑤成交量有所放大,但不能太大①。

有时黑三兵出现后,股价并不会立马下跌,而是转朝其他方向演变。常见的演变形式有以下两种。

可能演变形式之一:上升三法——买入,具体参见战法 60。

可能演变形式之二:回档三五根 K 线——买入。此最佳回调百分比是 38.2%,这是股票技术分析理论中黄金分割的比例,在股市中有着近乎神秘的应用。

---

① 有的 K 线理论认为,洗盘黑三兵通常量能明显萎缩,说明主力并未出逃。发出反转信号的黑三兵不一定放量,但前后应该有异常的量能放大。笔者统计后发现,这实际上是以讹传讹,是不正确的。

例题3 黑三兵连红三兵

黑三兵与红三兵紧接着出现是经常的事，在下跌期、上升期或盘整期都可能出现。其今后的走势如何，关键要看两者的开盘和收盘位置与两者实力的对比。

在盘整期，A处的黑三兵后连红三兵，红三兵的收盘价基本收复了后2根阴线的跌幅，而且成交量明显放大，后市股价将向上攀升。

在下跌期，B处的黑三兵后连红三兵，红三兵的收盘价仅仅收复了最后1根阴线的跌幅，而且第4根阳线带长上影线，成交量继续萎缩，可见上升遇到了阻力，后市必然下跌。

在反弹期，C处红三兵后连黑三兵，此黑三兵的第3根阴线是锤头线，之后一天为中阳线，基本收复了黑三兵的跌幅，可以预见今后该股将继续反弹。

东软集团（600718）2011年10月至2012年1月走势图

小 结

黑三兵在行情上升时，尤其是股价有了较大升幅之后出现，暗示行情要转为跌势，但如果在下跌行情后期股价已有一段较大跌幅或在连续急跌后出现，则暗示探底行情短期内即将结束，并有可能转为一轮升势。因此，投资者见到黑三兵后，可根据黑三兵出现的位置，采用不同投资策略。

在行情上升时出现黑三兵，比较谨慎的操作策略是：第1天出现阴线，应观望，此时市场不明朗，市场信心不强烈，后市走向把握度不高；第2天再收阴，黑三兵形态雏形已现，可考虑半仓卖出，止损可设在重要阻力区之上；第3天若收阳线，则继续观察下一交易日，若收阴线，黑三兵形态确立，可以考虑清仓。

统计心得

（1）盘整一段时间后出现的黑三兵，比上升行情中的黑三兵更可怕。

（2）直线形的上涨途中第一次出现黑三兵，是洗盘黑三兵的概率超过70%。

战法16：二星——转换

> 2根极短线衔接在一起，称之为二星，是行情转变的征兆。如图中大阳线之后出现上蹿的连续星线，多头可以加码买入。
>
> 二星

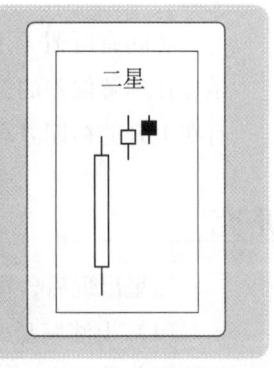

形态特征

二星又称"长阳头部二星"，是指在1根大阳线的头部位置出现2根小K线的形态。其特征如下。

（1）由3根K线构成，第1根为大阳线，随后2根为小阳线、小阴线或十字星。

（2）2根小K线的实体高于大阳线实体（至少收于大阳线的实体上部）。

（3）成交量要求比较严格：大阳线放量，小K线缩量。

（4）2根小K线为一阳一阴或一阴一阳。

有一种观点认为，两颗星通常要求都是阳星，而且实体依次抬高，第2颗星的开盘与收盘价位都要比第1颗星的高一点，同时第1颗星收盘于前一天大阳线的上方，第1颗星上影线稍长，第2颗星下影线稍长，这样才具有上升的含义。

技术含义

第1天的大阳线是攻击性的大阳线，体现出了多头的凌厉攻势，表明股价会继续攀升。但随后的2根小K线，表明主力拉出大阳线后主动停止进攻，进行短暂休整。

主力拉出大阳线后，要维持现状，是否既不让股价上涨，又不让股价下跌呢？比较合理的解释是，可能主力的资金量有限，他们要借助大量跟风盘的力量扫清上升途中的障碍。当有大量抛盘出现，而跟风盘跟不上时，他们就托盘；当有大量买盘出现，股价要上冲时，他们便抛出手中部分筹码，压住股价。这样几乎在不需要新增资金的情况下他们就完成了整固和维稳。

坊间有所谓"上涨两颗星"的说法，认为二星是上涨的信号，其实这是存在理解偏差的。二星出现后，多数情况下股价会进行调整（转换），只有在上升的初期才可能立马上涨。

变式研究

二星出现后，可能的演变形式如下。

（1）上涨三星——转换：其市场含义与二星相同，有时是上涨信号，但要求非常严格。

（2）塔形顶——见顶：大阳线后出现4根星线，运行在其上部，但随后的大阴线表明上升行情到此结束，市场将步入熊市。

（3）高档五连阴——见顶：发生在顶部区域，大阳线的上方运行5根小阴线，它们运行在阳线实体内部。

名称	示意图	形态特征	技术含义
上涨三星		在上涨初期、中期时出现； 大阳线上方三根星线； 市场含义类同二星	上涨信号
塔形顶		在上涨趋势中出现； 先出1根大阳线，再出4~6根小阴、小阳线，随后出1根大阴线	见顶信号
高档五连阴		在上涨趋势中出现； 大阳线上部5根小阴线并排	见顶信号

实战验证

例题 1　二星转换

格力电器（000651）于 2019 年 8 月止跌回升，反弹到 A 处时形成了"二星"。根据酒田战法，二星是行情转换的信号（不是上涨的信号，而是涨势停顿的信号）。该股实际走势也证明了这一点，二星出现后，股价由涨势步入盘整，盘整时间长达 7 个交易日。

2019 年 9—10 月该股在一个矩形框内盘整，2019 年 11 月 1 日出现 1 根放量大阳线，突破矩形的上边沿。谁知，随后两天出现了一阳一阴两根小 K 线，再次形成了二星形态。股价再次转换，不过这次转而下跌。随后几个交易日，股价又回到了起点。

坊间流传"上涨两颗星"，认为二星是上涨的信号，是空中加油站。这是有失偏颇的看法，比如本例中 B 处的二星是见顶信号。

事实上，二星之后股价能否继续上升，是受多方面影响的，比如，要处于上升的初期，阳线处的成交量要大（但又不能是天量），小星线处的成交量要小，等等。这些条件要求比较严格，缺任一条件，其上涨功效就会大打折扣。

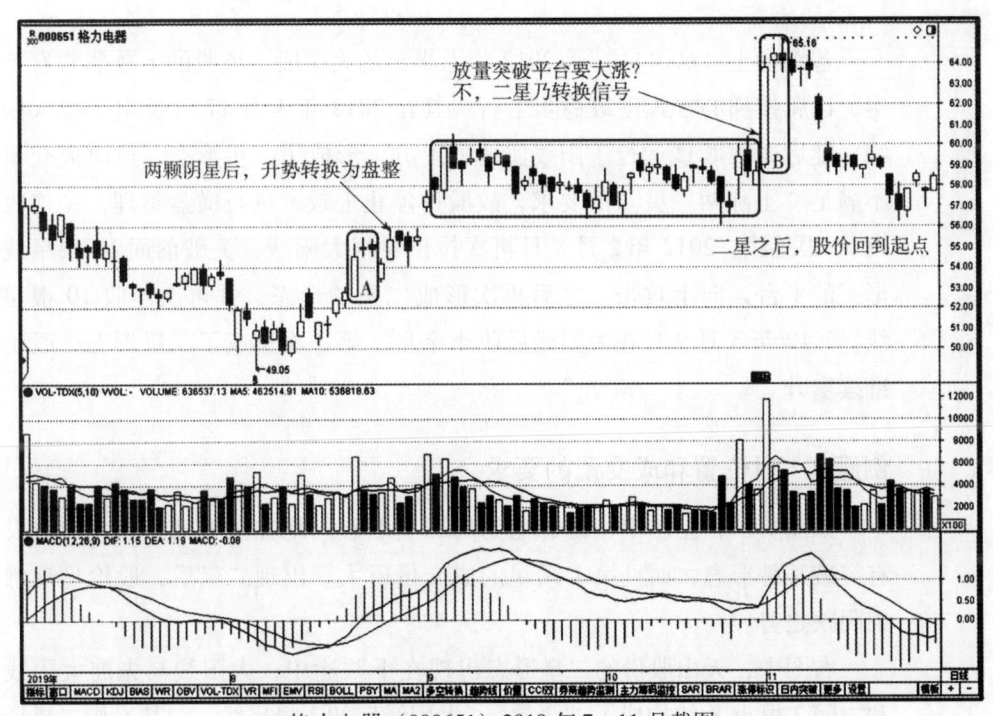

格力电器（000651）2019 年 7—11 月截图

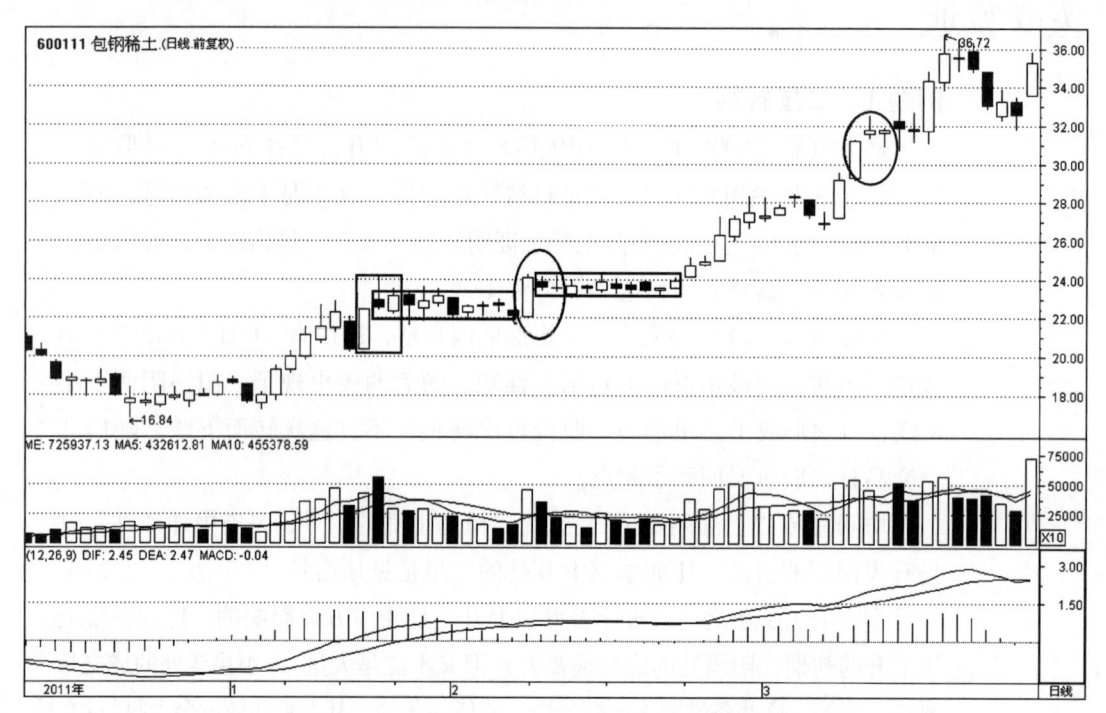

例题2 二星与多星有节奏上攻

包钢稀土（600111）2011年12月至2012年3月截图

包钢稀土（600111）是2012年上半年的大牛股，该股的上攻非常有节奏，以爬楼梯的方式逐级稳步上行。其在2012年1月17日拉出1根大阳线，随后2根K线运行于阳线实体的上方，形成了二星形态。这时成交量不满足"上涨两颗星"的要求，故股价停止上攻，进行横盘整理，一连收出10根星线。2012年2月8日再次拉出1根大阳线，突破前面10根星线形式的平台，向上攻击。之后再次形成二星的形态，并再次连收10根星线。2012年3月9日在大阳线后收十字星，第3次形成了二星形态，股价继续攀升。

例题3 对位置和成交量的要求

如图所示，左图中，德赛电池的二星形态出现在盘整期间，大阳线没有突破某种形态，而且第1颗星的成交量巨大。出现二星后，股价呈现绵绵阴跌之势。

右图中，天山股份的二星形态出现在下跌途中，大阳线与先前大阴线和中间2根小K线构成了"晨星"。大阳线后的2根星线，与其看作二星形态，还不如看作对晨星上涨的确认失败。其后股价继续在低位盘整。

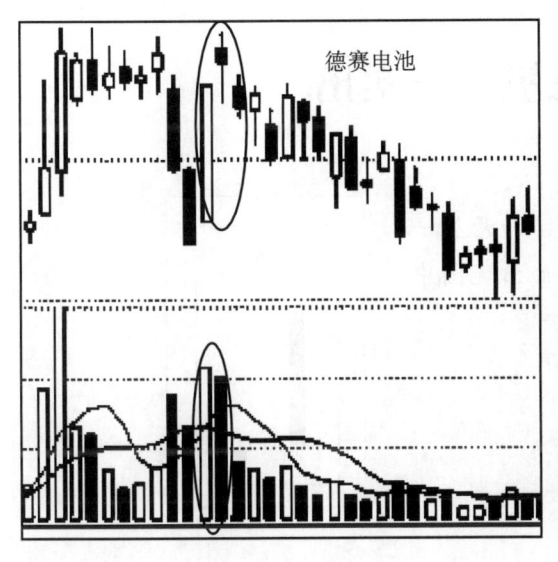

德赛电池　　　　　　　　　天山股份

小　结

　　二星可视为转换的信号，它出现后，行情如何发展需要后市确认。若要成为"上涨两颗星"，则其条件很苛刻。

　　二星的止损点位于大阳线的1/2处，而不是通常的大阳线开盘价处。

　　（注：对于大阳线上部出现三星会上涨的说法，目前是没有这样的统计结论的。）

战法17：三星——卖出

3根极短K线串联在一起，和两星一样，仍然是多空分歧的信号，如出现图中下落三星，则空头可以乘胜追击。

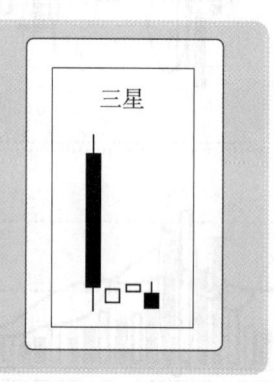

三星

形态特征

三星是指3根并排的极短K线运行在1根大阴线的下方。其结构特征如下。

（1）由一大三小4根K线组成。第1根为大阴线，随后在该阴线下方出现3根极短线。

（2）出现在下跌行情初期、中期，是继续下跌的信号。

（3）小阴线与小阳线必须在大阴线实体的下部，最好在下影线位置。

（4）当小阴线、小阳线与大阴线之间有向下跳空缺口时，称为"下落三星"，是见底信号（参见"战法52：下落三星——买、卖"）。

技术含义

类似二星，大阳线上部出现三星也表示攻防分歧，但大阴线下部出现三星则为卖出信号。

在下跌初期，1根大阴线的出现，表明空头力量强大，随后出现小阴线或小阳线，说明空头力量有所减弱。空头力量减弱，并不表示后市会上涨。为什么呢？对于这一点，我们可以反过来思考：如果买方力量足够强大，第3天可能就会出现大阳线，从而形成晨星，但后续的小实体表明市场买卖意愿不强,市场仍处于弱市,股价仍有继续下探的空间。

通常,若三星中的第 1 根大阴线为放量大阴线,同时刚好在股价形成头部破位时出现,随后 3 根并排的小 K 线均为小阴线且成交量极度萎缩,则表示头部已经形成,后市股价往往会有较大跌幅,甚至有拦腰斩断的风险。

变式研究

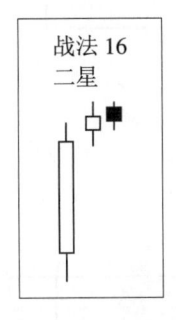

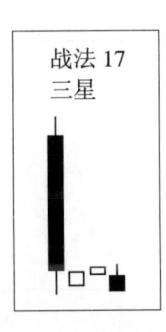

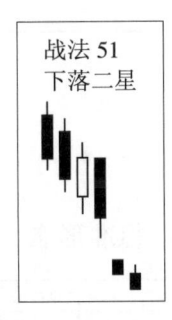

战法 16
二星

战法 17
三星

战法 50
落底无力型

战法 51
下落二星

战法 52
下落三星

酒田战法中的类似形态

战法 16:二星——转换

两颗星出现在大阳线上方。

战法 17:三星——卖出

三颗星出现在大阴线的下方,是卖出信号;如果三颗星出现在大阳线的上方,则类似二星,是转换信号。

战法 50:落底无力型——买入

小 K 线运行在大阴线实体内部,构成了孕出线。

战法 51:下落二星——卖出

与三星相比,有跳空缺口。

战法 52:下落三星——买、卖

与三星相比,有跳空缺口。

三星出现后,可能的发展

名称	图示	形态特征	技术含义
塔形底		在下跌趋势中; 第 1 根为大阴线,中间为小阴、小阳线,最后 1 根为大阳线	见底信号 (转势信号不如曙光初现强)

(续表)

名称	图示	形态特征	技术含义
低档五连阳		在连续下跌趋势中；出现 5 根小阳线（可能有 6~7 根小阳线，前面也不一定是大阴线）	见底信号

实战验证

例题 1　标准形态

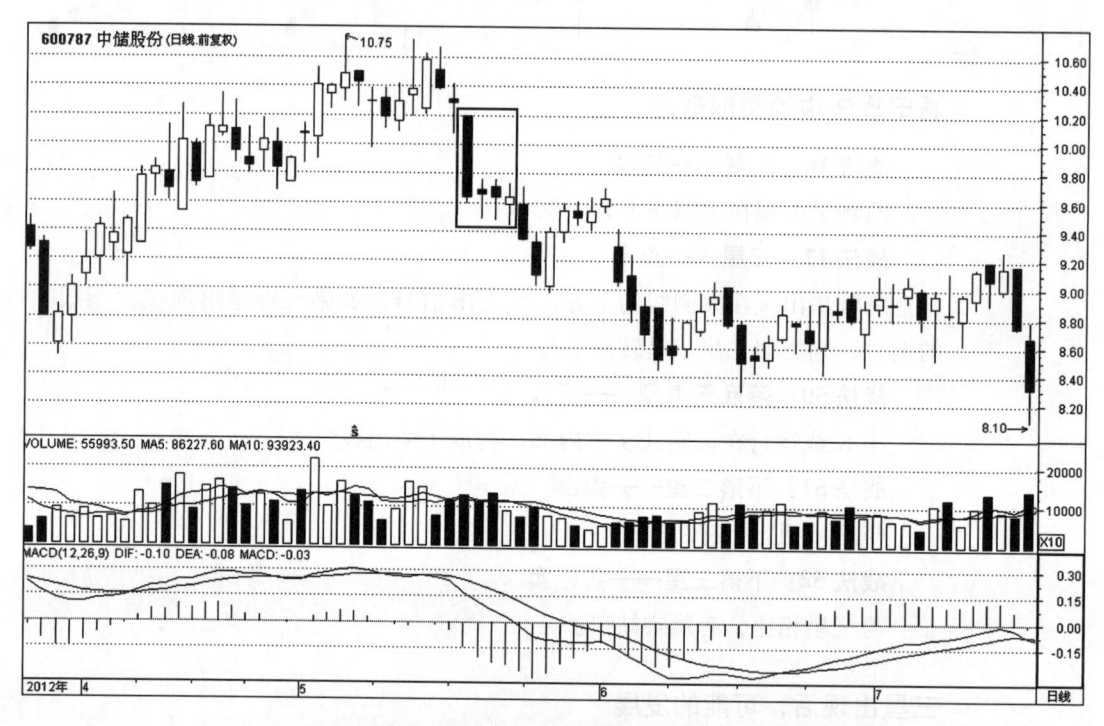

中储股份（600787）2012 年 4—7 月走势图

中储股份（600787）2012 年 5 月 18 日拉出 1 根跌幅达 6.3% 的大阴线，随后出现 3 根小 K 线运行在其下方，构成了标准形态的三星。它发生在下跌的初期，股价短暂休整后，继续下跌。事实上，该股一直跌至 8.30 元才止住跌势。所以，投资者遇到三星形态后应卖空股票，等到出现上涨形态并得到确认后，才可以反手买入。

例题 2　演变成塔形底

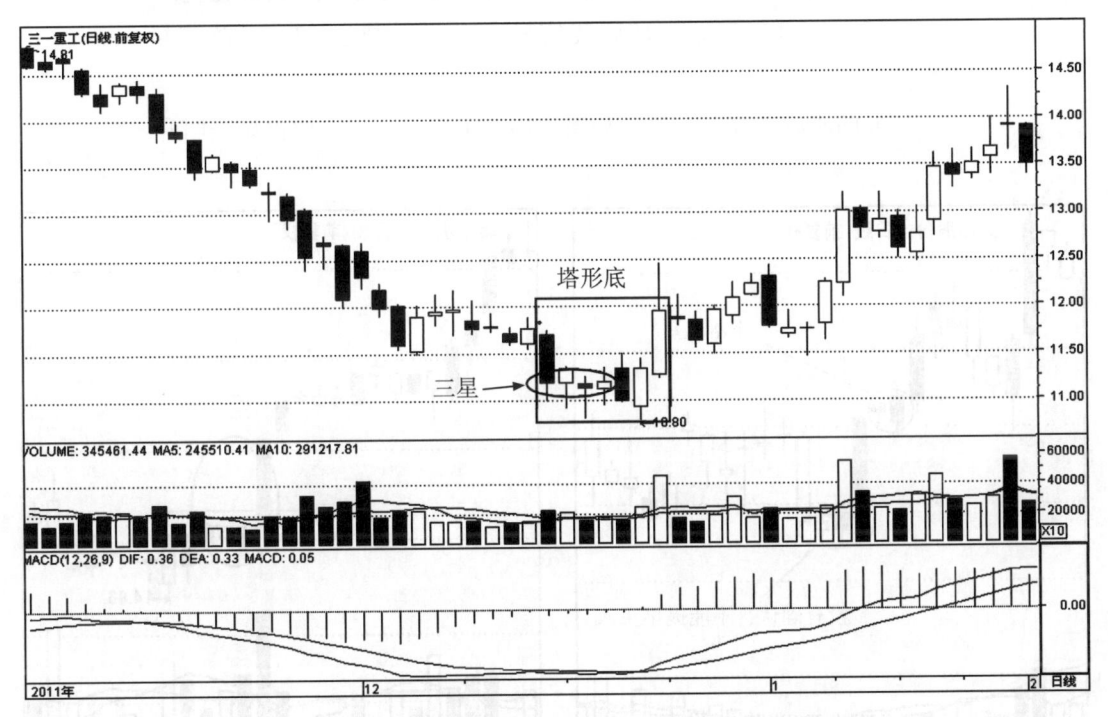

三一重工（600031）2011 年 11 月至 2012 年 1 月走势图

三一重工（600031）于 2011 年 12 月中下旬出现了 1 根中阴线，随后 3 根星线运行在其下方，构成了标准的三星形态。三星出现后，其股价为什么没有继续下跌呢？可能的原因有三个：其一，该股从 2011 年 7 月时的 18.88 元跌到 12 月 20 日时的 11、12 元，下跌时间长，下跌幅度大，有见底的要求；其二，它们与 2011 年 12 月 23 日出现的放量大阳线构成了塔形底，而塔形底是具有反转意义的 K 线组合，具有止跌反升的功效；其三，技术指标（如 MACD）揭示此时股价处于底部阶段。

因此，此时可以考虑买入股票，最佳买入时间为 2011 年 12 月 23 日，即出现大阳线的当天。同时，我们将止损点（第一止损点）设为此大阳线的开盘价 11.28 元，只要后市不跌破此位，就可以持股待涨。随着行情的发展，2012 年 1 月 10 日出现"倍量大阳线"，此时止损点应相应提高到此大阳线的开盘价 12.24 元。

例题 3　变式形态

（1）大阴线下落二星，其技术含义与三星大致相同。

如图所示，天山股份第一次出现二星后，股价继续下跌；第二次出现二星后，与随后的中阳线构成晨星，股价结束了下跌，转而盘整。

（2）下跳空三星，是见底信号（参见"战法52：下落三星——买、卖"）。

如图所示，冀东水泥走势图中出现下跳空三星，股价见底回升。

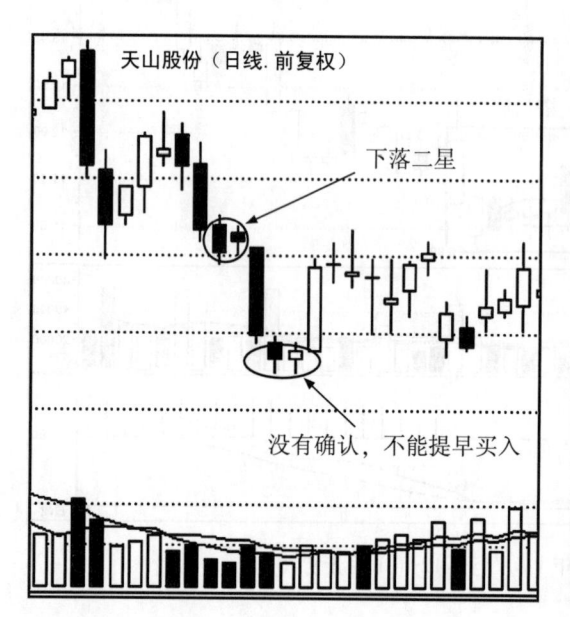

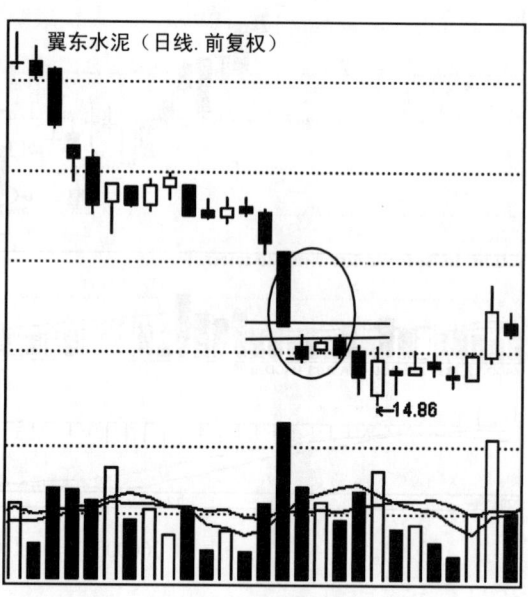

小 结

3根极短线并排，如果出现在大阴线的下部，则为卖出信号。同样的三星如果出现在大阳线的头部，则可能是上涨的信号。同样的三星，出现在不同的位置，代表的市场含义不同。这反映了酒田战法的辩证思想，也是其历经百年仍光辉熠熠的原因之一。

统计心得

大阳线上部出现二星不一定上涨，大阴线下部出现三星则以下跌居多。

战法 18：反打前三——卖出

> 最后出现的 1 根阳线，可以包含先前的 3 根 K 线（阴阳不论）。在逐渐下落形态中突然出现 1 根阳线扭转颓势，似乎属于买入信号，其实它是一种"转卖"的契机，多头必须特别注意。

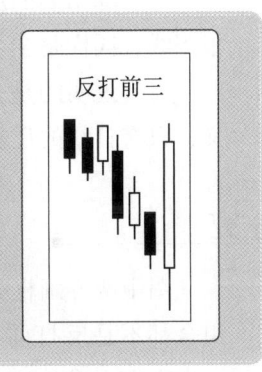

形态特征

在逐渐下落的形态中，突然出现的 1 根阳线可以包含先前的 3 根日线（阴阳不论）的 K 线组合形态称为反打前三。其结构特征如下。

（1）出现在下跌初期。

（2）由 4 根日线构成，前 3 根为小阴、小阳线或者中阴、中阳线，第 4 根为大阳线。

（3）大阳线完全包含前面 3 根 K 线，构成了怀抱线（不仅包含实体，而且包含上下影线）。

（4）大阳线之后若收十字星，则是对反打前三的确认。

技术含义

"逐渐下落"指的是下跌初期。下跌初期的度量标准有两个：在时间上以 5~7 天为宜，一般不超过 10 天；在空间上，以跌幅不超过 10% 为宜。

反打前三中的大阳线是 1 根假阳线，是一种骗线。试想，在一段下跌的走势中，1 根阴线接 1 根阴线，就像阴雨绵绵的时日，气氛非常压抑。此时，突然出现大太阳，投资者会以为已经雨过天晴，继而放松警惕或加仓买入，孰料暴风雨才真正开始。

反打前三是主力急于套现的一种表现，为了尽量延长出货的时间，为了争取卖一个好的价钱而制造假象，使得投资者误认为是多头反扑的兆头，前面仅仅是洗盘而已，从而加仓买入。因为是诱多，所以后市必将再次发生大跌。统计发现，反打前三以后的下跌和最初的下跌高度比约为1:1，即两者大致相等。

与下降初期的反打前三相对应，在上升初期出现的1根阴线反打前三根阳线，同样是主力制造的骗线，是上升途中的洗盘，后市将继续上升。

需要说明的是，周线的反打前三，由于形成时间过长，没有骗线的含义，只有日线的反打前三才有骗线的含义。

变式研究

图中两方画框处的K线组合都不是反打前三。第一处出现在上升途中，没有出现回调，故不是反打前三。第二处大阳线包含前面6根K线，处于盘整期，也不是反打前三。

一阳包6根，盘整期间，不是反打前三

上升途中，没有回落，不是反打前三

实战验证

例题1　阳线反打前三

赣锋锂业（002460）2019年底至2020年初，股价稳步上升，成交量也逐渐放大，呈现量价齐升的理想走势。2020年2月12日，股价涨停后进入盘整期，盘整了8个交易日。到2020年2月25日股价再次涨停，收一根大阳线，2月26日再次高开，市场做多氛围浓郁，再次进入亢奋之中。

但是，学过酒田战法的投资者，这时却异常冷静，悄悄卖出，因为这里出现了反打前三，而反打前三是卖出信号！

从走势图上看，2020年2月25日出现的大阳线包含了前面三根K线实体，在下跌初期，这种K线组合称为反打前三。大阳线出现后的第2天收小阴线，它与大阳线形成了覆盖线，覆盖线也是卖出信号，此进一步说明此大阳线是主力制造的骗线，后市将继续下跌。

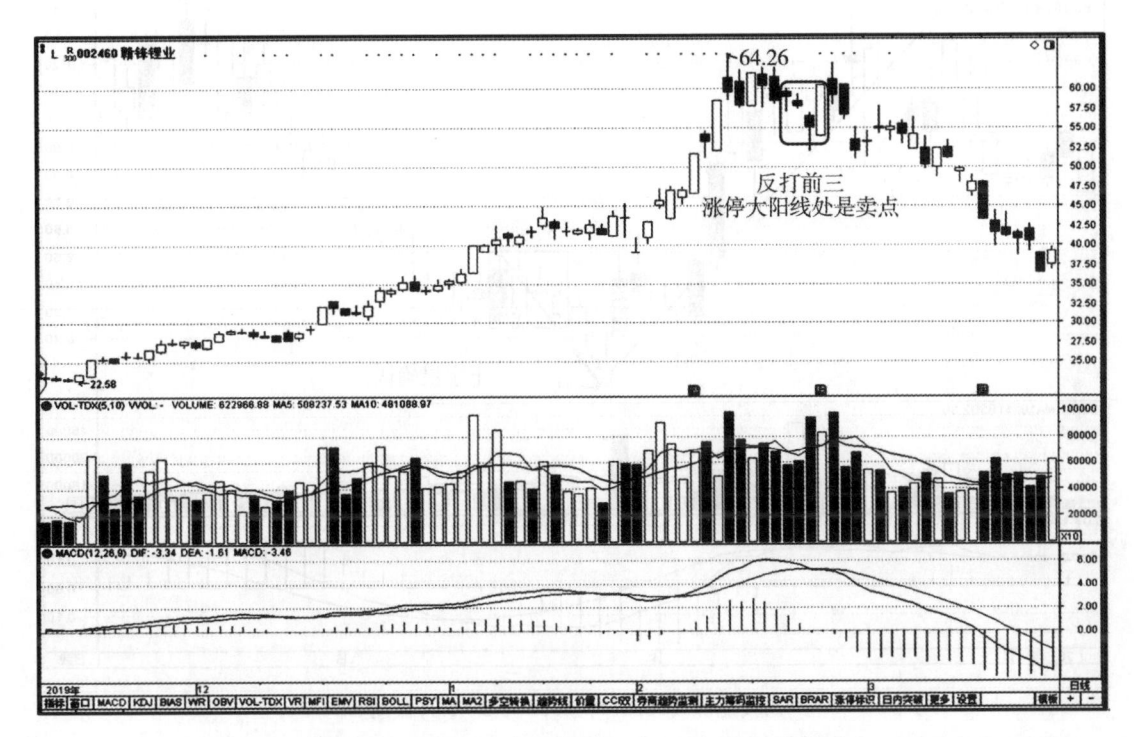

赣锋锂业（002460）2019年11月至2020年3月截图

例题2　阴线反打前三

川投能源（600674）自2012年3月初下跌以来，连续下跌了近1个月，4月初红三兵出现后股价开始回升。在连出5根阳线后，突然出现1根大阴线，完全包含前面3根日线，这是上升途中的反打前三，是主力洗盘的表现，后市将继续上涨。

此反打前三的特征有：①处于长期下跌后的反弹初期（上升初期）；②大阴线怀抱前3根日线；③大阴线没有创新低（同样，下跌的反打前三中，大阳线不能创新高）；④成交量萎缩；⑤大阴线后收十字星，这是对反打前三的确认。

统计发现，出现阴线反打前三后，像该图这样直线上升的形态非常少见，多数情况是先盘整再上升。无论如何，只要出现了反打前三，投资者都应密切关注，不要被主力"洗"了出来。

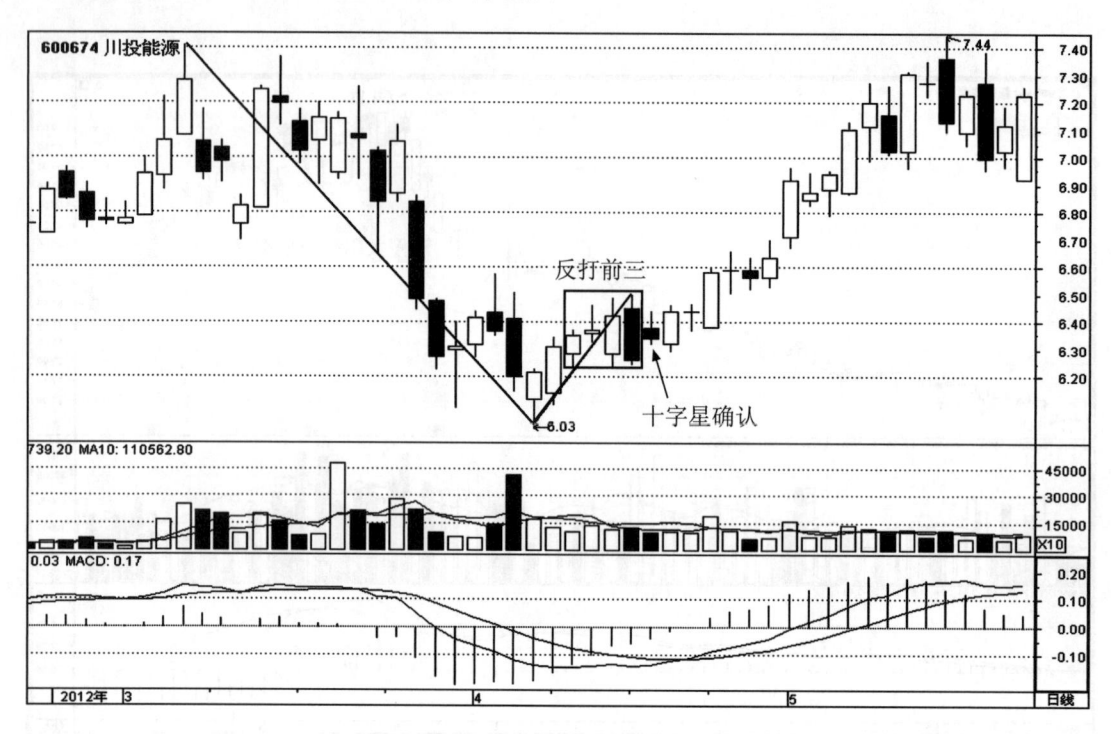

川投能源（600674）2012年2—5月截图

小　结

　　酒田战法中的许多战法都具有对称性，比如：有黑三兵，也有红三兵；有晨星，也有夜星；有下跌初期的大阳线反打前三，也有上升初期的大阴线反打前三。

　　对于大阳线的反打前三而言，我们需特别提及以下三点。

　　（1）盘整期间的一阳包三线不是反打前三，后市可能继续盘整。

　　（2）在上升途中的一阳包三线也不是反打前三，后市可能继续上涨。

　　（3）在一阳包三线的组合中，如果大阳线实体超大，或者创新高，则不是反打前三。

战法 19：反拖线——买、卖

反拖线有两种形态：一是上反拖线，二是下反拖线。所谓"反拖"，即在上升（或下跌）的走势中，突然出现一根阴线（或阳线），看似要将整个局势扭转过来。

实际上，这种线形反而有助于原本的上升（1）和下跌（2）趋势。在（1）的上反拖线出现后，股价仍将持续上涨，而在（2）的下反拖线出现后，股价仍将持续下跌。故上反拖为"买入"信号，而下反拖为"卖出"信号。

形态特征

反拖线是指原来属于朝上或朝下的走势，突然出现 1 根阴线或阳线将整个局势扭转过来，反而有助于原本的上升和下跌形态。

（1）反拖线分为两种形态：上反拖线和下反拖线。

（2）反拖线必须处于明确的上升或下降趋势中，不能处于横盘期。趋势可以很小，但必须清晰可辨。

（3）上反拖线是指原来处于朝上的走势中，突然出现 1 根中阴线（不能是十字星），这根阴线一般要求低开低走，收于前 1 根阳线开盘价之下。

（4）下反拖线是指原来处于朝下的走势中，突然出现 1 根中阳线（不能是十字星），这根阳线一般要求高开高走，收于前 1 根阴线开盘价之上。

（5）反拖线的确认标志：反拖线不突破重要的移动平均线，即上反拖不破支撑均线，下反拖不破压力均线。

技术含义

反拖线是一种骗线，具有"修正"的功能。它的出现，反而有助于原本的上升或下降形态。

通常情况下，上反拖线出现在上升初期才具有骗线和洗盘的功效，股价会继续上涨；如果出现在上涨的中期和末期，在研判上就会变得困难。下反拖线与上反拖线类似，也应发生在波段的前期，在其后期则不好判断。

传统的 K 线理论认为，上反拖形态是"买入"的信号，而下反拖形态是"抛售"的信号。但是笔者统计后发现，无论是上反拖线还是下反拖线，都需要进一步确认——确认标志是均线系统。

变式研究

上反拖线

上反拖线标准图示给出了两种形态，一种是平开（形成平顶），另一种是低开。在上升趋势中，与上反拖线类似的还有覆盖线和倾盆大雨。

名称	上反拖线		覆盖线（乌云盖顶）	倾盆大雨
图示				
特征	(1) 平开低走，构成平顶或孕出线； (2) 不破均线系统	(1) 低开低走； (2) 不破均线系统	(1) 阴线开盘高于前一天收盘； (2) 阴线收盘深入阳线实体 1/2	(1) 收盘跌破重要均线系统或其他支撑位； (2) 看跌信号强于覆盖线
含义	后市看涨	后市看涨	后市看跌	后市看跌

在战法 3 中我们曾提到，在上升途中第一次出现覆盖线，通常是主力洗盘所为。类似地，第一次出现反拖线（或倾盆大雨），也是主力洗盘所为。

上反拖线与倾盆大雨形态几乎一样，究竟是反拖线还是"倾盆大雨"，关键看是否破坏均线系统。只要均线系统不被破坏，后市将继续上升，就是上反拖线，否则就是倾盆大雨形态，后市将转而下跌。

下反拖线

下反拖线的标准图示也给出了两种形态，一种是平开，另一种是高开。在下降趋势中，与上反拖线类似的还有插入线（曙光初现）和旭日东升。

名称	下反拖线		插入线（曙光初现）	旭日东升
图示				
特征	(1) 平开高走，构成平底或孕出线； (2) 不破压力线	(1) 高开高走； (2) 不破压力线（均线系统）	(1) 阳线开盘低于前天阴线收盘； (2) 阳线收盘深入阴线实体1/2	(1) 收盘突破重要均线系统或其他支撑位； (2) 看涨信号强于插入线
含义	后市看跌	后市看跌	后市看涨	后市看涨

一般来说，下跌容易上涨难，因此下反拖线出现后，股价继续下跌的概率偏大。即便是曙光初现和旭日东升形态，其后能否上涨，也需要其他信号的辅佐才能判断。

上反拖线

上反拖线是洗盘的骗线，后市将继续上涨。试想，在上升趋势中，突然出现 1 根低开的阴线，低开已经叫人不舒服，低走更是会对投资者造成较大心理压力，使人认为上升趋势要反转了，于是卖出股票。

我们知道，趋势是很难形成的，一旦形成，其力量就很强大，均线都向上的情况更是如此。所以单凭 1 根日阴线，是很难改变上升趋势的。当然，如果日后继续走出见顶或下跌信号，则另当别论。所以出现反拖线时，投资者最好不要轻举妄动，应耐心等待确认线的出现。

例题 1　上反拖线处买入

TCL 科技（000100）从 2019 年 11 月开始出现了一波持续性上涨。2019 年 12 月 11 日出现了一根放量的中阴线，这根阴线抹去了前 4 个交易日的涨幅。这波反弹见顶了吗？

其实，这是反拖线，是主力洗盘所为。这根阴线（图中反拖线1）不是卖出信号，反而是一个绝佳的买入点。

出现反拖线后，行情将如何发展？这需要看此时的均线系统，这是决定反拖线之后发展态势的关键。此时的均线情况是：短中期均线（5日、10日、20日、60日）向上发散，这是行情向好的标志。由于均线具有助涨与助跌的功能，所以后市必将继续上升。也就是说，仅凭这一根阴线，股价是很难反转向下的。

果然，在反拖线1出现后第3天，该股强势涨停。一般来说，像TCL科技这种大盘股，一旦启动，就很难停下来。所以，随后2019年12月27日出现的低开低走中阴线，我们也有理由认为是反拖线（图中反拖线2），也是洗盘的阴线，是买入信号。

后续情况是，该股这波上升一直持续到了2020年2月25日，股价最高达7.37元。在反拖线出现时，没有被洗下车的投资者，获得了很好的收益。

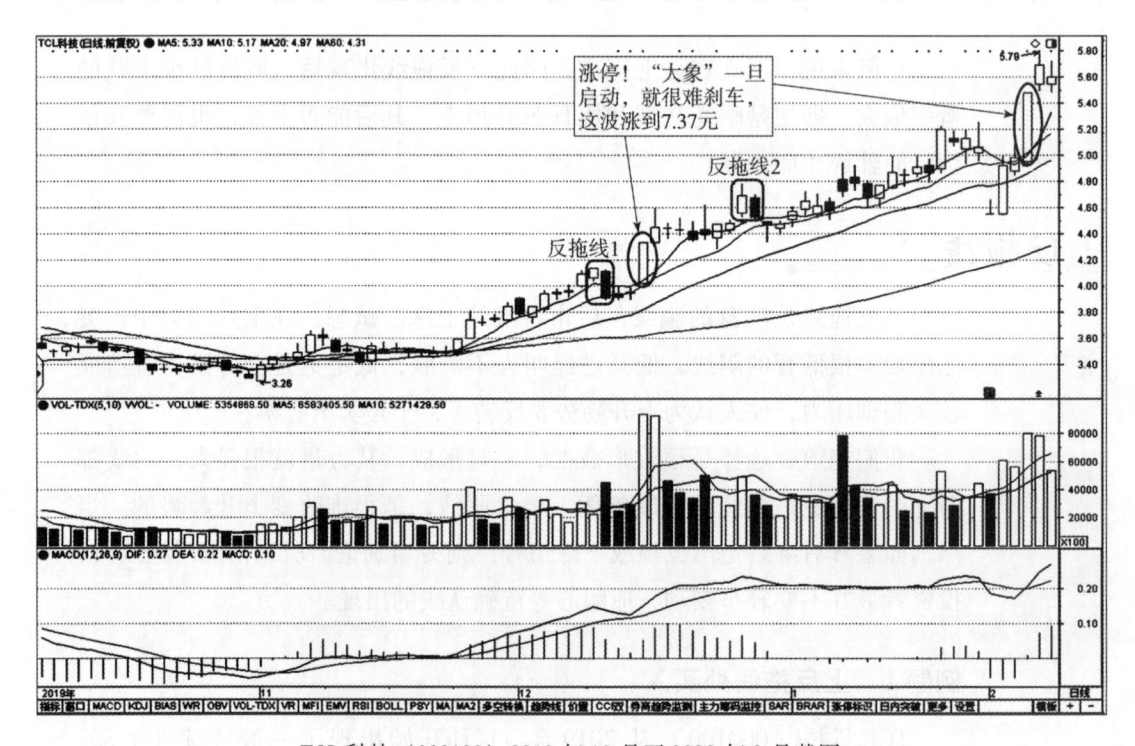

TCL科技（000100）2019年10月至2020年2月截图

例题 2 小心为妙

有一种观点认为，反拖线是下跌的标志。在上升走势的某一天股价突然低开，这是一个必须引起注意的信号，说明空方直接把昨天多方占领的收盘价阵地给破了，多空双方力量对比可能发生了变化，只是这个信号不那么强烈而已。很多时候，股价低开会高走，多方仍会收回失地，所以不能一看低开就卖出，还得观察。反拖线在低开之后，双方展开较量，多方竟无力抵抗，行情走低收低，只有一点点上影线或根本没有上影线，这是第二个信号，也是最重要的。这说明原来多方一直占优势的情形已经发生了变化，开始变成空方占优势的情况了，特别是如果收出中阴或大阴线，那就要更加小心，以减仓或清仓为妙。

精达股份（600577）的截图中出现了三处反拖线，反拖线1与反拖线2都发生在一段清晰的上升趋势中，但是后市并没有继续上涨。下面我们试着找出其可能的原因。

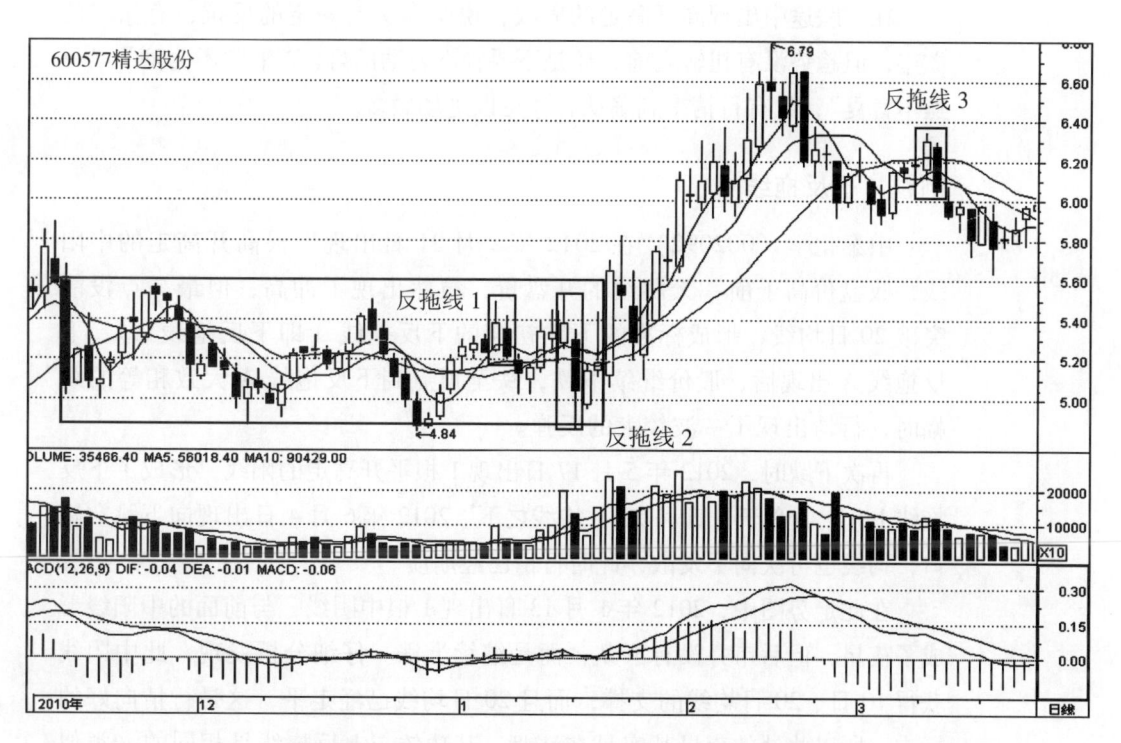

精达股份（600577）2010年11月至2012年3月截图

从整体上看，精达股份自 2010 年 11 月 12 日的大阴线以来，股价一直运行在一个较大的矩形框内，反拖线 1 与反拖线 2 都是碰到矩形框上沿后发生，说明上档压力较重。

需要说明的是，反拖线 1 没有跌破均线系统，反拖线 2 的收盘跌破了黏合的均线。通常认为，这种水平走势的均线黏合，K 线的向上突破与向下突破，都无多大的实际意义，只有发散的均线才有意义。因此，反拖线 1、2 之后的走势与此时是否跌破了均线系统是没有多大关系的。

出现反拖线 3 之后跳空低开收阴线，而且均线向下发散，因此这不是洗盘所为，而是空方真正占据优势的体现。这时应执行"抛售"策略。

下反拖线

下反拖线也是骗线，后市依旧看跌。这里的阳线是假阳线，是主力自己出货而骗取投资者接盘的伎俩，其原理类似"反打前三"。下反拖线常以大阳线或中阳线的形态出现，这样才能引人注目，引诱接盘。

在下跌途中出现高开高走的阳线，说明多头有一定的反抗，有做多的欲望，但趋势没有扭转之前，还是不要轻举妄动的好。"下跌不言底""一燕不言夏"，只有行情得到确认，才可以进场做多。

例题　下反拖线

中泰化学（002092）在 2012 年 3 月 21 日出现 1 根高开高走的中阳线，收盘价高于前一天阴线的开盘价，虽然出现了冲高，但最高点没能突破 20 日均线，形成标准的下跌初期的下反拖线（即下反拖线 A）。下反拖线 A 出现后，股价继续下跌，跌至顶点到下反拖线 A 大致相等的跌幅时，行情出现了一波较大的反弹。

再次下跌时，2012 年 5 月 17 日出现 1 根平开高走的阳线，形成了下反拖线 B，它收盘于 5 日和 10 日均线之下。2012 年 6 月 4 日出现向下跳空缺口，均线也再次向下发散，此时行情已经崩溃。

在此走势图中，2012 年 1 月 13 日出现 1 根中阴线，与前面的中阳线形成了夜星，但后市并没有下跌，而是继续上涨。仔细分析发现，此中阴线获得 10 日、20 日均线的支撑，而且 20 日均线已经走平，这是行情向好的标志。所以此处的夜星其实是在洗盘，其功效与上反拖线是相同的（类似地，下跌途中的有些晨星，其实质与下反拖线是一样的，都是主力的多头陷阱、诱多的骗线）。

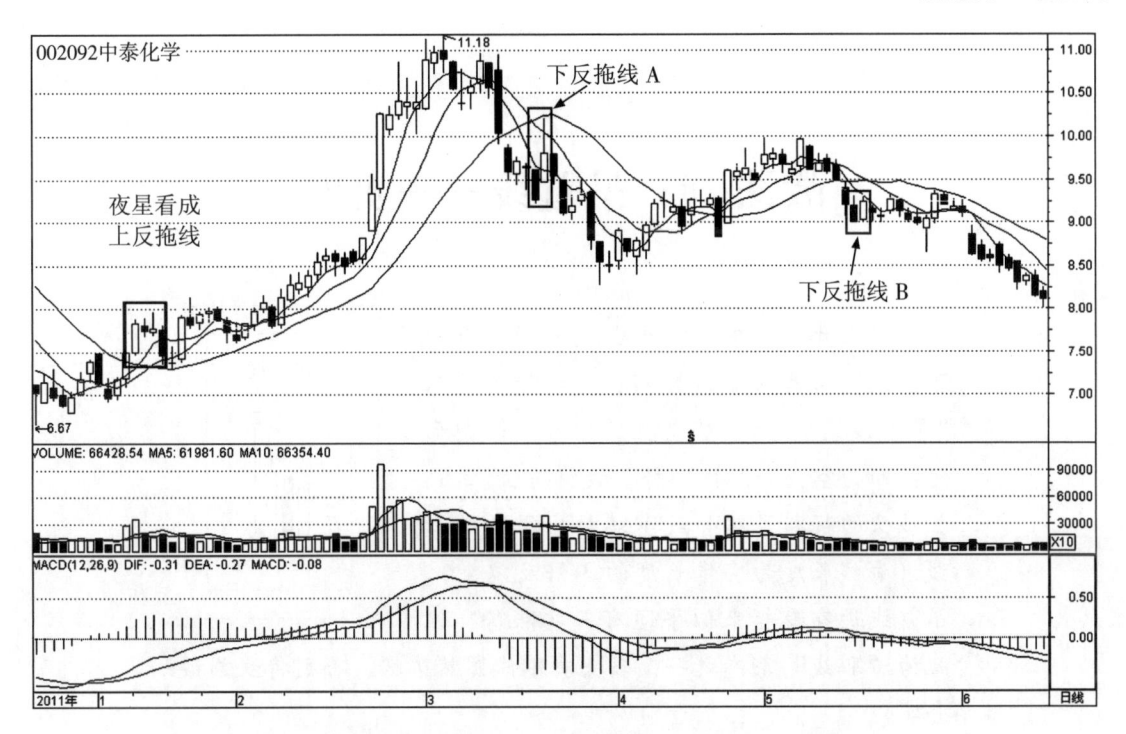

中泰化学（002092）2011年12月至2012年6月走势图

小　结

反拖线这一线形经常出现，其后市走势比较复杂，投资者应该少安毋躁，等确认后再行动。一般地，反拖线具有如下这些规律。

（1）均线向上发散时出现上反拖线，则洗盘概率偏大。

（2）盘整时期出现反拖线，无论是上反拖线还是下反拖线，都无实际操作意义。

（3）出现不破重要支撑位（线）的上反拖线，投资者可以持股待涨，但下反拖线（特别是顶部刚回落时的下反拖线）有时会向上突破中期（如20日）均线，后市仍将下跌。

战法 20：吊首线——卖出

在上升走势中，突然出现 1 根具有长下影线、高悬在上的 K 线，这种线形称为"吊首线"，此为买势受挫的信号。此图形可推断为空头一时性回补，故将价位拉高，但多头的获利了结导致下端拉出很长的影线（影线长度为实体长度的 3 倍及以上）。吊首线跳空看起来似乎还有一些涨势，但此为"骗线"形态之一，多头决不能贸然进场，否则将立刻被套牢。

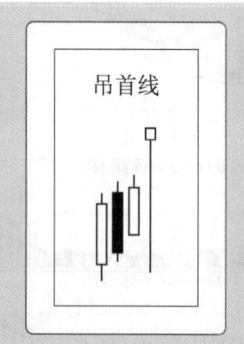

形态特征

吊首线，也叫吊颈线，是指在上升走势中，突然出现 1 根长下影线、短实体的锤头线高悬在上，此为买势受挫的信号。其形态特征如下。

（1）处于上升走势中（盘整期或下跌期的锤头线不是吊首线）。

（2）核心线形：锤头线（吊首线）——短实体，长下影线，下影线为实体的 3 倍及以上（有时下影线为实体的 4~5 倍）。

（3）吊首线跳空高开，创近期新高，且实体间留有缺口，上下影线之间无缺口。

技术含义

吊首线属于中级以上行情的头部信号。它出现后，股价会持续较长时间的下跌。

吊首意指上吊，吊首线就是上吊线。上面的实体为头部，下面的长影线为身体部分，好似一个人凌空悬吊着，无依无靠。人只有到了绝境时才会上吊，同样当行情出现吊首线时，也一定是遇上了大麻烦。

吊首线容易迷惑人，首先它跳空高开，虽然中途受阻，跌得很深，但收盘时被拉了回来，而且收在前1天收盘价之上，似乎很强势，给人一种股价还会继续上冲的感觉。但这是一种瞒天过海的"骗线"形态，是主力为出货而玩的花招。

股价大幅下跌后继续拉高，是因为主力手里有很多筹码，没想到中小机构和散户抢着出货，打乱了他们的出货计划，于是利用市场的狂热和大量跟风盘，将股价继续拉升，随后几天再慢慢出货。

吊首线必须在上升波的后段才具有反转意义，如果它出现在前段，例如只上升了1周左右，则无多大反转的意义。当然，如果吊首线处于反弹行情中，从初升到反弹，有时也只维持两周。

变式研究

长上影线——倒锤头线，酒田战法中无论述；

长下影线——锤头线，涉及酒田战法中的3种战法，即战法8、20、21。

名称	战法8 探底线	战法20 吊首线	战法21 下阻线	射击之星	墓碑线	倒锤头线
图示						
含义	看涨	看跌	看涨	看跌	看跌	看涨
所处时期	跌势后期	涨势后期	跌势后期	涨势后期	涨势后期	跌势后期

实战验证

例题1 吊首线识别

中青旅（600138）的截图中出现了两次吊首线（见图中矩形框），它们有四个共同特征：第一，处于上升趋势中；第二，下影线长，上影线短，且下影线约为实体3倍；第三，实体间有跳空缺口；第四，创近期新高。

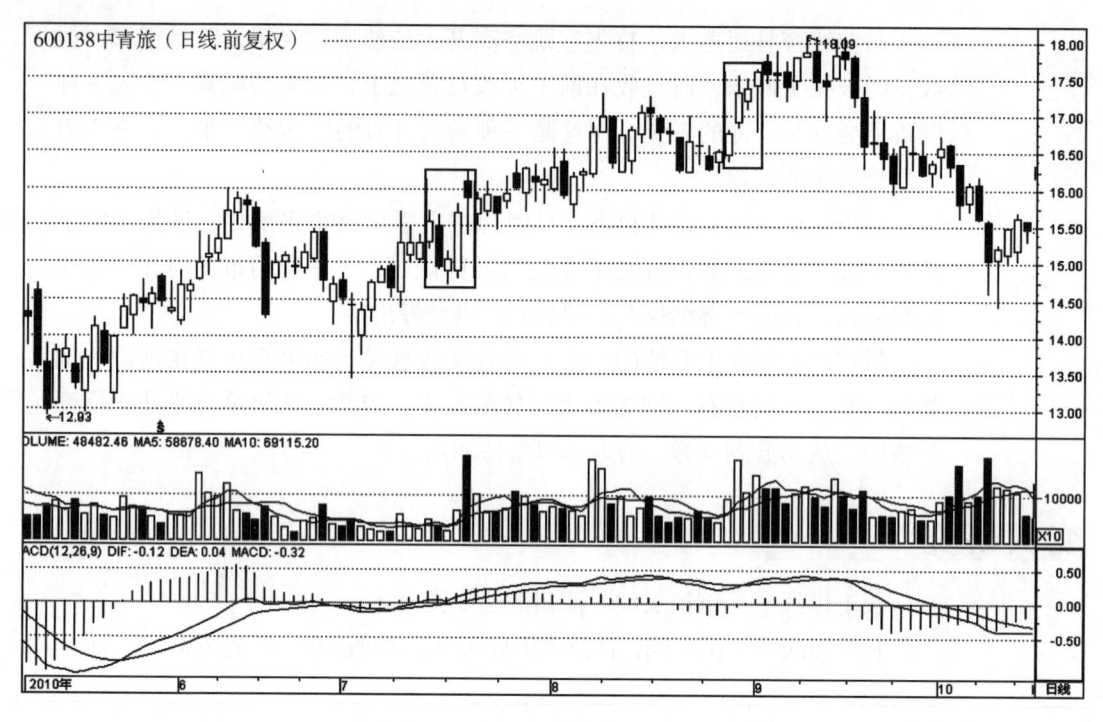

中青旅（600138）2010 年 5—10 月截图

第一处（2010 年 7 月 20 日）的吊首线是阴线，第二处是阳线。K 线理论认为，吊首线反转信号的强弱主要是由其所处位置决定的，至于是绿色的阴线还是红色的阳线，是次要问题。这体现了酒田战法的通用准则之一：位置优先于颜色。

第一处吊首线不是见顶信号，股价继续上升，可能的原因是：其一，上升时间太短，只有 12 天，时间跨度不够；其二，吊首线出现当天成交量极大，而且突破了前期的压力位（2010 年 6 月 9 日时的高点 16.00 元），K 线理论认为，在上升趋势中，放量突破阻力位通常是向上突破的标志；其三，随后走势没有低于前 1 根大阳线的 1/2（这也是我们的止损位）。

第二处吊首线是见顶信号，此时行情已经步入天井圈，虽然试图再次冲高，但多头已经是强弩之末，故后市必将下跌。

例题 2　盘整期间

吊首线只有处于上升趋势中且上升持续时间较长，才是见顶反转的信号。在盘整期间，无论是低位盘整还是高位盘整，其参考意义都不是很大。

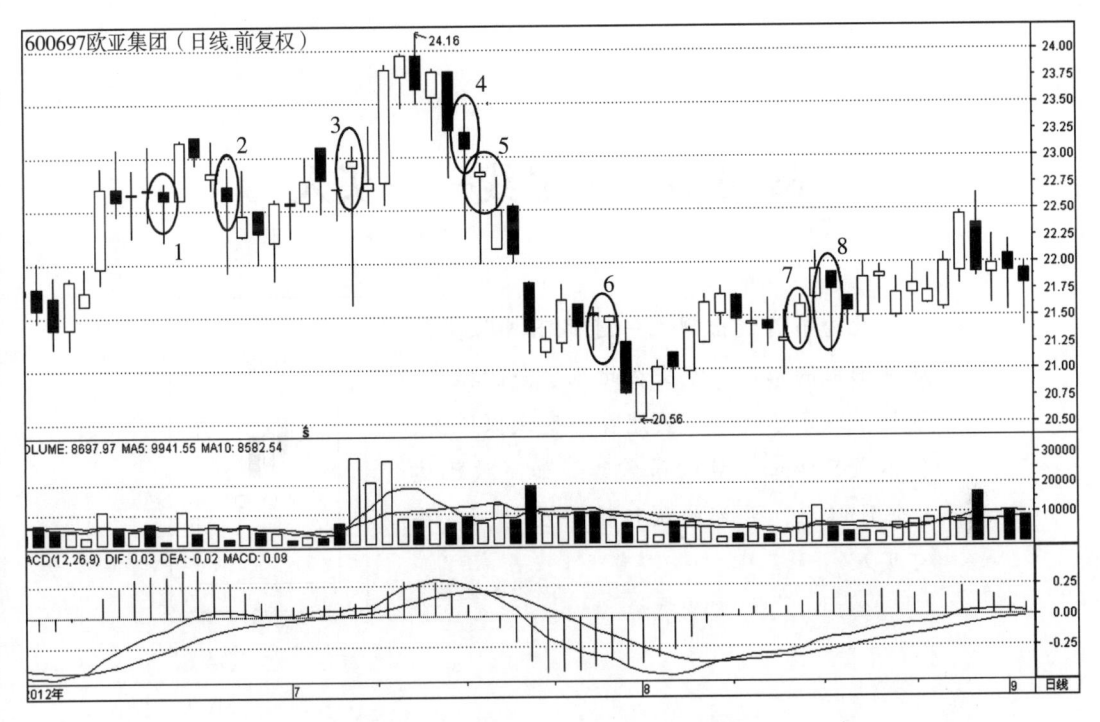

欧亚集团（600697）2012年6—8月截图

欧亚集团（600697）短短3个月的走势图中出现了8处吊首线。其中吊首线1~3出现在一段上升后的盘整期，股价没有下跌，而是继续盘整。吊首线4、5出现在下降趋势中，股价继续下跌。吊首线6、7、8也出现在盘整期，股价没有因为吊首线的出现而改变运行方向。综上可知，吊首线出现在盘整期是没有多大操作意义的。

小 结

吊首线是见顶信号，是行情向下反转的标志，而不是仅仅预示着两三天的浅幅回调，故要特别小心。

锤头线具有双重含义，当锤头线处于上升末期时，称为吊首线，是见顶信号；出现在下降末期时称为下阻线（见战法21）或探底线（见战法8），是见底信号。

倒锤头线也具有看涨看跌的双重含义，出现在下跌末期时是见底信号；出现在上升初期时称为"仙人指路"，股价将继续上涨；出现在上升末期时叫作射击之星，是见顶信号，将在下一战法中详细论述。

战法21：下阻线——买入

此为吊首线出现在一连串下挫位置的底部形成的形态，空头在此几乎全面抛售，再往下跌已不可能。虽然曾一度试探低价，但不成又缩回，故收吊首线。如下跌已达1个月以上，更可确认行情将反转，多头可买入。

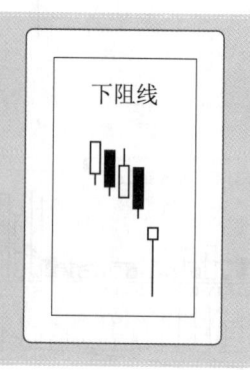

下阻线

形态特征

吊首线出现在一连下挫位置的底部时称为下阻线，是买入信号。

（1）"一连下挫的底部"指的是下降行情的后期，下跌时间最短也需两周，若超1个月之久，则更具反转功效。

（2）核心线形：锤头线（同"战法20：吊首线——卖出"）——短实体，长下影线，下影线长度至少为实体长度的3倍，有时下影线长度为实体长度的4~5倍。

（3）有下跳空缺口（探底线则没有跳空或只有实体跳空）。

（4）锤头线可以是阴线，也可以是阳线。如果实体特别短，可以看作十字星，它们的实际意义差不多。

（5）需要确认的是，如果要反转向上，确认线的收盘价不能收在锤头线的影线部分，必须收在实体之内，或者高于实体。

确认线通常是第2天的日线，但如果第2天继续收极短线、十字星等，则要等到第3天、第4天才可确认。

技术含义

酒田战法对下阻线的解释是，多头在这里几乎全面抛售，再往下跌已不再可能，虽然一度试探低价，但失败后又缩回，最后以"吊首线"收盘。

说的是在下跌后期，当天的疯狂卖出被有效遏制，最后以较高价收盘。此时投资者担心踏空，纷纷跑步入场。如果收盘价高于开盘价，产生1根阳锤头线，则情况更有利于上升。在锤头线出现之后的走势中，股价不跌破锤头线的最低价，便可作为见底信号。

由于锤头线是重要的底部反转信号，因此一旦出现，等待次日的验证信号就显得十分重要。如次日放量上升，即可跟着做多。如果次日股价跌破锤头线的最低价，说明下跌抵抗失败，应及时止损出局。

传统的K线理论认为，下影线是多头买力旺盛的体现，是见底的信号，后市将回升。但实际统计发现，下影线具有向下的牵制力，特别是在下跌趋势中出现长下影线，后市将继续下跌。下影线越长（长达实体4~5倍的），向下的牵制力也就越强。一般情况下之后会再次跌破此下影线的最低位，最低跌幅也会回探至下影线的1/2处，这样的底部才扎实，上升的根基才牢靠。

变式研究

参见吊首线的变式，此处略。

实战验证

例题1　下阻见底

紫光股份（000938）2011年11月至2012年2月走势图

紫光股份（000938）自 2011 年 11 月 3 日出现射击之星见顶回落以来，到 2011 年 12 月 15 日出现 1 根倒锤头线股价才止跌回升。2011 年 12 月 22 日跳空低开，收 1 根长下影阳线"锤头线"。此线形出现在长期下跌的底部，称为下阻线，是见底信号。第 2 天高开高走，与前两天的日线形成了"晨星"。这是反转上升的信号，也是对下阻线见底的确认。第 3 天开盘封住涨停，第 4 天再次上冲，但随后放量打开，形成长上影的射击之星，顶部再次形成。

经过几天直线式的下跌，2012 年 1 月 6 日第二次出现跳空的下阻线，再次与前 1 天和后 1 天的日线形成了晨星，接着出现红三兵，之后股价虽然有所回调，但始终高于下阻线的收盘价，即得到了下阻线的支持。事实上，到 2012 年 2 月 20 日，该股最高涨至 13.20 元。

例题 2　长下影线的下阻线

下影线常常被看作买方力量强大的标志，但是下影线过长，买方的能量过分透支了，日后必定要回补。太长的下影线，如同很细的柱子，很难支撑宏伟的大厦。太长的下影线，最多能形成短暂的反弹，但不能形成反转，这就是下影线向下的牵制作用。

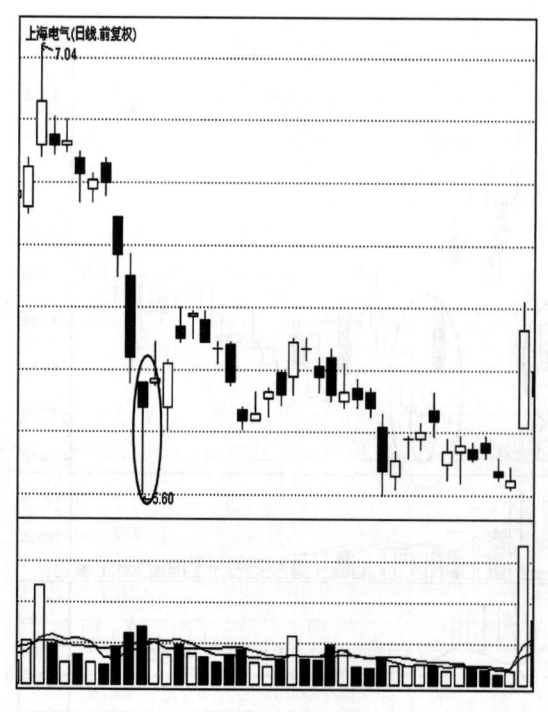

在上海电气截图中，出现长下影线后，股价反弹了 4 天，后市又跌回到下影线处。

在海正药业截图中，出现长下影线后，股价没有反弹，而是直接下跌。

小　结

出现以下这些情况还会跌

（1）吊首线收在大阴线下方（图 a）。

（2）下跌途中，长下影线指向哪里，跌到哪里（图 b）。

（3）射击之星与吊首线同时出现，本质类同浪高线或螺旋桨线（图 c）。

（4）吊首线的下影线太长（为实体长度的 4～5 倍），一定会下跌（图 d）。

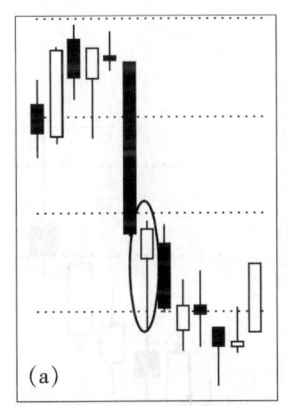

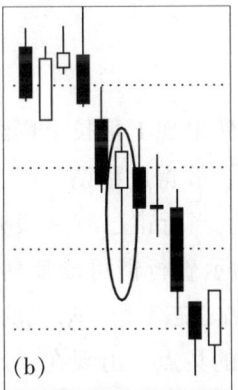

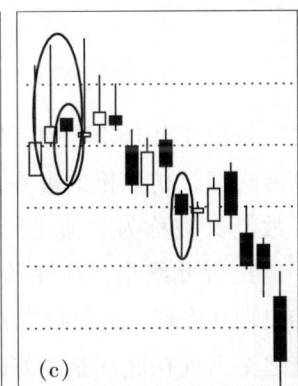

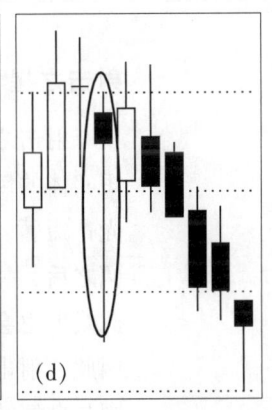

出现以下这些情况会涨

（1）盘整后向上跳空（图 e）。

（2）下跌后期或低位，第 2 天出现中阳线（图 f）。

（3）均线上发散，回调不破支撑线（图 g）。

统计心得

（1）止跌功能，十字星最强，阳线锤头线次之，阴线锤头线最弱。

（2）遇到过长下影线（为实体长度的 4～5 倍）的，当天收盘卖掉，一定能在较低位置接回来。

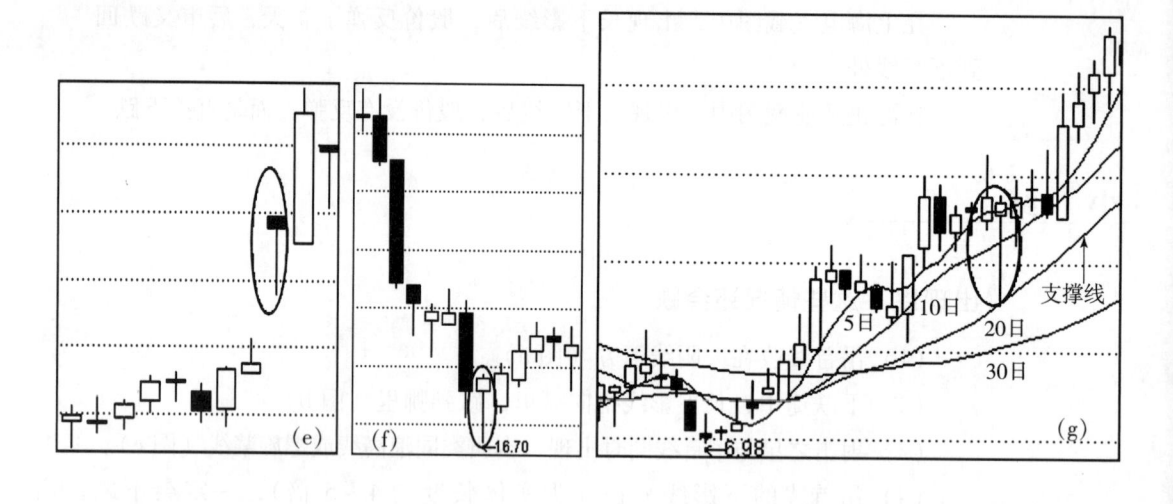

延伸阅读

射击之星

射击之星是指在上升趋势中突然出现1根长上影线短实体的倒锤头线，仿如枪的准头，故得此称谓。因为光芒短暂，故其又被称为"流星"。当行市已有一段升幅之后，一旦出现此线形，往往预示着行情可能反转；此线形也会出现在底部，这是投资者心态不稳定造成的。因此，射击之星出现在底部是良好的买点，出现在顶部则是良好的卖点。

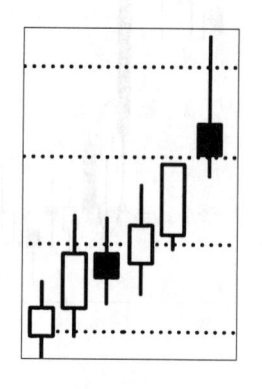

形态特征

射击之星与倒锤头线形态相同。它们所处的位置不同，所以叫法不同。倒锤头线出现在下跌趋势后期，"射击之星"则出现在上涨趋势后期。

（1）出现在上升趋势中，通常已有一段较大的涨幅。

（2）实体很小，上影线很长（是K线实体长度的2倍以上），且下影线很短。

（3）阴线、阳线均可。

（4）射击之星类似于"⊥"，吊首线类似于"T"，都是见顶信号。

技术含义

在上升趋势中，市场跳空向上开盘，出现新高，最后收于当天的较低位置，表明股价出现滞涨现象，无力再创新高，随后股价一直运行在射击之星实体的下方，表明行情已经接近尾声。

有时射击之星出现后，股价没有立即进入下跌趋势，而是出现横盘走势。根据久盘必跌的原则，股价最终还是会掉头向下，因此射击之星是卖出的信号。

射击之星顶部反转的加强信号

（1）射击之星成交量是否创近期天量？如果是，则成为市场顶部的可能性较大。另外，如果在射击之星出现之前的1根K线创天量，市场发生反转的可能性也很大。

（2）射击之星是否试图突破某个重要阻力位（如前期高点阻力、均线阻力）？如果突破成功，则演变成仙人指路；如果不成功，则成为顶部。

（3）射击之星形成后股价重心的变动情况。如果之后股价重心下移，则转势信号确认。如果股价重心横向整理，就要看股价所处的位置。如果是上涨行情途中，则多为主力设下的空头陷阱；如果是上涨行情末期股价长期横盘，则转势的概率非常大。如果在射击之星出现后股价重心上移，这也是主力设下的空头陷阱。

（4）射击之星与前1根K线实体之间是否有价格跳空？标准的射击之星（开盘价）与前1根K线实体（开盘价）之间有跳空，这是成为射击之星的必要条件。

变式研究

名称	多方尖兵	仙人指路	射击之星
图示			
特征	上涨行情中初期、中期； 长上影线的中大阳线； 回落后再突破上影线	上升初期、中期； 长上影小阴、阳线； 收盘仍然有1%~3%涨幅； 成交量放大	上涨末期； 长上影小阴、阳线； 成交量放大
含义	主力试盘，后市看涨	主力试盘，后市看涨	主力出货，后市看跌

实战验证

例题1　形态识别

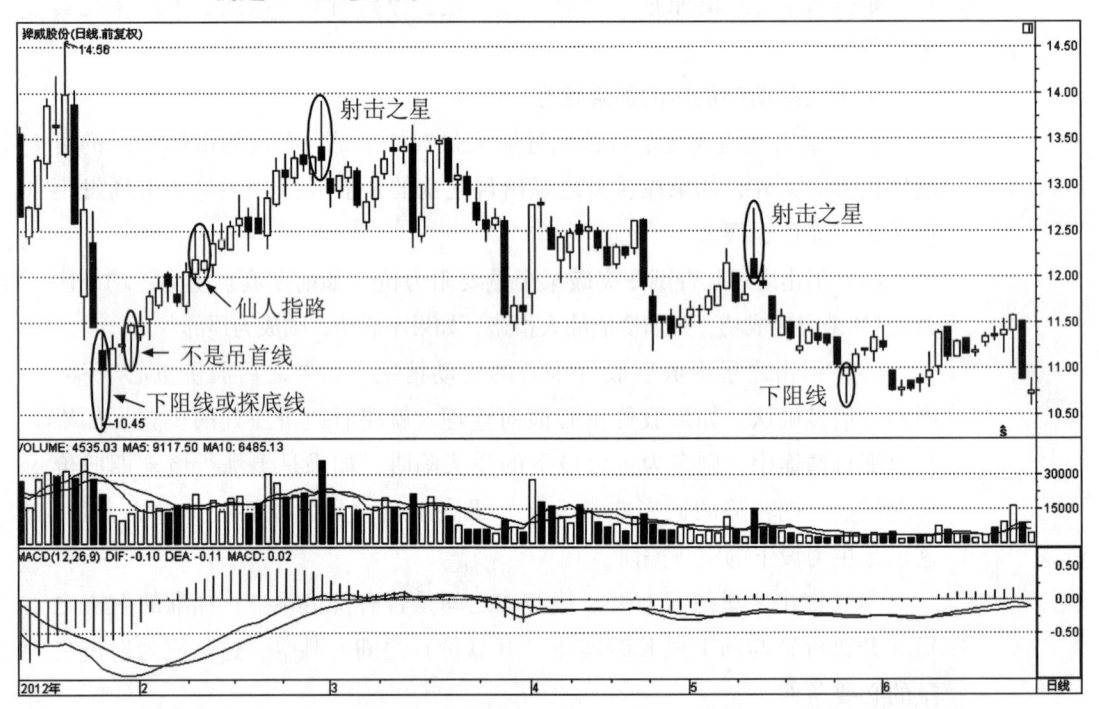

骅威股份（002502）2012年1—6月截图

骅威股份（002502）在2012年1月19日出现的1根跳空低开的锤头线，可以看作下阻线或探底线，股价见底回升。2012年2月9日出现长上影的倒锤头线，它处于上升初期，成交量明显放大，虽然冲高回落，但收盘仍有1.09%的涨幅，这是仙人指路。

经历1个多月的连续上涨，到2012年2月29日出现长上影的倒锤头线，应该看作射击之星。因为，其一，上升时间较久；其二，成交量放出天量（仙人指路的成交量要求有所放大，但不能是天量）；其三，后市股价重心不断下移，没能超过上影线。此射击之星成了此波反弹的顶部，后市一路下挫。2012年4月底至5月初，出现了一波反弹，再次出现射击之星后，反弹也随之夭折。

例题2　仙人指路

仙人指路是股市中一个美丽的名字，意即上影线指明了股价发展的方向。股价经过短暂回调后，一定会突破上影线的高点。

出现仙人指路后，一般要求该股马上继续上行，因此止损位可设在买入价以下3%~5%的幅度内。如果该股之前是沿10日、20日均线拉升的，那么跌破10日、20日均线时要止损。对于在重要阻力位出现仙人指路的个股，应等其再次突破阻力位时介入，介入后可把止损位设在这个阻力位下方。

注意，下面这些情况不是仙人指路

（1）股价处于下降通道中，当天出现长上影小阴、小阳K线，不属于仙人指路。

（2）当天量比达到5倍以上，换手率达到10%以上的巨量长上影K线，不属于仙人指路。

（3）当天收盘时下跌至昨天收盘价之下，跌幅达到5%以上，不属于仙人指路。

（4）股价处于下降阶段的反弹行情中，当天出现长上影小阴、小阳K线，不属于仙人指路。

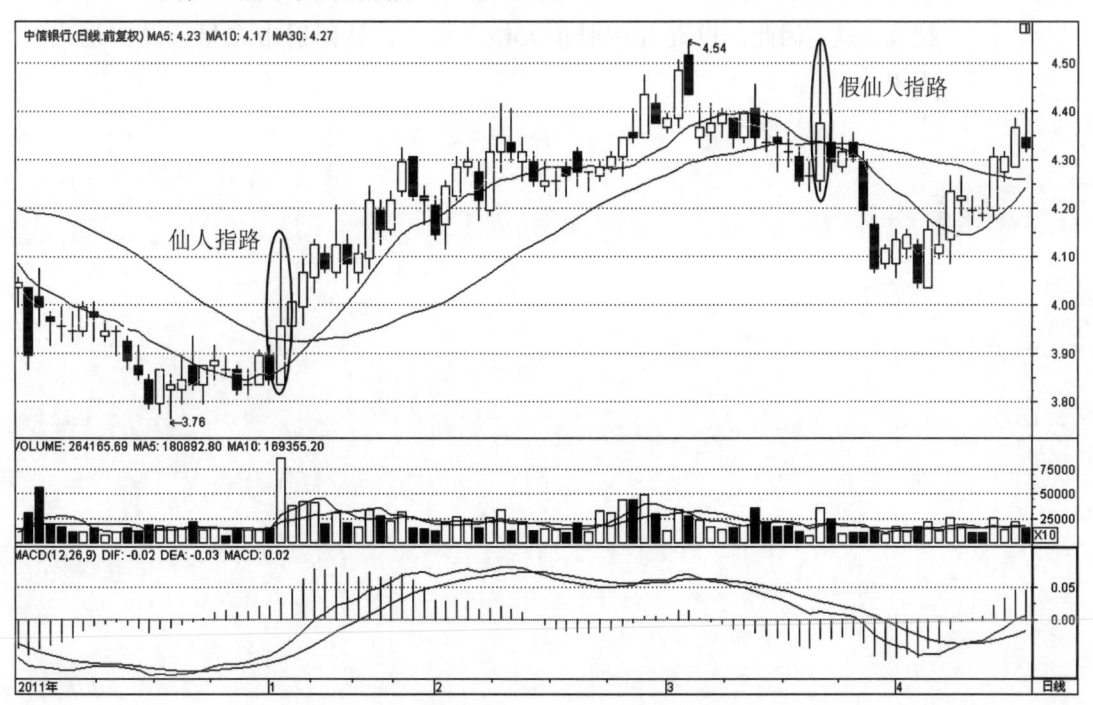

中信银行（601998）2011年12月至2012年4月截图

中信银行（601998）于2012年1月5日和3月22日出现了两次仙人指路的线形。第一次显然指对了路——其后股价一路震荡上行；而第二次没有形成指路效应，股价反而在当周破位下跌。

为什么会出现这种不同的走势呢？

我们先看2012年1月5日的那根仙人指路的情况：该根K线是1根放量低开高走的中阳线，其成交额高达3.6亿元，是前一天成交额的5倍，说明增量资金在进场。更重要的是，该K线是在5日均线上穿10日均线之时出现的，同时也穿越了30日均线，形成了一阳穿三线的结构。再看2012年3月22日的那根K线，虽然也是一阳穿三线，但5日、10日和30日均线已经形成了空头排列，与前者恰恰相反。从量能上说，其成交额只有1.6亿元，是2012年1月5日成交额的44%。大幅萎缩的成交额说明该阳线不是增量资金所为，而是存量资金的搅动行为。有意思的是，该根阳线的上影线最高点恰恰与前一次的高点持平。

统计心得

总之，射击之星的见顶信号非常强烈。无论是牛市的上涨、中级反弹，还是很小级别的反弹，只要出现射击之星，都表明顶部已经形成，后市将持续下跌。因此，投资者在股价大幅上扬后，见到射击之星应及时退出观望。

战法 22：交错线——暂观

> 一阳一阴交错其间，之后再出现一根略微下降的阴线。这时如再出现 1 根阴线，将成为"黑三兵"，然而仅通过两根阴线无法预测其走向将如何，不过如果上升走势已连走了 1 个月，再接这种线形的话，此时行市大都已达天井，今后能否再度上扬，得依市场成交量的结构变化而定。

交错线

形态特征

交错线，是指"一阳一阴交错其间，之后再出现 1 根略微下降的阴线"的 K 线组合。其形态特征如下。

（1）由 5 根日线组成，两阳三阴，前 4 根阴阳交错排列，实体之间没有跳空。

（2）5 根线实体相差不大，以中阴线、中阳线为佳。

（3）整体呈现略微向下的势态，第 5 根 K 线为低开低走的阴线，但不能收得太低（这表明行情处于不明朗的阶段，如果往下太多，则认为向下的趋势已经确立）。

（4）成交量如果放大，为见顶信号；如果萎缩，则为洗盘行为。

技术含义

交错线是一种"一阳一阴交错其间"的连接线，是一种盘整的观望线形。此形态已经出现 2 根阴线，如果再出 1 根阴线，就是黑三兵，则行情不容乐观；如果第 3 天收阳线，则势态有所好转。所以，如果只是出现了 2 根阴线，是难以确定它未来走向的。因此，出现交错线的操作策略是——暂观。

这时时间比空间更有参考价值。如果上升走势走了 1 个月而再接这种线形的话，此时行市大都已达天井。这时的交错线是一种高档处的乱线，它已经失去再推高的动力了。

如果在下跌途中出现交错线，可能是空头的短暂休息，后市会继续下跌；如果在上升初期、中期出现，则是多空短暂的平衡，后市将继续攀升。但不论哪种情况，都需要后市的确认才可操作。

变式研究

名称	图示	特征	含义
连续线		前后几根日线连续上下排列；中间绝对不留缺口	涨跌均可（高位连续5根阴阳线夹杂而下，后市必跌）
绵绵阴跌形		由若干根小K线组成，不少于8根，以阴线居多；整体排列呈现向下倾斜的状态	继续下跌；下跌幅度可能不大，但时间很久；以时间换空间
空方尖兵		处于下跌趋势中；先出1根带长下影线的大阴线，反弹后又跌至下影线下方	后市看跌（反弹为了出货）

实战验证

例题1 模式识别

上汽集团（600104）截图中出现3处二阳三阴交错线（见图中方框处），它们出现在同一波段的不同位置，其命运也是迥异的。

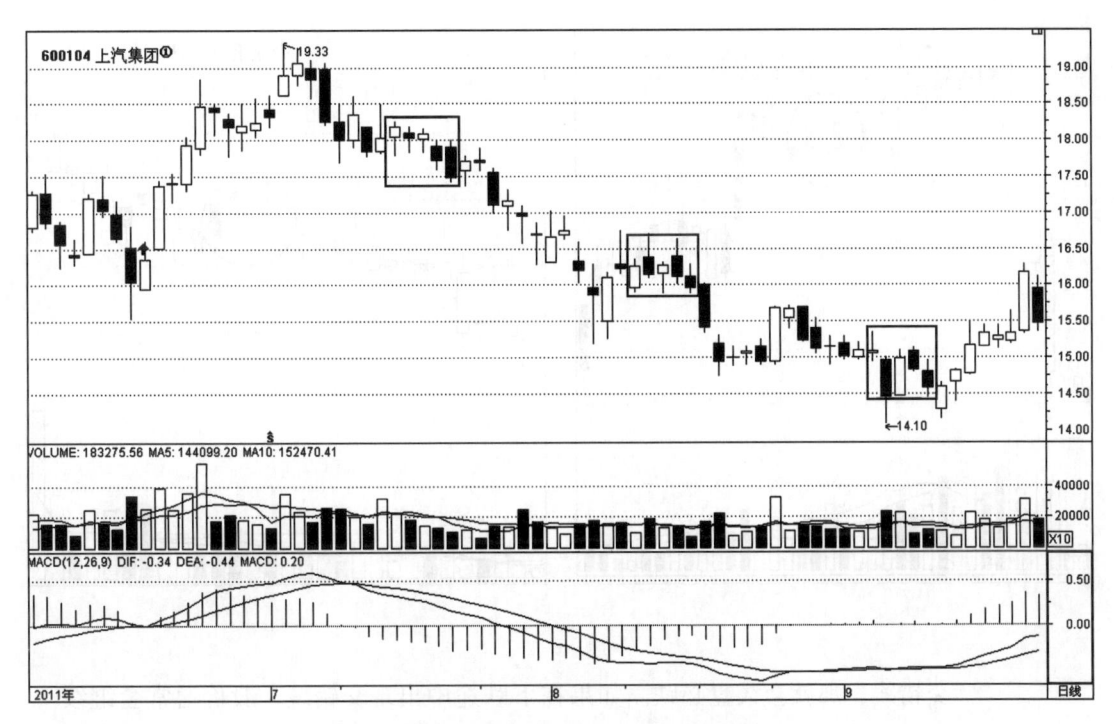

上汽集团（600104）2011年7~9月截图

第一处的线形与标准的交错线的结构有所出入。其一，几根K线实体相差比较大，而且第2根、第3根日线实体过小；其二，实体之间出现了跳空缺口。

第二处的线形为标准的交错线，它符合交错线的典型特征：①5根日线阴阳交错；②5根日线的实体相差不大，且没有跳空缺口；③第5根阴线低开，呈现略微向下的走势；④再后一天为中阴线且成交量放大。这是行情下跌的确认，后市将继续下跌。

第三处的交错线与第一处相类似，为见底信号。因此，交错线的操作策略为暂观，它的命运由后续的走势决定。

例题2　盘整期

下图中的左侧图，乐山电力在高位出现两处交错线。该股在高位盘整约1个月后，出现1根大阴线向下突破，后市急剧下挫。

下图中的右侧图，中航重机持续上升了大约3周，出现交错线后，股价进行了短暂的休整，然后急剧拉升。很明显，这里的交错线是主力洗盘所为。

一般来说，如果在高位盘整，特别是上升了1个月之久，出现两三次

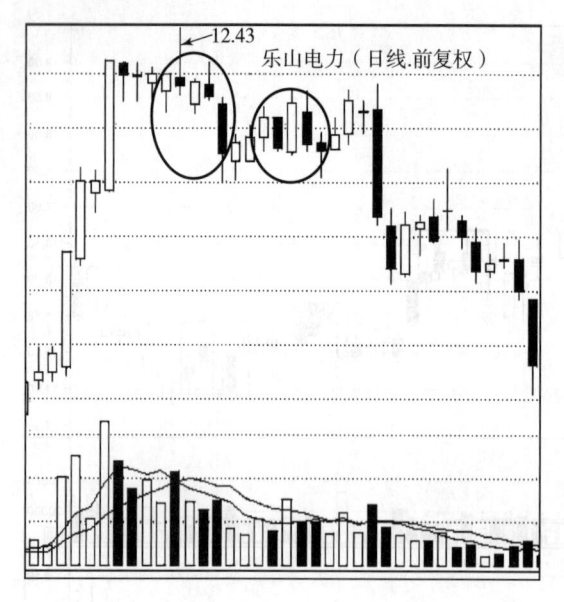

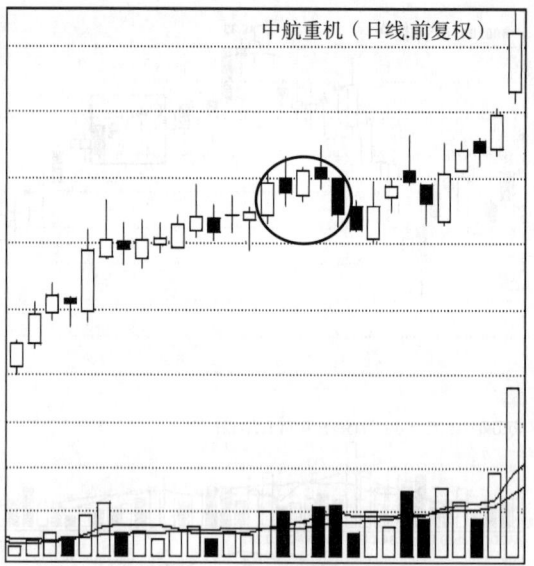

交错线，那就会久盘必跌。如果在下跌途中出现交错线，股价通常会继续跌；如果是下跌后期，通常会继续盘整（注意，出现交错线后，即使下跌时间超长，股价也不会马上反转。如果反转向上，一定会有其他的反转信号来佐证）。

小　结

交错线不具有头部特征，不是见顶信号，多出现在盘整期，或者在上升、下降的某个平台整理期。

交错线也不是买、卖的标志，投资者要根据后市的走势来确定操作策略。后市走势包括 K 线形态和技术指标等。

统计心得

（1）在盘整期间很容易出现交错线这种线形。

（2）牛皮市或上升初期的休整，通常在 12～14 天时会向上突破。如果错过了最佳突破时间，则可能转而看跌。

战法23：外孕十字星——卖、买、暂观

第2根十字星被前面大阳线所包含，此时市场买势突然陷入胶着，如果此刻在高价圈阶段的话，那么大概是警告已达"天井"的信号，迅速转多为空才是良策。平常如出现这种线形，应视为多空分歧的关键，多头在此必须考虑是否再度出击。反过来讲，如果十字星被大阴线所包含，又出现在低价圈，反而是一种买入契机。

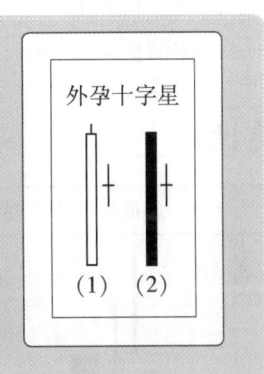

外孕十字星

(1)　(2)

形态特征

外孕十字星是孕出线的特例，即第2根十字星为前面大阳线或大阴线所包含。其形态特征如下。

(1) 由2根K线组成，第1根为大阳线或大阴线，第2根为十字星。

(2) 第2根十字星为前面大阳线或大阴线实体所包含，构成了孕出线。

(3) 在上升趋势中出现大阳线包含十字星，若股价创新高，则称"新高外孕十字星"；在下跌途中出现大阴线包含十字星，若股价创新低，则称"新低外孕十字星"。

技术含义

外孕十字星的市场含义可以参考孕出线，但外孕十字星的转势信号比孕出线强。一般来说，反转信号由强到弱的顺序是：吊首线＞射击之星＞外孕十字星＞孕出线。

外孕十字星表明市场买势突然陷入胶着，今后如何发展，主要由其所处的位置决定。如果在高价圈阶段，其大概是警告市场已到了天井的信号，应考虑抛售筹码。如果处于低价圈阶段，则其可能是止跌的信号，可以试

探性做多（注意，止跌并不表示行情会反转向上，有时仅仅表示下降暂时受到障碍，至于是否会反转向上，需要后市走势的确认）。如果在盘整期间出现这种线形，可看成多空分歧的关键，应该以观望为宜。

根据 K 线的形态和颜色，外孕十字星分为"大阳线孕十字星"和"大阴线孕十字星"。但统计发现，此 K 线组合中颜色不是决定性的，位置才最关键。比较起来，笔者认为"新高外孕十字星"和"新低外孕十字星"这一称谓更贴切些。

形态类比

名称	新低外孕十字星	新高外孕十字星	孕出线
图示			(1) (2)
含义	见底信号	见顶信号	可能见底（1） 可能见顶（2）
备注	再出中大阳线则为晨星	再出中大阴线则为夜星	表明趋势暂时胶着

实战验证

例题 1　买入或卖出

泰达股份（000652）图中出现两处标准外孕十字星（见方框处）。该股 2012 年 3 月 19 日出现的十字星完全被前 1 根中阳线包含，形成了新高外孕十字星。其特征有：①股价上升了较长时间，自晨星见底以来，连续上涨了大约两个月；②十字星被阳线实体所包含；③阳线处的成交量比较大（是前面几根 K 线的两三倍），随后成交量逐渐萎缩；④十字星后收中阴线，这是反转向下的确认线。通过进一步分析我们还可以看到，此 3 根日线形成了"黄昏之星"，而黄昏之星是见顶信号，即出现了双重见顶信号。

出现新高外孕十字星后，股价应声下跌，连收 8 根阴线。2012 年 3 月 30 日再收 1 根十字星，这是新低外孕十字星。其特征有：①在下跌趋势中，此时虽然下跌时间较短，但下跌幅度较大，有反弹要求；②十字星被阴线

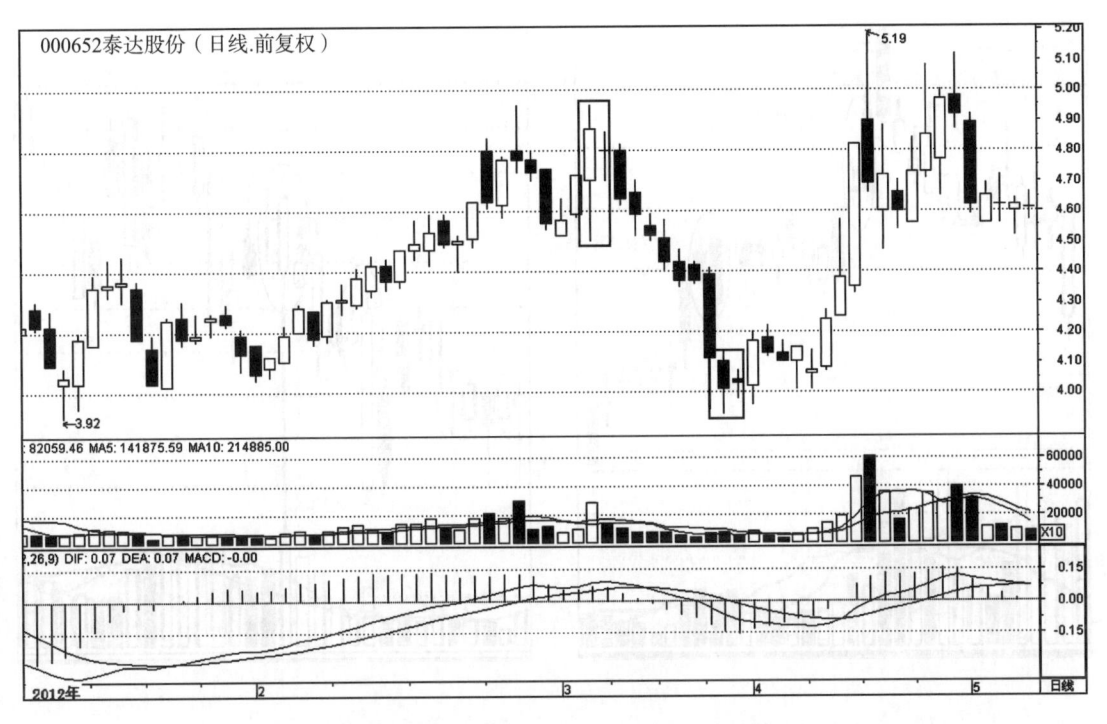

泰达股份（000652）2012年1—5月截图

完全包含；③成交量萎缩（成交量萎缩通常是底部的特征，是行情见底的必要条件，而不是充分条件）；④十字星后收中阳线，形成了"晨星"，晨星本身是反转向上的信号。因此，2012年4月5日中阳线出现后，我们可以判断此"新低外孕十字星"探底成功，可以试探性做多。

第一买入点是2012年4月5日出现中阳线的当天，后市只要不破此中阳线开盘价，就可以一直持股待涨。第二买入点是2012年4月12日的中阳线处，因为它突破了2012年4月6日覆盖线的高点，可以看作破前覆盖线（具体见战法30）。

例题2 位置比颜色重要

通常大阳线外孕十字星是滞涨（不用"见顶"这个词，说明不一定会见顶下跌，后市可能继续上升）的信号，大阴线外孕十字星是止跌（不用"见底"这个词，说明不一定见底回升，可能盘整一段时间后继续跌）的信号。事实上，后市如何发展，关键要看行情所处的位置。比如凯迪电力，大阴线孕十字星出现在下跌初期，后市继续下跌。又如兰州民百，大阳线孕十字星处于上升初期，行情继续攀升。这说明股市中位置比颜色重要，即**"势比色重要"**。

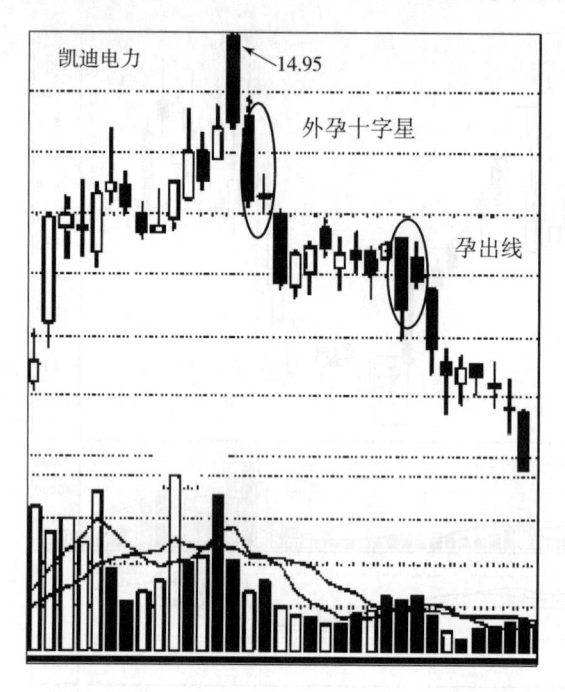

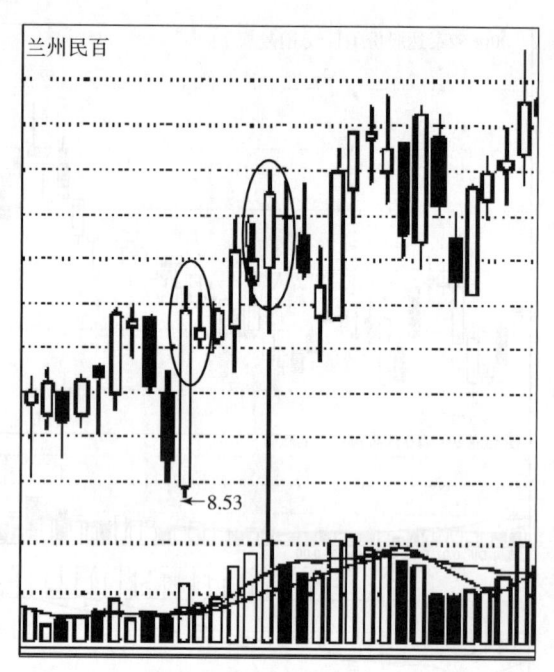

另外，外孕十字星后能否再创新高，关键看成交量。比如兰州民百图中成交量逐步放大，我们可以称它为"梯量柱"，它支撑了股价稳步上升。借用高尔基的一句话"书籍是人类进步的阶梯"，同样，我们可以说**"梯量柱成交量是股市进步的阶梯"**。

例题3 重要阻力位

沃尔核材（002130）2012年5月30日时的1根放量长阳创近期新高，并试图冲击前期A处的高点，看起来多方量能强劲，向上冲力十足。但是第2天收T字星，而且被前一天的大阳线完全包含，形成了外孕十字星形态。在放量长阳之后没能继续创新高而出现十字星，说明上档压力很重，上冲乏力，市场处于一种胶着状态。第3天收中阴线，虽然股价继续运行在大阳线的实体上半部，但很明显，此次冲高已经失败，后续必将步入调整期。

在调整一段时间后，股价再次冲击前期A、B两处高点，并于2012年7月4日出现涨停大阳线，成交量放出天量，这到底是福还是祸呢？

仔细分析会发现，虽然表面形势一片大好，但暗流涌动。因为，其一，"大成交量+涨停=主力出货"；其二，第2天的十字星被前1根大阳线包含，再次形成外孕十字星；其三，随后几天都没能进一步突破前期高点。所谓"不成功，便成仁"，可以预见后市将有较大幅度的回调。

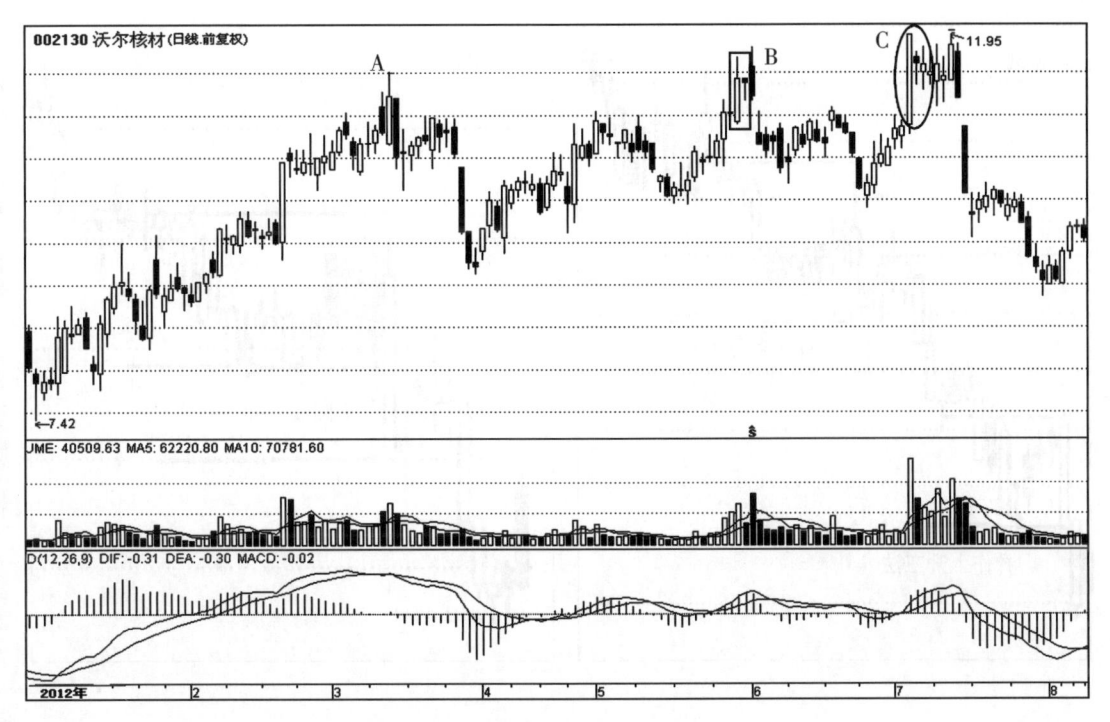

沃尔核材（002130）2012年1—9月走势

统计发现，在冲击重要阻力位时出现外孕十字星，说明多方力量不够强大，闯关不成功，后市必回调。于是，我们可采取极短线差价的操作策略，即冲击前期阻力位时出现外孕十字星立马卖出股票，一定会有更低价位可接回。

外孕多胞胎

统计发现，在A股市场经常出现1根大阳线包含后面多根K线（小阴线、小阳线），我们称之为"外孕多胞胎"。此根大阳线通常出现在上涨行情中，而且伴随较大的成交量。这种线形出现后，后市涨跌概率各半。

外孕多胞胎向上突破的形态特征

（1）大盘处于上升期。
（2）小阴线、小阳线运行在大阳线实体上部。
（3）如果要向上突破，那么后面的小阴线、小阳线不能太多，以3~5根为佳，其次以14根为宜；若超过15根，即使上涨，其幅度也不会大。

例题1　上升的外孕多胞胎

从郑煤机的截图中可以看出，A处大阳线包含后面5根日线，其中前4

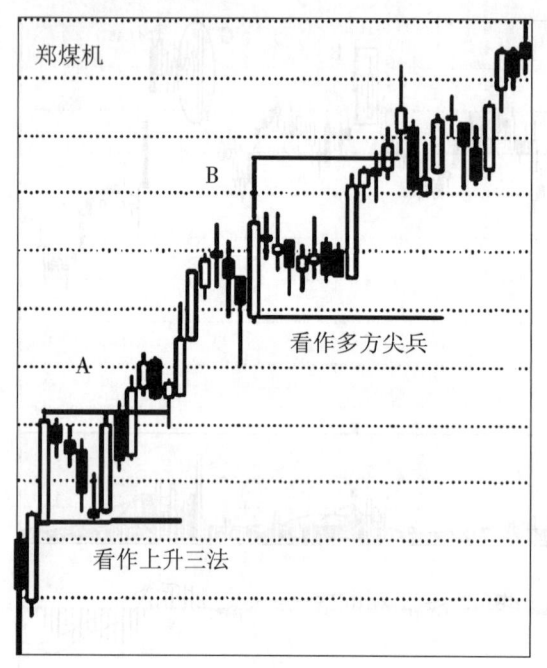

根小阴线依次向下排列，第 5 根大阳线出现时形成了上升三法，后市将继续上升；B 处的大阳线包含了后面 10 根日线，第 1 根大阳线的上影线极长，而且最终被突破，形成了"多方尖兵"，也是上升的形态。

中国南车的截图中，大阳线完全包含了后面 14 根日线，接着几根小 K 线虽然比第 1 根大阳线略高，但没能形成真正的突破，因此也可以认为是被大阳线所包含，即一共包含了 22 根。这 22 根日线都运行在大阳线的实体上部，说明市场虽然处于胶着状态，但多方还是占据主动地位，后市有进一步上攻的欲望和能力。

外孕多胞胎向下突破的形态特征

（1）大盘处于下跌或盘整期。

（2）小阴线、小阳线运行在整个阳线实体之内，有时能触及开盘价与收盘价。

（3）被包含的 K 线数目较多，以 5～8 根最为常见，有时甚至达 30 来根。

例题 2　下降的外孕多胞胎

华泰证券（601688）2011 年 8 月 5 日出现下跳空缺口 Q，接着收 1 根大阴线，然后在大阴线下方做平台整理。2011 年 10 月 12 日出现 1 根实体涨幅约10%的大阳线A，其成交量是前几根K线的1倍，收盘高于前期P处的高点，乍看像是带量向上突破。但随后连收3根十字星，按照K线理论，在重要阻力位出现外孕十字星，是上攻乏力的表现。再往后出现一连串的小阴线、小阳线（有30来根），运行在大阳线实体部分，形成了外孕多胞胎。

2011年11月24日出现的中阴线B，其收盘价低于大阳线A的开盘价，即宣告外孕多胞胎这一线形的终结。市场选择了向下的方向，此时B处成了最佳止损点。

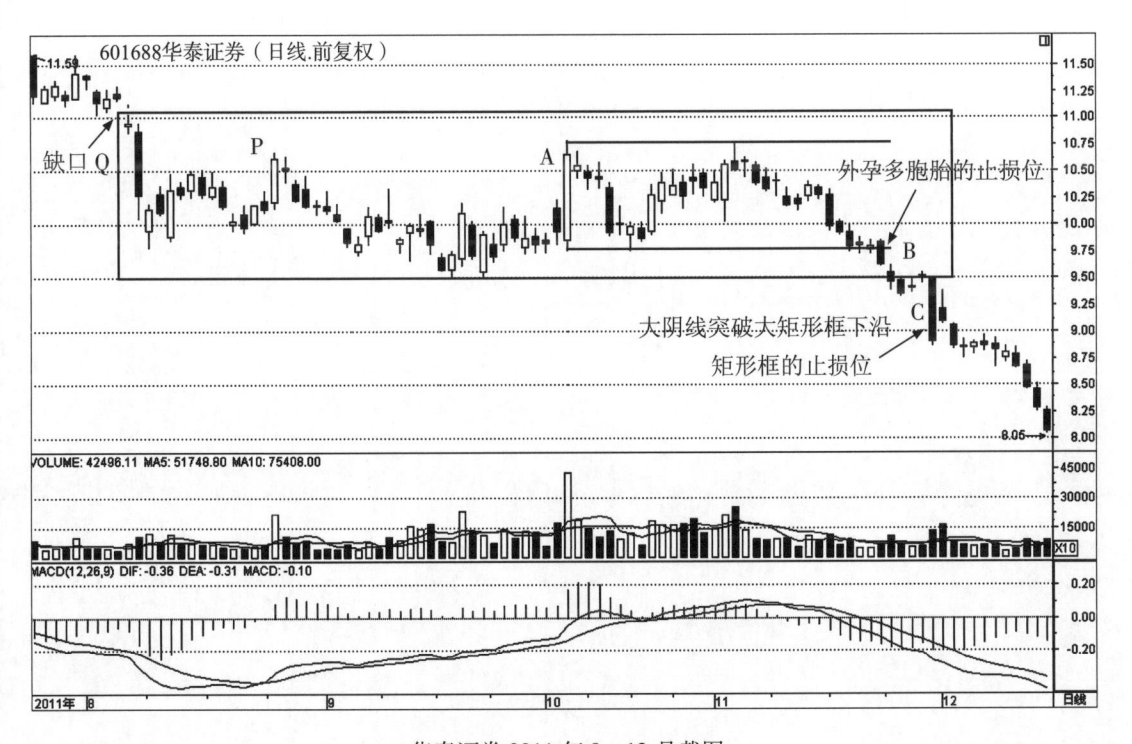

华泰证券2011年8—12月截图

进一步分析得知，该股自2011年8月以来一直运行在一个矩形框内。根据形态理论，2011年11月30日出现1根跌幅为6.31%的大阴线，即宣告股价突破矩形框下沿，这时可以判断后市将继续下跌，此时C处是止损点。两者相比，外孕多胞胎的止损点B高出矩形框的止损点C至少8%，而且时间提前了一周。

小 结

（1）下跌开始的第2~3天出现大阴线孕十字星的，后市必跌。

（2）下跌途中，出现大阴线孕十字星或者大阳线孕十字星，后市以下跌居多。

（3）外孕多胞胎出现后，应以观望为主；如果出现其他反转的信号，应以新出现的信号为准，即"信号以后出为准"。

（4）外孕多胞胎中被包含的小阴线、小阳线如果超出 8 根，下跌概率就会增大；如果超出 15 根，下跌概率就会更大，即盘整时间越长，下跌概率越大。

战法 24：跳空连双阴——卖出

图形中可看出，在上涨过程中不但出现跳空双阴，而且之后不久再度出现同样的双阴，这种线形在 K 线走势中很少出现。第一次出现双阴时仍然可持续买入，但第二次出现时空头可能将展开大反攻，故此为行情崩溃的信号之一。

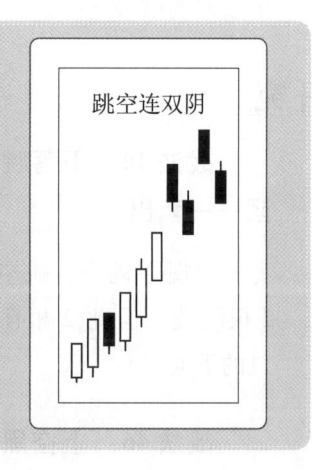

跳空连双阴

形态特征

跳空连双阴，是指在上涨过程中不但出现跳空双阴，而且之后不久再度出现同样双阴的 K 线组合。其形态特征如下。

（1）发生在上升行情之中，若上升 1 个月之久后出现此信号，则是行情崩溃的标志。

（2）出现 2 次向上跳空，跳空后连收 2 根阴线（应为中阴线或小阴线，不能是大阴线）。

（3）2 次向上的跳空缺口都被第 2 天的阴线回补。

（4）2 次跳空时间间隔为 1~2 天。

技术含义

在上涨过程中，不但出现跳空双阴，而且之后不久再度出现同样的双阴，这种线形在 K 线走势中极少出现。统计发现，在 A 股市场第一次向上跳空时，大多收阳线，或者收 1 根阴线，出现双阴线只是偶尔发生，接着再次向上跳空并出现双阴线，更是少见。

通常向上跳空会以阳线形式呈现，现在却以阴线形式呈现，说明行情已是外强中干、虚有其表，后市不容乐观。

第一次出现跳空双阴时依然可以持续买入，因为可能是主力强力洗盘所为，但也要留意它是否会演变成"上空黑二兵"，而上空黑二兵是卖出信号。第二次出现跳空双阴时，基本可以确认这是主力急剧拉升出货所致，空头可能展开大反攻。因此，酒田战法认为"跳空连双阴"是高档市场行情崩溃的信号之一。

变式研究

战法40：下落跳双阴——卖出

出现下跳空，跳空后出现2根阴线，但此2根阴线在缺口的下面。

战法46：上空黑二兵——卖出

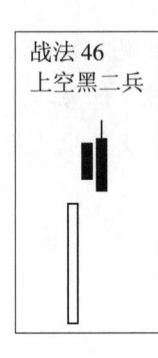

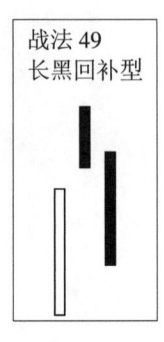

出现上跳空，跳空后出现2根阴线，可看作跳空连双阴的雏形，但缺口第2天没有回补。

战法49：长黑回补型——卖出

出现上跳空，跳空后出现2根阴线，也可以看作跳空连双阴的雏形。但要注意两点，其一，缺口第2天回补了；其二，第2根阴线为大阴线。

实战验证

例题1 标准形态

ST雷伊B（200168）于2009年7月出现了跳空连双阴。其一，它处于较长的上升趋势中，图中股价已经连续上升了大约两个月。其二，出现2次向上跳空，跳空后都是连续2根阴线。第一次出现在2009年7月10日（其最低价与前一天最高价相等，即相切，但是由于A股市场这种线形很难找，本文将其当作跳空来看待）。第二次出现在2009年7月15日（此处为实体间有跳空，上下影线实际上也是相切的）。其三，2次向上跳空时间间隔很短，中间只夹杂1根中阳线。这与标准图示几乎一模一样，后市发展

战法 24
跳空连双阴——卖出

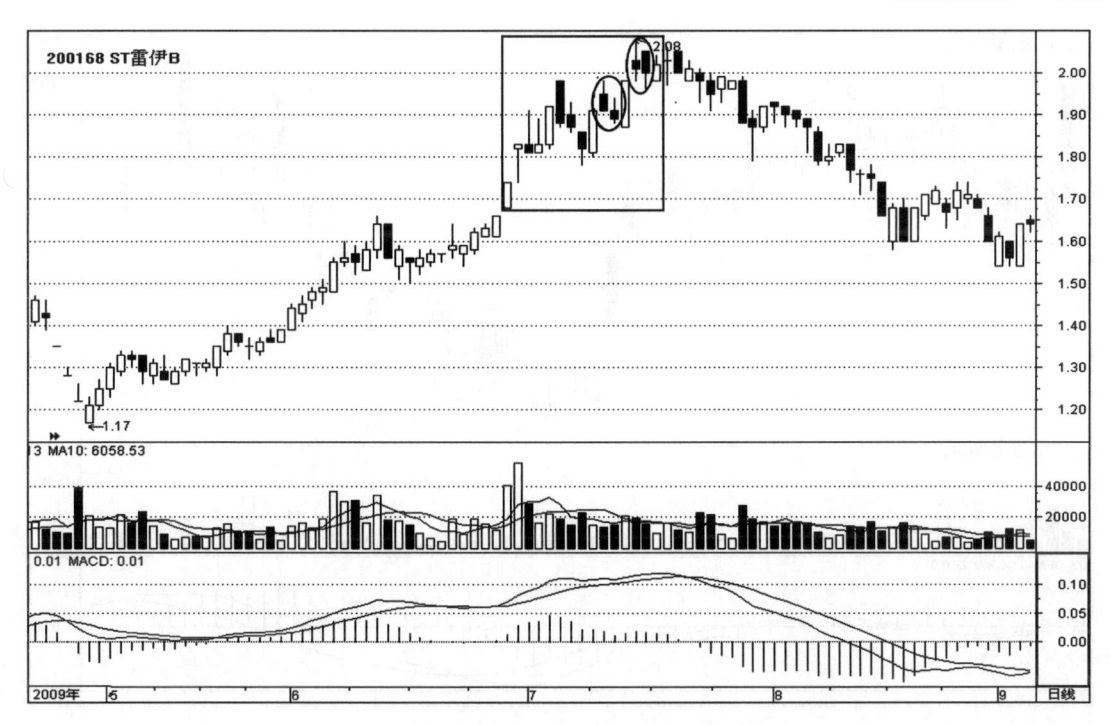

ST 雷伊 B（200168）2009 年 4—8 月截图

也印证了"是行情崩溃的信号"。

例题 2　低位洗盘

有的 K 线专家认为，跳空连双阴是继续上涨的信号，类似于"高位并列阳线"。在缓缓连续上升的行情中，股价突然跳空高开，说明有一股强势的力量要加速行情的发展。但是空方也不示弱，直接打压，故收出 1 根中小阴线。第 2 天空方继续压着多方打，然而多方依然很顽强，顶住空方的压力，最大限度地不让股价大幅下滑，不让上冲行情夭折，功亏一篑。一看空方压不住多方，市场风向立马转向多方，多方一鼓作气，将股价连续拉升，走出一波较大规模的行情。

ST 雷伊 B（200168）在 2011 年 6 月 21 日跳空高开收阴线，并与前一天实体之间留有缺口，第 2 天再次收阴，形成了跳空后的双阴。当然，这也可以看作上空黑二兵的变式（前 1 根阳线实体过小，故不是标准的上空黑二兵）。在隔 2 天之后，再次跳空高开，实体间留有缺口，并再次收双阴，形成了标准的跳空连双阴。但此形态发生在股价低价圈内，而且 MACD 形成了低位金叉，因此使股价继续攀升成为可能。

跳空连双阴这种线形在 A 股市场很难找到，但有趣的是，本例与例题

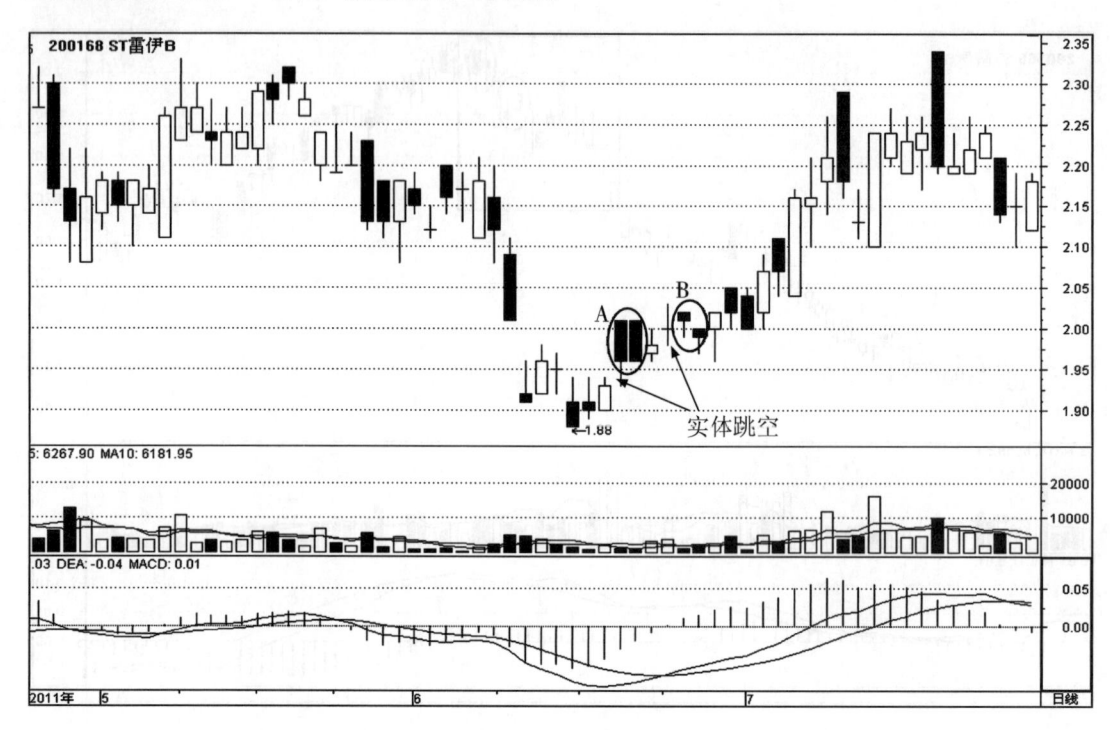

ST雷伊B（200168）2011年4—7月截图

1中的股票都是ST雷伊B，有人认为这是同一主力或者同一股票作手的操盘风格所致。例题1中出现此线形是见顶信号，本例中此线形却代表着继续上升的洗盘行为。如果真是同一作手所致，那么本例就是其反向操作的典型。

小 结

酒田战法对各种K线形态位置的要求非常严谨和苛刻，不能有丝毫马虎。一旦K线形态的位置发生了变化，其所揭示的市场含义和操作的策略也就完全不同了。

跳空连双阴只有出现在相对高位，才是行情崩溃的信号。

战法 25：浪高线——卖、分歧

此为波涛汹涌欲掀起大浪之势，到最后看 2 根 K 线的发展情形，第 1 根为小阳线但上下影线很长，表示在上升过程中涨跌都受到了限制，故收实体甚小的小阳线。这种线形出现在此，表示"攻防分歧"，多头和空头都必须休战片刻，次日的开盘走势很关键。如果仍然无大发展仅出"孕出线"而已，那么整个大涨之势到此即告中止。浪高线的尾端如出现长上影线，表示这一波涨势已达天井，故多头必须迅速获利出场。

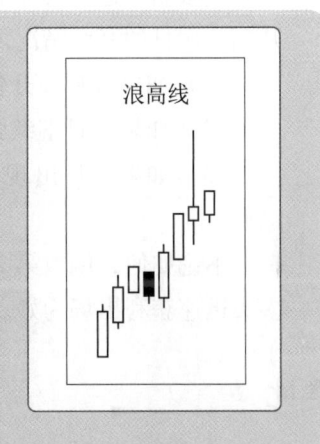

形态特征

浪高线也称螺旋桨线，是上下影线都很长而实体很短的一种 K 线。其特征如下。

（1）在上升趋势中出现，是见顶信号。

（2）核心线形是"螺旋桨线"——短实体，长上下影线。有时要求上下影线几乎等长。

（3）核心线形可以是阳线，也可以是阴线，即螺旋桨线的颜色红、绿均可。

（4）由多根日线构成，最后 2 根呈现孕出线形态——这是浪高线的确认线。

技术含义

浪高线，顾名思义，是指一种波涛汹涌而欲掀起大浪的走势，好似航海的船只突然遇到大风大浪，上下颠簸。小实体相当于船体，长长的上影线相当于船体被大浪冲高数米后回落的轨迹，下影线相当于船体颠簸到波浪的谷底后回升的轨迹。

浪高线是一种短实体、等长上下影线的 K 线，它的振幅十分惊人。其交易区间很大，代表量能很大；最后收小实体，表示在上升过程中涨跌都受到了限制。这种线形的出现表示"攻防分歧"，此时多头和空头必须休战片刻，次日的开盘情况才是最关键的。

（1）如果次日高开低走收阴线，显然行情结束。

（2）如果次日继续强势上冲，突破前天高点，说明行情将继续上升。

（3）如果次日出现阳线，但仅出"孕出线"而已，整个行情亦宣告结束。

不论如何，倒数第 2 天带有长长的上影线，表示这一波涨势到达天井，多头迅速获利出场为妙。

形态类比

与浪高线（螺旋桨线）相类似的有十字星、长十字星、搓揉线，它们都是转势信号。转势信号由弱到强的顺序为：十字星＜长十字星＜螺旋桨线或搓揉线。

名称	（长）十字星	搓揉线
图示		
特征	实体变成"一"字，上下影线较长	由 1 根 T 字线和 1 根倒 T 字线组成
含义	上涨末端见顶，下跌末期见底	上涨初期，续涨；上涨末期，则跌

实战验证

例题 1　形态识别

中捷股份（002021）在连续两个月的上升后，于 2012 年 5 月 28 日跳

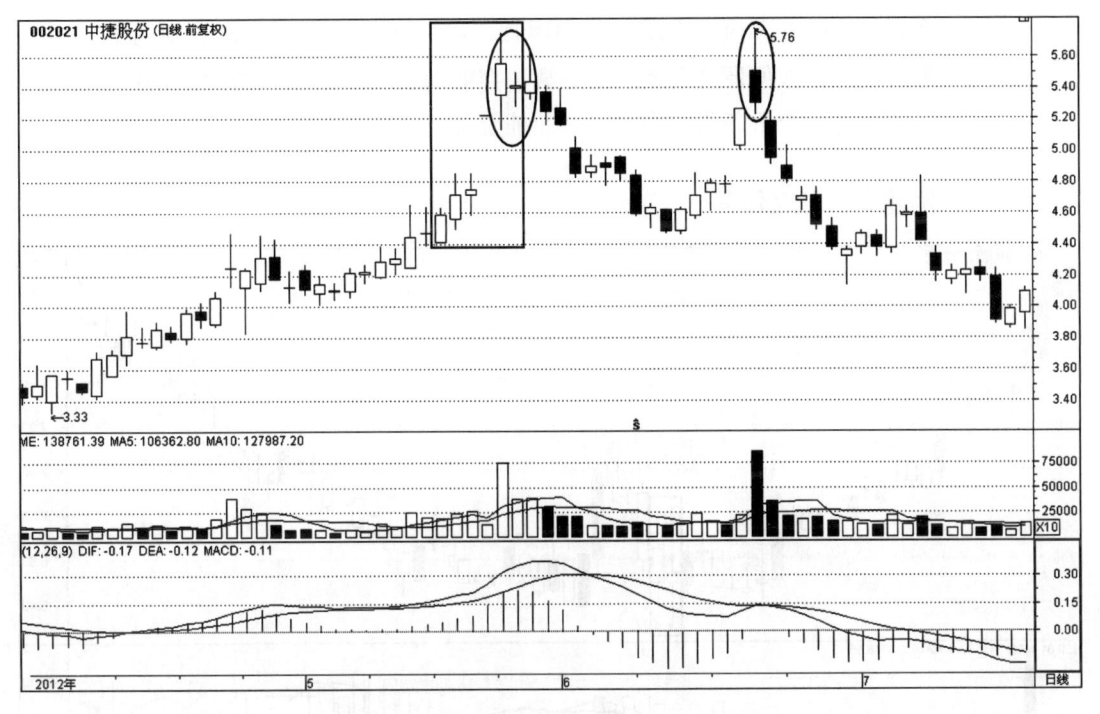

战法 25
浪高线——卖、分歧

中捷股份（002021）2012年4—7月走势图

空高开，收中阳线且创近期新高，收盘时留下长长的上影线和长长的下影线，这可看作标准形态的浪高线。第2天收十字星，两者形成了外孕十字星形态，而外孕十字星本也是见顶信号，这是浪高线见顶的进一步确认和加强。

随后股价急剧下挫，2012年6月初再次反弹，于2012年6月20日再次跳空高开，冲高后随即下探，收盘时呈现长上影的中阴线，与酒田战法中浪高线的标准图示几乎一模一样，上下影线长度是不等的，上影线较长，而下影线略短。第2天跳空低开，收中阴线，是对浪高线的确认，表明此波反弹行情已经结束。

进一步分析可知，此时该股走出了标准的双顶形态，两个顶峰都是由浪高线组成，根据双顶理论，后市应有比较深的跌幅。

一般来说，浪高线顶部出现后，调整周期是比较长的，至少要等到10个交易日后再看能否有小反弹的机会。为什么？这好比人们登上大船，在股海里捕"金鱼"，原来的主力技术高超，力量雄厚，捕到很多金鱼。一看有那么多中小机构和散户蜂拥上船，也来抢捕金鱼，于是主力带着捕来的金鱼，乘着事先准备好的救生艇逃掉了。而后来登船的都是些乌合之众，相互倾轧，相互利用，根本无力驾驭大船乘风破浪，更不用说捕金鱼了。

大船只能随波逐流，在暴风雨中飘摇，有时还要被卷入波浪的旋涡中。一见有风险，人们便又开始纷纷逃离，弃船而去。等到残余势力全部退去了，新的主力才会重新组织力量，登船捕金鱼。

例题2 见底信号

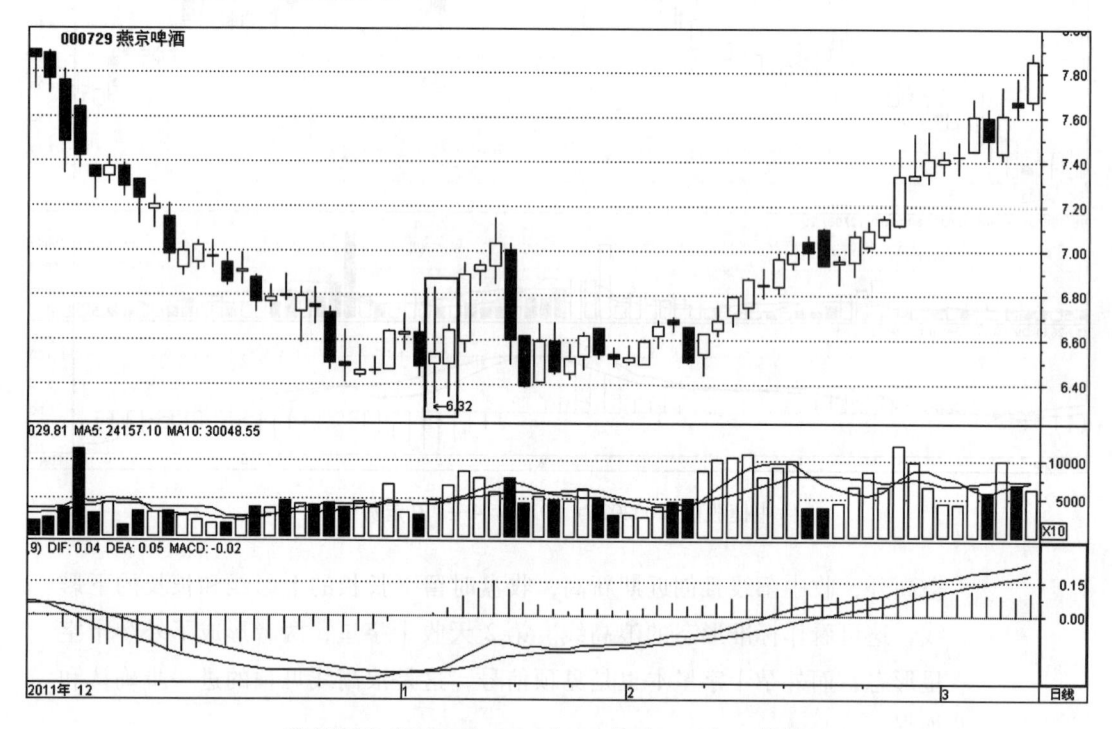

燕京啤酒（000729）2011年12月至2012年3月截图

螺旋桨线长长的上下影线表明多空双方进行过激烈的争夺，最终获得暂时平衡。如果这种线形出现在长期下跌的低价圈，则多方胜出的概率比较大。

例如，燕京啤酒（000729）于2012年1月6日出现1根螺旋桨线，它具有明显的底部特征：①处于下跌末期，自2011年11月下跌以来，下跌时间超1个月之久；②成交量很小（处于顶部的螺旋桨线常常伴随较大的成交量）；③第2天收中阳线，两者构成了孕出线；④中阳线收盘于螺旋桨线上影线部分，股价重心明显上移。

说明：螺旋桨线出现在上升趋势中才可叫浪高线，出现在下跌趋势中或者盘整期都不叫浪高线。酒田战法中浪高线所配图示已经连续上涨了7天。

搓揉线

搓揉线由1根T字线和1根倒T字线组成，两者合并起来看，很像螺旋桨线。搓揉线，顾名思义，就是股价像织物一样在洗衣机中反复受到搓揉。很明显，有这般能耐对股价进行反复搓洗的必然是主力。

在上涨途中，尤其是涨势初期，出现搓揉线，大多是主力用来清洗浮筹，以减轻上行压力；在上涨末期，尤其是股价已有很大涨幅后出现搓揉线，则多为主力通过上下震荡搅乱人们视线，以达到高位出货的目的。

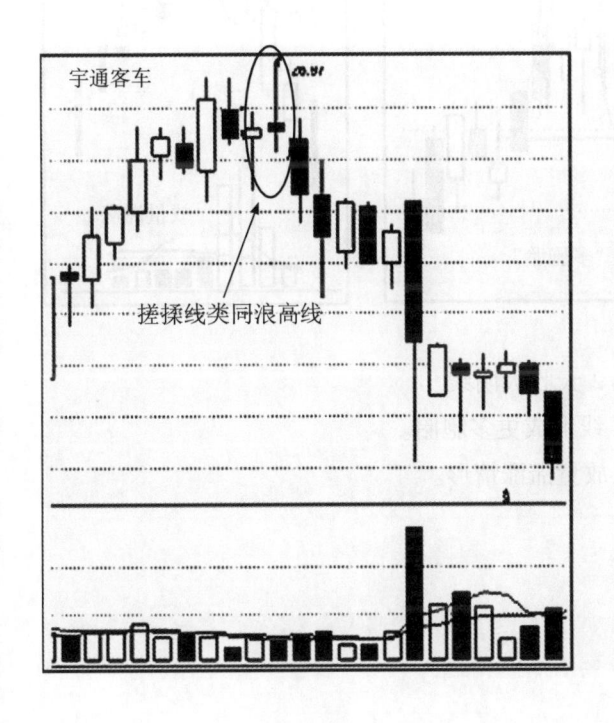

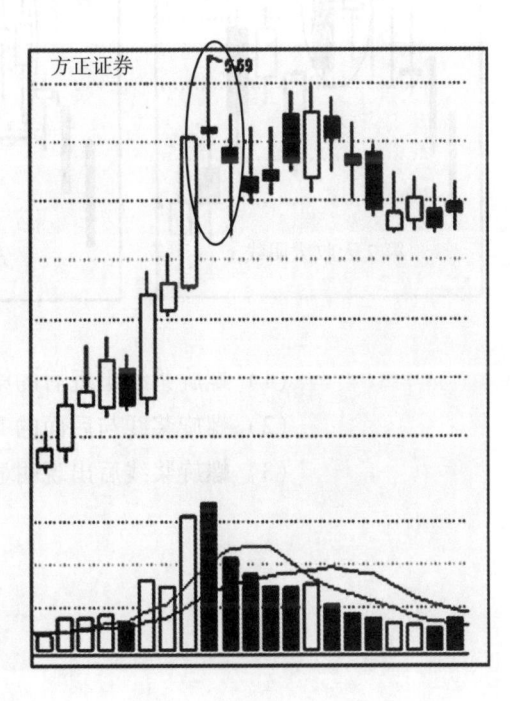

如上图所示，宇通客车在上升趋势中出现搓揉线，后市立马下挫。方正证券在上升趋势中出现搓揉线，盘整一段时间后，也逃脱不了下挫的命运。搓揉线出现时，宇通客车的成交量很小，方正证券的成交量非常巨大，但之后都是下跌，可见下跌并不需要成交量的支持。但是通常人们认为，如果成交量明显放大，则下跌的概率也随之增大。

小 结

螺旋桨线出现在上升趋势中才叫浪高线，是见顶信号；出现在下跌趋势或盘整期都不叫浪高线，是攻防分歧的信号。

搓揉线可看作螺旋桨线的变式形态，在较长的上升趋势中，见顶信号强于螺旋桨线。

统计心得

下列情况下螺旋桨线出现后，股价下跌的概率超过70%。

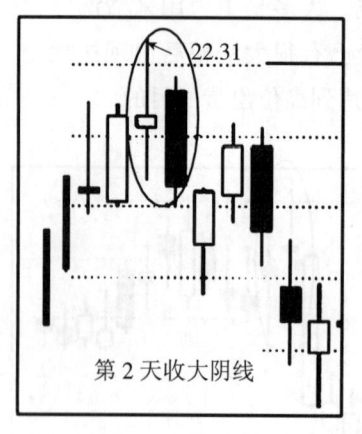

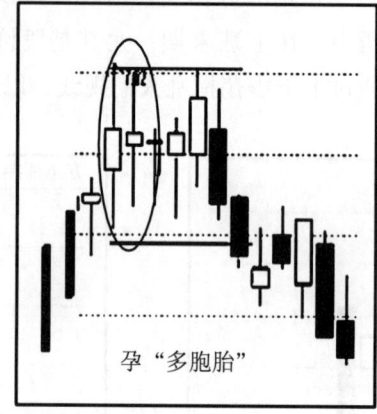

（第2天收大阴线） （孕"多胞胎"） （放量滞涨）

（1）螺旋桨线出现后的第2天收大阴线。
（2）螺旋桨线与后面的K线形成更多胞胎。
（3）螺旋桨线后出现明显放量滞涨情形。

战法 26：阳包阳——卖出

最后 1 根阳线被之前一根阳线所包含，此为涨势缩小的明证，尤其是出现在上升走势中时，可能会形成天井，故在这个时候多头应立刻平仓为宜。

形态特征

阳包阳是孕出线的特例，指的是最后 1 根日线（阳线）为倒数第 2 根阳线所包含的 K 线组合。其形态特征如下。

（1）在上升趋势中出现（这种形态可以出现在任何波段的任何位置，本节只研究出现在上升波段的情形）。

（2）倒数第 2 根为中大阳线，最后 1 根为小阳线，这 2 根阳线的上下影线不能太长（有些书籍中，不管三七二十一，只要实体是阳线，再长的上下影线也不管，这实在是一种错误观念。酒田战法中所说的阳线、阴线等通常是指不带长上下影线的）。

（3）最后 1 根阳线（包括上下影线）被前 1 根阳线所包含。严格地讲，实体也要被前 1 根阳线的实体所包含。

（4）大阳线的成交量如果放量，则是见顶信号的进一步确认与加强。

技术含义

在上升趋势中，最后 1 根阳线被前 1 根阳线所包含，这是涨势缩小的明证。长阳代表乐观买进，短阳代表买方力量的熄火，故这是价格上行受挫的迹象，后市上升将有所减缓或者反转向下。特别是，如果上升时间较长或者上升幅度较大，则行情可能已经到达天井圈，这时应持抛售策略。

当然，在下降趋势和盘整期也会出现阳包阳，但这不是酒田战法所论述的阳包阳。因为酒田战法认为阳包阳是卖出信号的原因是"涨势缩小"，即它一定出现在上涨趋势中。

如果前1根大阳线伴有大量，小阳线出现时，成交量大也不好，小也不好（成交量巨大表示主力、大户在抛售，成交量小表示散户没买气），结果都会出现下跌，故这个时候多头应立刻平仓。

相似形态

战法12：孕出线——买、卖
战法23：外孕十字星——卖、买、暂观
战法26：阳包阳——卖出
战法27：阴包阴——买入

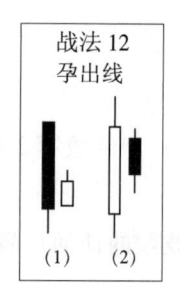

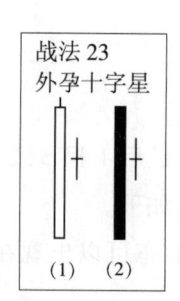

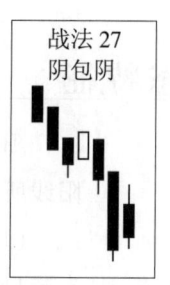

| 战法12
孕出线 | 战法23
外孕十字星 | 战法26
阳包阳 | 战法27
阴包阴 |

上述四种战法都是孕出线，是战法12中的分类解析。通常战法12中的阴孕阳是下跌末期的见底信号，而阳孕阴是上升末期的见顶信号。战法23外孕十字星要求所包含的是十字星，是上升末期的见顶信号。战法26阳包阳是上升末期的见顶信号，战法27阴包阴是下跌末期的见底信号。

实战验证

例题1　形态识别

北大荒（600598）走势图中出现了3处阳包阳，它们的共同特征有：①在上升趋势中出现，其中第一处阳包阳出现在上涨初期，第二、三处出现在上涨末期；②后1根小阳线被前1根阳线所包含，包括上下影线；③前1根阳线的成交量较大，被包含的小阳线成交量较小。

战法 26
阳包阳——卖出

北大荒（600598）2012 年 5—8 月截图

　　仔细分析，我们发现它们有各自的特点。第一处（A 处）的阳包阳处于上涨的初期，从图中我们可以看出，该股经历了 1 个月之久的下跌，在反弹第 8 天出现了该形态。这 2 根阳线实体都很小，特别是第 2 根，几乎接近十字星。技术指标 MACD 刚刚上穿 0 轴，这是行情走强的征兆，故后市可以继续看高。

　　对于 B 处的阳包阳，第 1 根阳线实体不大，而且有长长的上影线，可以看作浪高线，第 2 根小阳线几乎接近十字星，所以又可以将它们看作外孕十字星，是对浪高线见顶的确认。综合起来，我们可以判断此时行情已经步入天井。

　　对于 C 处的阳包阳，前 1 根阳线实体较大，后 1 根阳线实体较小，且上下影线都不是很长，是最接近酒田战法中标准图示的形态。第 3 天收中阴线，而且收盘价低于第 1 根大阳线的开盘价，故可以确定此波上涨行情已经结束，后市将步入下降轨道。

　　需要说明的是，阳包阳通常不是顶部反转信号，不是行情崩溃的标志。见到它，投资者对后市的跌幅不要抱过大的希望。统计发现，有 10% 的跌幅就基本到位。例如，北大荒从 2012 年 7 月 23 日时的最高价 8.77 元跌至

2012年7月31日时的最低价7.81元就止跌反弹。反弹最高冲到9.13元，远远高于C处的高点。

例题2 变式研究

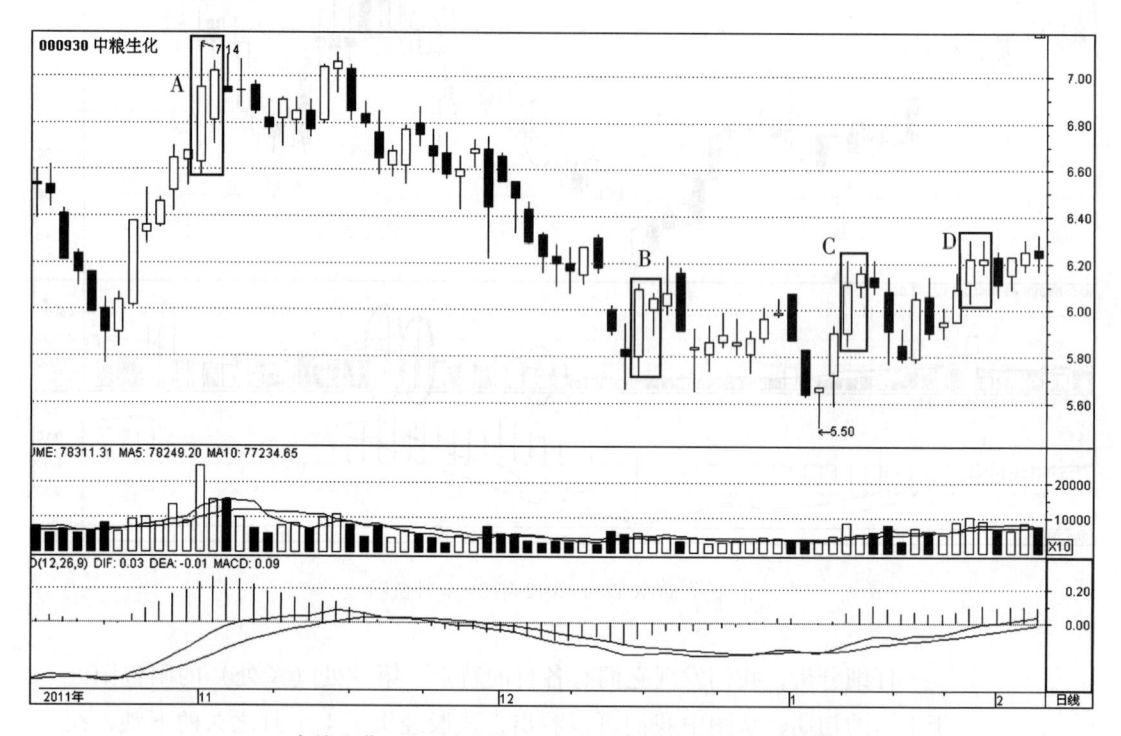

中粮生化（000930）2011年10月至2012年2月截图

中粮生化（000930）走势图中出现多处阳包阳（图中画框处），都不是标准形态。但是，只要阳包阳出现，无论在高位还是在低位，后市都有回调，虽然有时回调幅度并不大。

A处的阳包阳，处于一连串上升趋势中，第1根阳线的影线较长，且成交量放出天量，第2根阳线的实体过大，而且没有被前1根阳线实体包含，仅仅被其上影线包含。第3天收倒T字阴线，这是对阳包阳见顶的确认。

B处的阳包阳，处于下跌途中，第2根日线很短，可看作星线。在下降趋势中，这种阳包阳是没有多大意义的，市场不可能因为它的出现而反转。

C处的阳包阳，处于上升的初期（看作下跌的反弹阶段或许更恰当些），最后1根阳线实体很小，而且被前1根阳线的影线所包含，也可看作尽头线。第3天继续收阴十字星，形成了二星（见战法16），而二星通常是继续上涨的信号。

D处的阳包阳也是处于上升趋势中，第2天收十字星，十字星多表示多空的攻防分歧，它刚好触及前期C处高点，是否要突破这一阻力位，市场正在犹豫中。后市如何发展，仅凭这几根K线是无法确定的，需借助其他的信号。进一步分析，我们发现此处成交量温和放大，技术指标MACD刚刚上穿0轴，因此可以预测，后市有继续攀升的可能。

小　结

在上升趋势中，出现阳包阳，意味着上冲乏力，股价会进行休整或往下跌。有时也会继续上攻，但必须有成交量的放大。统计表明，阳包阳后，后市以下跌居多。

统计心得

（1）出现阳包阳后，第3天收阴线的概率大于70%。

（2）大阳线放量 + 上升幅度大 = 下跌。

战法27：阴包阴——买入

和前面阳包阳的情况完全相反，当位于下降走势中，最后一根阴线被前一根阴线所包含，此为卖力缩小的明证。这个时候形势可能接近底部，故空头应立刻回补买入，多头亦可迅速低价买入。除了阳包阳和阴包阴外，在上升途中会出现"阳包阴"，在下落途中还会出现"阴包阳"，二者皆可视为攻防分歧，日后走势如何还不得而知，须视下一根K线的走势而定。

形态特征

与阳包阳相对应，阴包阴是指最后1根阴线被前1根阴线所包含。其特征如下。

（1）出现在下降趋势中。

（2）倒数第2根为中大阴线，最后1根为小阴线，这2根阴线的上下影线不能太长。

（3）最后1根阴线（包括上下影线）被前1根阴线所包含。严格地讲，其实体也要被前1根阴线的实体所包含。

（4）小阴线的成交量较小。

技术含义

阴包阴正好与前述阳包阳完全相反，它处于下降走势中，最后1根阴线被前1根阴线所包含，是卖力缩小的明证。因为第2天的小阴线高开是下跌有所减缓的标志，下探不破前一天低点，且收盘高于前一天收盘，所以，第2根小阴线是假阴线，是一种止跌信号。

股价经过长期下跌，跌幅已深，价格已经超低，空头力量有所耗尽，多头有反扑的量能。大阴线出现在下跌后期，可能是最后一跌，促使股价加速见底。小阴线的成交量如果萎缩至地量——所谓"地量见地价"，行情反转向上则指日可待。

变式研究

名称	阴包阴	阳包阳	阳包阴	阴包阳
图示				
含义	卖力缩小	买力缩小	攻防分歧	攻防分歧

实战验证

例题1　标准见底

中国铁建（601186）2012年3—6月截图

中国铁建（601186）的走势图中出现了两处阴包阴，第一处出现在2012年3月29日、30日，其特征有：①下跌时间较长，自2012年2月27日十字星见顶以来，已经下跌1个月之久；②后1根小阴线完全被前1根中阴线所包含，而且实体被实体所包含；③此前几天的成交量萎缩至地量，最近3天虽然有所放大，但依旧很小；④接下来的一个交易日跳空高开收阳线，留下一个巨大的缺口，收盘高于此前大中阴线的最高点。至此，底部反转形态确立。

第二处阴包阴出现在2012年6月7日、8日①，第3天收阳线，行情再次反转。

例题2 初跌续跌

如图所示，中瑞思创（300078）在下跌走势中出现两次阴包阴的K线形态，但都不是买入信号。

2011年10月底至11月初中瑞思创有一波急剧拉升，到2011年11月15日出现射击之星，16日收放量的大阴线，17日再次收小阴线，被前一天大阴线完全包含，形成了阴包阴的走势。这里的阴包阴是不是止跌信号？后市会不会继续向上呢？

下面试着做一点分析。其一，此阴包阴出现在下跌初期，通常阴包阴出现在下跌末期才具有止跌功效；其二，射击之星本身是见顶信号，此大阴线可看作对射击之星下跌的确认；其三，大阴线后连收2根小阴线，而且成交量比较大，形成所谓的"双阴绝杀"，这通常是行情崩溃的标志，而不是简单的洗盘行为。

在短暂企稳后，2011年12月1日再次形成阴包阴，之后再收低开低走的阴线，是行情走坏的标志。该股后市一直跌至13.40元才见底回升。

统计发现，在下跌途中，特别是下跌10天之内出现阴包阴，后市将继续下跌；下跌时间超出3周（约15天）出现阴包阴，则有企稳回升的可能。

---

① 全国普通高等学校招生考试安排在每年6月7日、8日。一般情况下，在全国或世界性大事件发生期间，股市没有大行情，比如足球世界杯赛事期间的行情多比较沉闷。每年6月7日、8日的高考，全国人民都很关注，这几天的行情会如何呢？笔者统计的结论是，这几天的行情不会大涨大落。

中瑞思创（300078）2011 年 10 月至 2012 年 2 月截图

小 结

通常阴包阴是买入信号，但需要进行确认。第 3 天通常是阴包阴的确认日，如果收阴线，则行情继续下跌；如果收阳线，则会企稳。

我们可以类比阳包阳来研究阴包阴。但是，见顶和见底信号是不对等的。比方说，如果阳包阳见顶的概率是 70%，那么阴包阴见底的概率可能还不到 60%。

统计心得

（1）在下跌途中（2 周内）出现阴包阴，会继续跌——概率超过 90%。

（2）在下跌途中出现阴包阴，后续下跌幅度还有一半——可以据此大致推算见底位置。

战法 28：破档上跳空——买入

破档上跳空为大行情来临的征兆，牛皮盘档愈久，一旦冲出牛皮市，其威力往往愈惊人。以上所述为长期牛皮档，短期亦须7~11天，遇到这种线形可维持多头买入方针。

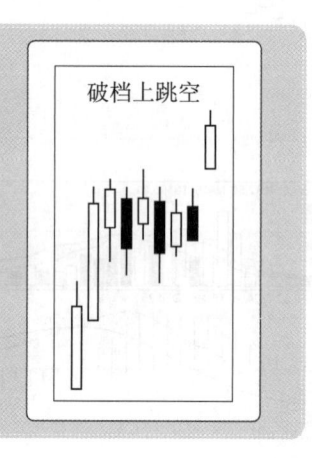

形态特征

破档上跳空是大行情启动的标志。"档"即"盘档""盘整"的意思，所以"破档上跳空"指的是以上跳空的形式脱离盘整区域。其特征如下：

（1）由一群K线组成，以"上升——盘整——上跳空"的走势呈现。

（2）处于上升途中（上升初期、中期），已经脱离底部。如上图所示，盘档前已经连出2根大阳线。

（3）盘整时间不能太短，通常为7~11天，有时可长达1个月之久。

（4）盘整后的上跳空缺口是突破缺口或测量缺口。

（5）上跳空通常伴随较大的成交量（但若成交量过大，为前期的3~5倍，则要小心）。

技术含义

破档上跳空是市场大行情来临的征兆，牛皮盘档越久，一旦冲出牛皮市，它的威力往往越惊人，因为盘档越久，说明主力洗盘越充分，即"横有多长，竖有多高"。

牛皮市有下跌途中的牛皮市和上升途中的牛皮市。有一种观点认为，

战法 28 破档上跳空——买入

这里的"档"可以是下跌中的盘档,可以是底部盘档,也可以是上升途中的盘档,只要是向上突破盘整形态,均是破档上跳空。但是,根据酒田战法中配置的图形来看,这里的"档"仅仅指"上升途中的盘档",即已经脱离底部,在中高位盘档。如上图所示,先前 2 根大阳线确立了升势,至少可以说已经见底回升了(本书认为,下跌途中的盘档或底部盘档出现上跳空,应参考"战法 35:低档小跳空——买入")。

投资者遇到这种"破档上跳空"线形时,多头可以持续买进,因为这里的跳空缺口是突破缺口或测量缺口,预估之后将有很大一波涨幅。既然是中段测量缺口,那么可以这样设定止盈点位——当上升幅度等同前半段的幅度时止盈卖出。

注意,此处的幅度是指涨幅百分比,而非涨幅的绝对值。比如先前由 10 元涨到 15 元,上涨的百分比为 50%,上涨的绝对值为 5 元,那么止盈点应是 22.50 元[15 + 15 × 50% = 22.50(元)],而不是 20 元[15 + 5 = 20(元)]。

另外,有理论认为,用对数坐标度量比用百分比度量更精确些。

形态类比

战法 28:破档上跳空——买入

在上升途中出现盘整,然后上跳空。

战法 29:破档下跳空——卖出

在下跌途中出现盘整,然后下跳空。

战法 35:低档小跳空——买入

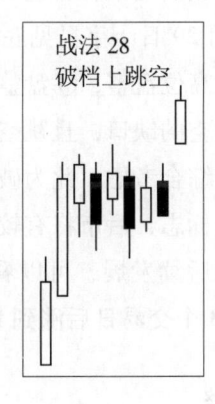

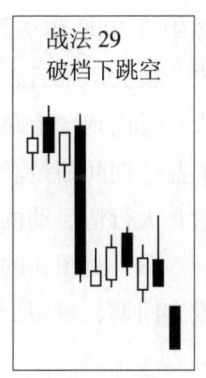

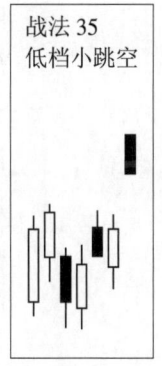

在下跌途中出现盘整,或在底部区域出现盘整,然后上跳空。

实战验证

例题 1 标准形态

栋梁新材(002082)2009 年 11 月 16 日出现向上跳空(图 a),这是不

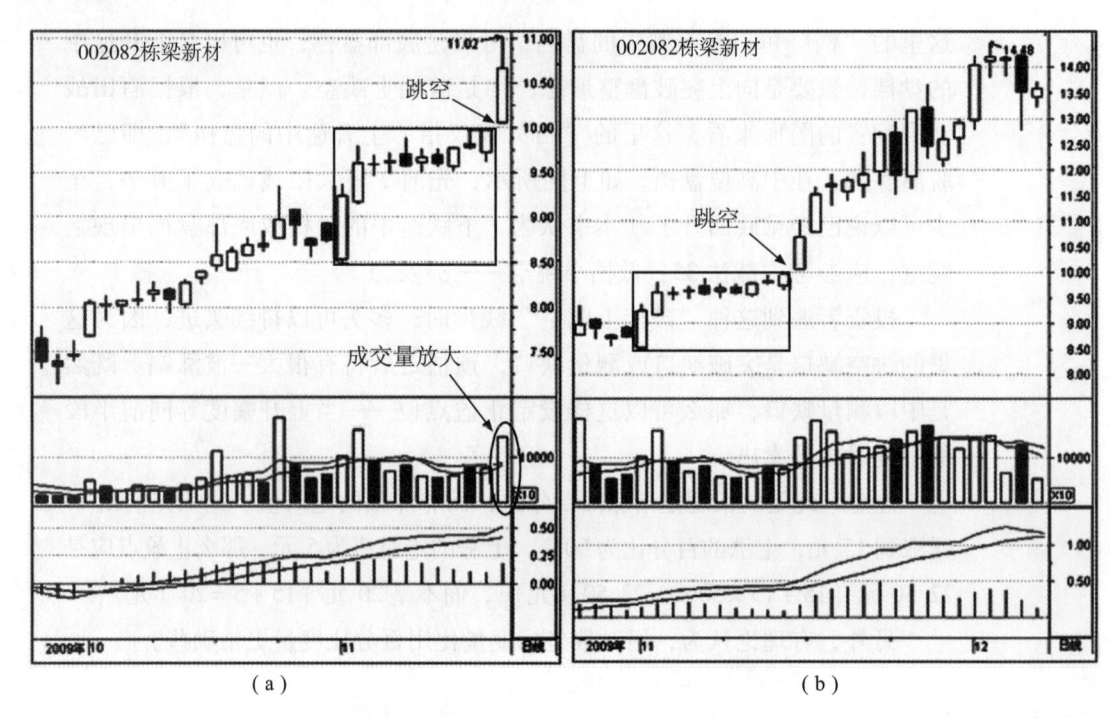

(a)

(b)

栋梁新材（002082）2009年10—12月截图

是破档上跳空呢？我们先来看看它的形态特征：①处在明确的上升趋势中，图中自2009年9月29日十字星见底以来已经上升了1个月之久；②连续拉出2根大阳线后，高位盘整；③盘整时间持续9天，符合战法要求的7～11天；④出现向上跳空的缺口，且跳空当天收阳线；⑤跳空当天成交量放大，而盘整期间缩量。综合考虑，此为破档上跳空的标准形态。依据酒田战法，这是大行情启动的标志，后市将有较大的升幅。

图b是图a的后续发展，可以看到跳空突破后，股价连续拉升，几乎没有回调，短短13个交易日后涨到14.48元（前复权价），涨幅超过40%。

例题2 长期盘整

登海种业（002041）2008年11月初见底回升，2008年12月5日、8日出现2根向上拉升的大阳线，然后在8日的大阳线内部盘整了30多天，2009年1月23日跳空向上，突破了前期历时1个月之久的牛皮档。向上跳空后，股价没有回踩缺口，而是被急剧拉升。短短17个交易日，股价涨幅超过30%。

破档上跳空在盘整前出现了2根大阳线，不是买入信号，因为不知主力会不会拉升，更不知何时拉升，即还有下跌的可能。再者，如本图盘整

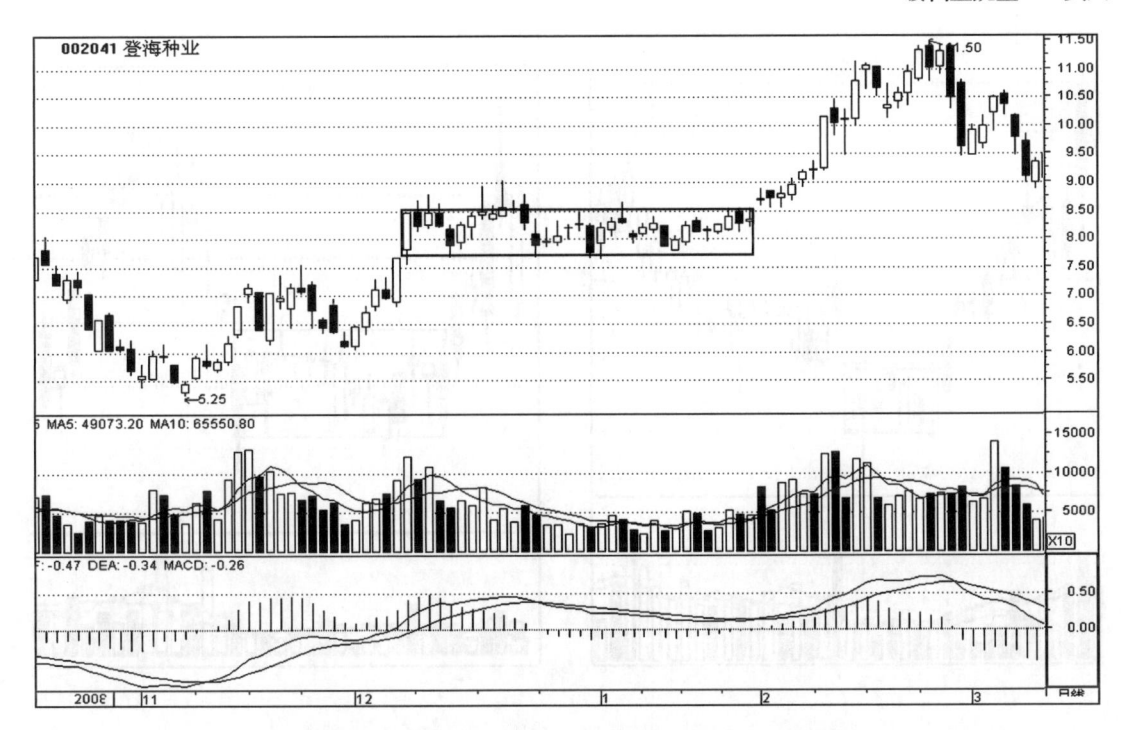

登海种业（002041）2008年11月至2009年3月走势图

的时间超过1个月之久，非常折磨人，故只有跳空才是买入信号。

此图的盘整时间超长，该如何操作呢？盘整时间较长，有"久盘必跌"的说法。但是，如果卖出筹码，又有"横有多长，竖有多高"的说法，说不定哪一天会突然向上突破又踏空了，真是让人无所适从。

这其实是不矛盾的。究竟是涨还是跌，在盘整期间，我们是不知道的。在经历较长时间盘整后，如果向上，我们就可以期待今后还有一段比较大的涨幅；如果迟迟不向上突破，那么向下突破的可能性就会增大。但到底是向上还是向下，只能由市场说了算，我们不能主观臆断。故，在盘整期间我们的策略应是"多看少动"。

例题3　类比——低档小跳空

盘档后上跳空，除了破档上跳空，还有低档小跳空。例如，深圳能源和日照港走势图中，都是在下跌途中出现盘档，然后上跳空，它们都是低档小跳空（参见战法35）。

深圳能源走势图中，先经历了一波凌厉的下跌，在低位盘整了6天，于2012年4月13日出现上跳空。该跳空缺口第8天被填补，然后继续上升。

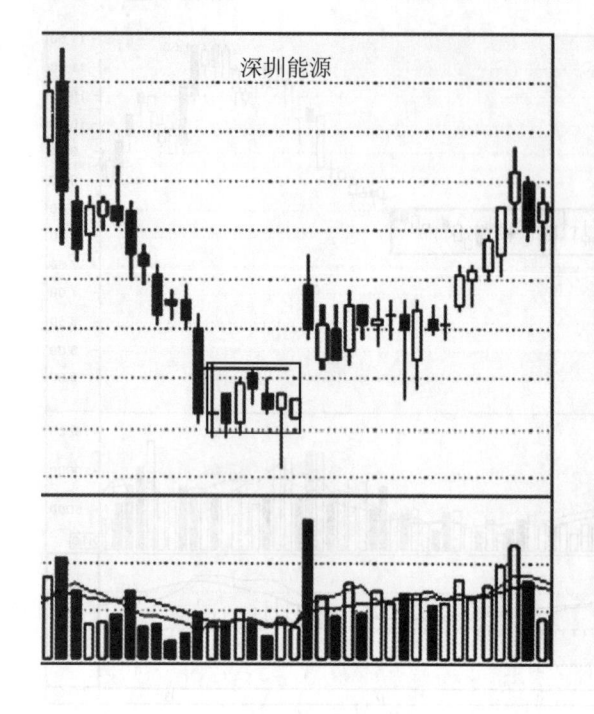

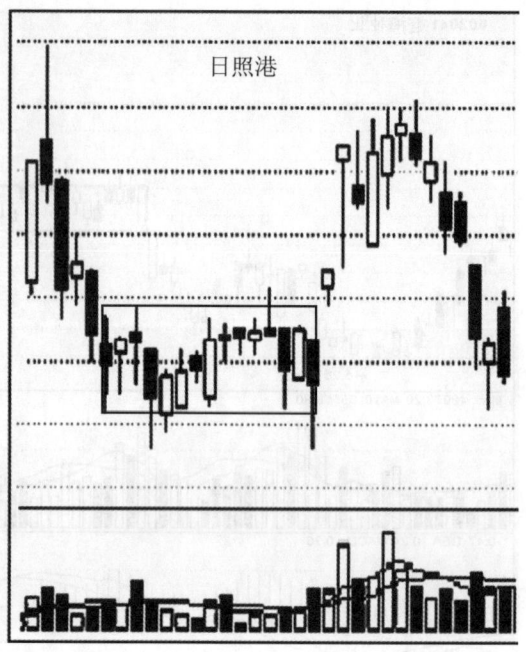

日照港走势图中，也是先下跌后盘整，在低位盘整了近20天，于2008年9月19日出现向上跳空。该缺口在之后的第10天以向下跳空的形式被填补，随后股价一路走低，行情已经近乎崩溃。

小　结

破档上跳空是大行情来临的标志，其最佳买入点是出现上跳空的当天。这里的缺口可能是突破缺口，也可能是测量缺口。缺口被回补与否，对后市的走势非常关键。

统计心得

（1）此上跳空缺口最好不要回补，缺口一旦被填补，行情走坏的概率就大增。

（2）低档小上跳空的缺口可以被填补，填补后行情继续走高的概率也很大。

战法29：破档下跳空——卖出

为破档上跳空的相反形态，一旦冲出牛皮档，往往行情会朝下发展，故空头可乘胜追击。牛皮盘档为期不一，最短的亦需1周以上。图中的破档朝下再朝二段下降发展，先前的牛皮即可谓"盘档整理"。一旦遇到这种典型利空信号，空头可在回升时高价抛售。

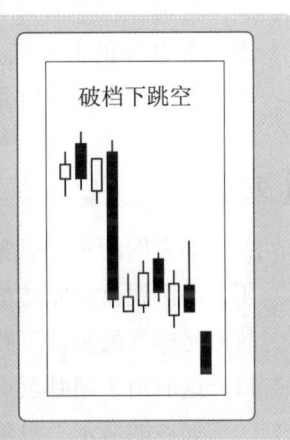

形态特征

破档下跳空，是指以下跳空的形式脱离盘整区域，为破档上跳空的相反形态。其特征如下。

（1）由一群K线组成，以"下降——盘整——下跳空"的走势呈现。

（2）处于下降途中（下降初期、中期），如上图所示，盘档前已经拉出1根大阴线脱离顶部。

（3）盘整时间不能太短，最短亦需1周以上。

（4）出现向下跳空缺口，缺口出现在盘整箱体的下沿（也有的出现在箱体的上沿）。

（5）此向下跳空缺口是突破缺口或测量缺口。

技术含义

"破档下跳空"是与"破档上跳空"相反的K线形态。在高位盘整几天后，出现1根大阴线，接着出现几根小阴线、小阳线在一平台处盘整。大阴线揭示了行情的走坏，小阴线、小阳线的盘整，表示多空的短暂平衡。此时，如果多头力量强大，可能反扑，收阳线。但随后的跳空缺口，说明了空头不计成本抛售，后续行情再次朝着极坏的方向发展。

在盘整一段时间后向下跳空，此缺口是突破缺口，是行情进一步走坏的标志，可以预计后市将不是小幅回落，而是大幅下挫。此缺口也可以看作"测量缺口"，它之后的跌幅与之前的跌幅大体相当。无论哪种情况，只要遇到了这种典型的利空信号，投资者都应该持续抛售。

所谓"下跌容易上升难"，破档上跳空形态中，盘整时间即使过长，后市仍有50%的上升机会；而在破档下跳空形态中，盘整时间一旦过长，后市上升的机会则非常渺小。

变式研究

如左图所示，盘整时间为9天，比标准图示略长；跳空不是发生在小阴、小阳线盘整箱体的下沿，而是发生在1根大阴线后，显然位置偏低，故不是标准的破档下跳空。大阴线本身有突破盘档的作用，再发生跳空缺口，这时由于超跌反而可能离底部不远了。

如右图所示，盘整时间为6天，以大阴线突破盘档后再跳空，位置偏低，同样不是标准的破档下跳空。

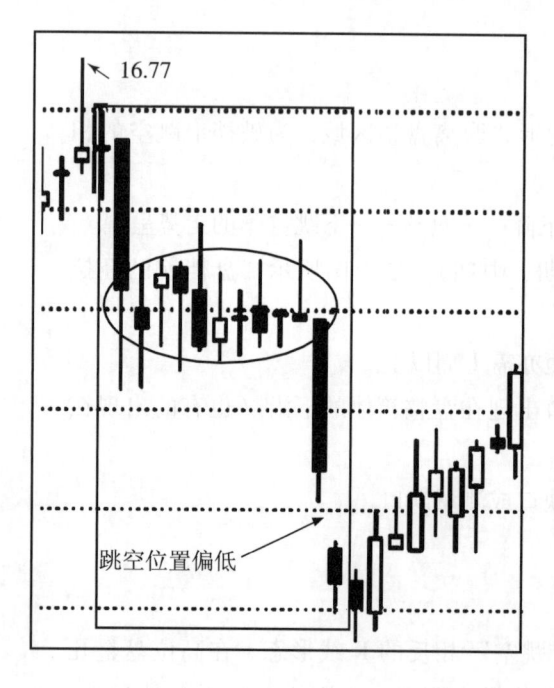

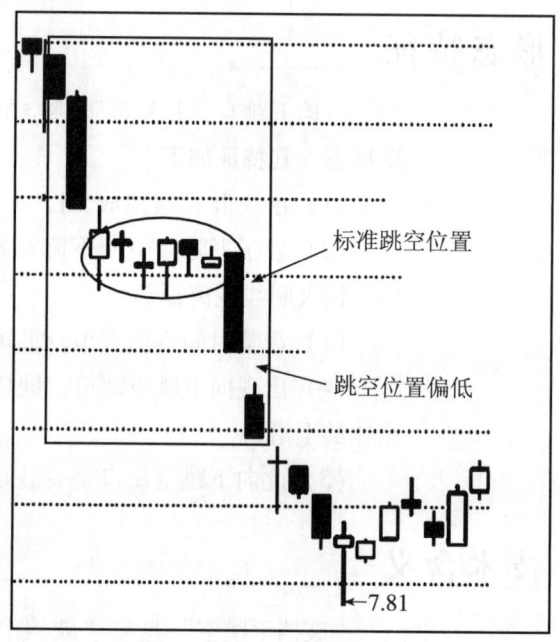

实战验证

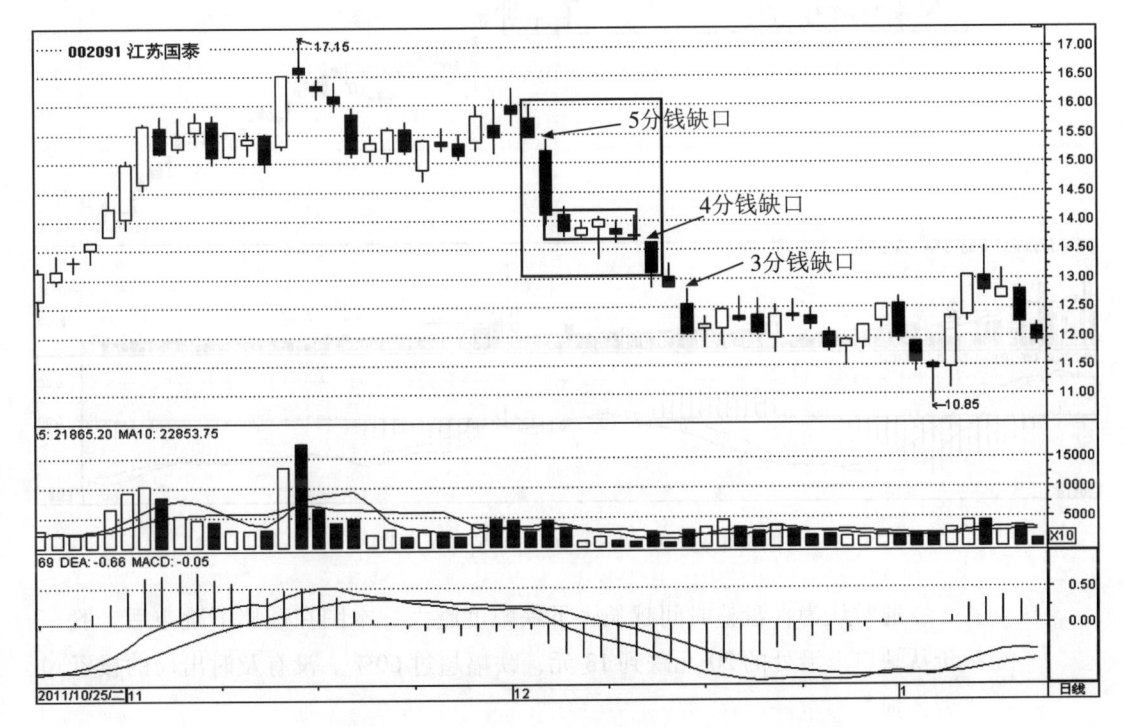

例题 1 标准形态

江苏国泰（002091）2011 年 10 月至 2012 年 1 月截图

江苏国泰（002091）在 2011 年 11 月 15 日出现射击之星后股价见顶回落，于 12 月 5 日拉出 1 根大阴线，接着是 5 根小阴、小阳线横盘整理，12 月 13 日向下跳空，留下 4 分钱的小缺口，形成了破档下跳空。

这里的 4 分钱跳空缺口属于中段测量缺口，因为先前有一个 5 分钱的缺口，对头肩顶形成下突破，属于突破缺口。之后 2 天，又出现一个 3 分钱的小缺口，是持续缺口。缺口理论——测量缺口之前的跌幅与之后的跌幅大致相当，在本图中得到了验证。

例题 2 长期盘整后下跳空

黔源电力（002039）2011 年 4—5 月形成了双顶形态，5 月 23 日 1 根大阴线向下突破了双顶的颈线位置，然后横盘整理。如图所示，盘档时间超 2 个月之久，于 2011 年 8 月 4 日出现向下跳空。此跳空缺口发生在矩形框的上沿，形成了标准形态的破档下跳空。

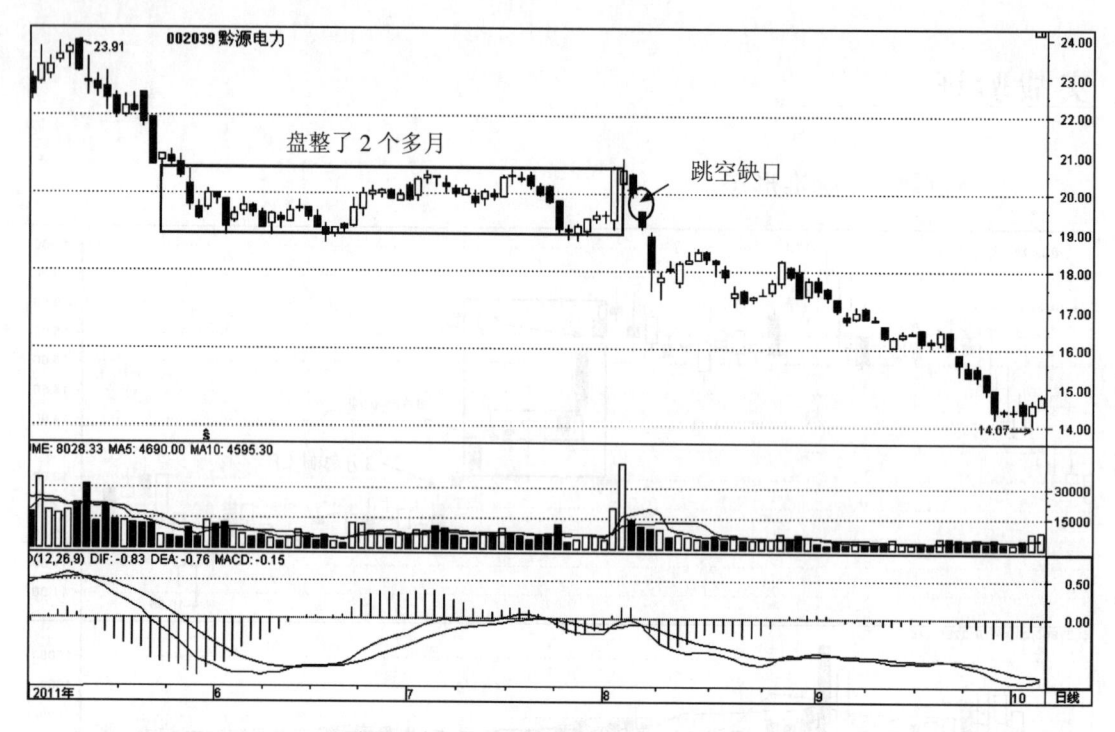

黔源电力（002039）2011年5—10月截图

通常认为，盘整时间越长，下跌幅度越大。本图在破档下跳空后，股价从缺口上沿处的20元跌到13元，跌幅超过60%。没有及时出局的投资者，损失惨重。

通常有些形态形成后，先前形态发出的信号就自动作废。但是，破档下跳空发出的信号极强，虽然后面出现了个别转势、止跌的信号，但多半不起作用。如果说，**有些信号管3天，有些信号管3个月，那么破档下跳空就是能管3个月的强势信号。**

例题3　等待确认

在生意宝（002095）的走势图中，2011年3月连拉2根大阴线后，股价在低位盘整了7天，那么后市会如何发展呢？如果出现跳空，那么是向上还是向下呢？

我们无法100%确定后市的发展，只能提前做好预案。如果向上跳空，则可能形成锅底（见"战法65：锅底——买入"），也可能形成U字形（见"战法62：U字形——买入"），还可能形成低档小跳空（见战法35），后市都将继续涨。如果往下跳空，则是破档下跳空，后市将继续跌。我们无法确定后市的走势，只能静观其变，等市场选择了方向，才可定夺。

战法 29
破档下跳空——卖出

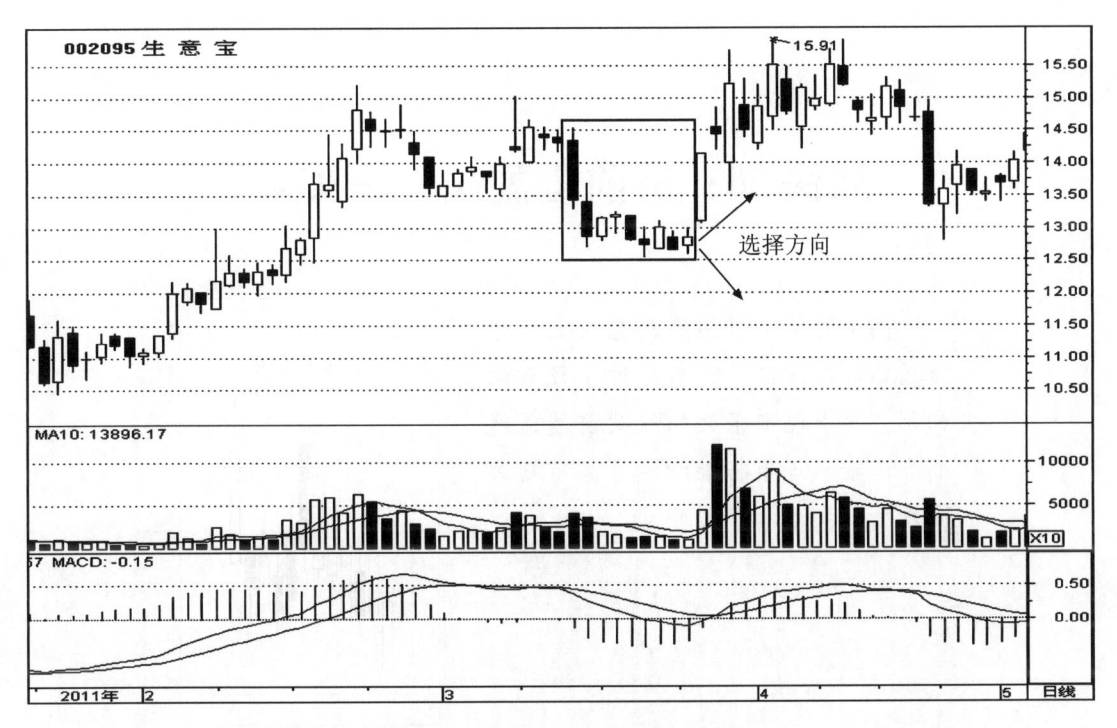

生意宝（002095）2011年2—4月截图

小 结

　　破档下跳空是典型的利空信号，应卖出股票。这里的最佳卖出点可以是下跳空的当天，也可以等到反弹时再卖出。

　　股票盘整期是很折磨人的，盘整多长时间是不确定的，盘整后是向上还是向下也是不确定的。所以，盘整时不能追涨杀跌，否则指数没变，资产却缩水不少。此时，投资者当耐心等待确认线的出现，等待市场选择了方向后，再决定如何操作。

战法30：破前覆盖线——买入

图中的第7根阴线覆盖或大部分覆盖第6根阳线，随后经过了数天的回落，再出现1根大阳线破前覆盖线高点，暗示行市将继续朝多头市场方向发展，故可以再次买入。

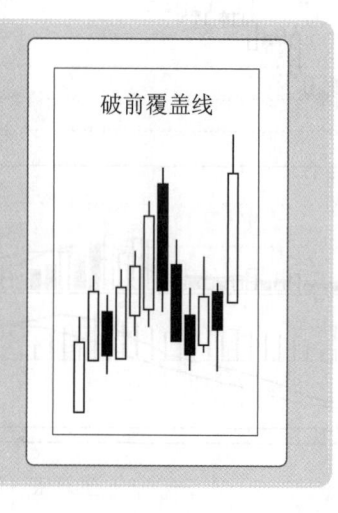

破前覆盖线

形态特征

破前覆盖线，是指在上升走势中出现覆盖线，随后经过数天的回落，再出现1根大阳线破前覆盖线高点的K线组合。其特征如下：

（1）基本走势呈现"上涨（出现覆盖线）——回落——再涨（破前覆盖线高点）"的形态。

（2）图示中上升持续了7天才出现覆盖线，说明上升时间应大于1周。

（3）出现覆盖线后股价回落，回落天数以5~8天为宜，回调幅度不能太大（以小于10%为宜）。

（4）以1根大阳线突破前期覆盖线高点（股价创近期新高）。

（5）创新高的大阳线成交量有所放大。

技术含义

经过一段时间的持续上涨，出现了覆盖线，随后回落，覆盖线成为短期头部。出现覆盖线表示上升遇到了阻力，上图中的第12根日线却收出1根大阳线，此时市场阴霾被一扫而光。这根大阳线的收盘价突破之前的覆盖线，暗示市场将向多头方向发展，因此投资者可以再次进场做多。

覆盖线以及随后的回调是上升途中的洗盘行为所致，上图中出现黑三兵，是强力洗盘行为所致，洗得越彻底，后市上涨将越轻松。破前覆盖线这种线形无论发生在上升波的前段还是中段，都预示着具有进一步上涨的空间。

（注：在讲"战法3：覆盖线——卖出"时，我们说过，上升途中，第一次出现覆盖线后回落，通常会再次上涨。请读者结合本节内容，细细体会。）

形态类比

酒田战法中，与覆盖线有关的形态有三类分别如下。

战法3：覆盖线——卖出

需要确认才能决定操作。

战法30：破前覆盖线——买入

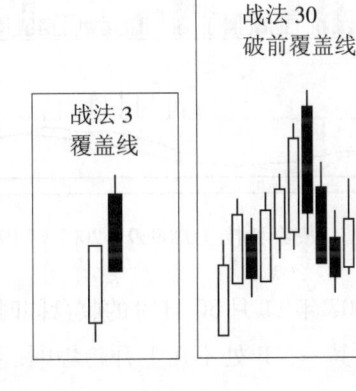

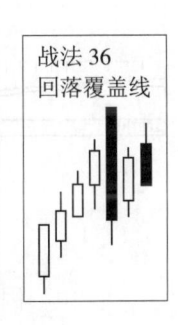

覆盖线后续发展的可能形态之一：出现覆盖线后股价先小幅回落，再上涨并突破前期高点。

战法36：回落覆盖线——卖出

其发出覆盖线与穿头破脚双重见顶信号。

实战验证

例题1 标准形态

安泰科技（000969）2007年10月29日出现阴孕阳见底回升，持续上升了大约2周时间，到11月13日收出1根高开低走的小阴线，与前一天的日线形成了覆盖线形态。出现覆盖线后股价回落，回调幅度约12%。回调到第8天时开始反弹，于2007年11月30日出现大阳线，其成交量明显放大，收盘高于覆盖线A的高点，形成了破前覆盖线，后市股价一路攀升。

安泰科技（000969）2007年10月至2008年1月截图

2007年11月30日时的收盘同时突破了B处高点，但我们并不考虑它。因为，其一，B处不在上升趋势中；其二，B处没创新高；其三，B处形成的是穿头破脚，而不是覆盖线形态。

我们只考虑A处而不考虑B处的另一个原因是，今后如果需要设立止损点位或重要支撑位，只设在A处，而不设在B处。

例题2　变式研究

潍柴动力（000338）2012年1月9日放量突破A处的高点，但没有形成破前覆盖线，因为A处不是覆盖线。这只能当作放量突破前期盘整平台，看作脱离底部区域。

2012年1月20日放量大阳线突破了B处覆盖线的高点，形成了破前覆盖线，但随后股价并没有一路走高，而是继续回调。

2012年2月20日放量突破C处覆盖线的高点，但是此根阳线的实体过小，故不是标准形态的破前覆盖线。此时它成了见顶信号，随后股价一路走低。

从图中可以看到，虽然2012年1月20日形成了标准的破前覆盖线，但在突破B处和C处时买入，结果只会亏钱，只有在突破A处高点时买入，才有钱赚。因此，有时人们认为破前覆盖线是不怎么靠谱的一种买入形态。

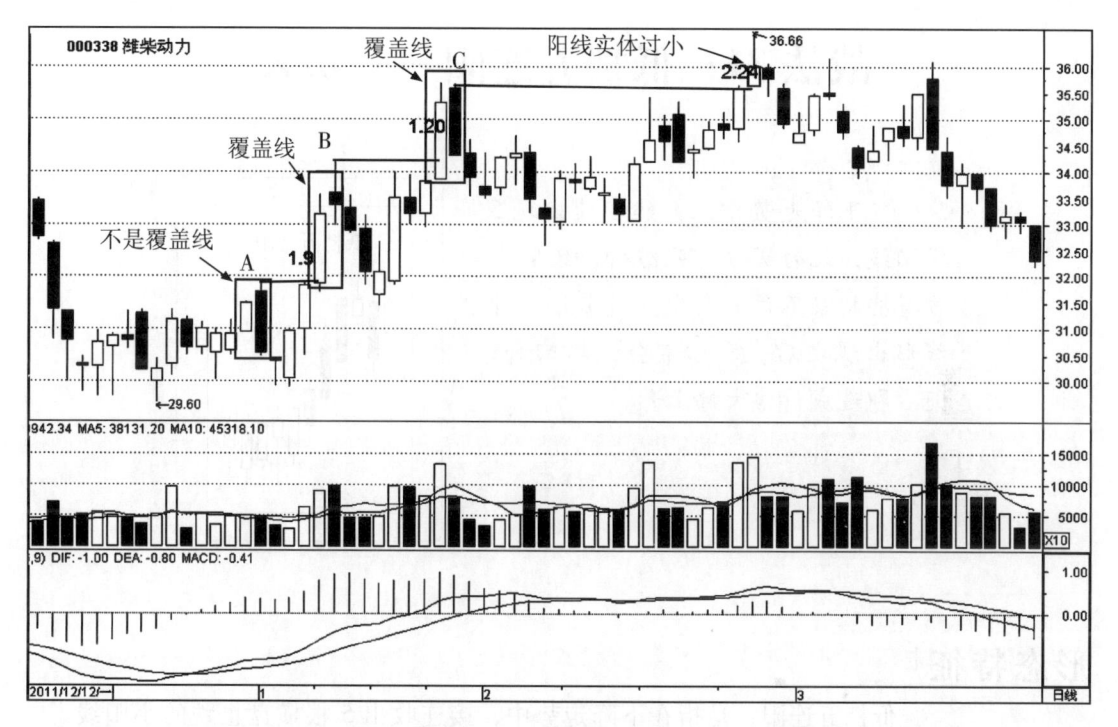

潍柴动力（000338）2011年12月到2012年3月截图

小　结

酒田战法认为，破前覆盖线是一种经典买入信号，最后的大阳线突破前期的高点，通常需要大成交量的支撑，否则很容易失败。

有时人们认为，只要后市是上涨的，就一定会突破回调前的高点，因此这一线形无多大的实际意义。

统计心得

破前覆盖线出现后，股价下跌的概率依旧相当大。下面所列条件，每增加一个，后市下跌概率就会相应增加。

（1）破覆盖高点的不是大阳线。

（2）大阳线成交量没有放大，或者仅与前面持平。

（3）覆盖线后回落时间过长，比如超出1个月之久。

（4）覆盖线出现在盘整期。

战法31：低档五连阳——买入

在下降走势中，突然连续出现5根阳线，此为买方誓死防御，致使卖方有些招架不住的表现。通常在这种线形出现之后，卖方常会认输回补，随后即造成价格大幅上升。

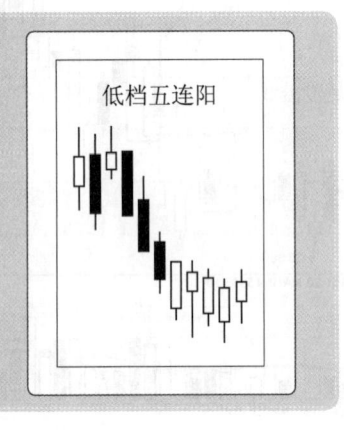

低档五连阳

形态特征

低档五连阳，是指在下降走势中，接连收出5根横盘止跌的小阳线。其特征如下。

（1）处于下降趋势中（下降趋势不论强弱，但一定要明晰可辨）

（2）核心线形——5根小阳线横盘排列，可以略微向右上方倾斜，但不允许向右下方倾斜（也可以是6根、7根，或更多根小阳线横向排列）。

（3）5根小阳线有"三不大"的特点，即实体不大、总体上升幅度不大、成交量不大。

（4）确认线的成交量需较大，至少是以前的1.5倍才行。

技术含义

在下降趋势中，3根较有力度的大阴线或中阴线之后，股价并没有惯性下跌，反而收小阳线，出现止跌企稳迹象。当然，在阴线的右下方刚刚出现1~2根小阳线时，股价止跌的可能性并不大，随着小阳线的逐渐增多，多头的量能在慢慢增强。连续5天的小阳线并没有将股价大幅推高，这表明主力在悄悄吸筹。因此，低档五连阳是股价止跌转强的信号。

如低档五连阳出现在股价上升趋势初期，小阳线配合成交量温和放大，同时股价排列逐渐向右上方倾斜，K线上留有很短的下影线，收盘却收在最高点或次高点，通常可视为主力的隐蔽吸筹行为。

如低档五连阳刚好出现在 5 日、10 日均线形成金叉时，且股价有效站在 20 日均线之上，同时温和放量，则后市将有一段可观的涨幅。若其出现在股价大幅上涨之后，股价距离 20 日均线较远，乖离率过大，则将失去原有的分析价值。

变式研究

在下跌途中，四五根小 K 线横盘震荡的形态除了低档五连阳，还有低档盘旋、塔形底。不同的是，低档五连阳的小 K 线全部是小阳线，而另外两者阴阳皆可。塔形底以 1 根大阳线确立底部，向上发展；低档盘旋则以向下跳空的形式，继续下跌。

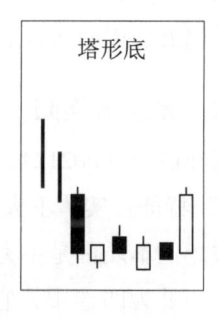

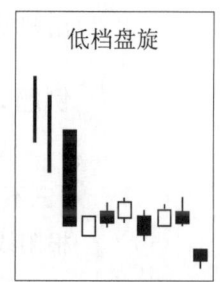

实战验证

例题 1　标准形态

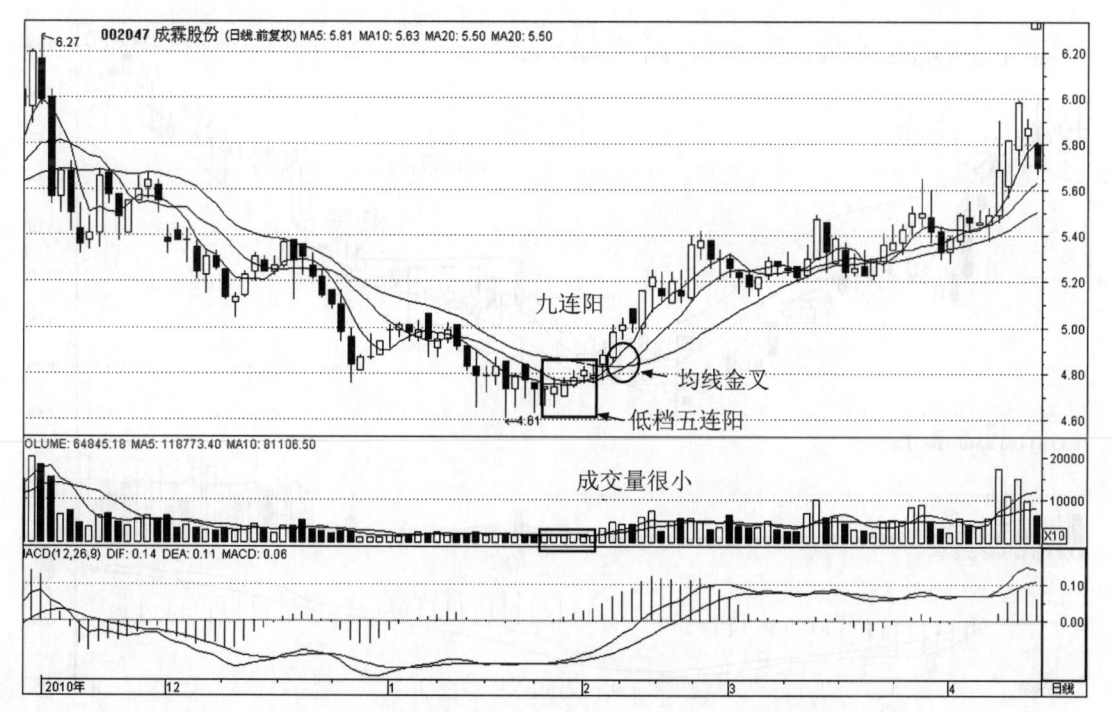

成霖股份（002047）2010 年 11 月至 2011 年 4 月截图

成霖股份（002047）在一波下跌后，于2011年1月底2月初出现五连阳，这是标准的低档五连阳。其特征有：①下跌时间超长，股价处于相对低位；②5根小阳线实体不大，整体涨幅也不大；③5根小阳线成交量都很小，随后温和放大；④均线出现金叉（5日、10日与20日均线都产生金叉），均线系统呈现多头排列；⑤五连阳后继续收阳线（对上涨的确认），并最终形成了九连阳。很明显，一定有主力在悄悄吸筹，今后会有一段比较大的升幅。如图所示，到2011年4月底该股涨到6元，涨幅达30%。故出现低档五连阳时买入股票，常常会有可观的收益。

例题2 多次五连阳

天邦股份（002124）截图中出现了3处连续阳线，它们满足典型的"三不"特征：实体不大、总体涨幅不大、成交量不大。虽然不都是连续5根阳线，但本质都是主力吸筹所致，具有止跌和助涨的功效。

第一处为四连阳，它出现在下降的末期，此时5日均线上穿10日均线，虽然只有4根阳线，但依然具有止跌意义。第二处为六连阳，此时行情已经脱离底部，5日、10日、20日均线形成了多头排列，成交量温和放大，它为后市的上涨夯实了基础。第三处为五连阳，虽然最后1根日线实体较大，但5根日线总体涨幅不大，这是主力最后的吸筹。

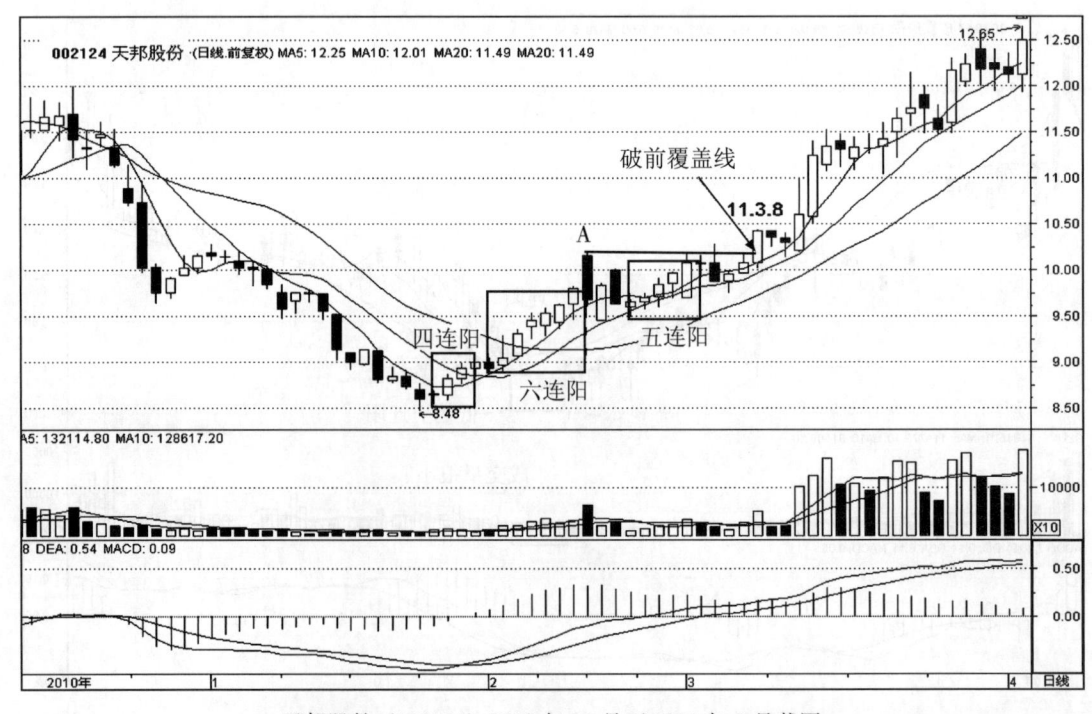

天邦股份（002124）2010年12月至2011年3月截图

战法 31
低档五连阳——买入

2011年3月8日的中阳线放量突破前期A处高点，形成了破前覆盖线（破前覆盖线是买入信号，参见战法30），这也可看作对五连阳上涨的确认。至此，行情进入了拉升阶段。

例题 3　失败例子

吉鑫科技（601218）2011年10月28日至11月4日出现了六连阳。此六连阳的特征是：①处于下跌趋势中，下跌时间长，幅度大（从2011年5月最高价22.47元跌至9月24日的14.22元才反弹）；②满足"三不"特点，即阳线实体不大、总体涨幅不大、成交量不大；③5日、10日均线发生金叉。

但后市不涨反跌。为什么？可能的原因如下。

（1）下跌幅度大、时间长，市场处于熊市阶段，仅凭一个"五连阳"是难以改变下跌趋势的。这说明低档五连阳不一定是买入信号，谨慎投资者应结合其他信号再行决定。

（2）长期均线向下，特别是20日、40日均线没有向上拐头。20日均线是20天的平均成本，统计发现，许多股票20日均线拐头向上，后市都有一段不错的涨势。

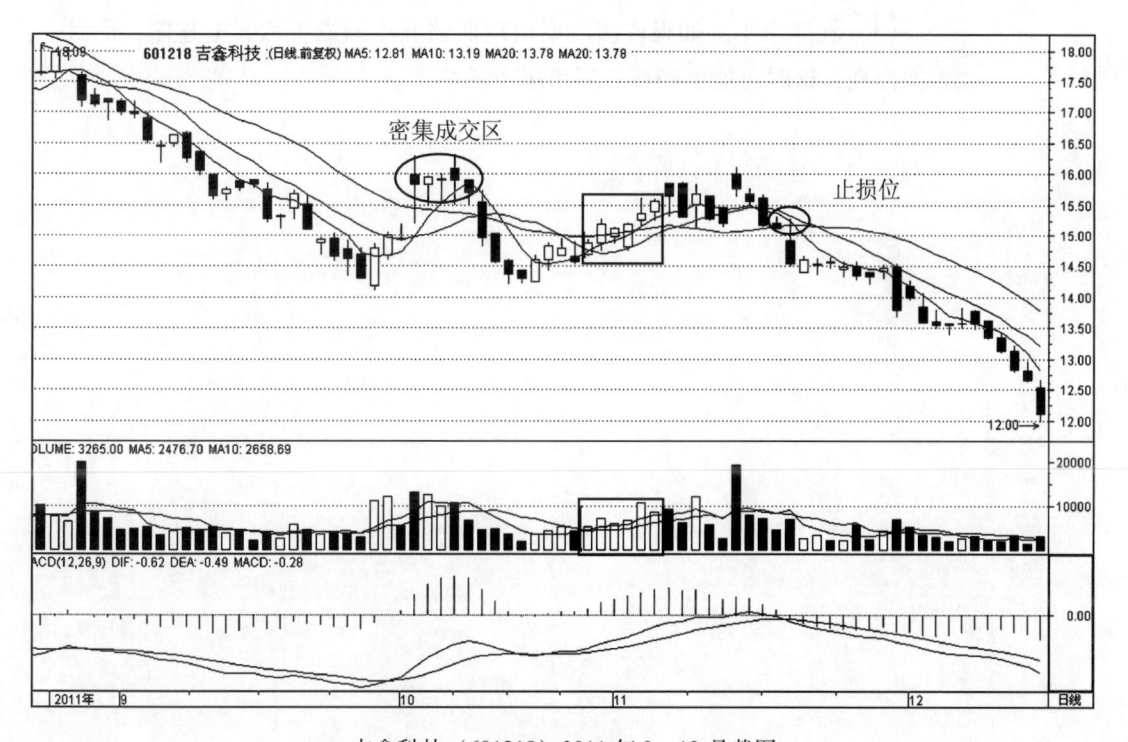

吉鑫科技（601218）2011年8—12月截图

（3）受制于前期的密集成交区，此处阻力极大。只有放量突破前期 10 月 14 日的高点，投资者才可以放心买入。

退一步讲，如果投资者在五连阳处买入了股票，那么应该设置止损位。2011 年 11 月 18 日跳空低开，与前 1 根日线实体间留有缺口，5 日均线下穿 10 日均线，这是行情走坏的标志，此时投资者应止损出局。

小　结

出现在下跌途中的低档五连阳是主力悄悄吸筹的表现，是买入信号。

并不是所有连续 5 根阳线都叫作低档五连阳，低档五连阳形态要求严格，"三不"条件缺一不可，即实体不大、总体涨幅不大、成交量不大。

有时，低档五连阳出现后股价会继续下跌，中长期均线向下的五连阳更是如此。

统计心得

（1）标准形态的低档五连阳，后市通常有 15%~20% 的涨幅。

（2）上涨需要确认，比如放量破重要压力位或 20 日均线拐头向上，这时才可买入。

（3）在熊市中，如果许多股票出现低档五连阳或者六、七连阳，而且多次出现，这时可能已经接近熊市尾声了。

战法32：高档五连阴——卖出

在上升走势中，突然连续出现5根阴线，此为行市看坏的明证。在上端连出5根阴线，表示空头固守阵线，不做退让，随后多头可能了结抛售，更会导致空头的乘胜追击。

高档五连阴

形态特征

高档五连阴是低档五连阳的相反线形，是指在上升走势中突然出现5根连续阴线，此为下跌的信号。其特征如下。

（1）处于上升趋势中（先拉几根较有力度的中阳线，随后高位横盘）。

（2）核心线形：阳线上方横盘的5根小阴线，略微向右下方倾斜。有时候会有6~7根小阴线。

（3）5根小阴线有"三不"特点：实体不大、总体下降幅度不大、成交量不大。

高档五连阴中的每根小阴线当天的最大跌幅不超过3%较为标准，阴线排列应为横盘窄幅震荡形态，有时5根小阴线几乎齐头平高。

技术含义

在上升趋势中，在拉出1根或几根较有力度的大阳线或中阳线之后，股价并没有再次向上攻击，反而在大阳线或中阳线的右上方收小阴线横盘震荡，显示股价上攻乏力，由强势上攻转为弱势震荡格局。

在大阳线后刚出现第1、2根横盘震荡的小阴线之时，投资者无法确定是短线洗盘还是见顶滞涨行为，因为它可能演变成上涨二星或上涨三星，后市继续上涨。随着高位横盘的小阴线不断增多，上档抛压不断加重，故高档五连阴是行市看坏的证明。

如果高档五连阴处于股价相对高位或反弹趋势中的阶段高点，尤其是在股价短期连续大幅上涨之后出现此线形，说明空方力量强大，连续阴线聚集的量能即将爆发，未来大幅回调的概率非常大。如果高档五连阴出现在股价久跌之后的相对低位，或在上涨初期出现，则洗盘的成分大些。

形态类比

名称	图示	特征	含义
徐徐下跌形		（1）处于下跌初期； （2）几根小阴线后，再出1根中大阴线	看跌
上涨三星		（1）在涨势初期、中期出现； （2）大阳线上方3根小阴线（小阳线、十字星也可）	看涨

实战验证

例题1　标准形态

五粮液（000858）自2011年4月初见底以来，股价一路攀升，到8月18日连续出现了5根小阴线，形成了标准的高档五连阴。其特点有：①在上升趋势中，5根小阴线前连拉2~3根有力的中阳线（与标准图示一致）；②5根小阴线呈现窄幅震荡，基本维持在同一价位水平；③满足"三不"特点，即实体不大、整体跌幅不大、成交量不大。

根据K线理论，具有这种特点的五连阴是主力悄悄出货的标志，它的出现，表明行情已经进入了天井圈。随后股价再次反弹，并创新高，但是成交量没能进一步放大，说明上攻动能不足。在1根十字星后，股价应声下落，并与前期的高档五连阴形成了双顶形态。

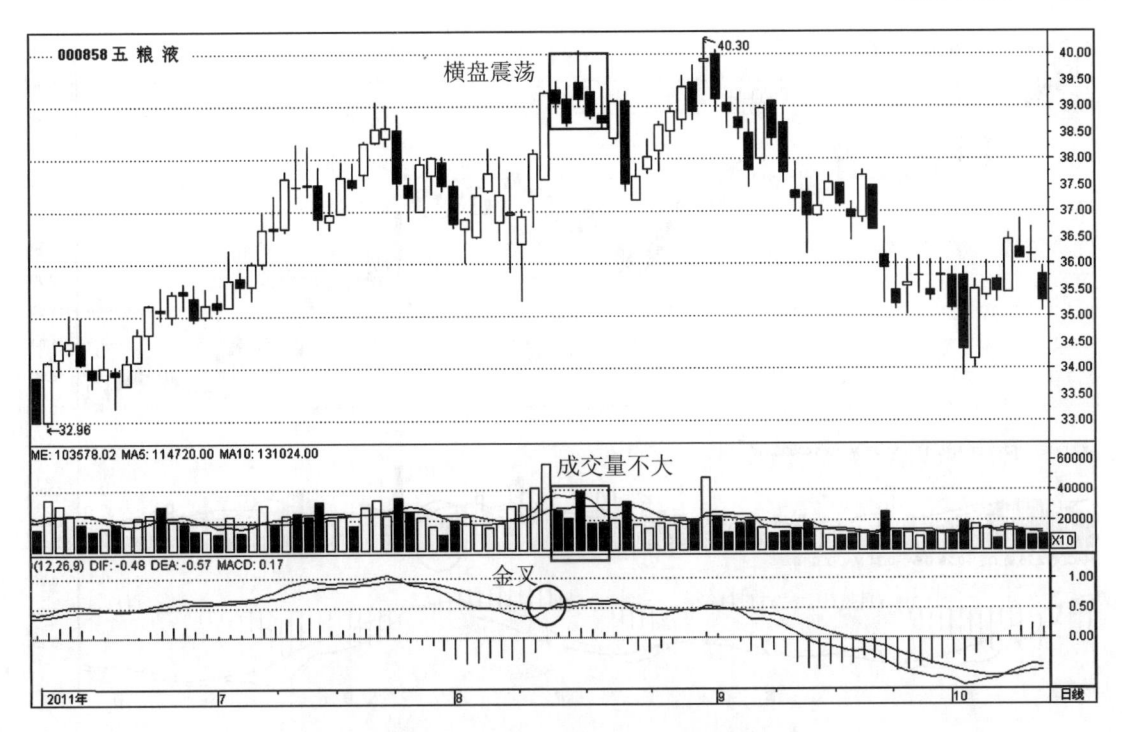

五粮液（000858）2011年6—10月截图

细心的读者或许会发现，五连阴时技术指标MACD出现了金叉。但是这不是买入信号，因为高档五连阴是强烈的卖空信号，其威力堪比三只乌鸦。这同时也说明了一个道理，即技术指标只能起到辅助作用，K线才是核心。我们不能舍弃K线而迷陷于指标的华丽，否则就是捡了芝麻，丢了西瓜。

例题2 下跌途中

特变电工（600089）自2011年3月下跌以来，5月16日出现1根跳空高开的中阳线，成交量明显放大，看起来做多欲望强烈。接着连收几根阴十字星，运行在中阳线的上部，形成了上涨二星与上涨三星形态。它们代表多空分歧，后续有继续上涨的可能。但当出现四连阴时，则可看作市场已经发出了危险信号，走势可能仅是"反弹几日游"。当出现第5根阴线时，收盘价跌破了前期中阳线的开盘价，此时行情已经崩溃。

2011年6月下旬该股触底反弹，持续上升了约1个月，后又出现了五连阴窄幅并排排列，形成了高档五连阴，图穷匕见，空方又一次露出了狰狞的面目，行情再次崩溃。

可见，下跌途中的高档五连阴，常常构成反弹的顶部，后市将继续下

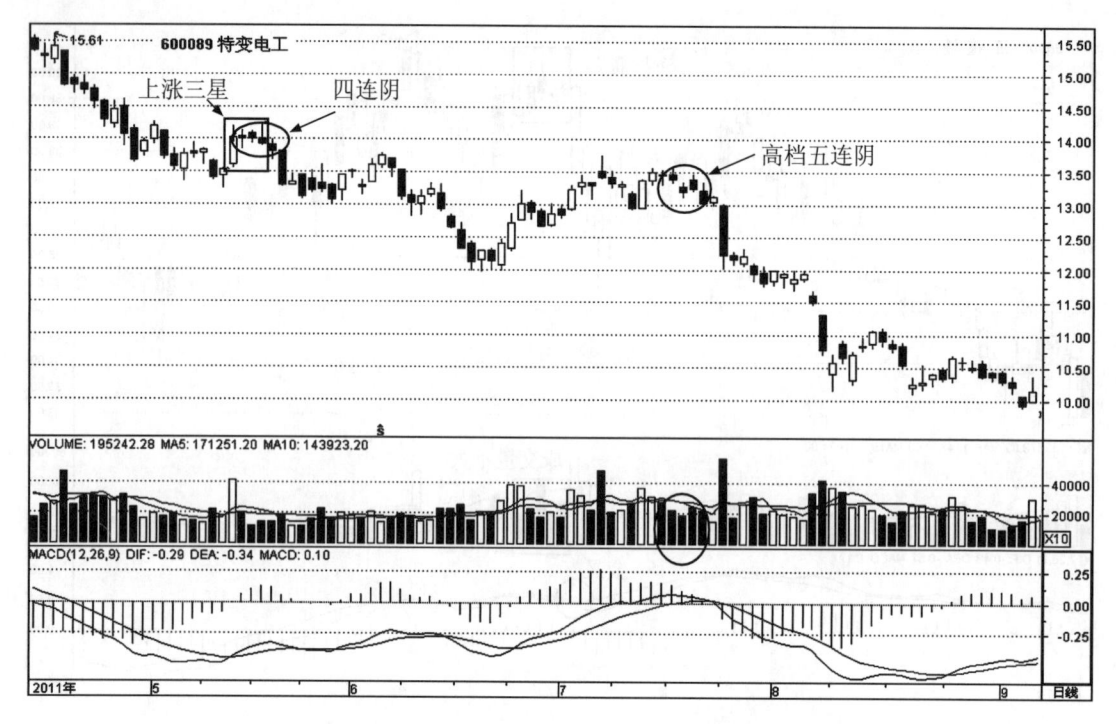

特变电工（600089）2011年4—9月截图

跌。事实上，在这波跌势中，该股从17.27元跌至7.29元。投资者无论是在高档四连阴还是在高档五连阴处卖出股票，都是明智的选择。

小　结

　　高档五连阴是主力出货的市场表现，是卖出信号。无论是在上升的顶部还是在下跌途中的反弹处见到高档五连阴，卖出股票都是明智的选择。

　　有时（特别是在上升初期），这一线形也常常被主力反向操作，用作洗盘。故平心而论，我们很难判断反弹后出现高档五连阴，后市是否会涨，除非知道内幕，否则只能做事后诸葛亮。所以，我们的建议是，只要出现高档五连阴，不管三七二十一，卖出股票再说，等市场再次发出买入信号（比如，放量突破前期阻力位，或均线黏合后第二次发散等）再行买入。

战法33：低档转化线——暂观

> 原以为下挫的走势中，突然冒出1根大阳线阻挡前路，远究竟该喜还是忧？我们无法确定，必然再往后看衔接什么日线。不过，可以确信的是下挫之势已受阻碍，再往下跌亦十分有限。如果如图中所示次日再出阴线，则此时依然可以抛售。
>
> 低档转化线

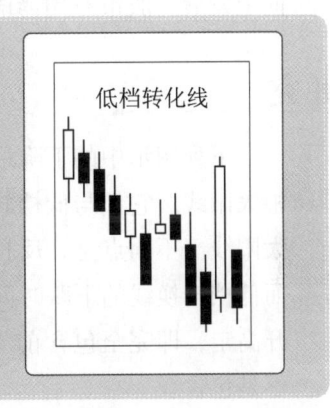

形态特征

低档转化线，是指在一连下挫的走势中，突然冒出1根大阳线阻挡前路的K线组合。其特征如下。

（1）处于下跌中后期，下跌时间跨度至少为2周。

（2）由12根日线组成，前10根为下跌的日线，阴线居多。

（3）核心线形：大阳线——开盘价高于前1天阴线的收盘价，即开在前1根阴线的实体部分，收盘覆盖了前面多根日线。

（4）需要确认的是大阳线之后的日线：如果收阴线，或者形成了孕出线，则后市看跌；如果收创新高的阳线，则表示探明底部，可能反转向上。

技术含义

在一波急剧的下跌中，突然出现1根大阳线阻住去路，应引起足够的重视。这根阳线可能是反弹的大阳线，只是昙花一现而已，也有可能是多头的突然袭击，一波上涨行情由此开始。

酒田战法认为，面对这根大阳线，我们究竟是喜是忧无法确定。不过，可以确定的是，下挫之势受到阻碍，再往下跌亦十分有限。标准图示中，曾出现一些小的抵抗，如图中第7根小阳线，这是下跌途中的试探性抵抗，说明多头在试着积蓄能量，等待时机。故低档转化线是反转向上的前奏曲。

当然，低档转化线的下一步走势，还需要确认。如果如上图所示次日再出阴线，且开盘低于前一天阳线收盘，说明多头的反抗只是反弹一日游，此时可以持续抛售。如果后市回调不破大阳线的开盘，则可能转化成功，向上发展。股市有句谚语说得好："市场低档3天未出新低，可以买进。"

变式研究

下列图示中的下降最后怀抱线与反打前三，都是在下跌途中突然出现1根大阳线。它们与低档转化线的相同点是，在下跌趋势中，突然出现1根大阳线。不同点是，反打前三出现在下跌初期，通常下跌时间不超过1周，而低档转换线的下跌时间较长，至少为2周；下降最后怀抱线的大阳线低开高走，即完全包含前一根K线实体，而低档转化线的大阳线高开高走，不是包含线。

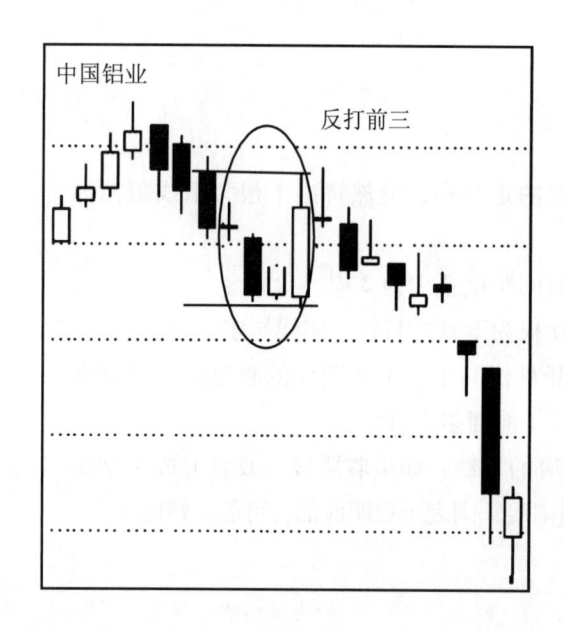

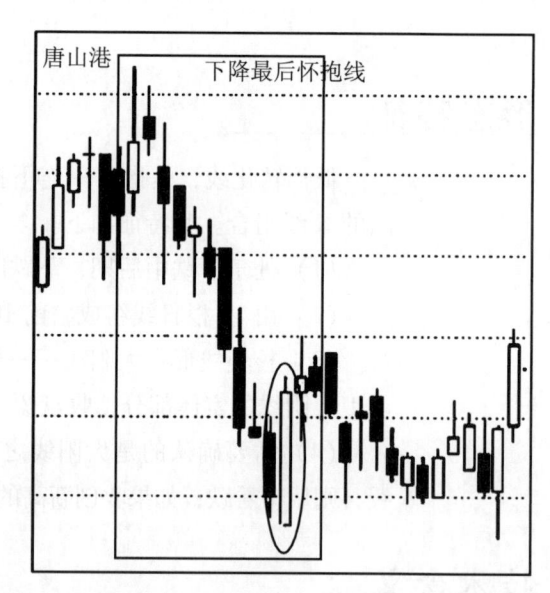

实战验证

例题1 续跌

海宁皮城（002344）自2011年11月初见顶回落，至11月29日出现1

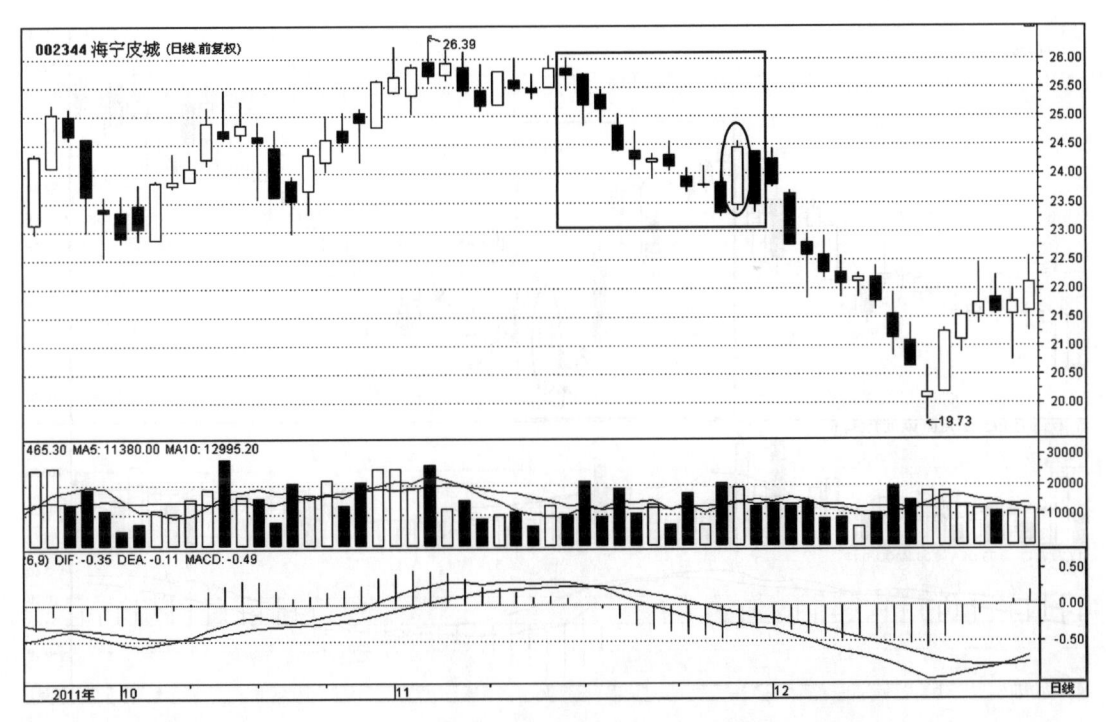

海宁皮城（002344）2011年9—12月截图

根大阳线，它的特征有：①出现在下跌途中（图中已经下跌1个月之久）；②大阳线开盘高于前一天阴线收盘，收盘覆盖了前4根日线；③下跌途中曾出现一些小的抵抗，即出现了小阳线和十字星。这是标准的低档转化线，后市能否止跌回升，关键看第2天的走势。如图所示，该股第2天收中阴线，收盘几乎与大阳线开盘齐平，并与前1根阳线形成孕出线。按照酒田战法的观点，低档转化线之后行情会继续下跌。事实上，该股随后一路下挫至19.73元才出现反弹。

例题2 上涨

古越龙山（600059）在下跌途中突然出现1根大阳线（2012年3月26日），包含了前3根阴线的收盘价，由于它出现在下跌初期，应看作反打前三，反打前三是一种骗线，行情继续下挫。

2012年4月5日再次出现大阳线，此为低档转化线。第2天收出小纺锤线，是低档转化线的确认线，它运行在大阳线实体的上方，预示多头力量比较强大，行情看好。

低档转化线即使转化成功，向上发展，通常也会进行二次回探。多数情况下，二次探底最低点会回探至大阳线开盘价，少数会回到大阳线的1/2

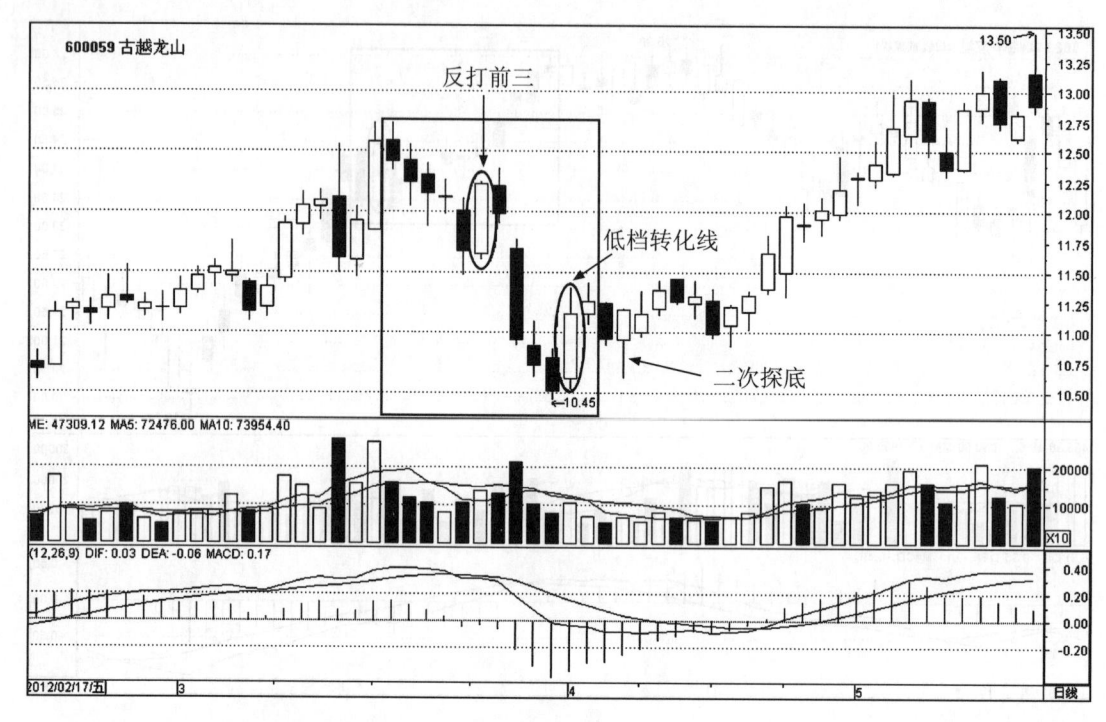

古越龙山（600059）2012年3—5月截图

处。所以，低档转化线最安全的买入时机是第二次探底成功，即回调后放量超过大阳线的高点时再行买进。

小　结

在下跌途中突然出现大阳线，不是立马买入的信号，需要得到后市走势的进一步确认。通常认为，转化成功的前提是，股价所处位置够低，跌幅够深，才可能反转向上，否则就可能是一日行情。

统计心得

多数情况下，低档转化线能止跌回升，但随后几天常常会二次下探。

战法 34：插入线——买入

> 在上升走势中，如图（1），突然出现 1 根阴线插入其间且位置稍低，此刻应随时准备转卖；反之，在下降走势中，如图（2），突然插入 1 根反转阳线，此刻千万不可抛售，应准备改行多头买入方针，如已经连出 10 根创新低价的 K 线，此为行市反弹的征兆，应迅速抢买。

形态特征

插入线，是指在上升走势中突然插入 1 根阴线（新高插入线），或在下降走势中突然插入 1 根阳线（新低插入线），它表示原来的趋势可能出现反转。

（1）插入线分新低插入线和新高插入线两种。

（2）新低插入线，也称下插入线，如图（2）所示。其特征如下：

①在下跌趋势末期，突然插入 1 根阳线。

②核心线形：先阴后阳——阳线低开高走，收盘深入前阴线实体。

③一般要求阳线收盘达到前阴线实体中心线，若超过中心线，则反转意义更强些。

特别是，如果在连出 10 根创新低价的 K 线时出现插入线，此为行市反弹的征兆，应迅速抢买。

（3）新高插入线，也称上插入线，如图（1）所示。其特征如下：

①在上升趋势末期，突然插入 1 根阴线。

②核心线形：先阳后阴再阳——阴线收盘深入前阳线实体，最后的阳线没能创新高。

③不论阴阳，一般都要求达到前 1 根日线实体中心线处。

当前 K 线专家对于上插入线有两种不同的理解。一种观点认为，上插入线的核心线形是后 2 根日线，阳线插入阴线的实体（图 b）。这样理解的好处是，其与新低插入线的线形相同，即上插入线与下插入线的线形都是图 a 所示的形态。此时，上插入线、下插入线只不过所处位置不同罢了。

另一种观点认为，上插入线的核心线形是倒数第 2、3 根日线，因为酒田战法中说"突然出现 1 根阴线插入其间且位置稍低"，即阴线从上插入（图 c）。这种理解照顾了 K 线走势的对称性，但是容易与覆盖线相混淆。

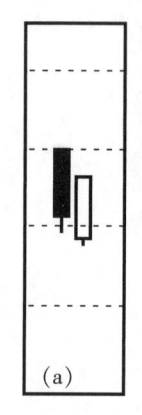

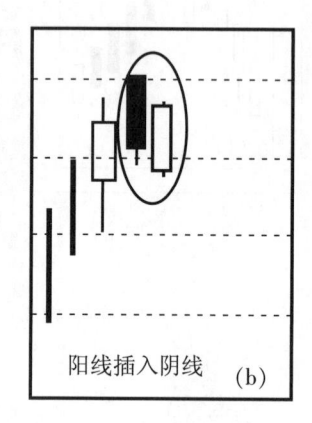

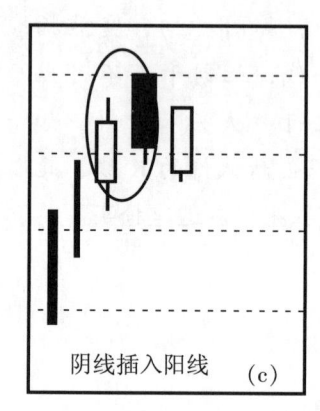

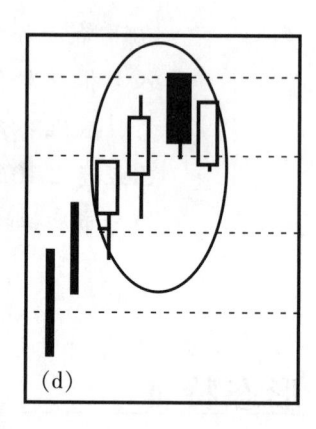

(a)　　阳线插入阴线 (b)　　阴线插入阳线 (c)　　(d)

笔者倾向于后一种观点，但认为最后 1 根阳线是必不可少的（图 d）。它既是对上插入线的下跌确认，又是区别于覆盖线的标志之一。

技术含义

新高插入线是在上升走势中，突然出现 1 根阴线插入其间且位置稍低，它在本质上类同于覆盖线，是空头力量强大的体现，后市常有比较大的跌幅。如果新高插入线的确认线收阴，则表示行情已经走坏；若收阳线，但位置较低，则行情依然不容乐观。如标准图示所示，第 2 天虽然收阳线，但这根阳线没能创新高，是下跌的阳线，或称假阳线，它是头部的征兆，故投资者应随时准备卖出股票。

反之，如果在下跌走势中，突然插入 1 根反转的阳线，此即新低插入线，此时千万不可卖出股票，反而应准备行多头买入。若连出 10 根创新低的日线，则是行市反弹的先兆，应火速抢进。

变式研究

插入线与反拖线非常类似，反拖线有上反拖线与下反拖线之别。同样，插入线也有新高插入线（上插入线）与新低插入线（下插入线）之分，如下图所示。

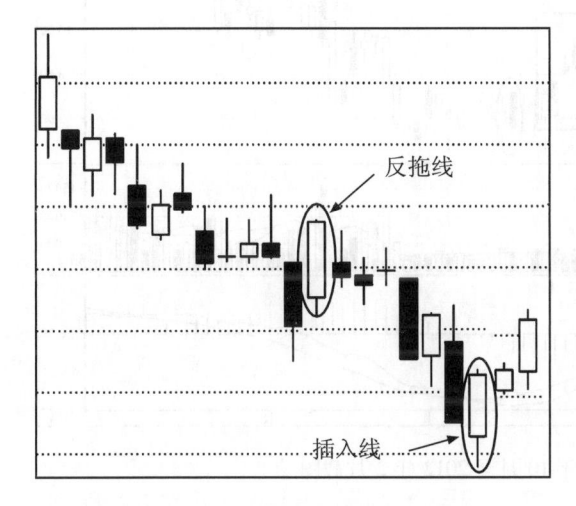

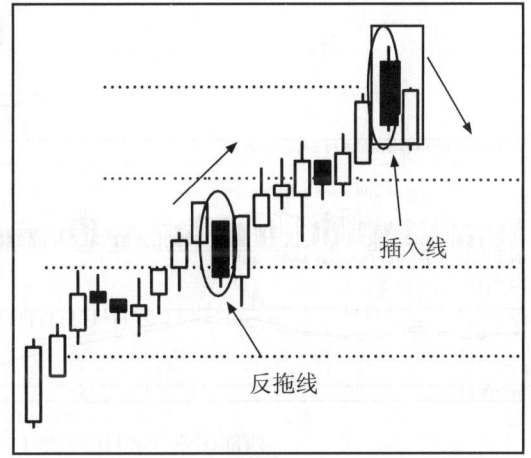

（1）反拖线出现在行情的初期、中期，插入线出现在后期。

（2）反拖线不改变原来的趋势，即该涨的涨、该跌的跌；而插入线通常会改变原来的趋势，即上插入线为见顶信号，下插入线为止跌信号。

（3）反拖线的开盘、收盘位置与插入线不同。比如，下反拖线是高开高走，而下插入线为低开高走。

实战验证

例题1　新低插入线

西部矿业（601168）在一波凌厉的下跌中，于2011年12月16日出现1根低开高走的阳线（如下图矩形框中K线组合A）。它的特征有：①处于长期下跌趋势中，该股自2011年7月见顶以来，持续下跌了5个月之久；②低开高走阳线之前连续收多根阴线，多于标准图示中的四连阴；③阳线低开高走，收盘深入前1根阴线实体之中，且超出前1根阴线的中心线。这是新低插入线，是买入信号。

K线组合A出现后，股价略微下探，出现了插入线B，插入线B的低

西部矿业（601168）2011年10月至2012年2月截图

点也是这波熊市行情的最低点。从图中可以看出，插入线 A、B 出现后，该股结束了漫长的熊市，随后在底部 9 元价位附近盘整了约 3 周，然后向上突破，开始了牛市的征程。

根据酒田战法，在连出 10 根创新低价的 K 线时出现插入线，此为行市反弹的征兆，应迅速抢买。连续创新低，是指收盘价不断收低，而中间没有像样反弹的一种走势。

在西部矿业的截图中，如果要计算连出新低价的日线数量，不能从图中的 P 处算起，只能从 Q 处算起，因为 P 处到 Q 处的途中发生了较大级别的反弹。

只要收盘价低于前一根日线，则新低的数量就增加 1 天（如右图所示）。可以看到，从 Q 处

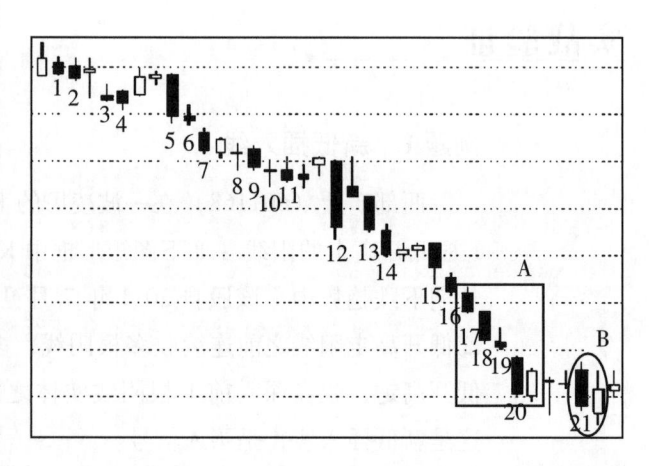

到 A 处时，市场已经连创 20 根新低 K 线，插入线 B 处则是第 21 根新低 K 线，同时插入线 B 的低点是此波牛熊转换的底部最低点。

例题 2　新高插入线

物产中大（600704）2008 年 10 月至 2009 年 2 月截图

物产中大（600704）在一波强劲的上涨后，于 2009 年 2 月 20 日出现 1 根高开低走的中阴线，第 2 天收 1 根低开高走的阳线，阳线收盘深入阴线实体，随后引发连续回调。此为标准的新高插入线。它的特征有：①在上升途中出现，图中最近一波上涨持续了大约 2 个月；②先出 1 根中阴线，高开低走，构成覆盖线，随后收出 1 根中阳线；③中阳线低开高走，收盘深入前 1 根阴线实体内部，但未超过阴线开盘价；④随后 1 根大阴线宣告顶部确立，同时这也是对上插入线见顶的确认。

例题 3　综合分析

广电网络（600831）的截图中出现了多处插入线，如图标注的 A～G 共 7 处。

A 处的 K 线组合不是插入线，因为它虽然处于下跌趋势中，但阳线实体过小。当然，这也不能当作入首线或迫切线看待，因为无论是入首线、追切线还是插入线，都要求插入阴线的阳线为中阳线，不能是小阳线。

B处的K线组合是插入线。如图所示，插入线后收中阴线，后市将继续下跌。

C处的K线组合可以看作新低插入线，其确认线——第2天的十字星运行在中阳线的收盘价之上，且第3天继续收中阳线，它是行情反转的标志，股价将向上攀升。

D处的K线组合类同B处，股价将继续下跌。

E处的K线组合类同C处，但美中不足的是，此阳线实体略小。

F与G两处的K线组合都不是插入线，因为它们不在下降趋势中。横盘整理期间的此类线形，应当作连续线看待，因为它们没有反转向上的功能。后市走势如何，得依赖市场本身的发展。

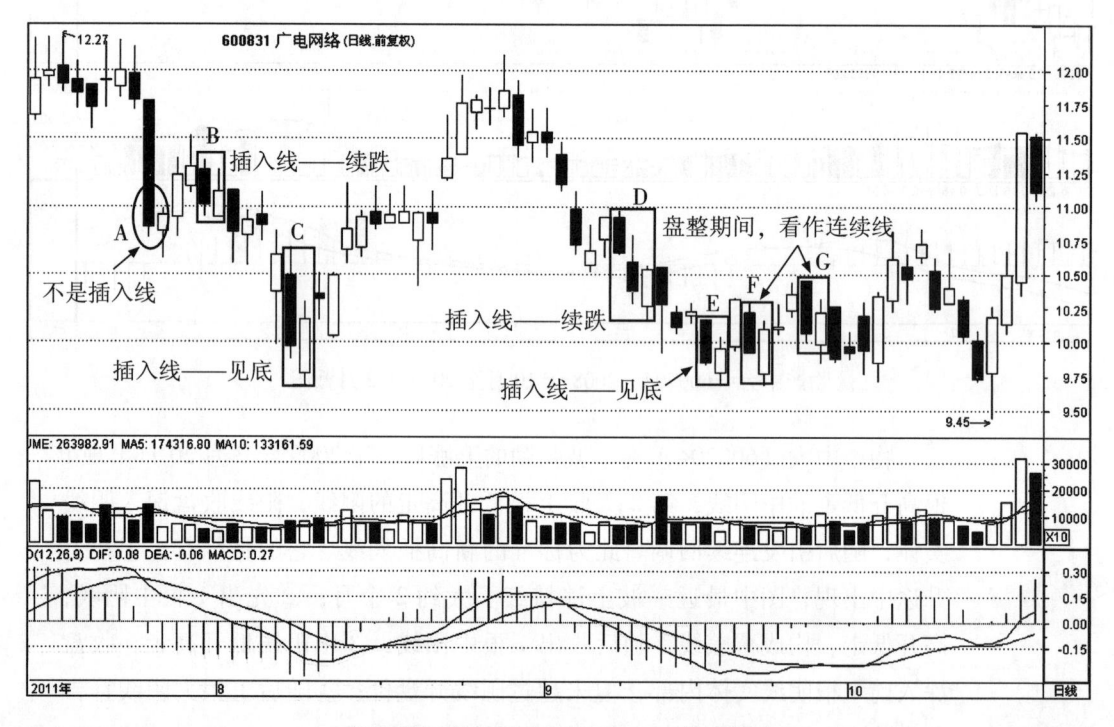

广电网络（600831）2011年7—10月截图

小 结

插入线分为新高插入线和新低插入线，新高插入线比较少见，新低插入线则经常可见。新高插入线是见顶信号，而新低插入线是否见底，还需要其他信号的确认。产生这种差异的原因在于市场处于顶部和底部时，投资者的心态是不同的。在市场的底部时，一旦向上趋势确认，投资者就会迅速入场抢筹，但是处在市场顶部时，大多数人都存在侥幸心理，所以即使出现了顶部信号，他们也不愿意立即卖出筹码。

统计心得

1. 只有处在高位和低位的插入线才有研究价值。
2. 整理形态中的插入线无实际意义。

战法35：低档小跳空——买入

在低价圈小幅牛皮盘档，突然出现1根向上跳空小阴线，使得原本低迷的市场为之一振。一般出现这种小阴线后会有一连6天的上涨。虽然这只是个小上涨信号，但空头还是暂行回补的好。如果是小阴线上端出现较长的影线，表示上升曾遭遇一些阻力，如此一来往上跃升的机会就比较小了。

低档小跳空

形态特征

低档小跳空，是指在低价圈小幅牛皮盘档中，突然出现1根向上跳空小阴线的K线组合。其特征如下。

（1）股价处于较低位置。

（2）跳空前处于小幅牛皮档，即股价在一个小矩形框内盘整，盘整时间为1周左右。

（3）盘整后向上跳空——跳空缺口不是很大，否则叫作低档大跳空。

（4）跳空当天收小阴线，通常是带上下影线的纺锤线，也可以是小阳线，但不能是大阳线或大阴线。

技术含义

低档小跳空是非常安全的买入信号。一般来说，跳空是非常强势的表现，在低价圈小幅牛皮盘档中，突然出现1根向上跳空的小阴线，使得原本低迷的市场为之一振。对于跳空，投资者应高度重视，不可等闲视之，因为接着往往会出现一连6天的上涨（注：这里6天指的是1周左右的时间）。所以，低档小跳空是买入信号，最佳买入点就是发生跳空的当天。

如果跳空当天的小阴线上端有较长影线，表示上升遇到一些阻力，如

战法 35 低档小跳空——买入

此一来,向上跃升的幅度就会较小。如果跳空当天收十字星,则后期失败的可能性就会大些。

低档小跳空和低档大跳空不一样,小跳空说明跳空缺口较小,弹跳的力道也会相对较小。而且小跳空当天常常收小阴线,大跳空当天通常收大阳线,故两者之后的走势是有差别的。

总的来说,如果第 2 天不回补缺口,近期上涨的概率还是挺大的。

形态类比

战法 28:破档上跳空——买入

高位盘整后跳空,即位置较高,而且可以是大跳空。

战法 65:锅底——买入

处于市场底部,与低档小跳空类同。但是,锅底在低位盘整时间较长,时间跨度为 1 个月至半年。

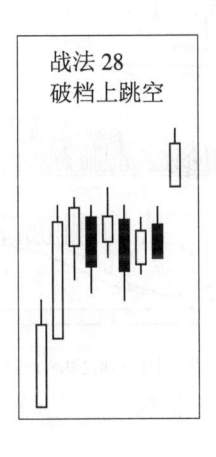

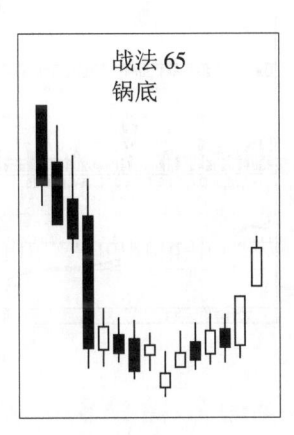

实战验证

例题 1 形态识别

建研集团(002398)截图中出现 3 处缺口。第 1 处缺口出现时:①行情处于低位;②先出 1 根大阳线,接着盘整了 4 天,然后出现跳空;③此跳空缺口比较小,只有 0.16 元的幅度,即约 1% 的跳空;④出现跳空缺口当天收接近十字星的阴纺锤线;⑤第 2 天缺口没被回补,形成了标准的低档小跳空,随后股价连续上涨了 17 天才回调。依据缺口理论,这一缺口为突破缺口,是主力脱离成本区的拉升,具有很强的支撑作用,2012 年 3 月底的暴跌,没能回补这一缺口,反而向上再跳两个缺口。

第 2 次跳空不是低档小跳空,因为此缺口不是发生在牛皮档,即先前没有盘整。第 3 次跳空也不是低档小跳空,因为跳空缺口太大,有 0.60 元。

建研集团（002398）2011 年 11 月至 2012 年 5 月截图

例题 2　上涨失败

　　南山铝业（600219）自 2011 年 2 月中旬至 4 月下旬形成了一个顶部扩散形态，其中 4 月 11 日出现的长十字星最高探至 11.36 元，随后股价一路下挫。2011 年 5 月 6 日出现底部十字星后股价出现反弹，盘整 3 天后出现了向上跳空，跳空当天收倒 T 字线（见图中 A 处）。由于下跌时间超出 1 个月之久，跌幅也相当大，第 2 天股价没有顺势上扬，而是以下跳空的形式回补了前一天的缺口，形成了上舍子线，而舍子线是见顶信号，股价将继续下跌。

　　2011 年 6 月初，在底部连续收 5 根阳线，它们实体不大，成交量不大，总体涨幅不大，可以看作低档五连阳，低档五连阳是底部的信号。2011 年 6 月 8 日跳空高开，留下 0.18 元的缺口，这一缺口较大，是低档大跳空（见图中 B 处）。但是第 2 天的走势与 A 处如出一辙，再次以下跳空的形式回补缺口，留下孤零零的 1 根倒锤头线，此为射击之星，也可以看作上舍子线，它同样没有逃脱下跌的命运。

　　低档小跳空与低档大跳空之后，股价都继续下跌，共同的原因是第 2 天的走势没能延续前 1 天的强势，行情突然逆转。因此，不论是低档小跳

南山铝业（600219）2011年2—6月截图

空，还是低档大跳空，后市到底能走多远，都需要第2天走势的确认。

小　结

低档小跳空是安全的买入信号之一，遇到这种K线形态后进场做多者，十有八九都发了财。

市场是多变的，K线更是多变的，但是有一种以不变应万变的投资者，最后成了股市的赢家。他们采取的策略是，一年之内只操作几只自己比较熟悉的股票，只操作几种经典的安全形态（低档小跳空就是这种形态之一）。一旦这几种形态出现，立马买进。如果市场没有出现这几种形态，则他们会一直等，等啊等，等到那些稳赚不亏的形态出现，就全力出击。

战法36：回落覆盖线——卖出

图形中倒数第3根为大阴线，几乎包含了前面的上升走势，但第2天又回落缩小形成孕出线，再以稍高的阴线覆盖其上。这种形态是抛售的信号，尤其当其出现在高价位时，应立刻抢抛。

回落覆盖线

形态特征

回落覆盖线，是指在上升行情中，形态发展到倒数第3根K线时出现大阴线，它几乎跌去了前面的涨幅，接着第2天缩小回落成孕出线，再以稍高的阴线覆盖其上的K线组合。其特征如下。

（1）出现在上升行情中。

（2）由4根K线组成，两阴两阳，形成三种组合。

（3）核心线形——三种组合：

①穿头破脚——倒数第3、4根；

②孕出线——倒数第2、3根；

③覆盖线——最后2根。

（4）穿头破脚中的阴线实体很大，把前面好几天的涨幅给跌掉了。

（5）最后1根阴线（覆盖线）的高点低于穿头破脚大阴线的高点。

技术含义

回落覆盖线为见顶滞涨信号，后市看跌。在上升走势中，连续拉出阳线，不断创出新高，突然出现1根大阴线，将先前几根阳线的追涨盘全部套牢。大阴线后的小阳线是对前1根大阴线的修正，但力度不大；最后1根阴线彻底将反抽阳线的抢入盘全部套牢。回落覆盖线反转下跌具有三重警示信号。

（1）高档区位的大阴线，本身就会导致价格反转向下。

（2）穿头破脚是比较强烈的见顶信号。

（3）接下来的覆盖线，也是行情见顶的转势信号。

此组合说明空方量能极强，后市将继续遭遇空方的抛压，故这是抛售的信号。尤其是出现在高档区位时，卖出的时间越早越好，卖出的速度越快越好。

变式研究

酒田战法中，与回落覆盖线形态相近的是交错线。

（1）交错线的第1根阴线形成了覆盖线，而没有形成穿头破脚。

（2）交错线的第5根日线，可以看作对覆盖线反转下跌的确认。

（3）回落覆盖线发出的见顶信号强于交错线。

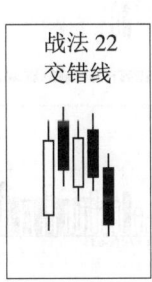

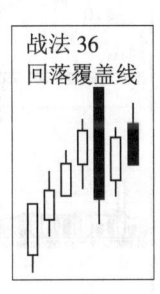

战法22 交错线

战法36 回落覆盖线

实战验证

例题1　形态识别与操作策略

苏宁易购（002024）2019年初股价持续走高，市场一片欢呼。但是，随后回落覆盖线的出现，使上升势头戛然而止，后市步入暴跌，到2019年5月底股价跌到10元，惨不忍睹。

如图画圈处为回落覆盖线，其特征有：①到2019年3月底4月初连拉4根中大阳线，处于上升趋势中；②出现两阴两阳，组成穿头破脚、孕出线、覆盖线等几种形态；4月8日出现的大阴线与前1根K线形成穿头破脚，随后2根K线与它形成孕出线，4月10日高开低走的阴线与前1根K线形成了覆盖线。

其实，回落覆盖线处的卖出时间是相当充裕的。当股价不断创新高，出现1根穿透破脚的K线，是第1卖出点。第2天的小阳线反弹，是对大阴线超跌的修正，也是该形态的第2卖出（最佳卖出点）。到最后1天覆盖线形成，为第3卖出点，此时卖出，虽然比前1根阳线处要低几个点位，但只要卖出，都是明智的选择。

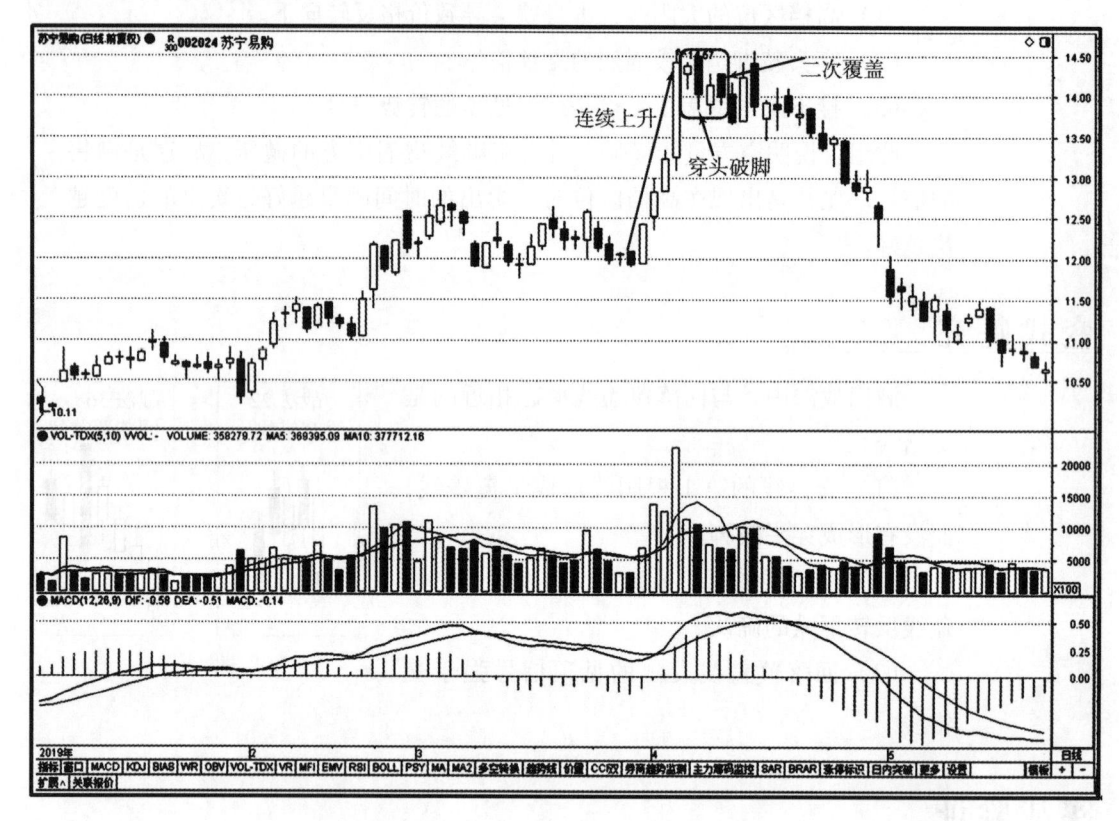

苏宁易购（002024）2019年1—5月截图

例题2 变式研究

回落覆盖线形态的核心是4根日线形成穿头破脚、孕出线、覆盖线三种组合。下面是几只股票的实际走势图，它们都是回落覆盖线的变式形态。

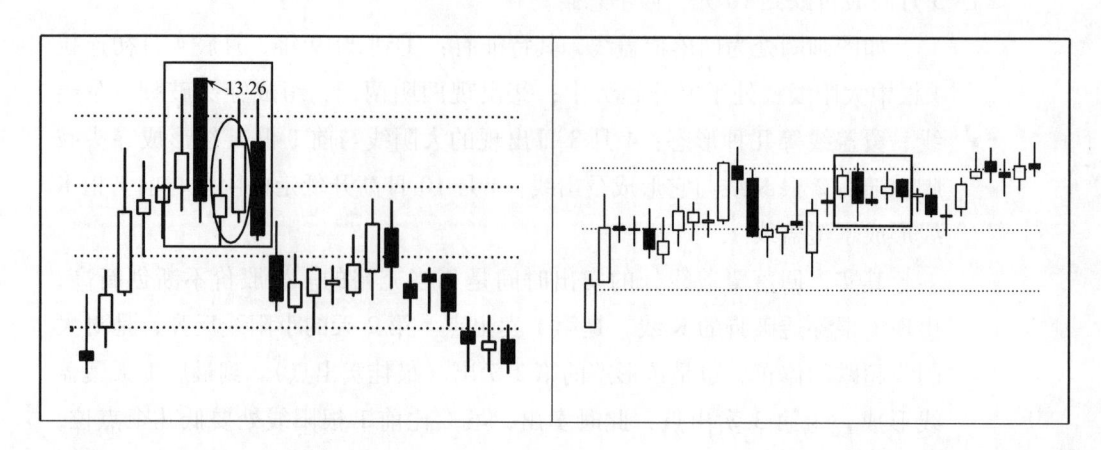

（续表）

(1) 在上升途中； (2) 2根阴线之间有2根阳线，仍旧形成了孕出线； (3) 后市下跌	(1) 在盘整期间； (2) 2根十字星可看作1根阳线，形成孕出线； (3) 后市继续盘整
(1) 在上升趋势中； (2) 第4根不是覆盖线； (3) 后市继续下跌	(1) 在下跌途中； (2) 第2根小阳线位置稍低，没有形成孕出线； (3) 后市继续下跌

小 结

回落覆盖线具有多重见顶信号，不论处于上升后期，还是处于下跌的前期、中期，只要出现这种线形，后市下跌概率都相当大。一般地，第3根阳线是最佳卖出点。

统计心得

（1）出现此线形时，股价创新高，成交量反而萎缩，是见顶信号的进一步加强。

（2）回落覆盖线的变式也不可小视，也是下跌的强烈警示信号。

战法37：大阳前阻线——卖出

在连续上升走势中，先出现2根回落阴线，原以为会再出现1根阴线，形成"黑三兵"，但是不料出现大阳线挡住去路。一般人会误以为这是一种大涨信号，其实不然。这种一鼓作气冒出的大阳线经常属于骗线，尤其在高价圈出现这种大阳线，常常不出数日行情立刻崩溃，故大阳前阻线为大跌的前兆。

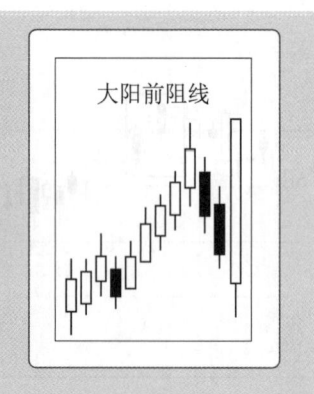

大阳前阻线

形态特征

在连续上升走势中，先出现2根回落阴线，原以为会再出现1根阴线，形成黑三兵，但是不料出现大阳线挡住去路，故命名为大阳前阻线。其形态特征如下。

（1）处于一连串上升走势中，这种上升通常维持1个月以上。

（2）核心线形：连出2根中阴线，再出1根大阳线。

（3）第1根阴线不能是覆盖线，也不可创新高，只能低开低走。

（4）大阳线实体包含前2根阴线的实体，形成了怀抱线。

（5）大阳线收盘几乎与本波段的高点平齐，但是不可超越本波段最高点。

（6）需要确认的是，如果大阳线后出孕出线，则认为已经见顶。

技术含义

大阳前阻线是很容易诱人追买的骗线形态之一。在一连串上升走势的末尾，先出2根回落的阴线，原以为会再出现1根阴线而形成黑三兵，但不料出现了 1 根大阳线直逼本波段的最高点，一般人会以为这是大涨的信号，其实恰好相反。因为这根大阳线并未突破本波段的最高点，很容易在此形成微型的双重顶而造成后市的崩落！

股票是有其自然属性的，当价格走过高峰后，必然要下跌，一直跌到相对低位之后，才能再行回头。大阳前阻线可能是下跌前的挣扎而已，是一种回光返照，不出几天行情便崩溃了。

需要说明的是，此阻挡前路的大阳线将 2 根阴线完全包含，但收盘并没有创新高，如果创新高，则可能形成上升三法而继续走高。总之，大阳前阻线虽不能保证"走势已经反转"，但之后下跌的可能性相当大。

相似形态

与大阳前阻线类似的战法形态有反打前三、上升三法和上升最后怀抱线等。

名称	战法 18 反打前三	战法 37 大阳前阻线	战法 56 上升最后怀抱线	战法 60 上升三法
图示				
出现时间	下跌初期， 下跌 1 周左右	上升后期， 回调 2~4 天	上升后期， 没有回调	上升初期， 回调 3 天
操作策略	卖	卖	买	卖

实战验证

例题 1　形态识别

长源电力（000966）2020 年 3 月 2 日—3 月 10 日的 K 线组合形成了大

阳前阻线。其特征有：①该股自 2020 年 2 月 4 日见底以来，股价震荡上行，处于上升趋势中；②出现大阳线之前连续出现两根阴线，两根阴线依次向下排列；③大阳线实体完全包含前两根阴线实体；④大阳线的收盘价基本与本波段高点持平，如图所示。

大阳前阻线是见顶信号，此时投资者该卖出股票。果然，后市股价一路下跌，几乎回到了 2020 年 2 月 4 日行情的起点。

需要说明的是，大阳线出现后第 2 天收小阴线，它与大阳线形成孕出线，而孕出线也是见顶信号，即此时出现双重见顶信号。

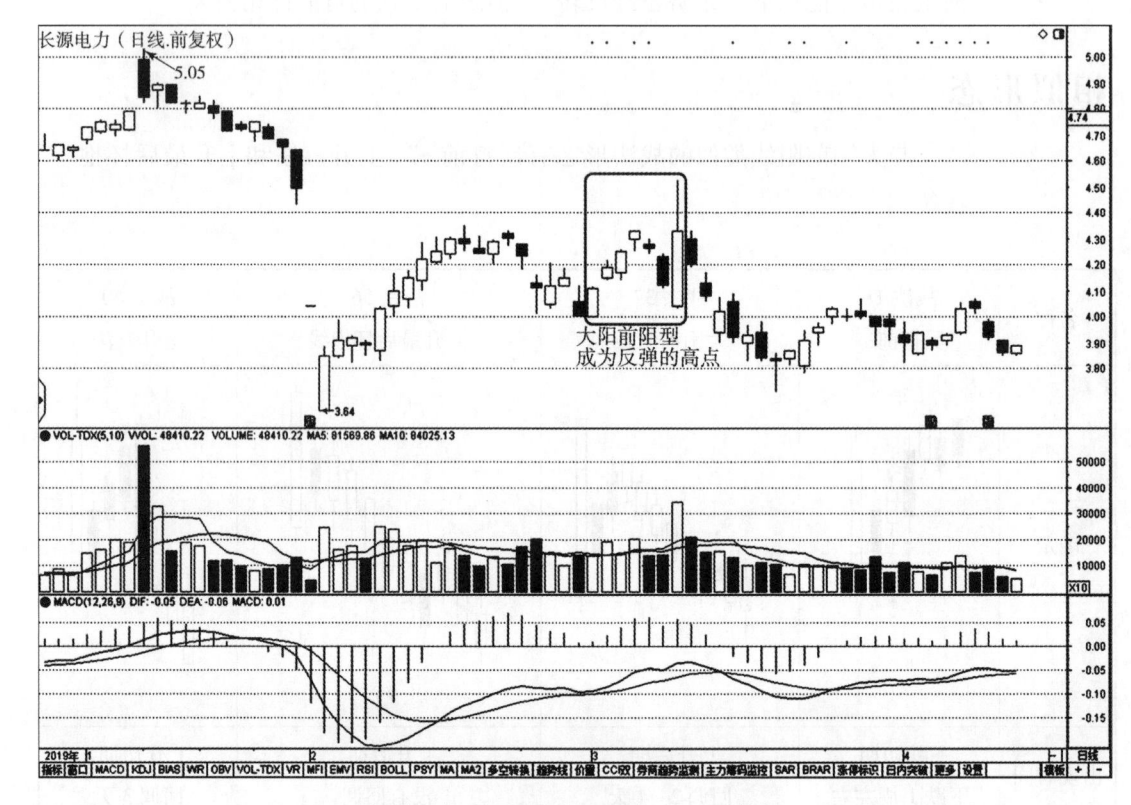

长源电力（000966）2020 年 1—4 月截图

例题 2　变式研究

招商地产（000024）于 2012 年 7 月 12 日出现 1 根大阳线，其特征为：①行情处于较长时间的上升趋势中，该股自 2012 年 3 月底见底以来，已经持续上升了 3 个多月；②大阳线之前连续出现 2 根阴线，2 根阴线依次向下排列，如果再出 1 根阴线，则成黑三兵，此时却出大阳线；③大阳线实体

战法 37
大阳前阻线——卖出

招商地产（000024）2012年4—8月截图

完全包含2根阴线实体；④大阳线收盘价低于本波段高点，如图所示，明显低于图中射击之星。此K线组合虽与标准图示有出入，但核心线形是一致的，故此是大阳前阻线的变式。

大阳前阻线是见顶的K线组合，射击之星也是见顶信号，即此时出现双重见顶信号。虽然大阳前阻线的第2天继续收阳线，但终究摆脱不了下跌的命运。该股到2012年8月底跌破了19元，跌幅达30%，故在大阳前阻线出现时卖出股票是明智的选择。

小 结

大阳前阻线是一种诱多的骗线，是下跌的前兆，其形成机理类似于反打前三。通常大阳前阻线只在上升时间较长、股价处于相对高位时才会出现，其他情况下不可勉强将其解释为大阳前阻线。比如，如果上升时间太短，则为上升三法，后市将继续上涨。

统计心得

大阳前阻线"盘整期间无效，上涨时间短无效，不确认无效"。

战法38：破档三阳收十字——卖出

在破档朝上连出3根阳线后，第4天突然冒出十字星，此为空头抛售的千载良机，因为在十字星出现后可能迅速回补缺口，再者在一连上升的走势中连出6根阳线，此亦容易引发高价警戒而回落。十字星出现后次日如再低开，很可能引发多头大抛售而行市崩溃。

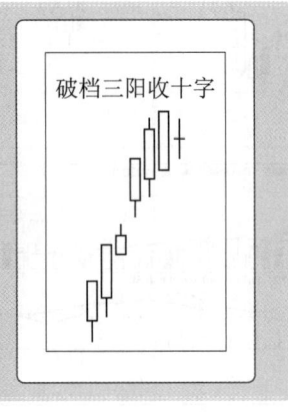

破档三阳收十字

形态特征

破档三阳收十字，是指突破盘档后，向上连续收出3根无上影线的光头阳线，第4天突然冒出1根十字星的K线组合。其形态特征如下。

（1）整体走势为：三连阳——跳空——三连阳——十字星。

（2）出现在上升趋势中，上升时间需持续1个月之久。

（3）核心线形：跳空后3根阳线再孕十字星。

（4）跳空后的三连阳实体不能太小，三连阳后收十字星，形成了外孕十字星。

（5）确认线：十字星后，如果低开，则后市看跌；如果高开低走，同样看跌。

技术含义

由于跳空前已经三连阳，脱离了底部，故不是低档小跳空。

跳空后连拉3根阳线，行情近乎疯狂，突然出现十字星，极不协调，就如同有人刚才还是笑容满面，突然间神色忧郁，我们推测刚才的笑容可能是强颜欢笑。同理，我们可推测之前的3根阳线是主力的虚张声势。

如果十字星处的成交量很大，则这种量大不涨的十字星通常是主力出货所致。如果十字星出现后成交量急剧萎缩，则是市场的买盘不力所致。不论哪种情况，结果都是下跌的命运。再者，十字星的收盘价，已经低于前一天阳线的收盘价，与前1根阳线形成了外孕十字星，而外孕十字星也是见顶信号。

出现十字星后，第2天的确认线很重要。如果再开低，则很可能引发多头大抛售，造成行情崩盘式下杀。

总之，在一连高升的走势中接连出现3根阳线，很容易引发高价警戒而回落。故酒田战法认为，破档三阳收十字是空头抛售的千载良机。

变式研究

破档三阳收十字的核心特征有两个，一是跳空，二是三连阳后收十字星。在实际A股走势中，与酒田战法中标准形态一模一样的破档三阳收十字的形态非常少见，但是具有这两个核心特征的K线组合非常多。下面所列K线组合，都可以看作破档三阳收十字。

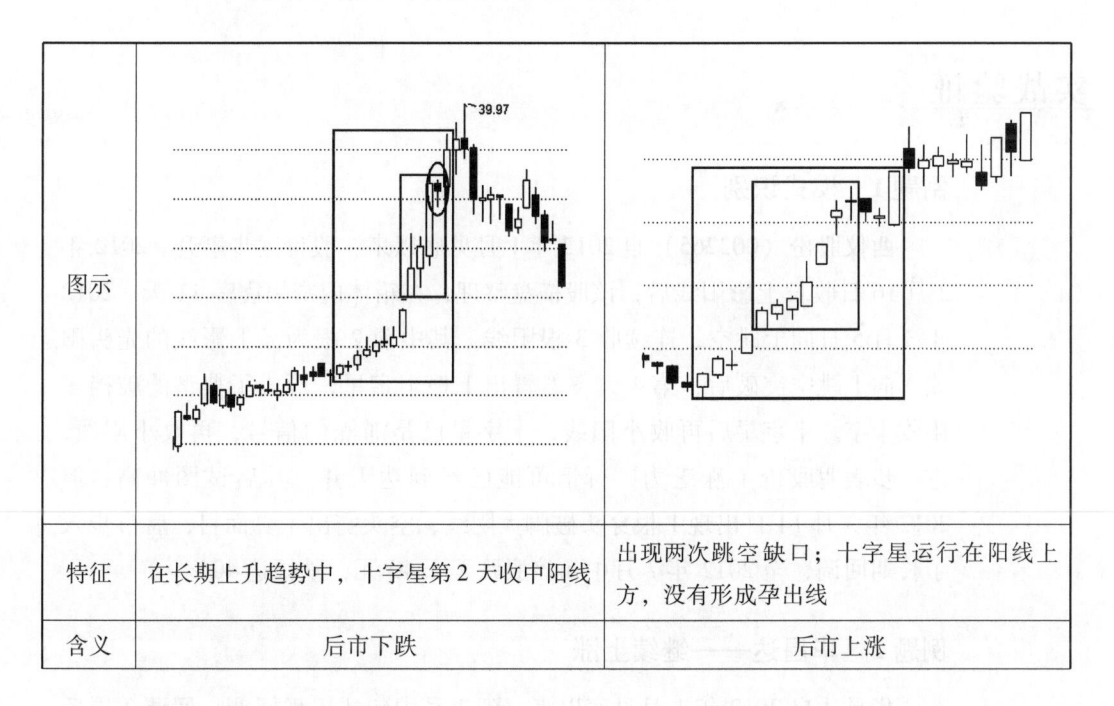

图示		
特征	在长期上升趋势中，十字星第2天收中阳线	出现两次跳空缺口；十字星运行在阳线上方，没有形成孕出线
含义	后市下跌	后市上涨

(续表)

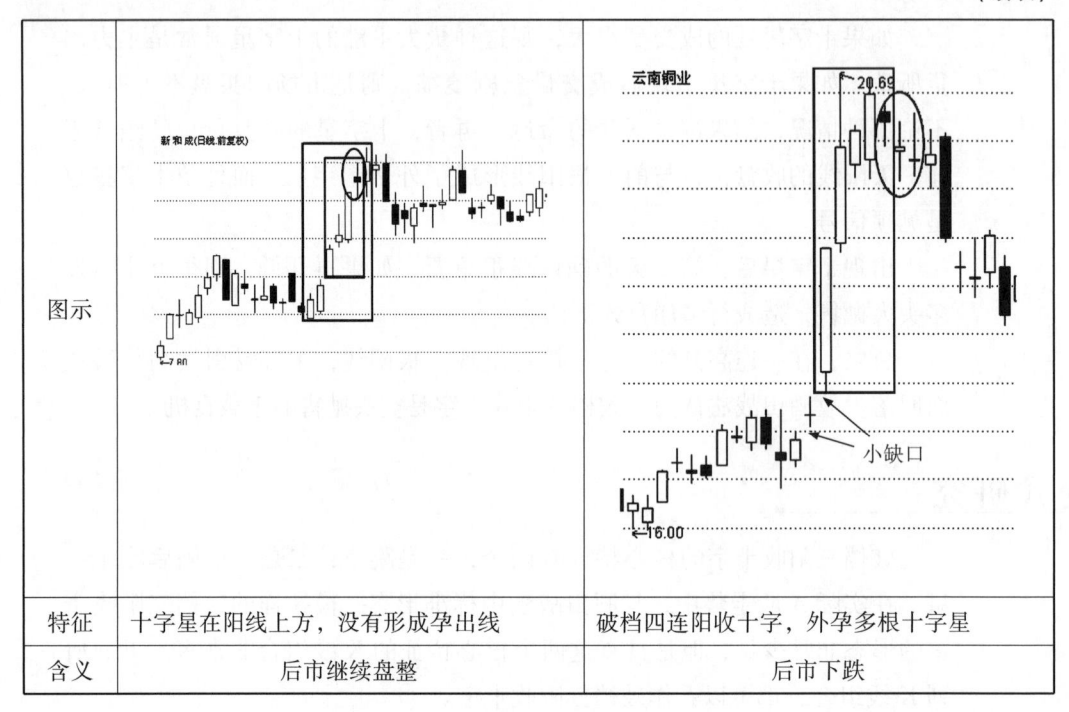

图示	新和成（日K线，前复权）	云南铜业
特征	十字星在阳线上方，没有形成孕出线	破档四连阳收十字，外孕多根十字星
含义	后市继续盘整	后市下跌

实战验证

例题1 模式识别

西仪股份（002265）自2012年1月见底以来，股价逐步攀升。2012年2月16日收长上影阳线后，该股横盘整理，在箱体内窄幅震荡11天。2012年3月5日向上跳空，连续收3根阳线，其中前2根为无上影线的光头阳线。向上跳空突破后，第4天突然冒出1根十字星，形成了典型的破档三阳收十字。十字星后再收小阳线，十字星已是滞涨的信号，再收小阳线，进一步表明股价上涨乏力，行情可能已经到达天井。其后试图冲高，但2012年3月14日出现1根穿头破脚大阴线，空头露出了真面目，后市步入了长期回调，至2012年7月中旬该股跌至5.40元，跌幅达40%。

例题2 华昌达——继续上涨

华昌达自2012年1月见底以来，到3月中旬才出现回调，回调2周后股价再度回升。在连续收出3根阳线后，于2012年4月9日出现2分钱的微小向上跳空缺口，跳空后继续收3根阳线，最后收十字星。此与酒田战

战法 38 破档三阳收十字——卖出

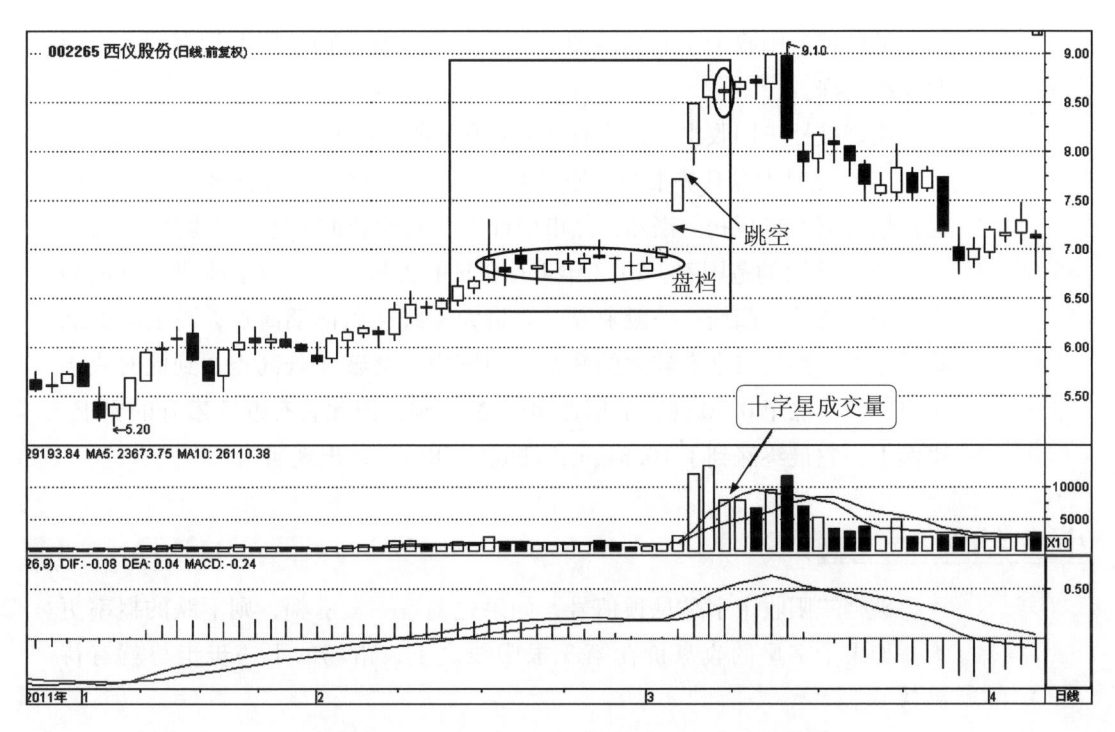

西仪股份（002265）2011年12月至2012年4月截图

华昌达（300278）2012年1—5月截图

法中的破档三阳收十字的标准图示几乎一模一样。但该股票没有回落，而是继续上涨。

出现破档三阳收十字，该股继续攀升的原因可能如下。

（1）此时大盘升势很好，处于牛市阶段。在牛市阶段许多K线组合的见顶信号都大打折扣。当然，熊市中许多K线组合的见底信号也大打折扣。

（2）从大的范围看，2012年4月9日的大阳线，突破了前期A处的高点，为突破性大阳线。一般来说，放量大阳线突破前期高点，而之前的涨幅又不大，则后市会有较大的涨幅。而图中，突破A处高点，到此时收十字星，才上涨了0.70元，涨幅连10%都不到，因此它有继续攀升的要求。事实上，它最终涨到了10.84元，涨幅约30%，才出现回调。

小　结

破档三阳收十字是见顶信号，如果之前有一段涨幅，则下跌的概率更大。如果十字星的收盘价在第3根阳线之上，市场的下一步走势就有待确认。

统计心得

（1）破档三阳收十字出现后，后市以下跌居多。

（2）后市即使上升，也不会立马狂拉，常常是洗盘后再拉升。故投资者见到破档三阳收十字，先卖出股票是正确的操作。

战法39：牛皮破档并列红——买、卖

图（1）中，在牛皮盘档之后出现向上跳空且并列红的现象，此线形的2根并列阳线几乎等长。上跳空即为"上涨"信号，连出2根阳线情况更佳，如果次日再大幅高开的话，此将成为"千里马"的形态，今后可以大举买入。而图（2）中的情况正好相反，为牛皮下跳空连出2根阳线的情况，2根阳线不等长且呈缩小之势。这种线形属于"加抛"信号的一种，空头应乘胜追击。

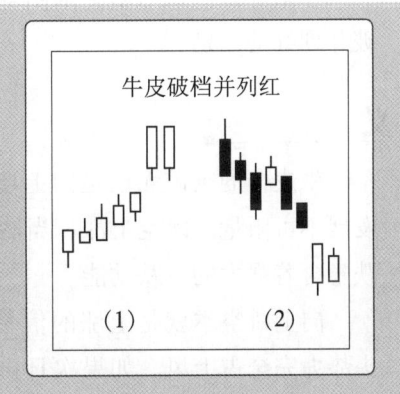

形态特征

牛皮破档并列红，是指牛皮档后出现跳空，跳空后收2根并列阳线的K线组合。其形态特征如下。

（1）此形态分为两种：

①牛皮向上突破并列红，为上涨信号；

②牛皮向下跌破并列红，为下跌信号。

（2）核心线形：

①跳空——分为上跳空和下跳空；

②并列的阳线——几乎等长。

（3）牛皮向上突破并列红：

①出现在上升趋势的初期、中期；

②核心线形——上跳空缺口以及2根并列的阳线；

③第1根阳线跳空向上，收盘时留下一个跳空缺口，第2根阳线与第1根阳线并排，两者的开盘价、收盘价基本相同；

④第2根阳线不回补缺口。

(4) 牛皮向下跌破并列红：

①出现在下跌趋势中，处于跌势初期；

②核心线形由下跳空和2根阳线组成；

③第1根阳线跳空低开，收盘时在前1根K线下方留下一个跳空缺口；

④第2根阳线与第1根阳线并排而立，实体略大（这是与牛皮向上突破并列红的区别）。

技术含义

牛皮档的突破无论是向上还是向下，都是属于强有力的突破，之后的发展不可限量。跳空上涨，当然隐含着强力的上涨动能。同样地，跳空下跌隐含着强力的下跌动能。

向上跳空本就是上涨的信号，收出阳线，而且连出2根阳线，表示多头势力完全占上风。如果次日再大幅高开的话，就将形成"千里马"的形态，后市常常会大涨，投资者可以大举买入。牛皮下跳空连出2根阳线，是下跌动能强大的象征，应卖出手中的股票。但如果出现在下跌末期，则为见底信号，反而应该加码买入。

下面分别分析牛皮向上突破并列红与牛皮向下跌破并列红。

变式研究

牛皮向上突破并列红

名称	上涨两颗星	升势鹤鸦缺口	高位并排阳线
图示			
特征	涨势初期、中期；大阳线后2根十字星（或小阴、小阳线）；没有跳空	涨势中，出现跳空；跳空后一阳一阴，实体相当；缺口第2天没回补	涨势中，出现跳空；跳空后两阳，实体相当；缺口第2天没回补
含义	看涨	看涨	看涨

战法 39
牛皮破档并列红——买、卖

牛皮向下跌破并列红

名称	图示	特征	含义
低位并排阳		下跌趋势中，出现跳空；跳空后2根阳线并排，缺口没有回补	下跌初期续跌；下跌末期为见底信号
跳空下跌三颗星		下跌途中，向下跳空；跳空后3根小阴线并排	见底信号

牛皮向上突破并列红

由于牛皮向上突破并列红中的2根跳空阳线的开盘价基本相同，是一种并排阳线，所以也称高位并排阳线。从图形上看，它们好像是一对肩并肩的恋人，所以此缺口也称"升势恋人肩并肩缺口"。

高位并排阳线的出现，表明股价仍然会继续上扬。这个向上跳空缺口，往往会成为今后一段时期内股价运行的一个支撑区域，当股价下跌至该区域时，一般能够得到较强的支撑。但如果股价跌破这个缺口，则市场很有可能向相反的方向逆转。所以，投资者见到高位并排阳线的K线组合后，应以做多为主，但日后股价回补缺口之后应立刻止损离场，规避风险。

例题1　标准形态

北京银行（601169）2008年12月4日出现向上跳空缺口，当天成交量有所放大，第2天再收1根阳线，实体与前一根差不多，几乎与前一根并排排列，之后缺口没有回补，形成了标准的牛皮向上突破并列红。

牛皮向上突破并列红出现后，股价在高位盘整。虽然盘整时间超出1个月之久，但始终没有回补这一缺口。通常认为，只要没有回补某缺口，

北京银行 2008 年 10 月至 2009 年 2 月截图

就表示这一缺口一直起作用，这缺口是突破缺口。至 2009 年 2 月底，该股最高摸到 9.31 元，涨幅约 30%。凡是在牛皮向上突破并列红出现后买入股票的投资者，都取得了不错的收益。

例题 2 变式研究

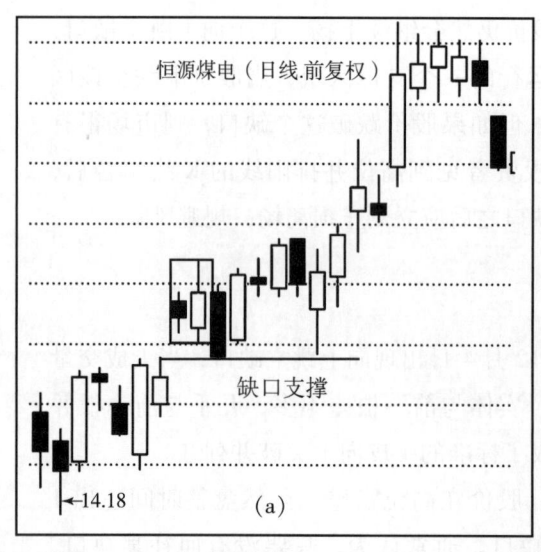

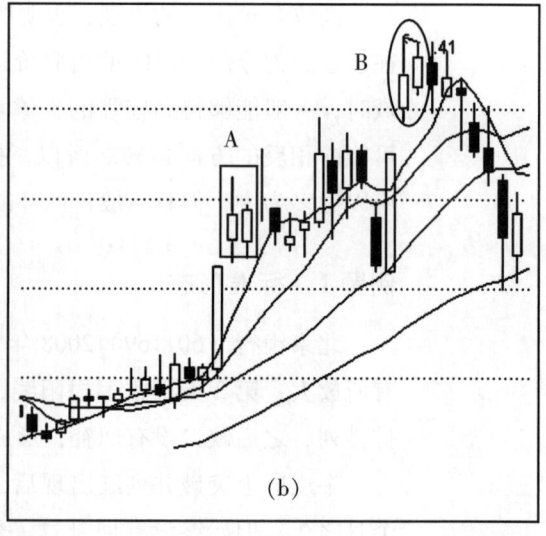

如图 a 所示，跳空后收一阴一阳，此缺口叫作升势鹤鸦缺口，也可以看作低档小跳空。只要缺口不回补，投资者就可以继续做多。

如图 b 所示，A 处跳空发生之前已经拉出大阳线，说明股价已经脱离了牛皮市，故此时跳空不具有突破的含义（不是突破缺口），反而有加速见顶的可能。B 处跳空脱离了盘档，但并排阳线出现后第 2 天的确认线为阴线，这是行情受阻的征兆。

牛皮向下跌破并列红

与牛皮向上突破并列红刚好相反，牛皮向下跌破并列红是指在下跌途中，向下跳空后出现 2 根并排的阳线，也称为低位并排阳线。

（1）酒田战法中的含义：续跌。

酒田战法认为，牛皮向下跌破并列红的 2 根 K 线，几乎都是以跳空之后的跌停板开盘，这是下跌量能强大的象征。向下跳空加跌停板价，是下降的双重保证。

（2）A 股实际走势：见底信号，后市看涨。

在 A 股实际走势中，下跌行情中出现低位并排阳线，往往是股价已到谷底或到阶段性底部的信号，即"市场见底概率大于继续下跌概率"，投资者见到低位并排阳线的 K 线组合后，可适量建仓做多。

例题 3 见底回升

东方航空（600115）于 2010 年 2 月 2 日出现向下跳空，并收 1 根小阳线，随后第 2、3 天继续收阳线，3 根阳线并排，形成了典型的低档并排阳。这里有一点是特别引人注目的，那就是成交量放出天量。通常认为，当股价经过大幅下跌后，在低位连续放大量，是主力快速建仓的标志，接下来往往会有一波快速的上涨。

例题 4 深华发 A——卖出信号

深华发 A（000020）于 2012 年 3 月 7 日出现向下跳空，其后连续 4 天收接近十字星的小阳线，它们并排，形成了牛皮向下跌破并列红。我们注意到，该股经过前期的长期上涨（上涨时间超过 2 个月），此时股价处于天井圈；在下跌第 2 天即出现跳空，处于下跌初期。此牛皮向下跌破并列红出现后，股价继续下跌。

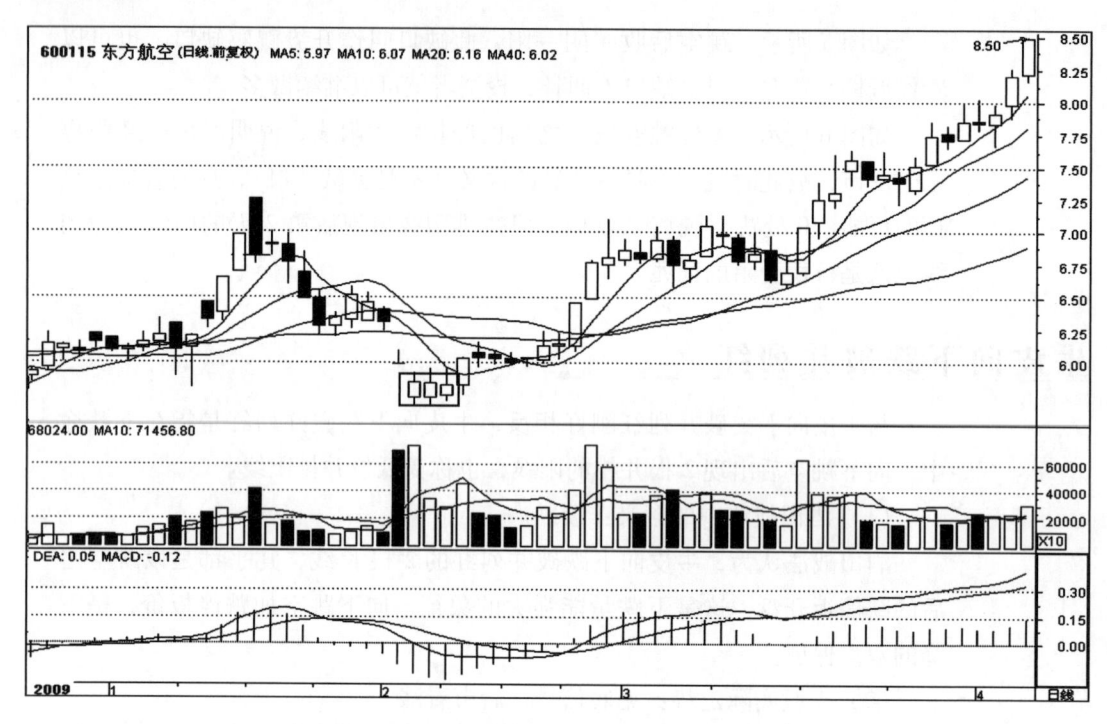

东方航空（600115）2009 年 12 月至 2010 年 4 月截图

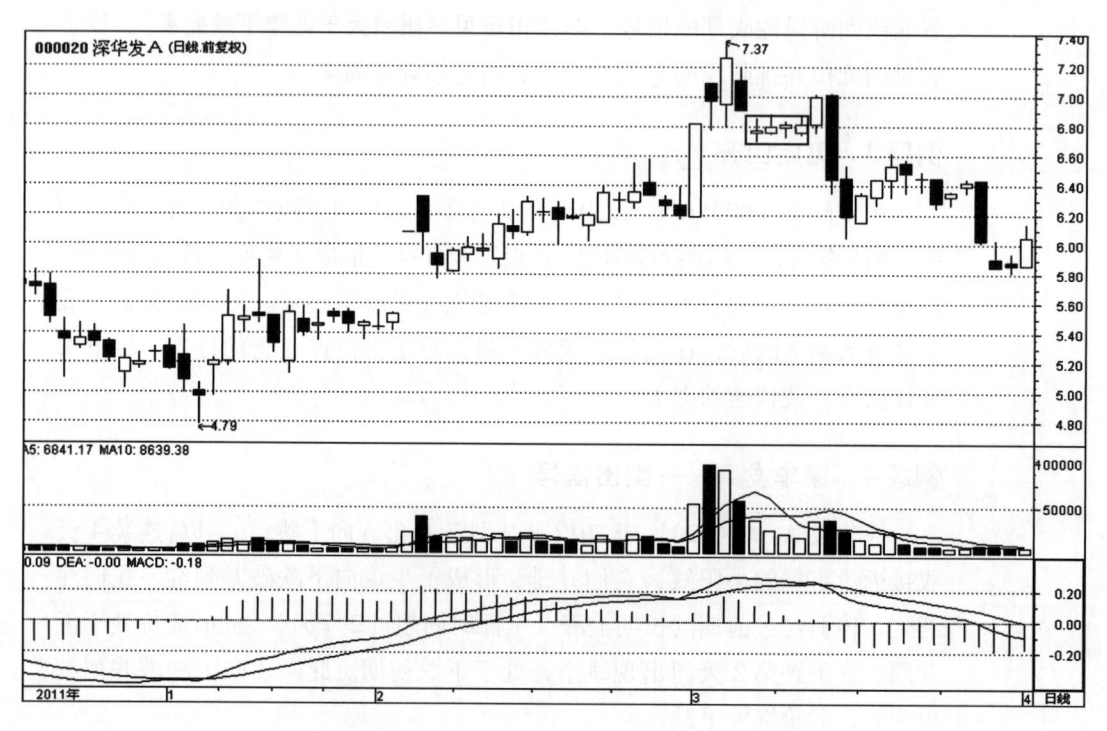

深华发 A（000020）2011 年 12 月至 2012 年 3 月截图

小 结

牛皮向上突破并列红与牛皮向下跌破并列红是一种对偶形态,前者为上涨信号,后者为下跌信号。

统计心得

(1) 牛皮向上突破并列红出现后,通常不会立马大涨,即使涨,也很少出现直线式拉升,而是曲折的慢涨。

(2) 牛皮向上突破并列红出现后,投资者对后期涨幅不可以期望太高,10%是比较安全的(如果有均线支撑,则另当别论)。

(3) 牛皮向下跌破并列红出现后,酒田战法中认为后市会继续下跌,但实际上见底概率较大。

战法40：下落跳双阴——卖出

在一连串的下落走势中，突然向下跳空，连出2根阴线，此为行市大崩溃的前兆，空头应全力追击。从图形中我们可看出，在初次下跌过程中虽遭遇小幅阻挠（小阳线），但是随后即肆无忌惮地出下挫双阴线，之后再收向下跳空的双阴线，这时多头已溃不成军，空头应把握机会直捣黄龙。

形态特征

下落跳双阴，是指在一连串下落走势中，股价突然跳空而下，连出2根阴线的K线组合。其形态特征如下。

（1）在下跌趋势中，不是在盘整期（酒田战法中的每一种形态几乎都要求处于明确的趋势中，趋势可以大，可以小，但必须明晰可辨）。

（2）核心线形：

①跳空——突破缺口或测量缺口；

②双阴——跳空后连出双阴（跳空前也有双阴）。

（3）跳空前已经连出双阴，表明已经脱离顶部。

（4）跳空后再出双阴，第1根为中阴线（略小），第2根的实体比第1根实体略大，向下排列。如果此双阴的实体很小或是十字星，则为下落二星形态。

技术含义

下落跳双阴，是指一连串的下跌走势中，跌到中段时，突然跳空下落出现2根阴线。从图形中我们可以看出，在初次下跌的过程中，虽然遭遇小幅阻挠（如图中第3根小阳线），但抵抗无力，随后出现下挫的双阴线。

战法 40　下落跳双阴——卖出

接下来向下跳空，再出双阴，此时多头已经溃不成军，空头应把握机会直捣黄龙。

此处的跳空是前段和中段跳空，属于突破缺口和测量缺口。如果是测量缺口，则我们可以预见后市还有一半的跌幅；如果是突破缺口，则后市更不容乐观。所以出现下落跳双阴后，后市将不是小幅调整，而是行市大崩溃。

这是一种急促下跌的线形，下跌角度接近 90°。此时技术指标可能呈现超卖，会有一些小幅反弹。但是，既然是行情大崩溃的表现，此时应该卖出筹码，而不能买入。不要看到跌得多，技术指标超卖，就抢反弹，那常常会是"低手套在山顶，高手死在反弹"的惨况。

形态类比

下落跳双阴、下落二星与下落三星等都出现在下跌趋势中，都出现了下跳空缺口。

下落二星与下落三星跳空后阴线实体很小，接近十字星。下落跳双阴跳空后的双阴线实体较大，为中阴线，而且第 2 根比第 1 根更大。

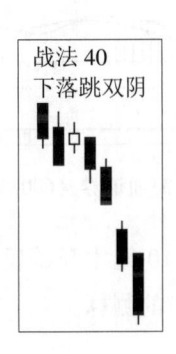

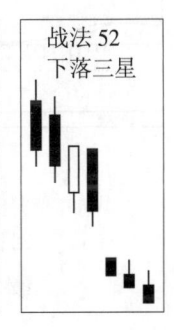

实战验证

例题 1　标准模式

海通证券（600837）截图中矩形框内 K 线组合的特征为：①出现在下跌途中，图中该股连续收 7 根阴线后，出现 1 根小阳线，接着收 2 根阴线，小阳线试图抵抗跌势，但仅凭这 1 根小阳线，显然是螳臂当车；②出现下跳空缺口，由于前期跌幅已经很大，此缺口应该为测量缺口；③跳空后再收 2 根阴线，这 2 根阴线属于中阴线，而且后 1 根阴线的实体比前 1 根大。此形态与酒田战法中的标准图示非常接近。

按照缺口理论，缺口前后的跌幅应该大致相当。本例从 2009 年 7 月 29 日（前复权价最高价为 19.16 元）开始下跌，缺口上沿为 15.51 元，缺口前段跌幅约 19%（跌 3.65 元），缺口下沿为 15.40 元。该股 2009 年 9 月 1

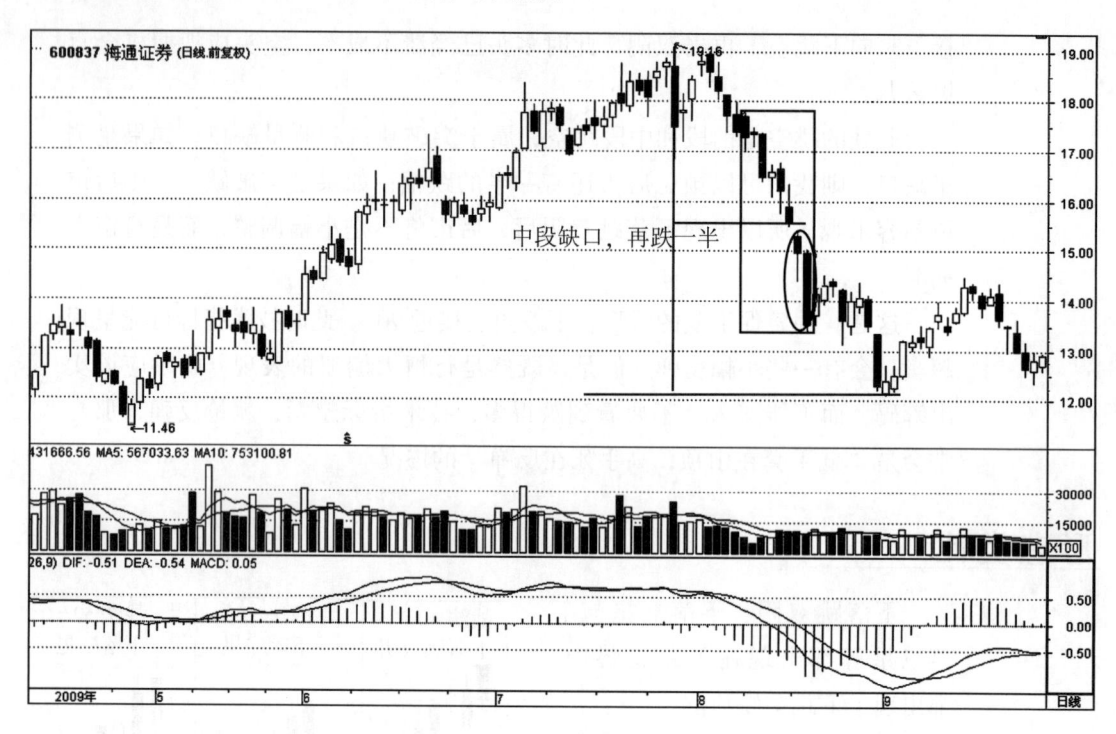

海通证券（600837）2009年4—9月截图

日最低跌到12.10元才开始反弹。缺口后段下跌了约21%（3.30元），基本符合测量缺口的测算。

例题2 变式研究

中国平安（601318）截图中3个画圈处都是跳空后再收2根阴线，那它们是不是下落跳双阴呢？

先看A处的形态。该股在2011年6月底以双连阴的形式结束了一波小幅反弹，随后出现跳空。此跳空发生前连出2根阴线，跳空后再收2根阴线，是标准的下落跳双阴。这缺口如果看作突破缺口，股价将加速下挫，何时见底是无法预测的；如果看作测量缺口，前期从66元跌到49元，粗略估计后续将至少跌至33元，跌幅相当惊人。

B处缺口前后也各出2根阴线，跳空缺口后的2根阴线为中小阴线，再次形成下落跳双阴。若从A处反弹高点算起，根据测量缺口理论，此次预测与A处的预测结果基本相当，也是在33元左右。

缺口C后的2根阴线实体悬殊，第1根很像锤头线（下影线略短，而锤头线有见底的功效），第2根阴线实体超大，与其说是下落跳双阴，还不如说是擎天一柱底。如图所示，该股此时已经到达了底部。

战法 40

下落跳双阴——卖出

中国平安（601318）2011年5—10月截图

此处的跳空缺口为衰竭缺口，所谓"跳三空，气数尽"，是见底信号。此下落跳双阴跌势凌厉，如图中 A、B 处，双阴后收小阳线，不是买入，而是卖出的好时机。

小 结

下落跳双阴是非常凌厉的下跌信号，下跌速度之快，幅度之大，令人瞠目结舌。即使有短暂反弹，也会立马跌回原形。

需要特别注意的是，下落跳双阴后，股价会出现超跌。但是，我们**不要以为跌得多，超跌后会反弹，而买入股票**，那样只会是"低手套在山顶，高手死在反弹"，正所谓"不要以为股价已经跌到了地板，谁知地板下有地下室，地下室下有地窖，地窖下还有十八层地狱呢"。

战法 41：红三兵——买入

红三兵为大涨信号，和黑三兵正好相反。当红三兵出现在底部位置时，其涨势最为凌厉，故多头可倾全力出击。

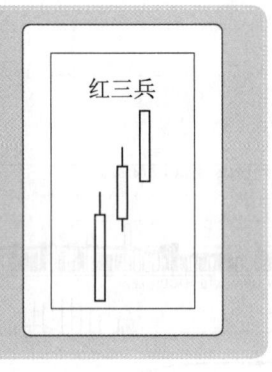

形态特征

股价在底部区域，经过一段时间的盘整后，连续拉出 3 根阳线，叫红三兵。其形态特征如下。

（1）股价处于低位，而且稳定了一段时间（急跌行情中出现的三连阳不是红三兵）。

（2）每根阳线以当天最高点或接近最高点收盘，最好无上影线。

（3）3 根阳线实体几乎相等，呈阶梯状排列，实体间没有跳空缺口。

（4）成交量温和放大。

需要说明的是，A 股市场出现三连阳的走势比比皆是，但并不是所有的三连阳都是红三兵。红三兵是大涨信号，普通的三连阳则不是（可能继续盘整，也可能见顶）。因此，上述红三兵的特征，每一条都不可忽视。

技术含义

与黑三兵正好相反，红三兵是市场行情大涨的信号。

经过长期下跌，价格处在市场底部区域，空方无力再度做空，而多方觉得价格经过下跌，已处于超卖状态，可以做多；观望方比较了多空力量后，认为形势对多方有利，进而进场建立多仓。市场受此合力影响，形成 3

天连续上扬局面。红三兵意味着多方力量刚起步，随着做多力量的不断释放，股价将会形成真正的上涨。

当红三兵出现在低档底部位置时，股价涨势最为凌厉，所以多头可倾全力出击。如果股票在低位横盘后出现红三兵的走势形态，并且伴随着成交量的逐渐放大，则是行情启动的前奏，可密切关注。

注意，红三兵的连续3根阳线最好是中偏小阳线，不能是大阳线，否则涨幅过大，容易引发回调；但又不能太小，否则是十字星，表明多方力度不够。

形态类比

K线组合不仅形式复杂，数量上更是难以统计。比如，三连阳的形式就变化万千，即三连阳并不都是看涨信号的红三兵。

（1）三个白色武士（也称三阳开泰）。

三个白色武士的形态与红三兵基本相似，不同的是最后1根阳线的上升力度比较大，出现这种形态后，股价将呈上升趋势。

（2）升势受阻型（也称三兵前阻型）。

升势受阻型与红三兵有相似之处，不同的是3根阳线逐渐缩小，其中最后1根阳线的上影线特别长，出现这种形态后股价将呈下跌走势。

（3）阳线跛脚型。

在上涨途中，其也是由3根阳线组成，第3根阳线的收盘价低于第2根阳线的收盘价，两者形成孕出线，或形成阳包阳的形态，出现这种形态后股价将呈下跌走势。

（4）下降三法中的三连阳。

下降三法中的3根阳线不能称为红三兵，因为红三兵要求下跌趋势基本结束且股价稳住了些时日。

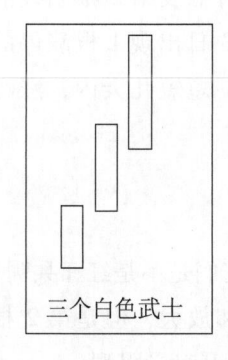

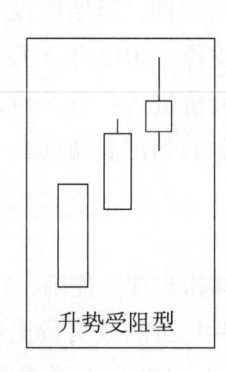

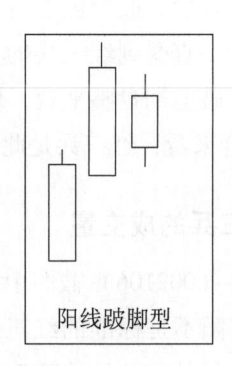

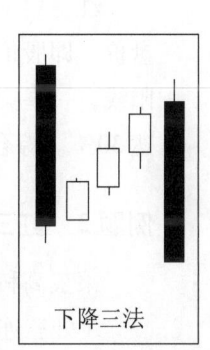

| 三个白色武士 | 升势受阻型 | 阳线跛脚型 | 下降三法 |

实战验证

例题 1　标准模式

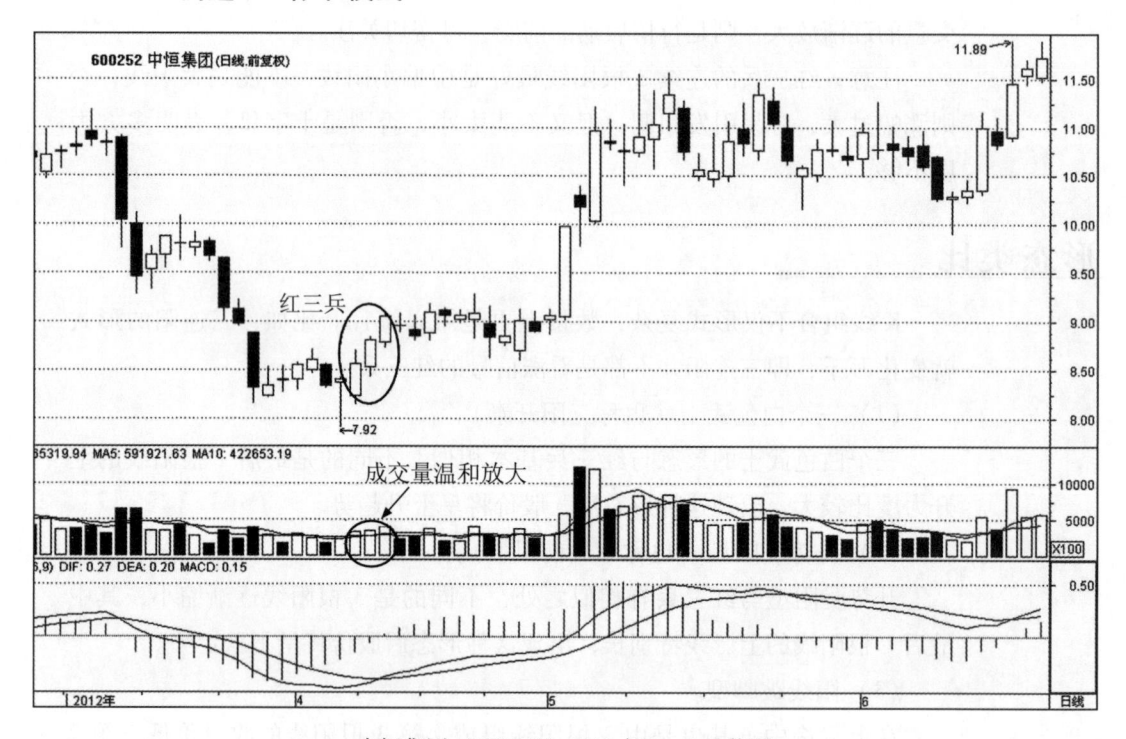

中恒集团（600252）2012 年 3—6 月截图

中恒集团截图中画圈处为标准的红三兵，其特征有：①先前下跌幅度较大，股价已经处于低位，而且企稳了一段时间；②连出 3 根中阳线，阳线实体大小差不多，呈阶梯状排列，而且上下影线都很短；③成交量温和放大，呈现价量齐升走势。

红三兵出现后，股价虽然有所回调，但始终没有触及第 2 根阳线的开盘价，即股价一直受到红三兵的支撑。2012 年 5 月 3 日出现 1 根涨停的大阳线，一举突破前期盘整平台，股价进入拉升阶段，短短几天内，涨幅约达 30%。综合来看，红三兵是此波行情的启动点。

例题 2　红三兵的成交量

莱宝高科（002106）截图中多次出现三连阳，它们是不是红三兵呢？

A 处三连阳不是标准的红三兵，虽然成交量温和放大，但是第 2 根阳线实体过长。另外，此处的第 2、3、4 根阳线形成了升势受阻型。

战法 41
红三兵——买入

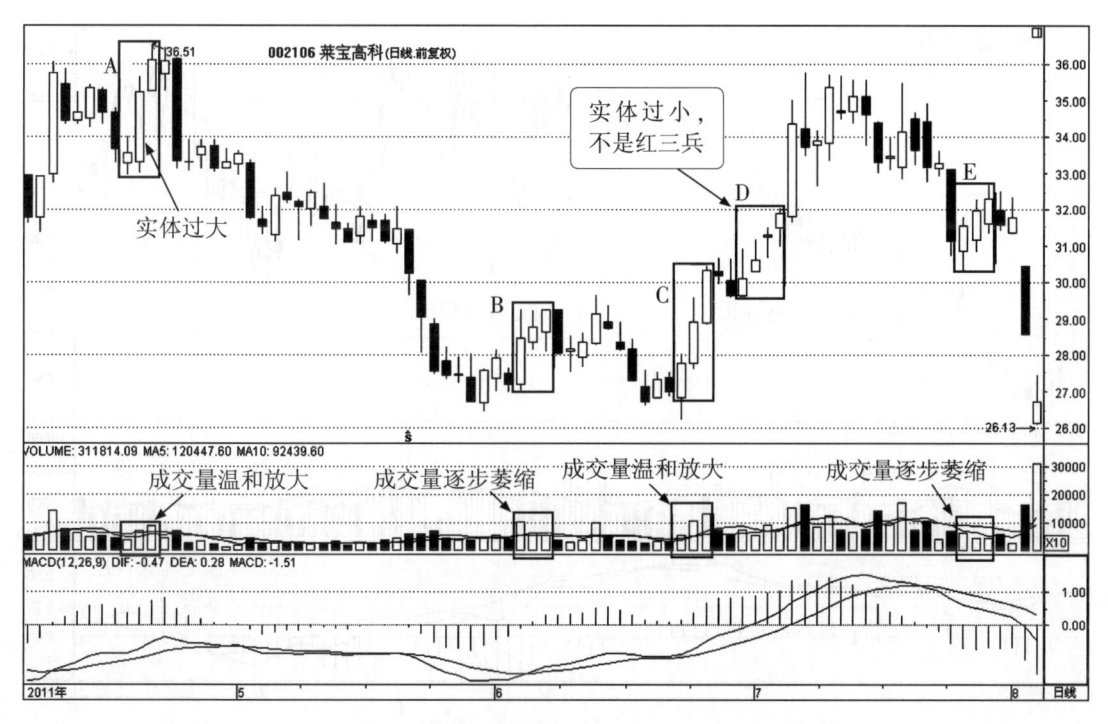

莱宝高科（002106）2011年4—8月截图

B处三连阳可以看作红三兵，其第1根阳线实体过大，而且成交量不是逐步放大，而是逐步萎缩。其也可以看作升势停顿。它的出现，使得反弹夭折，后市继续回调，至低于此第1根阳线的开盘价（即此三连阳失去了支撑作用）。

C处三连阳是红三兵，满足红三兵的几个特征，它启动了这波中级反弹行情。

D处四连阳不是红三兵，因为阳线实体都很短，而且上下影线过长。

E处三连阳不是标准红三兵，因为在下跌途中，没有企稳；成交量不配合，不是温和放大，而是萎缩。

例题3 阶段顶部

在荣盛发展（002146）的截图中出现多处三连红，虽然具有红三兵的特征，却不具有红三兵助涨的功能，反而成为阶段性顶部。所以，并不是所有三连阳都是红三兵，都能让投资者赚大钱，比如在这里每次三连阳后买入，大阴线后卖出，结果股价没变，资金却缩水不少。

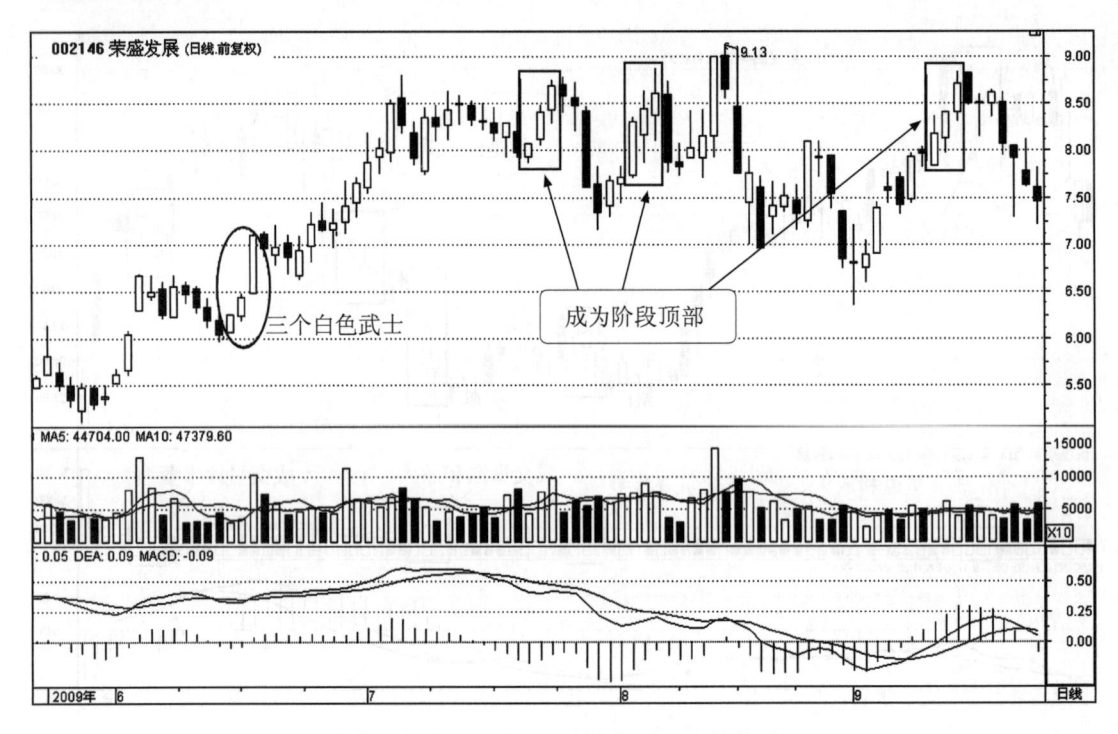

荣盛发展（002146）2009年6—10月截图

小 结

在A股市场，三连阳的K线组合比比皆是，并不是所有三连阳都是红三兵，都能让投资者赚大钱。只有严格满足红三兵的形态特征，才是经典的、能赚钱的红三兵。因此，如果盘面上真的出现了3根阳线，我们需要将其放在1只股票的特定走势中去研究才有意义。

红三兵常常成为熊市中的经典骗线，所以"不要迷恋红三兵，红三兵只是个传说"。

统计心得

（1）低档红三兵出现后，通常行情不会立马大涨，而是进行回调或继续盘整。

（2）在下降通道（特别是长期熊市）中，红三兵常常成为反弹的高点。

战法42：三兵前阻型——卖出

同样是红三兵，但到第3根时已涨势受挫，收小阳线且上端出现影线。这种情况可视为"买力出尽"，故已进场的多头应立刻获利了结，且改弦易辙，行高价抛售方针。

三兵前阻型

形态特征

三兵前阻型也称"萎缩三连红"，是红三兵的变式，即到第3根日线时涨势已经受挫，收小阳线且上端出现影线。其形态特征如下。

（1）处于上升趋势中。

（2）3根阳线实体一根比一根短，实体相接，不一定有跳空（图示中第1、2根间有跳空）。

（3）第3根阳线的上影线较长，为纺锤线或螺旋桨线。

（4）需要明确的是，如果第4天收中阴线，则是对下跌的确认。

技术含义

三兵前阻型与红三兵都是三连红，但到了第3根时，三兵前阻型的涨势已经受挫——以小阳收盘，并上端出现影线。这种情况可以看成多头"买力出尽"。因此，已经进场的多头，应立刻获利了结，高价抛售。

第1、2根为大阳线或中阳线，无上影线或上影线很短，这可能是主力尾盘拉升的结果，是故意炒作的造市行为。因为投资者都喜欢阳线，不喜欢阴线，阳线能吸引跟风盘，而阴线只能吓跑散户。如果连续出阴线，散户早就跑光了，主力是出不了货的。

第 3 根阳线的实体很短，上影线却很长。上影线在整个交易区间占的比重越来越大。上影线越长，越不利于之后可能的涨势。一般来说，量大不涨是主力出货的征兆。特别是，如果之前有较大升幅，则行情反转向下的概率就会更大。如果接下来收中长阴线，或是发生向下的跳空，则可判断此时行情已经崩溃。

总之，三兵前阻型如果发生在上升走势的后段，则投资者应尽早卖出股票。

变式研究

战法 25：浪高线——卖、分歧

图中倒数第 2 根为小阳线，但上下影线甚长，此表示"攻防分歧"，次日再出孕出线，说明行情已经见顶。

战法 55：上升前阻型——卖出

在一连串上升的走势中连出阳线，出现明显上影线时，图中的最后 1 根阳线已呈萎缩状态，意味着未来行市将转为看跌。

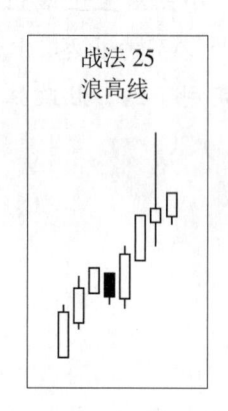

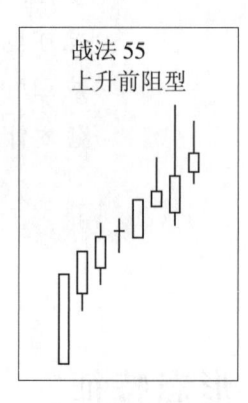

实战验证

例题 1　标准模式

青岛碱业（600229）截图的矩形框内出现了 3 根实体逐渐萎缩的三连阳，此为三兵前阻型。其特征有：①如图所示，在上升趋势中前期上升幅度超过 25%，上升时间约一个半月；②3 根阳线实体相接，且 1 根比 1 根短；③第 3 根阳线的上影线较长，为螺旋桨线，而螺旋桨线本身就是见顶的信号；④第 4 天收中阴线，而且收盘低于螺旋桨线的最低点，这是对下跌的确认；⑤成交量放出天量，所谓"天量见天价"，从另一个侧面表明了行情已达天井，这时应该卖出手中筹码。

例题 2　底部区域

东信和平（002017）截图中 A、B 两处三连阳都具有三兵前阻型的显著特征，但股价处于低位。

战法 42　三兵前阻型——卖出

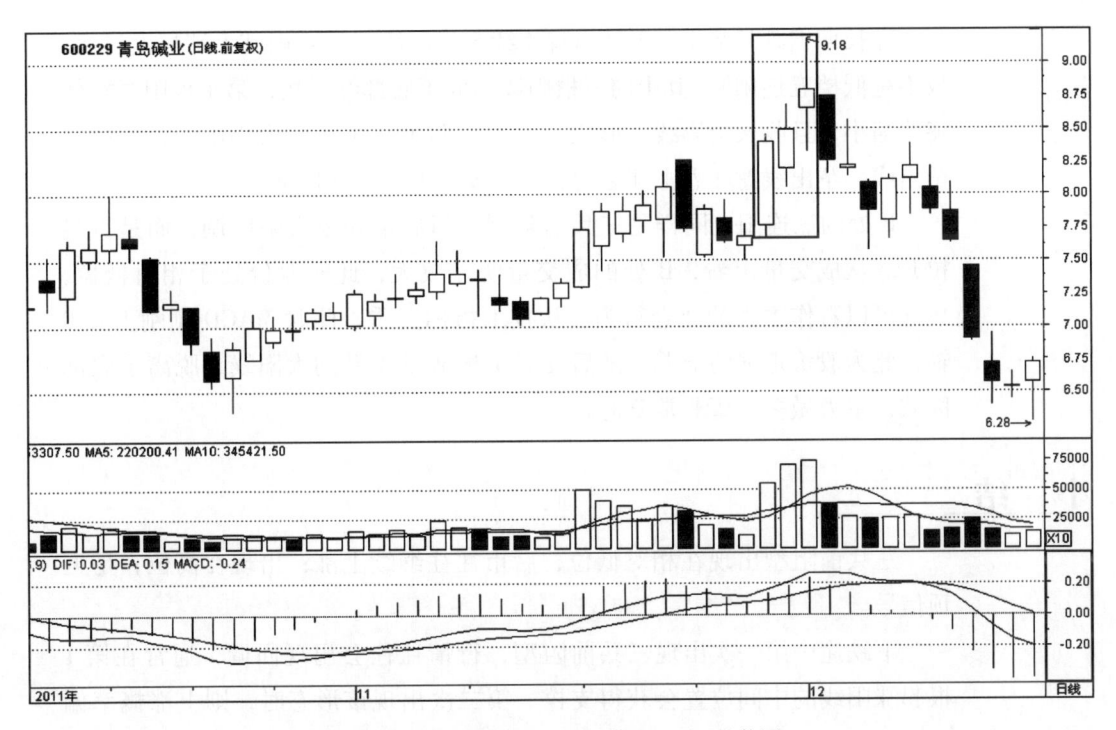

青岛碱业（600229）2011年10—12月截图

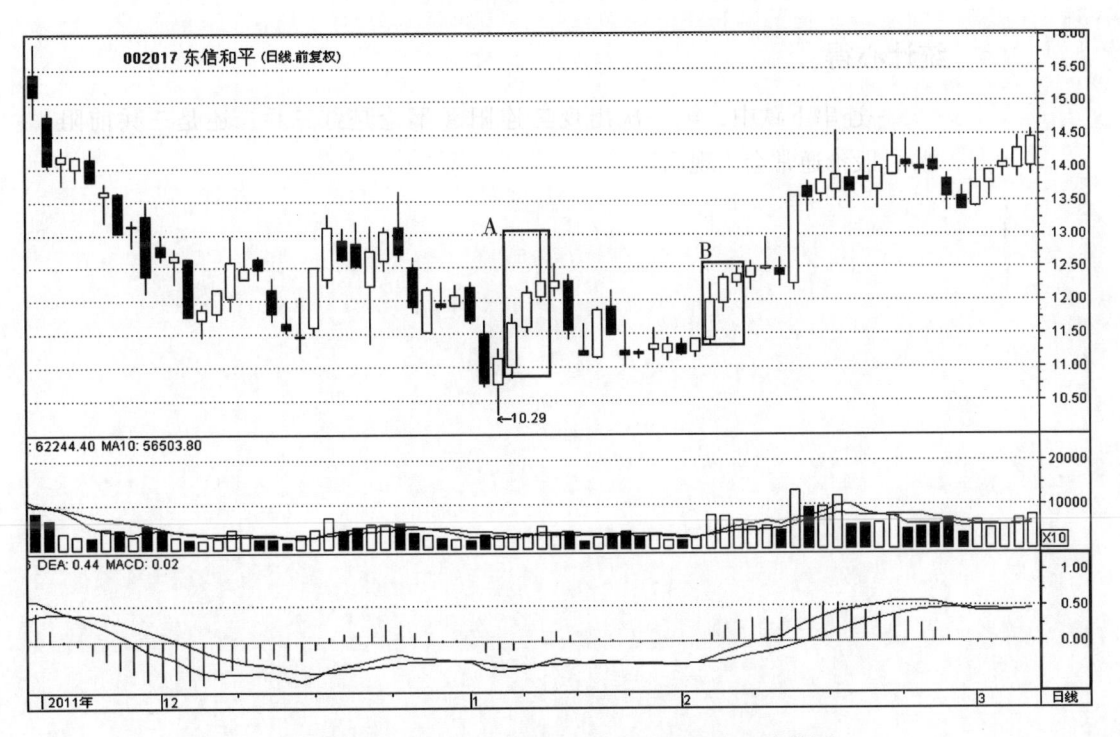

东信和平（002017）2011年11月至2012年3月截图

在长期下跌趋势中，A处出现连续5根阳线（注：因其上涨幅度过大，故不是低档五连阳）。其中前三根阳线形成了底部红三兵，第4根阳线实体突然缩小，且收长上影线，形成了三兵前阻型。第5根为小阳线，形成了孕出线，孕出线意味着上涨乏力，故需要回调，夯实底部。

　　B处的三连阳，同样是三兵前阻型，但后市并未大幅回调，而是直接拉升。从成交量上看，B处的成交量明显放大，此时股价处于相对低位，故这可以看作主力的建仓行为。从技术指标上看，此时MACD刚刚上穿0轴，此为股价走强的征兆。随后几天1根放量拉升的大阳线，脱离了底部区域，主力做多愿望非常急迫。

小　结

　　三兵前阻型出现在相对低位，后市往往继续上涨；出现在高位，是见顶信号。

　　下跌途中第一次出现三兵前阻型，行情往往会出现回调，通常在第1根起涨阳线的中间位置会获得支撑。第二次出现该形态时，则上涨概率偏大。第三次出现该形态时，则股价下跌概率偏大。

统计心得

　　一连串下跌中，第一次出现三连阳（不论是红三兵，还是三兵前阻型），股价通常会出现回调。

战法43：川字三黑——暂观

黑三兵的排列并非由上而下，而是中间突出、两边较低。这种情况出现在下降过程中时不宜再抛售，应暂时观望一下再行动。

形态特征

川字三黑，是指3根阴线排列成中间突出、两边较低形态的K线组合。其特征如下：

（1）可以出现在任何波段、任何位置。

（2）核心线形：三连阴排列成中间突出、两边较低的形态（不是由上而下的阶梯状排列，黑三兵由上而下阶梯状排列）。

（3）3根阴线的实体为中阴线或小阴线，不能是大阴线。

（4）成交量也呈现"中间高、两边低"的形态。

（5）需要明确的是，由于川字三黑可能朝着任意方向发展，故第2天的确认线尤为重要。

技术含义

川字三黑的后续命运，主要由之前的波动特性决定。

在下跌途中，3根阴线呈"两边低、中间高"状排列，可以看作微型的"W底"，因此有一定的止跌作用。由于是微型的，故信号不是十分强烈。如果出现在下跌初期、中期，则会继续下跌。如果之前下降已经长达1个月之久，则有止跌的作用。此时投资者不宜再抛售了，应暂时观望一下，等局势明朗之后再行动。

在上升途中，这种"两边低、中间高"的排列方式也可以看作夜星的变式，为见顶信号。

故川字三黑在不同的波段，代表不同的信号；有时在同一位置，也会朝不同方向发展。对川字三黑，我们没有预设的立场，之后行情或转折或继续原来的趋势，都有待市场本身的确认。

形态类比

黑三兵、川字三黑与倒川字三黑都是由3根阴线组成，黑三兵代表行情崩溃，后两者代表多空分歧。

战法15：黑三兵——卖出

线形特点是：3根阴线依次向下排列。

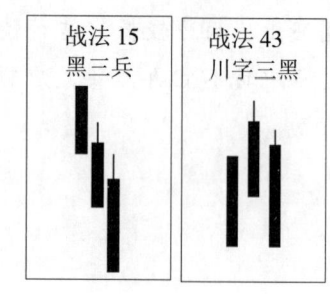

战法43：川字三黑——暂观

线形特点是：3根阴线呈"两边低、中间高"的形态排列。

战法44：倒川字三黑——暂观

线形特点是：3根阴线呈"两边高、中间低"的形态排列。

实战验证

例题1　继续下跌

中国宝安（000009）截图中出现了标准的川字三黑，其特征有：①股价见顶后下跌了大约3周，跌幅不大，可算作下跌初期或中期；②3根阴线均为中偏小的阴线，呈现中间高、两边低的走势；③成交量也呈现出中间高、两边低的形态；④确认线，即第4根日线为中阴线，且收盘价低于"川"字的最低位置，这是下跌的确认信号。

对于画圈处的连续4根阴线，有人认为应将后3根看作黑三兵。因为前2根阴线与之前4根星线在同一水平价位并列，形成了一个小平台，此处黑三兵跌破了该平台，是行情崩溃的标志。我们注意到，无论哪种看法，

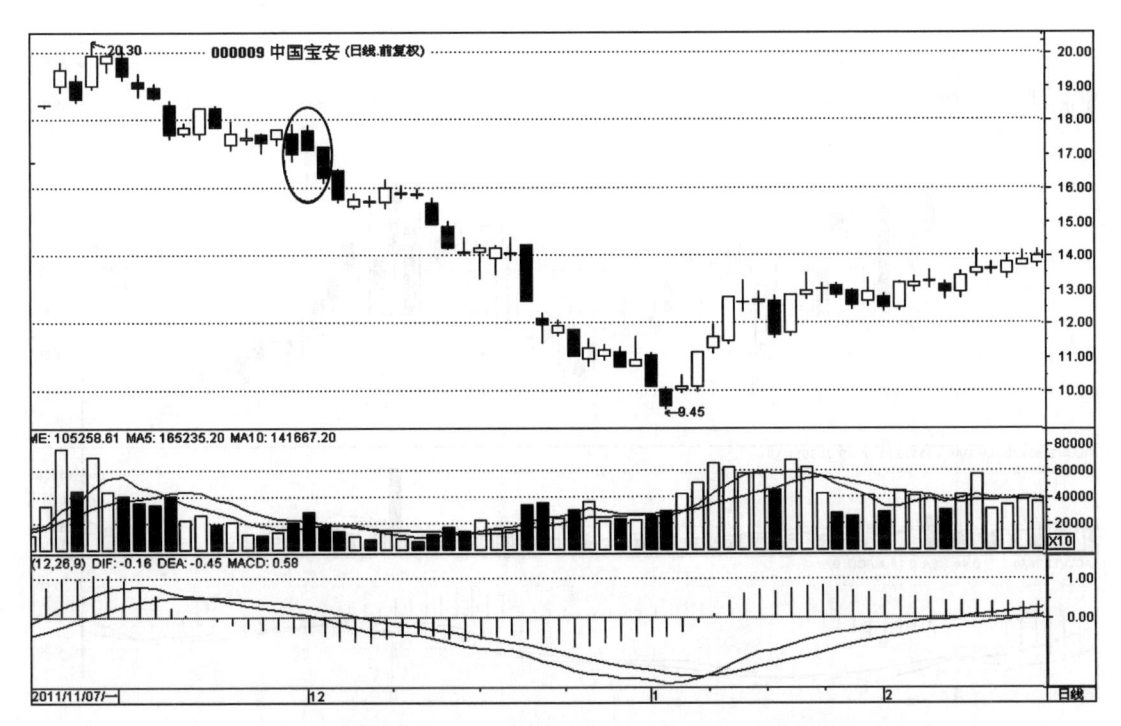

中国宝安（000009）2011年11月至2012年2月截图

该股都逃不了下跌的命运。

例题2　反弹顶部

平安银行（000001）截图中的川字三黑，成了反弹的顶部。与标准的川字三黑形态不同的是，此处3根阴线为大阴线和中阴线（A股实际走势中，3根中小阴线或三颗阴十字星比较常见）。川字三黑形态本身不是买卖的信号，只有等到趋势确认了，投资者才可操作。图中川字三黑后虽然收阳线，但没有高出此形态的最高位，此后行情会如何发展不得而知。之后第2根日线为阴线且形成了覆盖线，而覆盖线本身是下跌的信号。故此时投资者可以初步判断后市不容乐观，到之后第3根阴线时，行情向下就确认无疑了。

实际上，该股自2009年11月中旬见顶以来，一直处于绵绵阴跌之中，市场处于熊市阶段。自2010年6月9日以来，虽然出现了一波反弹，但很难操作。熊市抢反弹，只能做短线，要眼疾手快，最怕慢慢腾腾。很多人遇事总是有一种患得患失的心态，这是做短线的大忌。许多投资者做短线时往往只进不出，赚了想赚更多，亏了舍不得割肉，结果越跌越补仓，越套越深。有人将熊市抢反弹做短线比喻成刀口舔血，虽然夸张，却不无道理。故熊市的反弹，如没有一定的功力，还是不碰为妙。

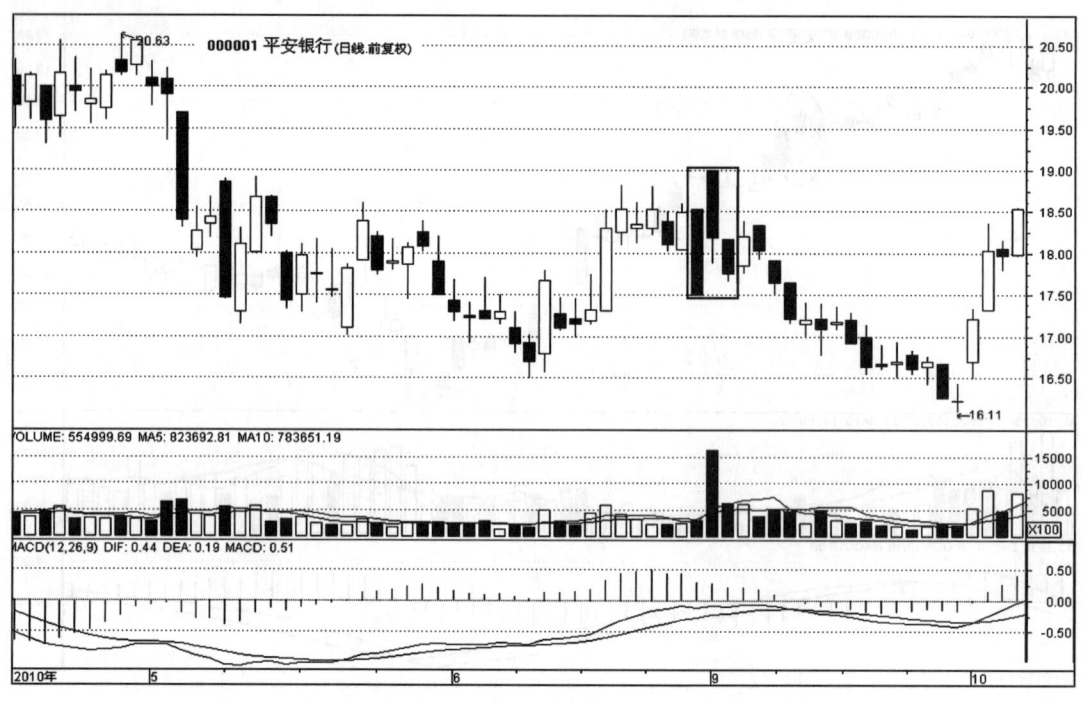

平安银行（000001）2010年4—10月截图

例题3　见底回升

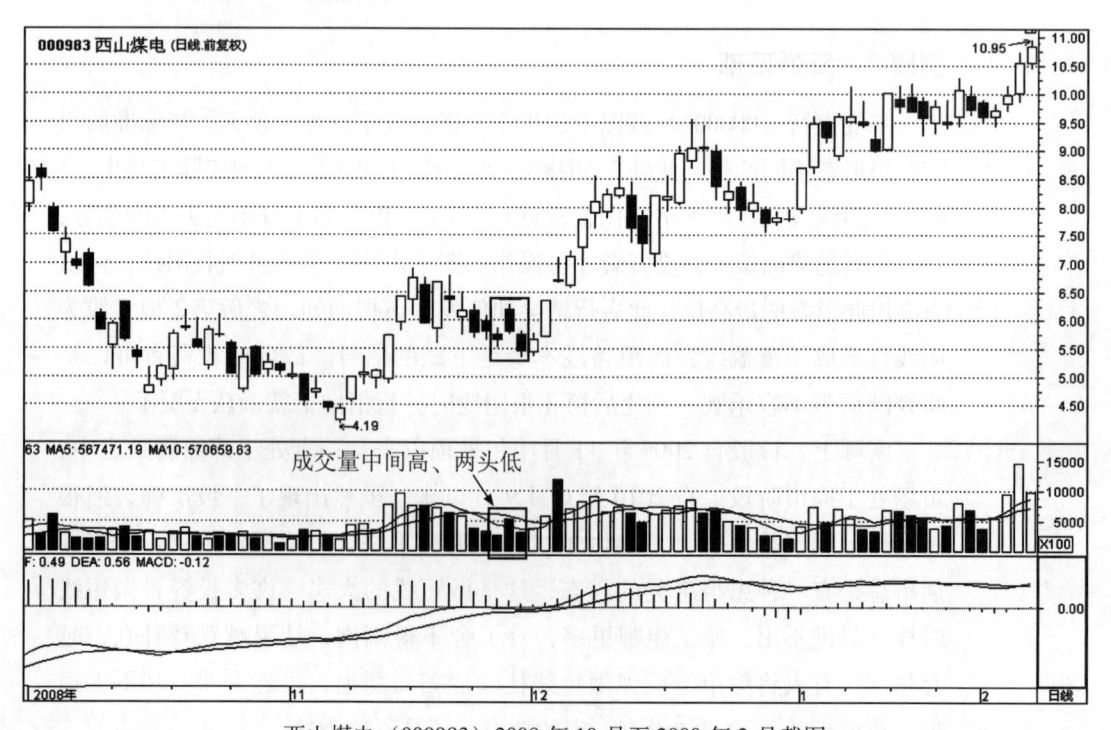

西山煤电（000983）2008年10月至2009年2月截图

战法 43
川字三黑——暂观

西山煤电（000983）截图中的川字三黑是见底信号，它出现后，股价一路上扬。在操作上，我们应遵循酒田战法中的暂观策略，即按兵不动。等到川字三黑后第 2 根阳线的收盘价高于川字三黑的高点时，则投资者可以确认股价可能转而向上，行买入策略。

小　结

总之，川字三黑出现后的操作策略是暂观，说明该 K 线组合出现后，后市发展是不确定的，可能上涨，也可能下跌。我们不要轻举妄动，只有等到趋势或方向明朗了，方可买入或卖出。

统计心得

川字三黑出现后行情朝着原来方向继续发展的概率偏大。

战法44：倒川字三黑——暂观

为川字三黑的相反排列形态，这时投资者应暂时持观望态度。

倒川字三黑

形态特征

倒川字三黑，是指三连阴的排列呈现"中间低、两头高"的形态。其形态特征如下。

（1）可以出现在任何波段、任何位置。

（2）核心线形：三连阴的排列，呈现出"中间低、两头高"的形态。

（3）3根阴线为中阴线、小阴线或十字星，不能是大阴线。

（4）成交量逐渐萎缩（注：川字三黑的成交量呈现出"中间高、两头低"的形态）。

技术含义

倒川字三黑为川字三黑相反的形态，其市场含义和操作策略基本相同，后市的发展也需要进一步确认。

在下跌途中，3根阴线"中间低、两头高"地排列，可以看作微型的"头肩底"，也可以看作"晨星"，因此有一定的止跌功效。由于是微型的，故信号不是十分强烈。

如果处于上升途中，则这种"中间低、两头高"的形态可以看作微型的双顶，是见顶信号。

倒川字三黑在不同的波段，代表不同的信号；有时在同一位置，也会朝不同的方向发展。后市如何发展，关键看市场所处的位置，以及之后确认线的形态。因此投资者遇到倒川字三黑时应和遇到川字三黑一样，暂时观望一下，等局势明朗之后再行动。

变式研究

很多时候川字三黑和倒川字三黑混合出现。

如图所示，连续出现4根阴线，前3根呈现"中间高、两头低"的形态，后3根阴线则呈现"中间低、两头高"的形态。

实战验证

例题1　升中续升

格力电器（000651）到2012年1月18日，连收3根阴线（见图中画框处），此为标准的倒川字三黑。其特征有：①处于上升趋势中，从时间上看，处于上升初期；②突然出现3根中阴线，呈现"中间低、两头高"的形态；③第4天收出1根中长阳，阳线收盘高于3根阴线的最高位，是倒川字三黑的确认线；④成交量第1天较大，第2、3天略小（倒川字三黑并不要求成交量呈现"中间低、两头高"）。

需要提及的是，此处成交量几乎放出天量，但投资者不要理解为"天量见天价"。在长期的上升途中，才有"天量见天价"的说法，而在市场底部或股价相对较低的区域，成交量放大，常常是主力急迫建仓所致，后市将继续上涨。

注意，2011年12月出现了低档九连阳，股价见底回升，随后出现黑三

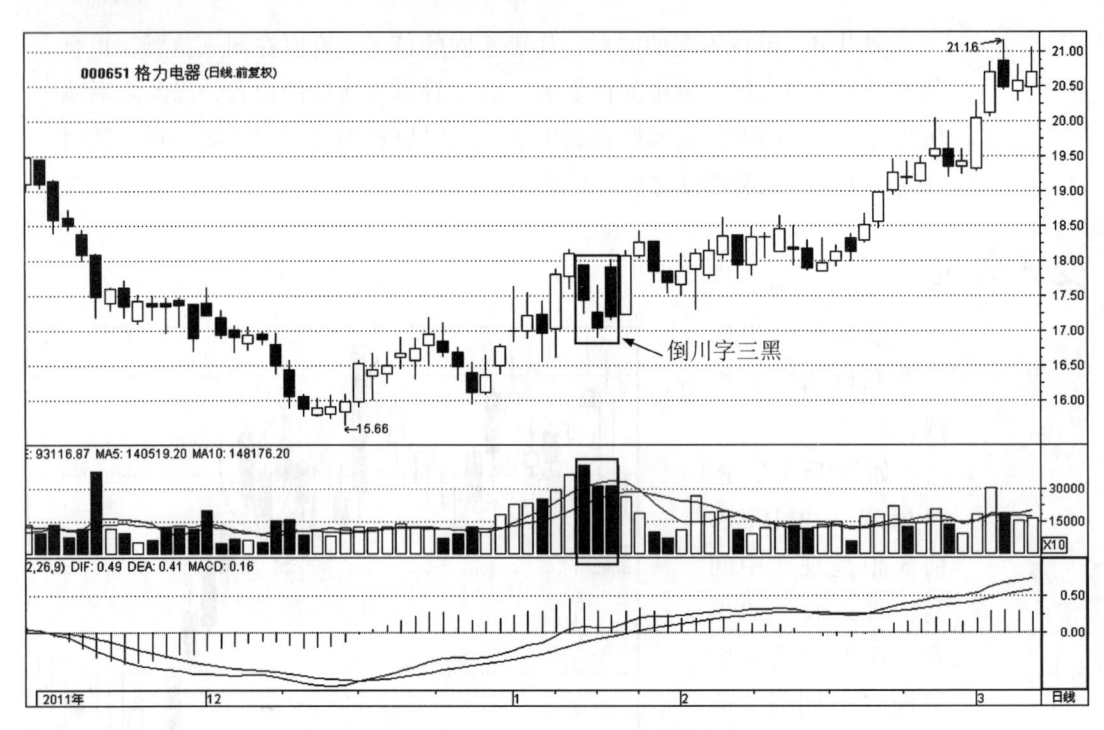

格力电器（000651）2011年11月至2012年3月截图

兵，股价回调。这里黑三兵的成交量是逐渐放大的。连续3根阴线的成交量连续放大，笔者将其称作"三黑量渐大"，则第4天收阳线的概率超过85%。

例题2　阶段底部

民生银行（600016）截图中3根阴线呈现"中间低、两头高"的形态，它出现在下降趋势中，成交量逐渐萎缩，为标准的倒川字三黑。倒川字三黑代表多空分歧，后市的发展由市场自身说了算。接下来的1根大阳线，结束了此波下跌，股价见底回升。此倒川字三黑发挥了"晨星"的功效，是股价见底的信号。

一般来说，倒川字三黑要为见底信号，必须满足这些特征：①下跌波力度不强；②确认线为大阳线，收盘高于倒川字三黑的高点；③成交量不能太大。

民生银行（600016）2011年7—11月截图

小　结

倒川字三黑与川字三黑一样，后续命运主要由之前的波动特性决定。如果出现在下跌初期、中期，则股价会继续下跌。如果之前的下跌趋势长达1个月之久，则为止跌信号。此时投资者不宜再抛售，应暂时观望一下，等局势明朗之后再行动。

统计心得

（1）设倒川字三黑出现在上升途中时股价继续上升的概率为P_1，出现在下跌途中时股价继续下跌的概率为P_2，则有$P_1 > P_2 > 50\%$。

（2）在上升趋势中，如果与川字三黑处于同样的位置，则出现倒川字三黑后股价上升的概率更大些。

战法 45：夜星——卖出

在上涨过程中买力特别旺盛，在出现大阳线之后向上跳空出现小阴线，次日低开，然后大幅下泻收大阴线，此小阴线高挂的情况取名为"夜星"，属于抛售的征兆之一。

形态特征

夜星也称黄昏之星，在一连串上涨中，在出现大阳线之后跳空向上出现小阴线，次日开低，然后大幅下泻收大阴线，此小阴线高挂的情况取名为"夜星"，为看跌信号。其特征如下。

(1) 处于上升趋势中。

(2) 由 3 根 K 线组成：第 1 根 K 线为大阳线；第 2 根为小阴线；第 3 根为大阴线，它深入到第 1 根阳线实体之内。

(3) 核心线形：第 2 根跳空高开的小阴线。其满足下列条件：

①第 1、2 根之间留有跳空缺口，至少实体之间有跳空缺口；

②第 2 根为小阴线，也可以为中（小）阳线、十字星、纺锤线，等等。

(4) 确认线：第 3 根大阴线本身就是确认线，即不需要另外的确认线（这一点有别于其他战法）。

技术含义

所谓"要其灭亡，先让其疯狂"，《黄金泉——三猿金钱录》中对夜星的评价是："当走势发展到极端境界时，将产生寂静的状态，并由阳转阴。"股价经过一段时间的持续上涨，某一天拉出 1 根大阳线，表明市场卖力特别旺盛。第2天继续冲高，市场呈现一片狂欢的涨势，但尾盘回落，形成实体很小的阴线，构成了"星"的主体。第3天突然低开低走，间或出现恐慌性抛压，收盘时拉出大阴线，抹去了前2天大部分涨幅，将前2天追高盘全部套牢。第3根卖盘强劲的阴线，表明此时市况已发生根本性的转变，空头完全控制了局面。

夜星是股价见顶的信号，充当顶部的概率超过80%。在牛市的后期，其常常成为反转信号，随后便步入熊市。比如，2007年上证指数著名的6124点顶部，就是以夜星的形式见顶的。

投资者遇到这种线形后，应随时做好离场的准备。

变式研究

酒田战法中的类似线形

战法48：十字夜明星——卖出

其是夜星的特例，即第2根小K线为十字星，见顶信号强于夜星。

战法49：长黑回补型——卖出

其类同夜星，但第2根不是星线，而是中阴线，同样为见顶信号。

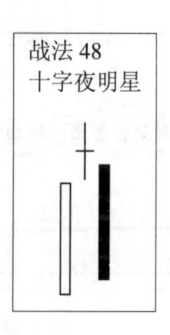

实际走势的变式

（1）中间的"星"为小阳线。

（2）中间的"星"为"墓碑线"或射击之星。

（3）中间夹杂2~3根小K线，构成了复合的"星"。

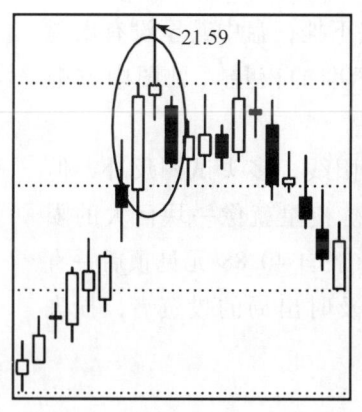

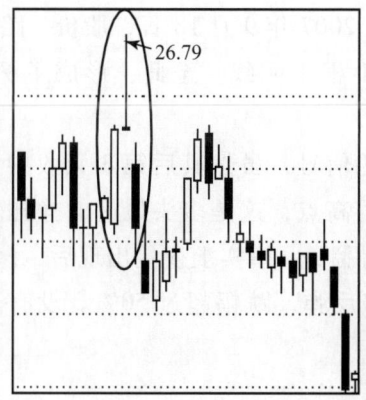

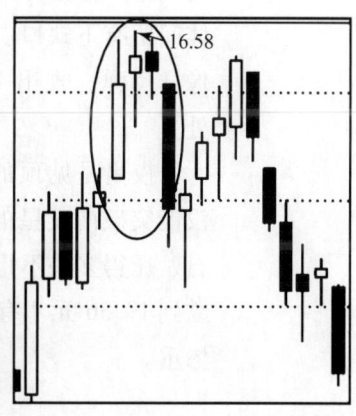

实战验证

例题 1　标准模式

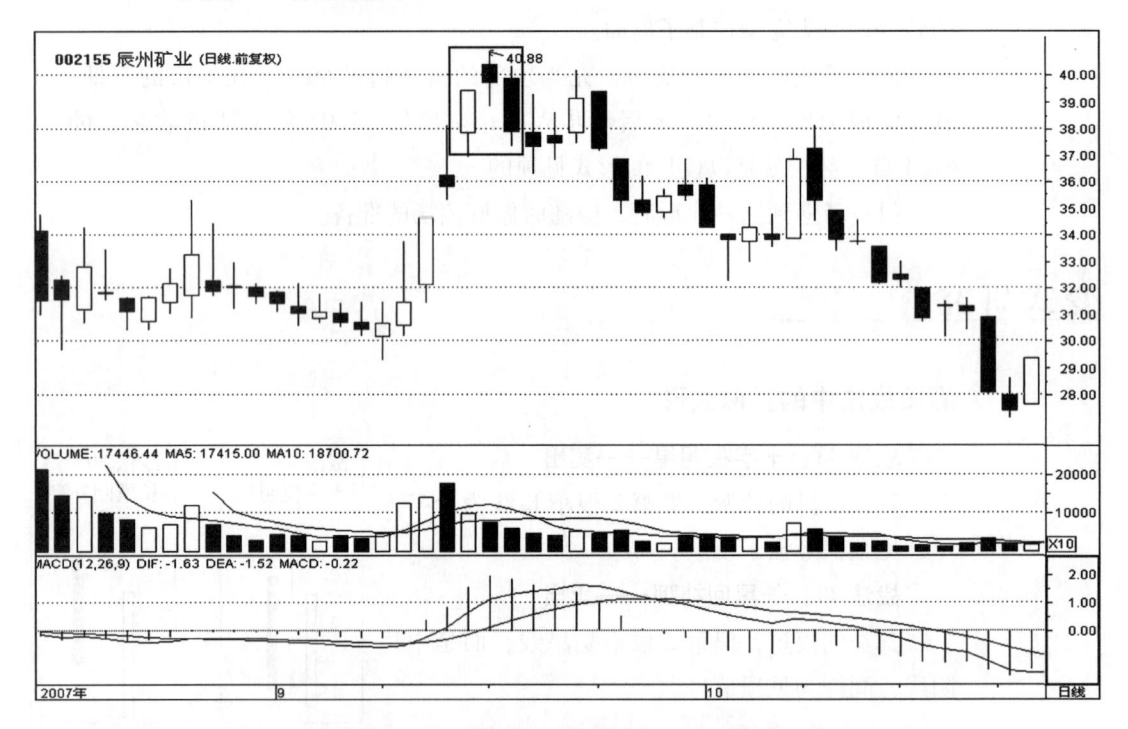

辰州矿业（002155）2007 年 8—10 月截图

　　辰州矿业（002155）2007 年 9 月 12 日放量涨停，突破前期盘整平台，进入快速拉升阶段。第 2 天跳空高开，收盘留下跳空缺口。第 3 天再次涨停，行情近乎疯狂。第 5 天（2007 年 9 月 17 日）再次跳空高开，继续前面的疯狂，但随后快速下探，收盘时再次拉升，收小阴线，与前 1 根 K 线实体间留有下缺口。2007 年 9 月 18 日，股价一路下挫，盘中甚至没有出现像样反弹，收出 1 根中阴线。至此，形成了标准的夜星（见图中方框处）。

　　夜星是见顶的信号，虽然其后第 3 天收中阳线，多头试图反扑，但没能突破前夜星的高点，这是多头最后的挣扎。夜星就像一块巨大的陨石，压得多头不得翻身。事实上夜星出现后，该股自 40.88 元见顶后一直跌到 19.36 元才有反弹，跌幅超过 50%。没有及时出局的投资者，损失惨重。

例题 2　变式研究

华兰生物（002007）2011年1—5月截图

华兰生物（002007）截图中，A、B 两处的 K 线组合均是夜星的变式形态。

A 处 K 线组合的特征为：①出现在上升趋势中，但上升时间较短；②3 根日线中的第 1 根为大阳线，第 2 根为跳空的十字星，第 3 根为中阴线；③第 1、2 根日线实体之间留有缺口，第 3 根中阴线将前 2 天的大部分涨幅抹去，形成了十字夜明星。之后，该股却不跌反涨，可能是主力反向操作的洗盘所致。

B 处 K 线组合的特征为：①出现在上升趋势中，但上升时间较长；②3 根日线组合中，第 1 根为大阳线，第 2 根为小阴线，第 3 根为大阴线；③与夜星不同的是，第 2 根日线没有出现跳空，即第 1、2 根日线之间没有缺口。此形态为夜星的变式，类似于镊子线，而镊子线也是见顶的信号。再看此处成交量放出天量，故后市下跌也就在情理之中了。

大部分夜星为见顶信号，行市反转向下，但是也有极少情况，后市将继续上涨。那么，是否有更好的办法来规避被夜星洗出去而踏空呢？

等待是最好的技巧，时间是最好的帮手。稳健的办法是在夜星出现之后再静等 2～3 天，如在这段时间内股价反弹并吞噬掉夜星第 3 根阴线实体的 2/3 以上，说明多头仍具有一定的实力，操作上不必过早出局；如在 2～3 天内反弹未能吞噬掉夜星第 3 根阴线实体的 2/3 以上，则可确定空头已占上风了，下跌趋势已确立；如果在 2～3 天内没有出现反弹，甚至呈现自由落体式的暴跌，说明空头力量已全面爆发，此时要快刀斩乱麻，趁早出局。

例题 3　上证指数——牛市顶部

上证指数（999999）2007 年 8—11 月截图

上证指数截图中 4 根日线构成了夜星（一阳一阴 2 根小 K 线可以合并看作 1 根星线）。2007 年 10 月 15 日收出 1 根中阳线后，10 月 16 日跳空高开，最高冲至 6124 点，2 根日线中间留有微小的缺口（6040.71 - 6039.04 = 0.67，不到 1 个点的缺口），10 月 17 日收阴十字星，10 月 18 日行情骤变，下跌 211 点，收出 1 根大阴线。至此，上证指数著名的 6124 点顶部形成，A 股历史上最显眼的一轮大牛市也就结束了。

现在回过头来冷静分析一下，当时是有许多牛市顶部特征的，如：①当时市场处于疯狂之中，指数创出一个又一个新高，"涨到 8000 点，涨到 1 万点"呼声迭起，而信者甚众；②当时大盘跳空甚至成了家常便饭；

③成交量背离,即指数创新高,成交量反而萎缩(这一见顶信号可靠性很强);④出现夜星(这是精确提示大盘见顶的信号);⑤回调了1周左右后,上涨指数出现了三连阳,多头试图反扑,但没能收复夜星的高点,后市场一路下挫;⑥下挫时的K线上蹿下跳,乱七八糟,很难捉摸。乱线出场(酒田战法72),进一步提示了此时应该清仓观望。

小 结

俗话说,会买的是徒弟,会卖的是师傅。把握卖出股票的时机确实是比较困难的,而夜星为投资者提供了一个精确的卖出时间点。对此,投资者要高度重视。只要在上升一段时日后出现夜星,我们宁可错过(踏空),不能做错(买入)。我们要的不是"纸上富贵",而是落袋为安的真金白银。

所谓"夕阳无限好,只是近黄昏",黄昏之星出现了,太阳就要落山了,该回家吃饭睡觉了。

战法46：上空黑二兵——卖出

此形态和夜星颇为类似，仍为向上跳空后连出2根阴线的情况，此为上涨途中买力已尽的征兆，故在第3根K线处即呈倒退之势，这种线形出现后有利于空头抛售。

上空黑二兵

形态特征

上空黑二兵也称"双飞乌鸦"，和夜星情况颇为类似，仍为上跳空后连出2根阴线的情况，是一种见顶信号。其形态特征如下。

（1）在上升趋势中，股价处于相对高位。

（2）由3根K线组成：第1根为中阳线或大阳线；第2根跳空高开，收小阴线；第3根同样高开低走收阴线。

（3）第3根K线实体略大，将第2根K线实体完全吞噬包容，通常是不要求包含上下影线的。

（4）第1、2根K线之间留有缺口，有时只实体之间有缺口，也视作上空黑二兵。

技术含义

在上升趋势中，股价处于相对高位，首先收1根中阳线或大阳线；第2根K线跳空高开，股价似乎要加速腾飞，结果高开低走收小阴线；第3根K线继续高开，同样重蹈覆辙，高开低走收阴线。从图形上看，它好像两只乌鸦在空中盘旋，因此有了"双飞乌鸦"这个名称。它表示市场分歧加大，上升动力已明显不足，主力出货的概率较大，股价容易见顶回落。

战法 46 上空黑二兵——卖出

上空黑二兵中的 2 根阴线成交量越大，后市下跌量能越强，而后面 1 根阴线实体越长，下跌得可能越深。当然，出现上空黑二兵时，投资者还应综合考虑股价所处的位置、缺口的大小以及缺口的回补情况等。

上空黑二兵的最佳卖出时间是该形态形成的当天，如当天因故没来得及卖出，也应在第 2 天出手，否则要吃大亏。

另外，也有 K 线专家认为，上空黑二兵是一种短线警示图形，相比穿头破脚、乌云盖顶、倾盆大雨而言，力度要弱很多。

形态类比

下面表格中图形的共同特征如下。
（1）处于上升趋势中。
（2）在 1 根大阳线后，接着出现几根小阴线。
（3）都是看跌信号。

上空黑二兵	上空黑二兵	夜星的变式	外孕多胞胎
第 1 根为十字星，实体间有跳空； 第 2 根为小阴线，实体比前 1 根大	第 1 根为小阴线，留有跳空缺口； 第 2 根为小阴线，收盘低于前 1 根	第 1 根为小阴线，实体间没有跳空； 第 2 根为小阴线，收盘低于前 1 根	2 根小阴线都在阳线实体内； 均为低开低走，没有跳空
可能演变：川字三黑	可能演变：上涨三星、高档五连阴	可能演变：黑三兵	可能演变：黑三兵

表格中主要围绕画圈处 2 根小阴线的结构、位置，进行模式识别。

实战验证

例题1　标准形态

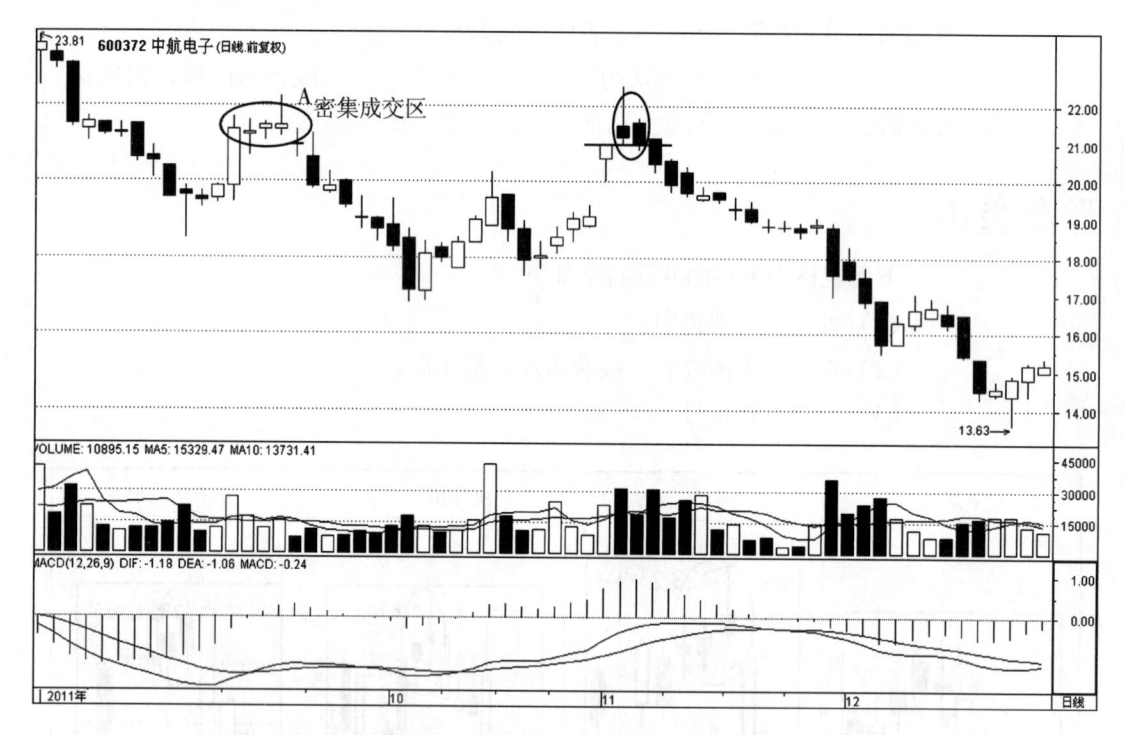

中航电子（600372）2011年9—12月截图

中航电子（600372）截图中出现了标准的上空黑二兵（图中第2处画圈处）。其特征有：①在上升趋势中，虽然从整体上看，是在下跌趋势中，但小范围看处于上涨趋势中，而且趋势很明确；②3根日线构成为：第1根阳线虽然实体不大，但是跳空高开直至涨停，第2根跳空高开，收小阴线，实体间留有缺口，第3根同样高开低走收阴线；③第3根阴线将第2根阴线实体完全吞噬。综合来看，这一上空黑二兵出现在前期A处密集成交区的阻力位，没能有效突破此阻力位，故此时上空黑二兵成了反弹的顶部，市场再次步入熊市。

例题2　上空黑二兵与顶部形态

南岭民爆（002096）截图中上空黑二兵出现后，股价见顶回调，回调时间短，幅度也有限。随后出现反弹，连收2根阳线，阳线后连出三颗星（注意：这不是上涨三颗星，因为涨了较长时间），并与其后的中阴线形成

南岭民爆（002096）2012年2—7月截图

了变式的夜星。夜星可以看作对见顶信号的第二次确认。回调后再次反弹，但是比第二次高点低，形成了头肩顶（或称三重顶）。此头肩顶的左肩为上空黑二兵，头部为夜星的变式，右肩为夜星，三个顶峰分别为三个经典的见顶信号。显而易见，顶部已经形成，后市将有大幅下挫。回调第一目标（有支撑）为13元左右，为图中2012年5月28日长下影线的下端。

该图形见顶信号十分明显，卖出时机也相当明确。只要不贪心，严格执行酒田战法中的操作策略，投资者的字典里就没有"亏钱"二字。

小 结

在一连串的上涨过程中，突然跳空后，连续2天高开低走，表明多头气数已尽，空头在交战过程中占了上风。在A股实际走势中，严格满足上空黑二兵标准形态的股票很少，但一旦严格满足，则后市下跌无疑。投资者见此形态后，应持卖出的策略。

战法 47：晨星——买入

晨星的排列和夜星正好相反，夜星中的星星"高挂"，而晨星因已破晓，故中间的小阴线呈"低挂"状态。在小阴线之后再出现向上跳空的大阳线，此为行情将大涨的信号，故多头可全力反击。

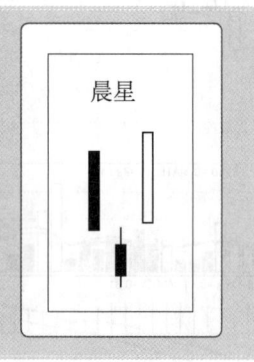

形态特征

晨星的排列和夜星正好相反，夜星中的星星"高挂"，而晨星因已尽破晓，故中间的小阴线呈"低挂"状态。在小阴线之后再出现向上跳空的大阳线，此为行情将大涨的信号。其形态特征如下。

（1）处于下降趋势中，在下跌的末期为见底信号。

（2）由3根K线构成：第1根为大阴线，第2根为小阴线，第3根为大阳线，收盘深入第1根阴线的实体之内，强势时收盘高于第1根阴线的最高价。

（3）晨星中的"星"——第2根小实体的K线，可以是小阳线、小阴线、锤头线、十字星等。

（4）标准的晨星形态要求"星"与两边的K线有跳空缺口，或至少实体间有跳空缺口。

（5）如果"星"是十字星，则称早晨十字星，其见底信号强于晨星。

技术含义

晨星是K线组合中传统而经典的技术形态，是行情见底转势的形态之一。晨星如同在太阳尚未升起的时候，黎明前最黑暗的时刻一颗明亮的星星，在天边指引着那些走向光明的夜行人，前途当然看好。

在长期下跌趋势中，某一天股价由于恐慌性抛盘而出现 1 根大阴线，看起来大事不妙，其实此为黎明前的黑暗。第 2 天跳空下挫，但实体部分较短，跌幅不大，表明做空动能衰竭。第 3 天 1 根大阳线拔地而起，价格收复第 1 天的大部分失地，市场发出了明确的看涨信号。

下列条件每增加一条，晨星反转向上的功效就增加一分。

（1）中间低挂的"星"为小阳线，这样才会发亮。

（2）出现在长期下跌的后期。

（3）第 3 根 K 线是大阳线，收盘价高于第 1 根大阴线开盘价。

（4）确认线是阳线——即大阳线后再次收阳线。

变式研究

晨星基本形态中的"星"为小阴线或小阳线，也可以是十字星，甚至可以是 2~3 根小 K 线或十字星等。

如下图左图所示，晨星出现后股价反转向上。此晨星形态特征如下。

（1）下挂 2 根十字星，且与前 1 根中阴线实体间有跳空。

（2）第 5 天的确认线为十字星，故需要第 6 天继续确认。

（3）第 6 天虽然收阴线，但它是假阴线（假阴线的本质是阳线）。

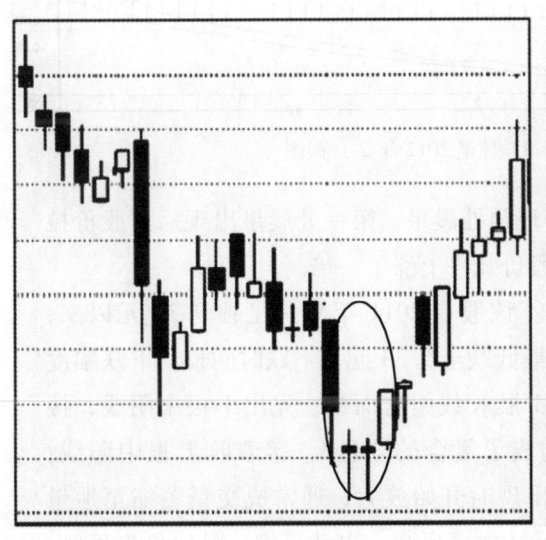

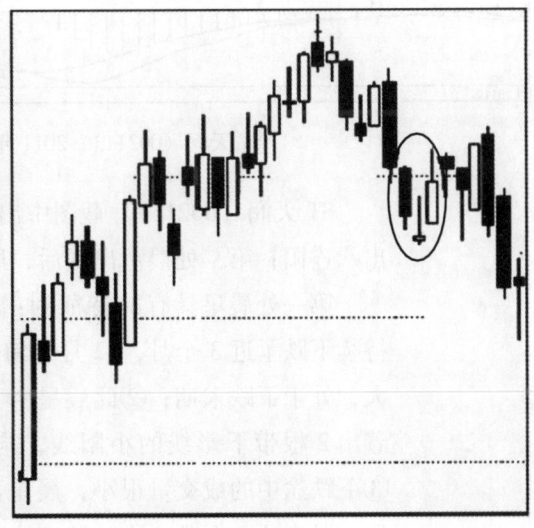

如上图右图所示，晨星后继续下跌，可能原因如下。

（1）下跌时间太短，才下跌了 1 周左右，属于下跌初期。

(2) 确认线收小阴线，第 5 天再次收阴，而且最低点接近晨星最低点，所以不能成为反转的晨星。

实战验证

例题 1 形态识别

ST 天润（002113）2011 年 11 月至 2012 年 2 月截图

ST 天润（002113）截图中出现两处晨星。第一处晨星出现后，股价拉出八连阳；第二处晨星出现后，股价几乎上涨了一倍。

第一处晨星具有的特征为：①该股自 2011 年 9 月见顶 9.32 元以来，持续下跌了近 3 个月，12 月中旬最低跌至 5.33 元，下跌时间长，下跌幅度大，处于下跌末期；②此晨星由 4 根 K 线组合而成，先出 1 根中阴线，接着出 2 根带下影线的小阳线，构成了复合的"星"，接着收 1 根中阳线；③下跌途中的成交量很小，晨星出现时开始放大，通常成交量萎缩至地量后，股市还会下跌一段时日，然后才触底反弹，也就是说，量比价先见底，只有成交量温和放大，上涨才有量的基础；④晨星的后一天继续收小阳线，且位置偏高，这是对晨星反转的确认。

第二处晨星发生在股价反弹后的回调期，其确认线为阳线。K 线理论

战法 47
晨星——买入

认为，如果晨星出现后，次日股价向上跳空开盘或在较高的价位上拉出 1 根放量阳线，则其转势向上的信号就更强。

我们还可以看到，K 线收出晨星，并不意味着股价会立马陡升，只是意味着股价见底或阶段性见底。此后股价可能上涨，也可能经过盘整后再上涨。这时投资者需要耐心等待，特别是被套牢的投资者，不可割肉割在地板上。

例题 2　确认失败，继续下跌

新黄浦（600638）2011 年 8—10 月截图

新黄浦（600638）走势图中出现了 2 次晨星的形态，它们都出现在下跌途中（第 1 次晨星出现时下跌了 3 周，第 2 次出现时下跌了 4 周），随后股价都继续下跌。此 2 次向上反转失败的原因基本相同，那就是确认失败——晨星后一天都是收中阴线，而且低于前 1 根阳线的开盘价。故有时人们认为晨星是次要的底部反转信号，一旦出现，次日的验证信号就显得十分重要了。

既然晨星并不都是上涨的信号，故设定止损位是必要的。止损位通常设在晨星中大阳线的开盘位，此后一旦股价跌破该价位，则说明下跌抵抗失败，投资者应及时止损出局。

小　结

晨星是 K 线组合中经典见底转势的技术形态。一般来说，在股价大幅下跌后出现晨星，信号可靠性较强，下跌幅度不大，即晨星出现在下降趋势末端，才具有看涨的意义。晨星需要确认，确认线是第 4 根日线。第 4 天收阳线则反转向上，收阴则跌。如果第 4 天收十字星，则需等到第 5 天继续确认。

晨星是买入的信号，其最安全进场的时间点有三个：一是出现晨星的时候，激进的投资者可在当天快收盘时买入，稳健的投资者则可等到下 1 根确认线收阳线后再进场；二是回调不破晨星的"星"线低点，重新启动向上的时候；三是均线向上发散的时候。

统计心得

（1）大幅下跌后，均线系统中的 5 日均线有向上弯头迹象时，出现晨星，则见底可靠性增强。

（2）晨星的第 1 根 K 线或第 2 根 K 线创出调整以来的新低或历史新低之后，第 3 根 K 线一定不能创新低，否则无反转含义。

战法 48：十字夜明星——卖出

这个图形和前面的夜星十分相似，不同之处在于中间的小阴线改为"十字星"而已，故称为十字夜明星，由于跳空上涨后开盘和收盘都在同一价位，出现十字星（上下影线），因此在这儿形成转换线，次日出大阴线即可确定今后行市将再度下挫，十字夜明星和夜星一样，同为"抛售"信号，空头可一并出击。

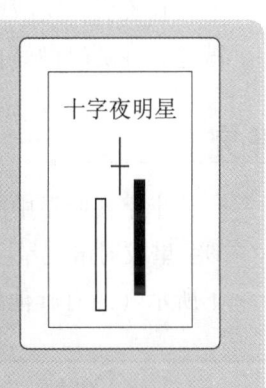

形态特征

十字夜明星也称黄昏十字星，和前面的夜星十分相似，所不同的是，仅中间的小阴线改为"十字星"而已。其形态特征如下。

（1）处于上升趋势中，在上升末期为见顶信号。

（2）由 3 根 K 线组成：第 1 根为大阳线，第 2 根为十字星，第 3 根为大阴线，它深入到第 1 根 K 线实体之内。

（3）核心线形：第 2 根十字星——跳空高开，留有缺口。

夜星和十字夜明星的区别在于第 2 根小 K 线，即高挂的"星"。十字夜明星中的"星"只能是十字星；而夜星中的"星"可以是小阳线、小阴线、纺锤线，等等。

（4）确认线：第 3 根大阴线就是确认线（类同夜星）。

技术含义

十字夜明星与早晨十字星的形态和含义刚好相反：十字夜明星是重要的见顶信号，而早晨十字星是重要的见底信号。

在股价连续大幅上涨之后，收 1 根大阳线或中阳线，给人一种上升走势凌厉，越涨越快的感觉。第 2 天股价继续高开，走势却无法延续强势上攻特征，收 1 根十字星，十字星代表高位滞涨，多空分歧加大，股价极容易变盘下跌。第 3 根 K 线直接跳空低开，阴线实体深入第 1 根阳线实体之内，说明上升趋势已经改变。阴线实体越长，成交量越大，后市回调的概率就越大。

投资者在实战中遇到股价大幅上涨之后出现十字夜明星，应考虑及时减仓，并随时做好止损离场的准备。

变式研究

十字夜明星中的"星"通常为普通十字星，有时也可以是 T 字星、倒 T 字星或射击之星，甚至可以是 2~3 根十字星。其基本图形和变式图形如下所示（还有其他的变式形态，本文未尽数罗列）。

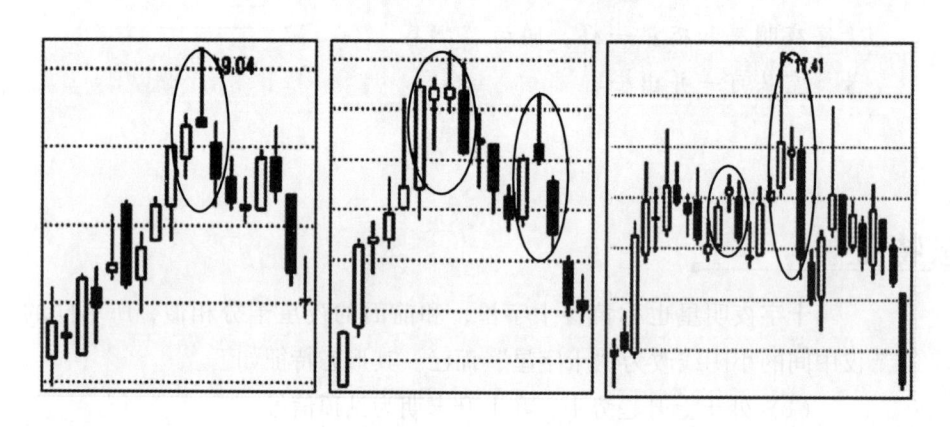

实战验证

例题 1　形态识别

同仁堂（600085）截图中 A、B、C 三处的 K 线组合，分别是夜星和十字夜明星，其中 C 处十字夜明星的形态最为标准。

A 处 K 线组合中的大阳线和大阴线之间夹有 2 根小纺锤线，是夜星的变式形态。它出现在底部红三兵之后，是对红三兵上涨过快的修正。

B 处 K 线组合可以看作十字夜明星，处于上升的初期，不是见顶反转的信号，后市继续上升。这里的十字夜明星是对股价上涨过快的一种修正。

C 处 K 线组合为标准的十字夜明星，为见顶反转的信号。它出现后，短短 2 周时间股价从 15.73 元回调到 13.50 元才企稳。其特征有：①处于上

战法 48
十字夜明星——卖出

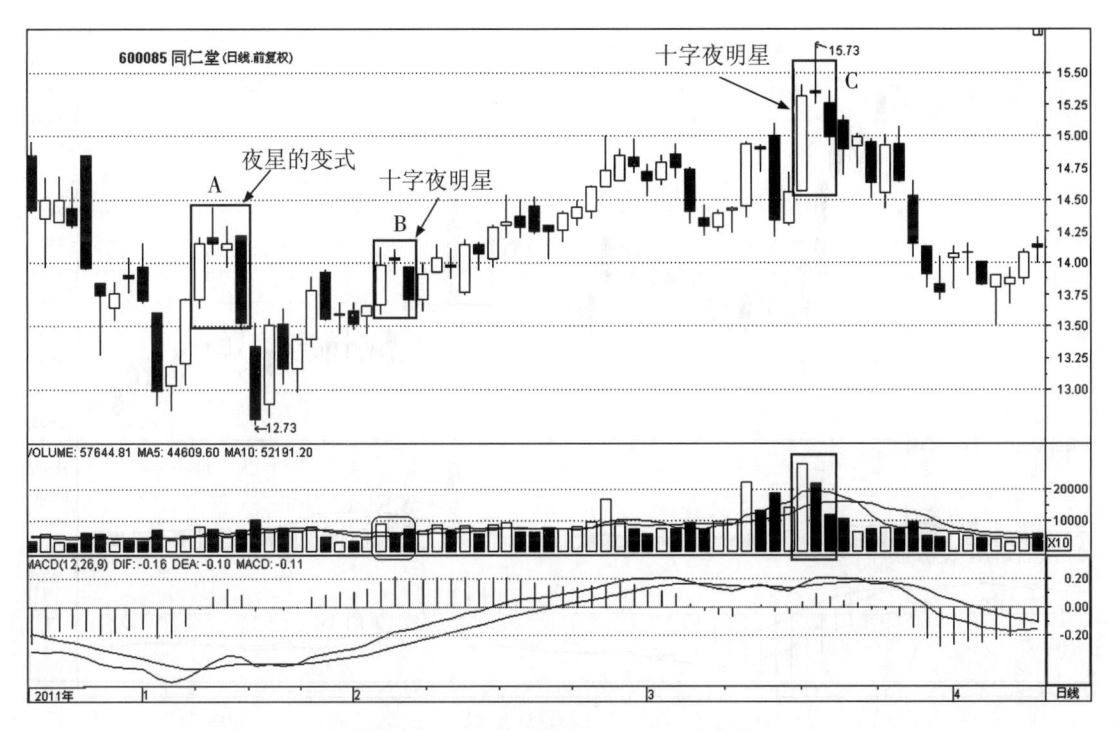

同仁堂（600085）2012 年 1—4 月截图

升趋势末期，图中已经上升了近 2 个月，上升时间较长，随时有见顶回调的可能；②3 根 K 线中，第 1 根为大阳线，第 2 根为十字星，第 3 根为中阴线，它深入到第 1 根 K 线实体之内；③第 2 根十字星与第 1 根和第 3 根 K 线实体间都有跳空；④十字星上影线较长，且创近期新高；⑤大阳线和十字星处的成交量都比较大。通常在上升趋势中，成交量急剧放大是见顶的信号。

例题 2　反弹高点

海普瑞（002399）在 2012 年 3 月底出现一波凌厉的暴跌，在低位盘整了 1 个月之久，然后出现反弹。如图所示，十字夜明星成了此波反弹的顶点，其第 3 根阴线将前面数天的反弹涨幅全数跌去。虽然大阴线这天由于除权、除息才放出天量，但超长的大阴线已经告诉我们"趋势已经反转，此地不可留"。盘口对我们说的话，我们不可听而不闻。

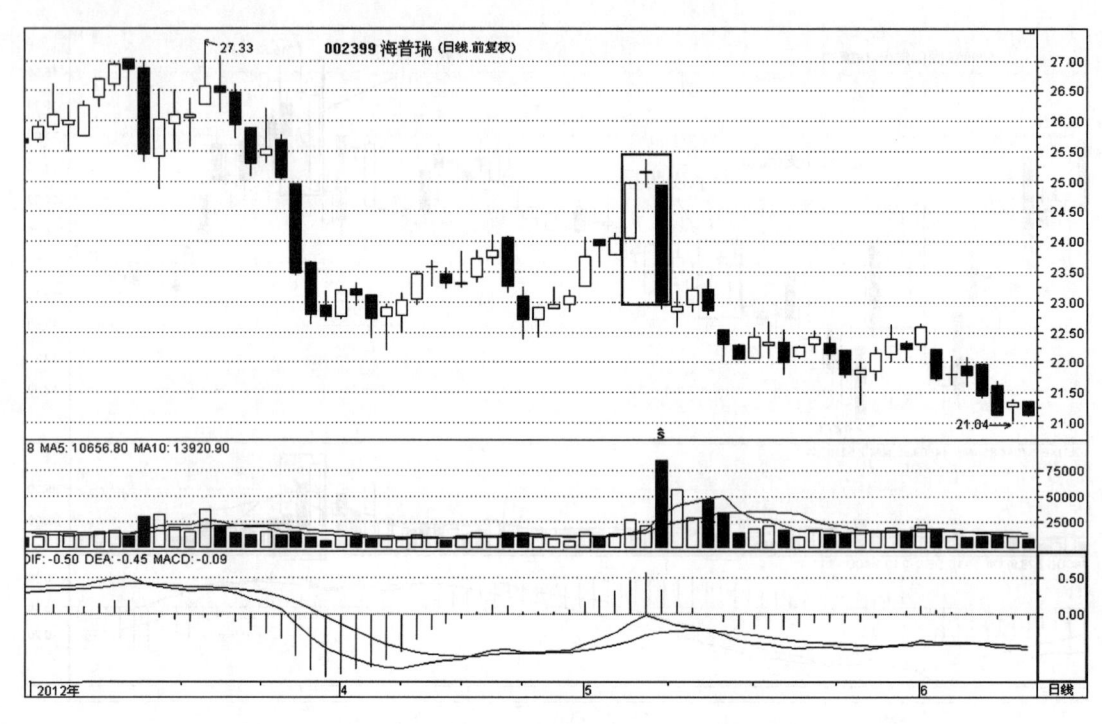

海普瑞（002399）2012年3—6月截图

小　结

十字夜明星是强烈的见顶信号，可使长期上升趋势反转向下，由长期牛市步入长期熊市；在熊市中，有时其会成为反弹的高点，使得短期反弹夭折，而继续漫漫熊途。所以，投资者遇到十字夜明星后应立马卖出股票，长此以往就会亏少盈多。

统计心得

股价在相对高位出现十字夜明星，后市大幅下跌的概率在80%以上。

战法49：长黑回补型——卖出

> 线形和十字夜明星几乎完全一样，仅中间为中阴线，随后的大阴线立刻回补前跳空缺口，这种形态为卖力将接踵而至的表现，今后行情可能再朝下发展，故可维持空头抛售方针。

形态特征

长黑回补型的线形与十字夜明星几乎完全一样，只是中间的十字星改为中阴线而已，随后的大阴线立刻回补前一天的跳空缺口。其形态特征如下。

（1）处于上升趋势中。

（2）由3根K线组成，第1根为大阳线，第2根为上跳空的中阴线，第3根为大阴线。

（3）核心线形：①第2根为中阴线且留有缺口；②第3根为大阴线且回补缺口。

（4）确认线就是第3根大阴线。

技术含义

在股价连续大幅上涨之后，收1根大阳线或中阳线，表示涨势十分凌厉；第2天继续跳空高开，但高开低走收中阴线，说明多方量能耗尽，抛压沉重；第3天再高开低走收大阴线，直接回补前1天的缺口，此表示市场出现恐慌性抛盘。

上跳空表示买力强大，按常理跳空当天该收阳线，但此时收中阴线，而且缺口第 2 天即回补，说明此缺口为普通缺口，或上升途中的竭尽缺口，所以这种线形预示着空头的卖力将接踵而至，今后行情可能再朝下发展，故可维持空头抛售方针。

形态类比

下列所呈形态，都可以看作长黑回补型的变式形态。

如图 a 所示，第 1 根为大阳线，第 2 根跳空高开收纺锤线且留有缺口，第 3 根阴线实体虽然较小，但跌幅巨大，而且回补昨天缺口。

如图 b 所示，第 1 根为涨停的"一"字线，第 2 根为中阴线且留有缺口，第 3 根为中阴线，缺口没有被完全回补。

如图 c 所示，第 1 根为涨停的 T 字线，第 2 根为中阴线，但实体间没有出现跳空缺口，第 3 根为大阴线。

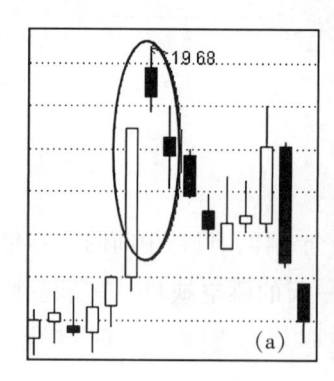

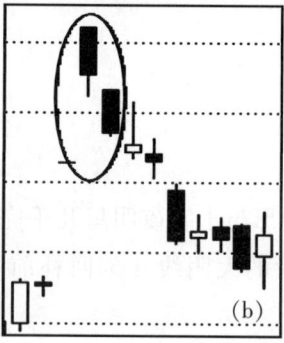

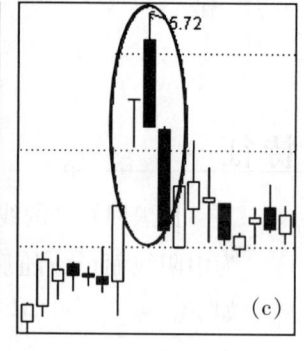

实战验证

例题 1　标准模式

东方园林（002310）截图中画圈处的 3 根日线组合为：第 1 根为大阳线；第 2 根为上跳空的中阴线，收盘留有缺口；第 3 根为大阴线，回补前一天缺口。此为标准的长黑回补型，它出现在上升趋势中，虽然趋势很弱，但很明晰。

实际上，该股自 2012 年 3 月以来一直在大箱体内运行，长黑回补型出现在此箱体上沿，为阶段性顶部信号，表明股价上升受阻，后市将出现回落。从图中可以看到，出现长黑回补型形态时股价从 52 元左右跌至 42 元

东方园林（002310）2012年3—6月截图

左右，跌幅约20%，因此见此形态卖出手中股票是正确的选择。

小　结

长黑回补型类同夜星，是见顶信号。实际上这种形态并不常见，更多的是其变式形态，比如第1根大阳线为涨停的"一"字线或"T"字线等。不常见的原因可能是跳空后通常出阳线，出中阴线的很少，而且该形态中的第3根大阴线回补缺口，样子非常吓人，散户都跑光了，主力很难出货。

统计心得

（1）长黑回补型很少出现在大的向上趋势的末期，更多地出现在下跌途中的反弹顶部。

（2）从K线结构上看，人们通常认为反转向下信号依次渐强的是夜星、十字夜明星、长黑回补型，但这是纯粹的逻辑推理，实际并非如此。股票市场有时是没有定论的。

战法 50：落底无力型——买入

在连出双阴之后卖力已渐式微，故第 3 根出现极短的 K 线，此为回档信号的一种，今后行市可能将反跌为涨，故多头可趁低点买入。

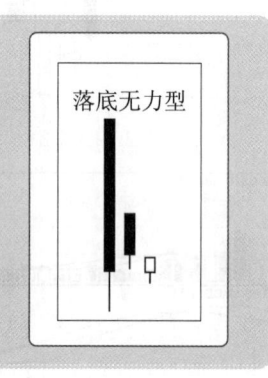

落底无力型

形态特征

落底无力型也称为"奇特三川底部形态"，是指在连出双阴之后卖力已渐势微，故第 3 根出现极短的日线，它是底部反转形态。其特征如下。

（1）处于下降趋势中，通常要求下降时间超过 1 个月之久。

（2）由 3 根 K 线组成：第 1 根为大阴线，一般带有下影线；第 2 根为小阴线或中阴线，收盘价高于前一天，两者形成"孕出线"；第 3 根为小阳线。

（3）确认线为阳线。

注意，酒田战法图示中落底无力型第 2 根小阴线的最低价高于第 1 根大阴线的收盘价。有的文献要求落底无力型第 2 根小阴线有长下影线，并创新低。有的文献要求第 2 根阴线为锤头线。对于这些差别，本书不做严格的区分。

技术含义

落底无力型是由熊市向牛市转变的一种形态，功效与晨星较为接近。

第 1 天的大阴线代表了市场做空的意愿强烈。第 2 天的高开说明多头蠢蠢欲动，但是空方立刻反击，多头后来组织力量展开反攻，最后收复不少失地，空方联盟开始动摇，市场开始变得犹豫不决。第3天低开，盘中多头逐渐在"战争"中占据优势，最终收1根小阳线。

酒田战法中有一条重要的原则，即凡是重要的反转都需要确认，特别是由熊市转牛市的见底信号。落底无力型的确认线为第4根日线，如果收阳线，则说明反转即将形成。

有的文献认为落底无力型第2根K线的下影线越长，潜在的反转力度越大。在一些著作中，直接要求第2根K线是纺锤线或锤头线。同大多数的反转形态一样，反转时成交量越大，反转成功的可能性就越大。

形态类比

如图a所示，第2根阴线的收盘价低于第1根的最低价，没有形成孕出线。股价转身向上。

如图b所示，第2根小阴线的实体没有被第1根大阴线实体包含，但被其下影线包含，形成了孕出线的变式。股价继续下跌。

如图c所示，第1根阴线虽然跌幅大，但实体略短；第3根小阳线的下影线过长，有向下牵引作用。股价小幅反弹后继续下跌。

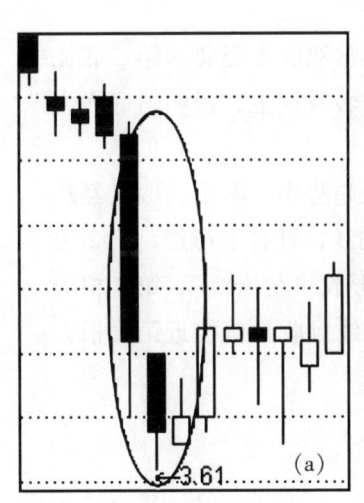

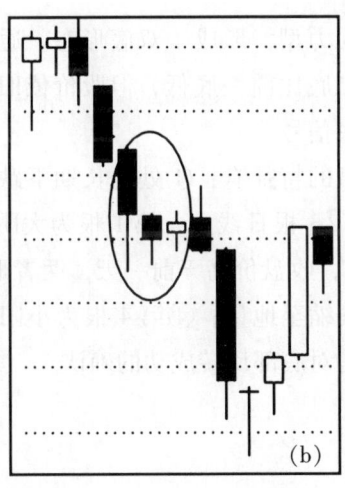

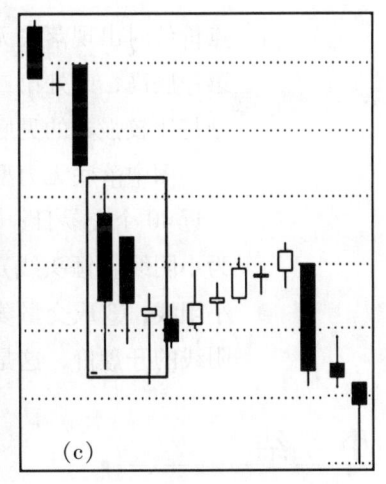

实战验证

例题1 形态识别

中水渔业（000798）在长期的下跌趋势中，2010年12月底连出5根阴线，股价触底反弹。此后连续出现7根阳线，股价再次回落，跌至前期低

中水渔业（000798）2010年11月至2011年3月截图

点价位时出现落底无力型，形成了双底形态。通常双底形态要求第二底比第一底高，此处第二底比前一底低，但股价依旧转身向上，说明落底无力型是比较强烈的见底信号。

图中落底无力型的特征有：①处于长期下跌趋势中，图中该股已经跌了近40个交易日；②3根日线中，第1根为大阴线，且有下影线，第2根为小阴线（锤头线），收盘价高于前一天，两者形成"孕出线"，第3根为小阳线；③成交量萎缩至地量；④第4根为小阳线且收盘价接近第1根大阴线的开盘价，这是对底部反转成功的确认。

小 结

总之，落底无力型的市场含义与技术含义与晨星较为接近，是一种见底信号。在连出双阴后，空头的卖力已弱，所以出现孕出线，到第3天出现极短的阳线，后市通常反跌为涨，故多头可趁低点买入。

该形态的止损位可设置在大阴线的最低点处，只要不破此位，则可持股待涨。

战法 51：下落二星——卖出

在下落途中出现跳空向下的连续 2 根小阴线，此为空头乘胜追击的大好机会。由于跌幅大，可能很快会到达底部，因此投资者得注意它的回档反弹。出现下落二星后，投资者原则上可以追加抛售，但行情也可能随时脱离底部，投资者亦须提防之。

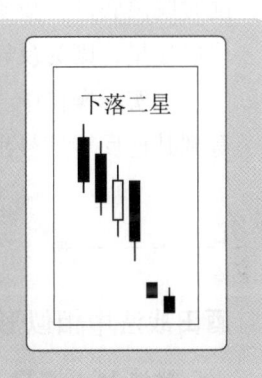

形态特征

下落二星，是指在下落途中出现跳空向下的连续 2 根小阴线，此为空头乘胜追击的大好机会。其形态特征如下。

（1）处于下跌初期、中期。

（2）核心线形："二星"——下跳空后，2 根小阴线并排出现。

（3）"星"的常见变式有：

①没有出现严格跳空，小阴线与之前中阴线之间只有实体跳空，而上下影线间没有出现跳空；

②2 根小阴线为一阴一阳、两小阳线或十字星。

（4）确认线：两小阴线后，若收中、大阳线，则股价上涨；收阴线，则股价下跌。

技术含义

出现下落二星后，行情可能跌，也可能涨。

在下落途中出现跳空向下的连续 2 根小阴线，此为空头乘胜追击的大好机会。下跌原因有二：其一，连续下跌趋势已经形成，而趋势的力量是强大的，仅凭 2 根小阴线很难改变其运行方向；其二，下跳空通常是对下跌趋势的加强。

但由于跌幅大，可能很快会到达底部，因此得注意它的回档反弹。注意这里是反弹，而不是反转。故需要判断的是，此处的跳空是否为中段跳空。若为中段跳空，则后市将续跌；若为末段跳空，则可能脱离底部。

因此，出现下落二星后，投资者原则上可以追加抛售，但行情也可能随时脱离底部，投资者亦须提防之。比如，下一根日线为中阳线或大阳线，形成晨星，则为反转向上的信号。

在实际操作中，稳妥起见，以确保资金的安全，正确的做法是先抛售，等到其他反转信号出现了，再进场。

变式研究

酒田战法中相似形态类比

战法16：二星——转换

二星中的两颗星在大阳线的上方，阴阳皆可，代表多空转换。而下落二星中的星在大阴线的下方，且都是阴线，代表空方乘胜追击。

战法50：落底无力型——买入

大阴线下方一阴一阳，没有跳空，形成孕出线。

战法51：下落二星——卖出

大阴线下方出现2根小阴线，有跳空。

战法52：下落三星——买、卖

大阴线下方出现3根小阴线，有跳空（比下落二星多1根小阴线）。

实际走势的形态识别

（1）股价在一个大箱体内运行了1个月之久，下落二星出现在箱体的下沿，确认线为中阳线，构成了晨星，股价继续在箱体内盘整（图a）。

（2）在下跌途中，出现一阴一阳的星线，确认线为中阳线，构成了晨星，股价见底回升（图b）。

（3）在下跌途中，出现2根小阴线并排，仅仅实体有跳空，确认线为继续下跳空的大阴线，股价继续下跌（图c）。

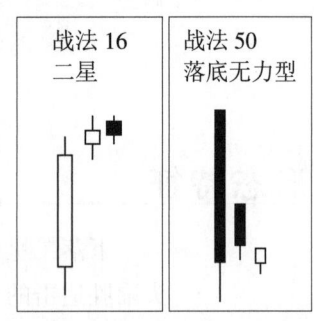

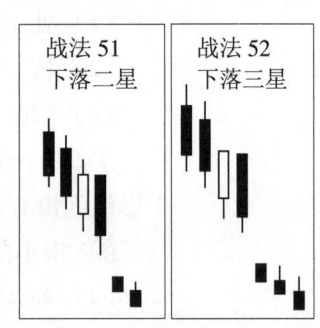

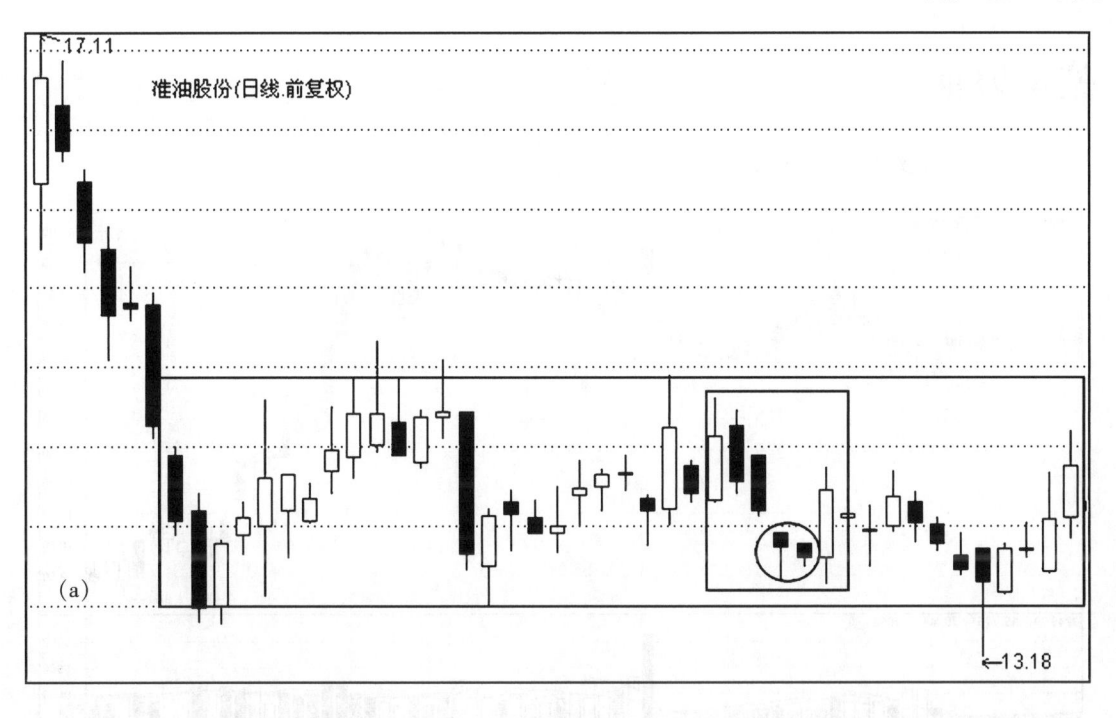

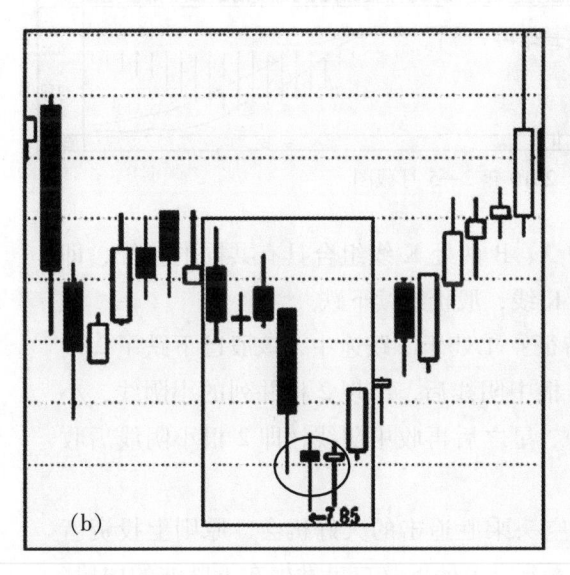

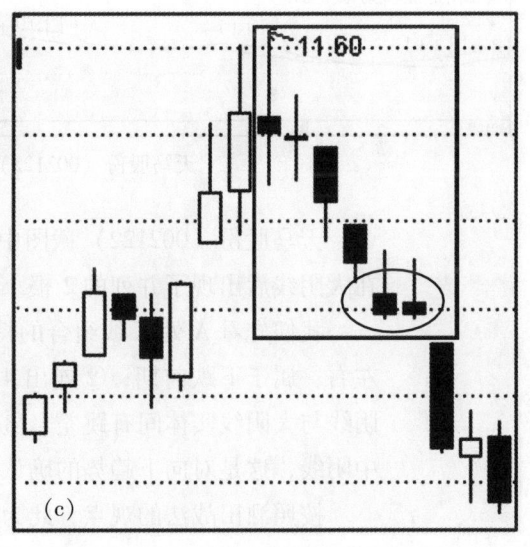

战法 51
下落二星——卖出

(a) 准油股份(日线.前复权) 17.11 ←13.18

(b) ←7.85

(c) 11.60

实战验证

例题 1 形态识别

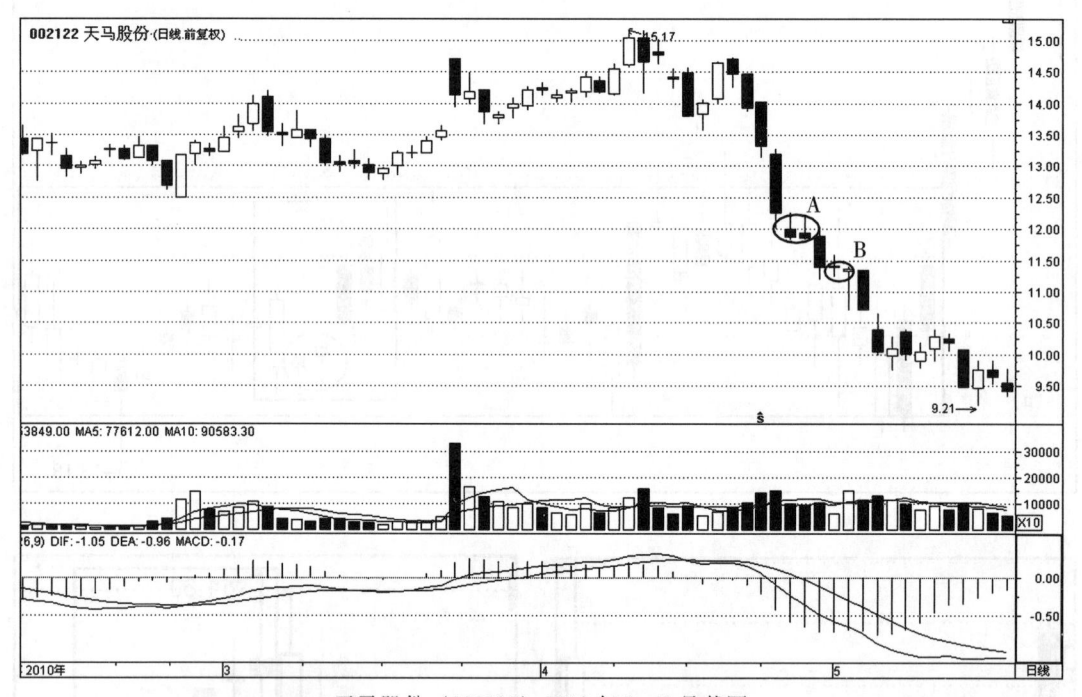

天马股份（002122）2010 年 2—5 月截图

天马股份（002122）截图中 A、B 两处 K 线组合具有共同的特征，即在大阴线后出现了并列的 2 根小 K 线，股价继续下跌。

我们先看 A 处 K 线组合的特征：①处于下跌途中，该股已下跌了 2 周左右，属于下跌前期；②连出 4 根中阴线后，出现 2 根并列的小阴线，小阴线与大阴线实体间有跳空；③二星之后再收中阴线，即 2 根小阴线后收中阴线，这是对向下趋势的确认。

按照酒田战法的观点，此为空头乘胜追击的大好机会，原则上投资者可以追加抛售。从图中我们可以看到，A 处下落二星发生在下跌波的中段，此时抛出筹码，可以减少一半的损失。

B 处的两颗十字星出现在中阴线右下方，与中阴线实体间没有跳空。严格来讲，这不是下落二星形态，但在 A 股市场的实际走势中，这种图形经常可见，因此不可忽视它。至于后市如何发展，关键看其后的确认线，如果如图所示收大阴线，则后市继续看跌；如果收中阳线，将形成晨星，可能反转向上。

例题 2　止跌信号

辉隆股份（002556）截图中画圈处为标准的下落二星——在下跌途中，大阴线后出现 2 根小阴线，小阴线并排，且与大阴线之间留有下跳空缺口。下落二星出现后，该股止住跌势，转而横盘整理。

此下落二星能止跌的可能原因有：①该形态出现前跌势急促，几乎呈现 90°垂直下跌，且连续收 7 根阴线；②出现"跳空——大阴线——跳空"这种走势，通常认为这种走势相当于 3 次跳空，这是黎明前的黑暗，必将迎来一片光明；③确认线为中阳线，而且形成了怀抱线，而怀抱线有止跌的作用。

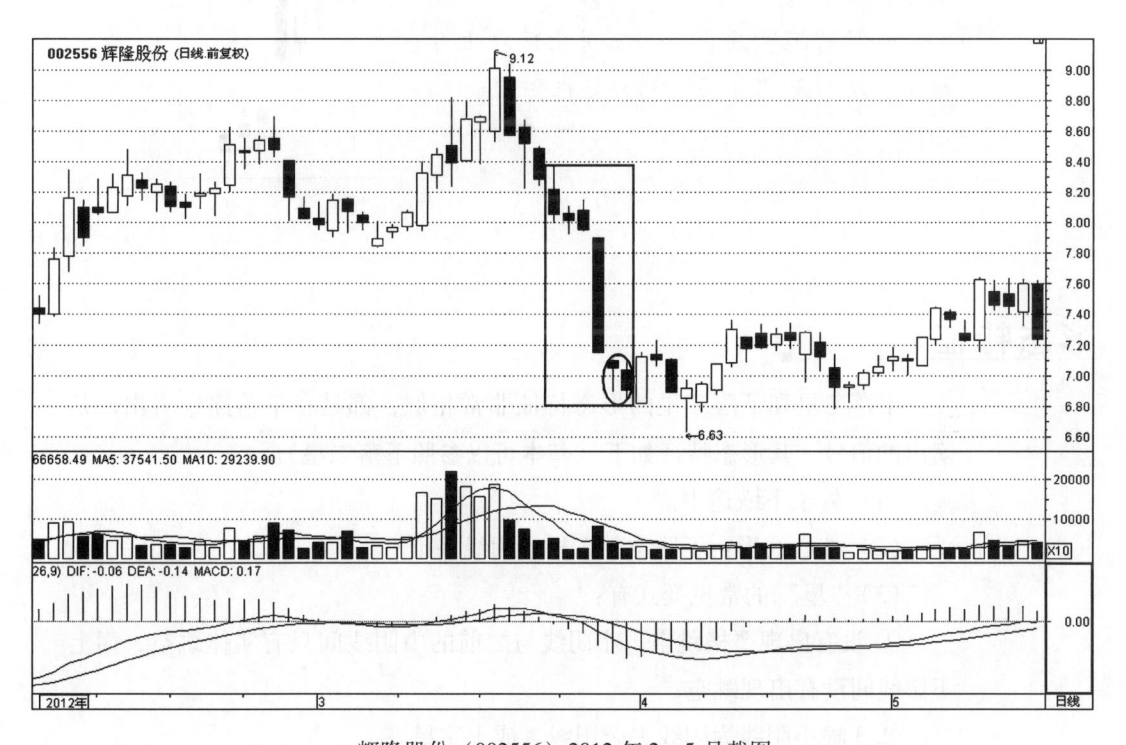

辉隆股份（002556）2012 年 2—5 月截图

根据酒田战法的观点，这是由于跌幅大，可能很快会到达底部，因此得注意它的回档反弹。随着后市的发展，它可能随时会脱离底部，出现反转。

小　结

在下跌行情中出现下落二星之后，股价可能继续下跌，也可能止跌反弹。另外，有的书籍称下落二星为新低下落二星，认为它是见底的信号。笔者统计的结果是，下落二星见底的概率大于续跌的概率。

战法52：下落三星——买、卖

和下落二星相似，在下落途中冒出三星，空头亦可趁此机会加抛，但须随时注意它将抵达底部。

如果情况相反，二、三星出现在上升途中，反而是"加买"的大好机会。

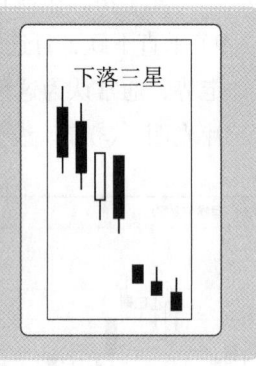

下落三星

形态特征

下落三星和下落二星的形态特征非常相似，都是在下落途中冒出，是卖出的信号。其形态特征如下（基本可以参照下落二星）。

（1）处于下跌途中。

（2）核心线形：下跳空的3根小阴线并排。

（3）"星"的常见变式有：

① 没有出现严格跳空，小阴线与之前的中阴线间只有实体跳空，而上下影线间没有出现跳空；

② 3根小阴线为阴线夹杂阳线，或十字星。

（4）确认线：3根小阴线后，若收中大阳线，则股价上涨；若收阴线，则跌。

技术含义

下落三星和下落二星的市场含义极其相似。

在下跌趋势中，先出1根中阴线或大阴线顺势低开低走，随后股价跳空低开低收3根小阴线，3根小阴线并排，股价重心并没有抬高，走势依然处于弱势之中，下跌趋势并没有反转。特别是第1根中大阴线放量下跌，随后缺口之下的 3 根小阴线成交量萎缩，此属于盘旋下跌走势，后市极易再次放量下跌，破位下行。所以，若下落途中冒出三星，空头可乘机抛售。

有的观点认为，下落三星属于见底信号，在股价连续下跌之后，先出现 1 根大阴线，再下跳空收并排 3 根小阴线，说明股价可能已经见底或到了阶段性底部，是一种买入信号。这一观点源于酒田战法中"但须随时注意它将抵达底部"的说法，也有一定的道理。

如果情况相反，二、三星出现在上升途中，则是加买的大好时机。这句话的意思是说，在长期的上升趋势中，若下落三星（或下落二星）出现在上升通道中，只要没有跌破通道的下轨，股价就将继续上涨。

需要注意的是，即便下落三星是见底信号，也并不意味着投资者可以立马进行操作——买入，而需三思而后行，因为在下跌趋势中出现了向下跳空缺口，这时买入股票，属于左侧交易，股价很容易惯性下跌，甚至加速下跌。投资者最好的操作策略是右侧交易，等股价趋势明显扭转向上时，再大胆买入。所以，下落三星出现后，投资者应当多看少动，切不可提前抄底。引用巴菲特的一句话："我每次都买得太早了，也卖得太早了。"巴菲特即使"买早了、卖早了"，依旧能赚钱，我们不是巴菲特，我们"买早了、卖早了"，只有亏钱的份儿。

变式研究

（1）下跌趋势中，大阴线后向下跳空，跳空后 5 颗星并排。"星"中有小阴线，也有十字星。后市继续下跌（图 a）。

（2）下跌趋势中，大阴线后向下跳空，跳空后 4 颗星并排。"星"中有小阳线、小阴线，也有十字星。后市止住跌势，继续盘整（图 b）。

（3）上升趋势中出现回调，在黑三兵后向下跳空，出现阴阳夹杂的 3 颗星并排。三颗星后收中阳线，后市继续上涨（图 c）。

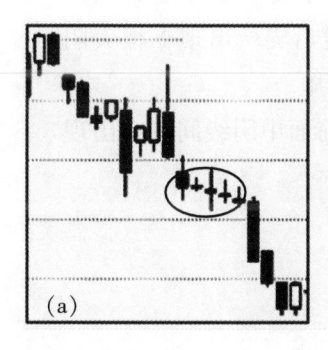

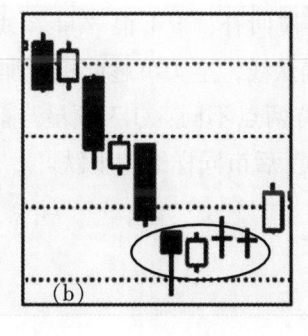

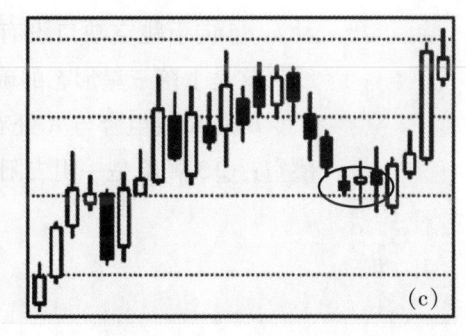

实战验证

例题1 形态识别

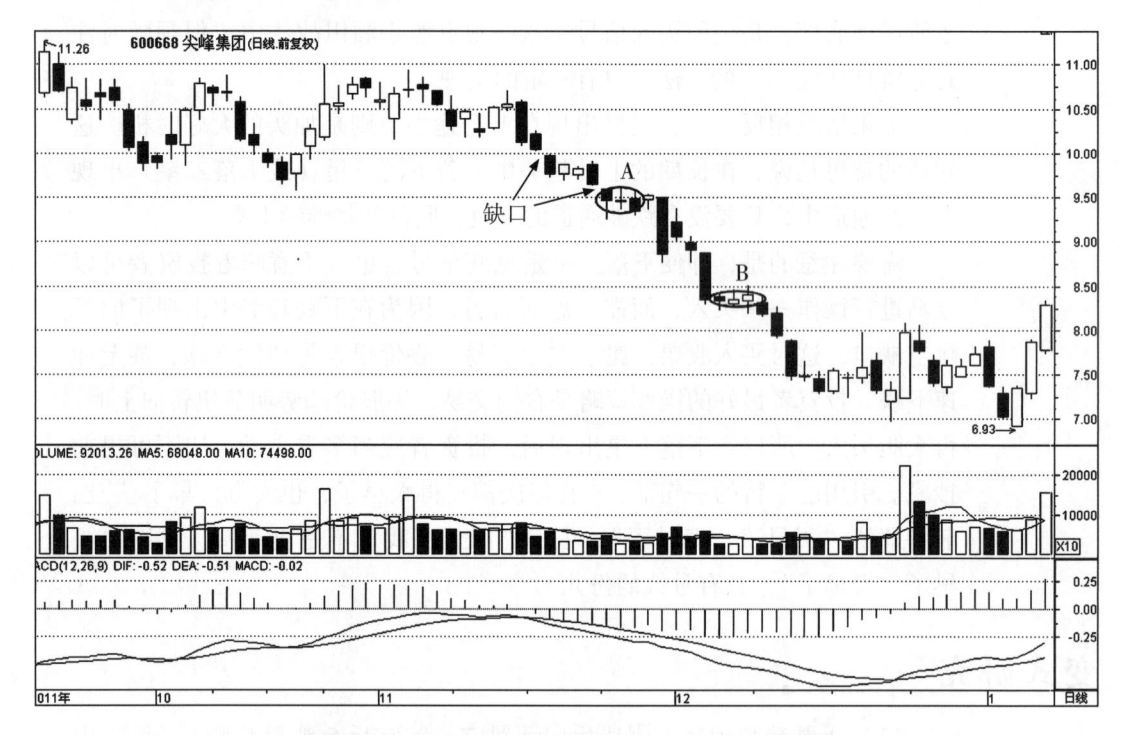

尖峰集团（600668）2011年9月至2012年1月截图

尖峰集团（600668）截图中A、B两处K线组合都可以看作下落三星，它们出现后，股价并没有探明底部，而是继续下跌。

A处K线组合的特征有：①在下跌趋势中，图中此波下跌历时3周左右；②在1根中阴线后股价跳空低开，收3根小K线；③3根小K线并排（也可将3根小K线与随后的小阳线组合成"四星"，此为三星变式的一种）；④向下跳空缺口没有被回补；⑤4根"星"线后突然出现1根大阴线，这是下落三星形态的确认线，空头可趁此机会加抛。

B处K线组合与A处有两点不同：①3颗星与前面中阴线间没有出现跳空；②3颗星是一阴二阳。后市同样继续下跌。

例题 2　见底回升

思源电气（002028）2009 年 11 月至 2010 年 5 月截图

思源电气（002028）2010 年 3 月运行到上升通道的上沿，某一天出现 1 根穿头破脚，股价应声回落。回落途中，2010 年 3 月 22 日股价跳空低开，尾盘收 1 根阳十字星且留有缺口，成交量放出天量。随后 2 天股价继续收十字星，在同一水平位盘整，并与前面的大阴线形成了下落三星形态。

纵观这段时间，该股运行于良好的上升通道之中，接触上轨后回落，在上升通道的下沿处出现下落三星时获得支撑，股价继续攀升。

小　结

下落三星与下落二星的形态特征非常相似，市场含义也大致形同。酒田战法为什么要区分下落二星与下落三星，而不将下落三星看作下落二星的变式？

有关这一点目前找不到相关的文献参考。笔者的猜测是，或许两者后市的走势是不同的，出现下落三星继续下跌的概率偏大，而出现下落二星见底反弹的概率偏大。这一猜测，源于笔者的统计心得。

统计心得

（1）出现下落二星后见底的概率大于续跌的概率。

（2）出现下落三星后续跌的概率大于见底的概率（两者刚好相反）。

战法 53：逆袭线——买入

逆袭线和下落三星的状况十分相似，也是在下跌走势中遭遇极大阻力，由于多头全面反扑，故收大阳线阻碍前路。这种线形一旦出现，容易出现底部反转，故空头在此刻应暂退一步为宜。

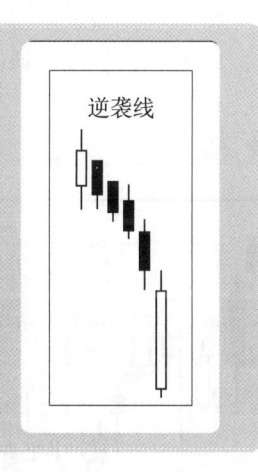

逆袭线

形态特征

（1）处于下跌趋势中，在下跌后期为见底信号。

（2）核心线形：大阳线——跳空低开，收盘价与前1根阴线最低价相同，形成迫切线。

（3）大阳线之前已经连出4根阴线（若只有2根阴线，则为迫切线，参见战法13）。

技术含义

逆袭线和下落三星的状况十分相似。这里的"十分相似"是指"神似"，而非"形似"，都是在下跌走势中遭遇极大阻力，多头全面反扑所为。

在一连串下跌途中，连续出现4根中阴线，表明卖力强大，投资者无法承受急跌带来的损失而恐慌性出局。他们的出局令股价急挫，其余投资者就更加恐慌，致使股价出现更大幅度的下跌。当抛售到一定程度后，突然出现1根跳空低开高走的大阳线，其他投资者因为新低价的引诱而尝试买入，由于短线能立马获得利润，故更多的投资者加入买入的行列，买盘很快就推动股价上涨。这是多头全面反扑的结果。

逆袭线如果发生在下降波的中段，可能只会发生小幅反弹，投资者不必过多地关注。如果下跌时间超出 1 个月之久，这种线形一旦出现，极容易形成底部反转，这时应行买入策略。买入时机为形态形成的当天，因为它不需要另外的确认线。

在长期下跌趋势中，下跌是主基调，难免会出现逆袭线后继续下跌，抄底抄在了半山腰的情况，所以投资者买入后须及时设好止损位。通常将跳空低开大阳线的开盘价作为止损位，如果后期股价有效跌破此价位，则投资者应及时止损出局。

变式研究

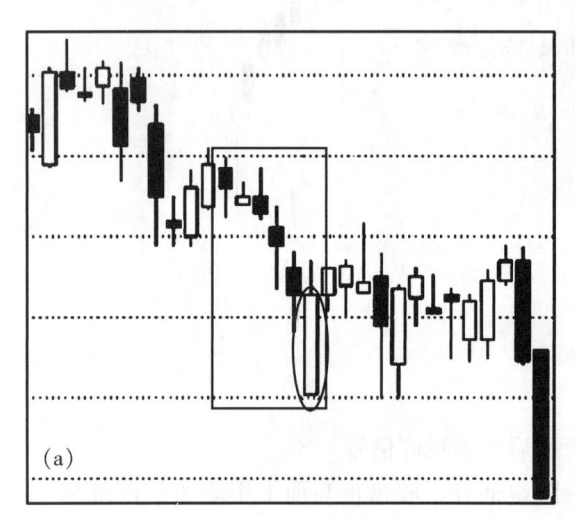

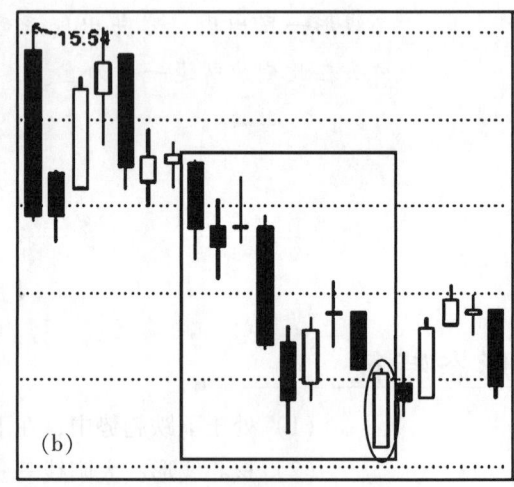

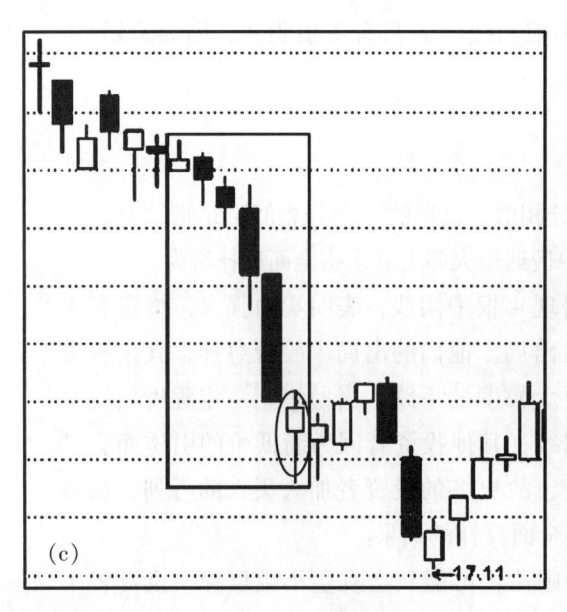

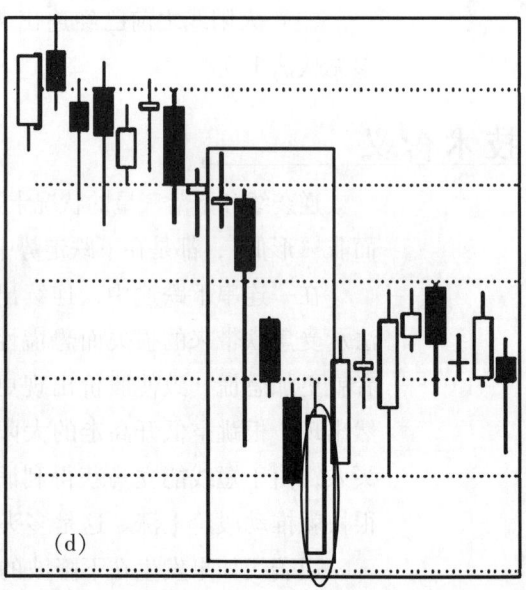

如图 a 所示，此为逆袭线。在下跌趋势中，三连阴后出现大阳线，大阳线的收盘价与前 1 根阴线的收盘价基本相当。后市横盘整理了 2 周，继续下跌。

如图 b 所示，此为逆袭线之变式。在下跌趋势中，1 根中阴线后出现大阳线，大阳线的收盘价与前 1 根阴线的收盘价基本相当。后市稍做反弹，继续下跌。

如图 c 所示，此不是逆袭线。阳线收盘价与前 1 根阴线收盘价基本相等，但阳线实体过小，只能看作插入线。后市虽然还有下跌，但是基本到了底部区域。

如图 d 所示，是不是逆袭线。大阳线实体深入前 1 根阴线实体之中，应看作插入线，后市出现反弹。

实战验证

例题 1　形态识别

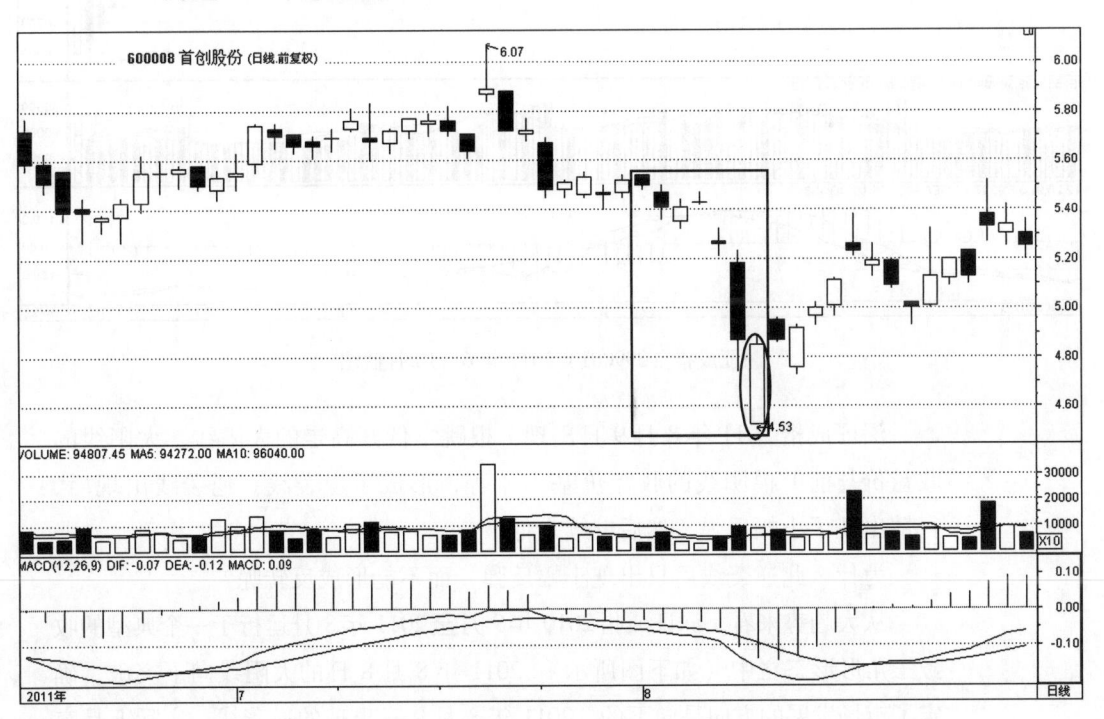

首创股份（600008）2011 年 6—8 月截图

首创股份（600008）2011 年 8 月 9 日出现了 1 根跳空低开高走的大阳线，其特征有：①在下跌趋势中，该股在 2011 年 6—7 月出现射击之星后股价回落，到大阳线出现时，此波下跌已历时 3 周之久；②大阳线之前出现 1 根大阴线，此大阴线的上下影线都较短；③大阳线跳空低开，上影线较短，收盘价与前 1 根大阴线的收盘价大致相等（相切），故此为标准的逆袭线。它出现后，行情出现一波强劲反弹，从最低 4.53 元上涨至 5.52 元，短期最高涨幅超过 20%。

例题 2　下跌途中短暂反弹

深证成指（399001）2011 年 6—10 月截图

　　深证成指 2011 年 8 月 9 日出现 1 根跳空低开高走的大阳线，大阳线的收盘价与前 1 根阴线的收盘价基本相等，形成了逆袭线。逆袭线出现后，行情出现了小幅反弹，然后继续走低。

　　为什么此逆袭线后只出现小幅反弹，而不能形成反转呢？

　　从大趋势来看，深证成指 2010 年 9 月至 2011 年 8 月运行于一个典型的收敛三角形形态之中（如下图所示）。2011 年 8 月 8 日的大阴线向下突破，确定了市场发展的方向是向下的。2011 年 8 月 9 日出现的逆袭线，实际上是突破颈线后的回抽，此为多头的负隅顽抗。很明显，在下跌趋势已经形成的情况下，仅仅 1 根逆袭线不足以扭转趋势。回抽后股价必然再向下发展，特别是 2011 年 9 月 6 日出现向下跳空缺口后，行情就进入了新一轮大幅下挫之中。

战法 53
逆袭线——买入

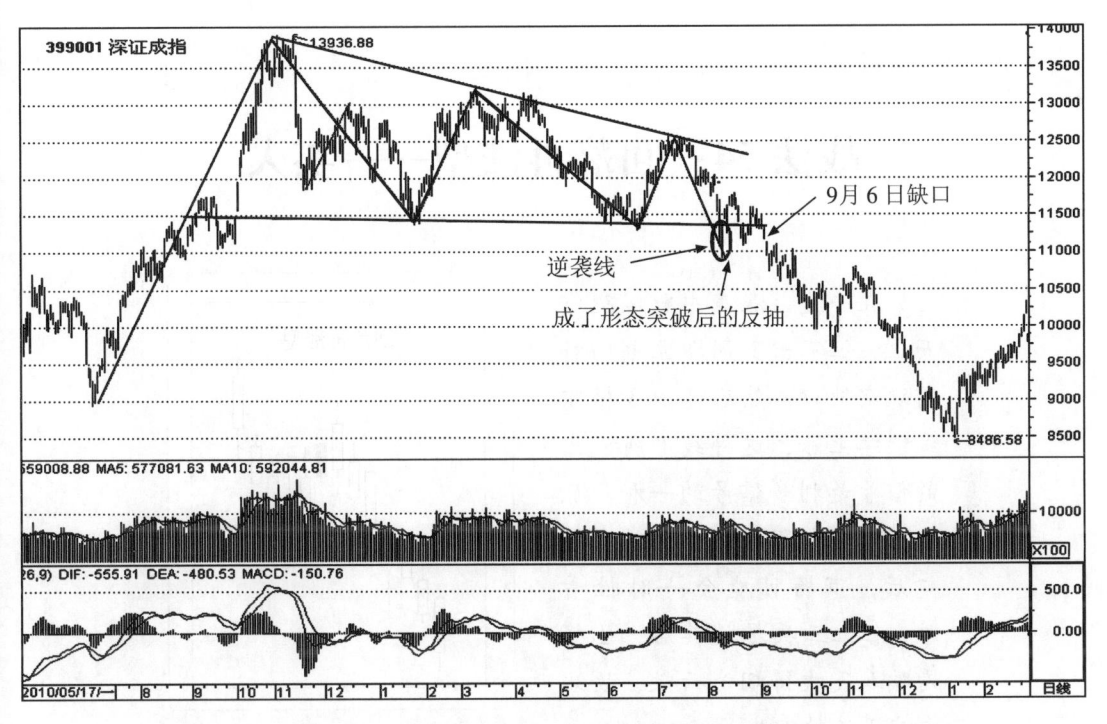

深证成指（399001）2010年5月至2012年2月截图

小 结

逆袭线常常形成单日反转，是强烈的买入信号。但是，如果其出现在下跌初期、中期，后市也有继续下跌的可能；如果出现在下跌末期，则后市看涨概率非常大。

一般来说，下跌途中出现逆袭线，继续下跌的概率大于上涨的概率（类似下落三星）。因此，在逆袭线出现时买入股票的投资者，应在买入的同时设置好止损位。

统计心得

逆袭线出现后，不论是否探底成功，股价都至少会有一波大于5%的反弹。

战法 54：回落再涨型——买入

在一波上涨声中曾经跳空而上，但不出 1 周即立刻回补前跳空缺口，然后连出 3 根阳线继续上涨，这种线形所发出的信号是利多信号的一种。原本在出现大阴线回补前跳空缺口后，市场可能会一时性看跌，但红三兵尾随其后，已将看跌人气吹得烟消云散，故此刻应迅速转空为多。

形态特征

回落再涨型，是指在一波上涨声中曾经跳空而上，但不出 1 周即立刻回补前跳空缺口，然后连出 3 根阳线继续上涨的形态。其特征如下。

（1）处于上升趋势中，通常在上升趋势中段，后市继续上涨。

（2）此形态一波三折，即"跳空上涨——回补缺口——再次上涨"。

（3）第一波上涨势头猛烈，出现向上跳空缺口。

（4）回落时填补了缺口，时间不超过 1 周（图中为 3 天），回调的 K 线阴阳夹杂。

（5）回补缺口后再次上涨，且出现了红三兵，红三兵收盘已经高于前期高点。

技术含义

"道路是曲折的，前途是光明的"是对回落再涨型的最好诠释。先前的一波上涨，曾经跳空而上，表明主力做多意愿强烈。但不出 1 周就有大阴线回补前跳空缺口，表明空方不甘失败，可能随时发力，股价将向下发展。当然，我们也可以认为缺口的回补是为了夯实上涨的基础，这样的上升才更安全、更持久。后来连出3根阳线，形成红三兵，表明经过一番争夺，多方取得决定性胜利。这是一个极佳的买入时机，后市必将展开新一轮的上涨。

如果回落再涨型发生在长期上涨的后期，可能会由于股价已经到达天井，从而引发股价的下挫。

变式研究

酒田战法中的形态类比

酒田战法中表现为"上涨——回落——再上涨"这种一波三折走势的形态还有以下几种。

战法30：破前覆盖线——买入

第一波上涨出现覆盖线，以黑三兵形态回落，不出1周即出大阳线突破前高点。

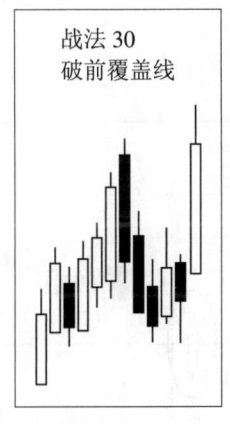

战法54：回落再涨型——买入

上升途中出现向上跳空，随后回落填补缺口，回落时没有出现黑三兵，不出1周出现红三兵，行情继续上涨。

战法60：上升三法——买入

上升途中出现大阳线，以黑三兵形态回调，第4天又出现大阳线，股价继续攀升。

实际走势判研

如图a所示，第一波以四连阳形式上涨，没有上跳空缺口，回落时出现黑三兵，再次上涨时出现红三兵，后市继续攀升（这种形态很常见）。

如图b所示，在低位盘整后出现跳空缺口——回落时填补了前缺口，再次上涨时仅出2根阳线（没有红三兵），后市继续攀升。

(a)

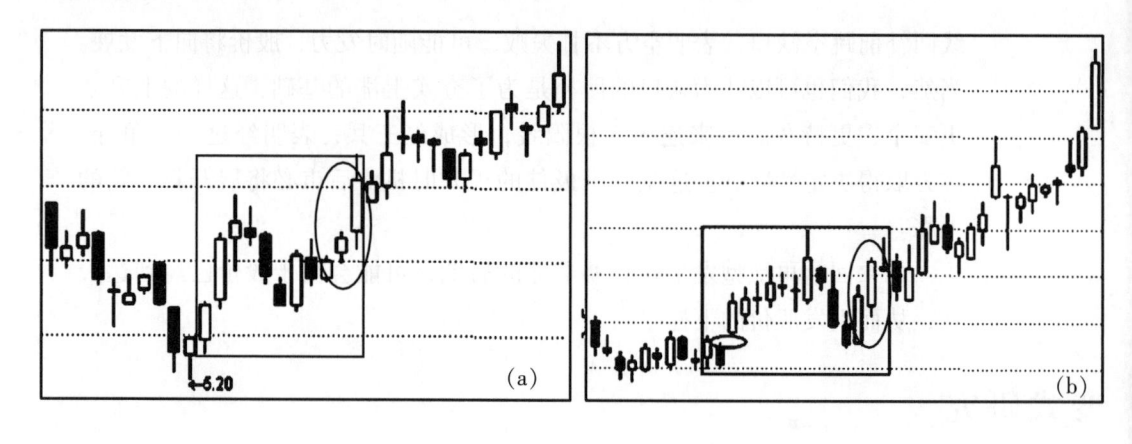

(b)

实战验证

例题 1　标准形态

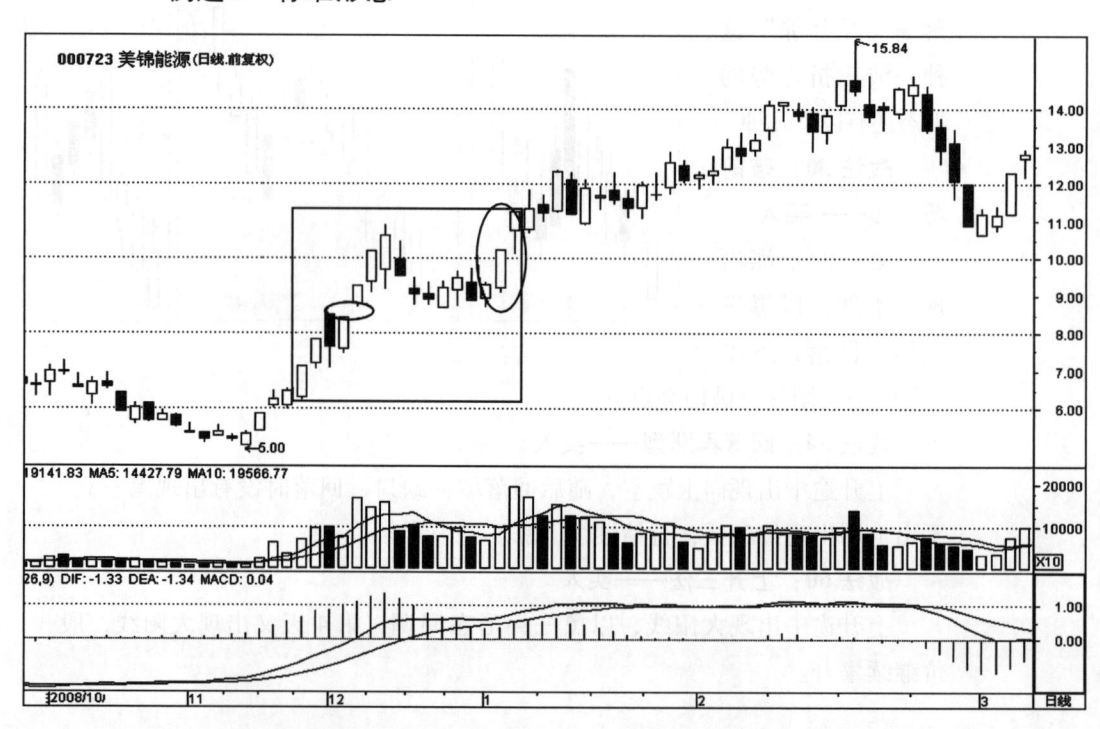

美锦能源（000723）2008 年 10 月至 2009 年 3 月截图

美锦能源（000723）截图中矩形框内为标准的回落再涨型，其特征有：①处于明确的上升趋势中，该股自 2008 年 11 月初见底回升，至出现向上跳空缺口时上涨了 2 周左右的时间；②第一波上涨强拉 6 根阳线，出现 2

次向上跳空缺口，第二次跳空后收 3 根阳线；③随后出现回落，但幅度不大，时间不长，约六七天，没有填补缺口；④再次上涨时出现了红三兵，红三兵收盘高于前期高点；⑤再次上涨时的成交量基本与前一波段顶峰持平，甚至略大。这一点特别重要，因为上涨通常需要成交量的支撑。如果再次上涨时的成交量小于前一顶峰的成交量，股价则有见顶的可能。

回落再涨型出现后股价再次攀升。从再次上涨的红三兵收盘价（约 11.26 元）算起，1 个月之后股价涨至 15.84 元，涨幅超过 40%，相当可观。

例题 2　见顶回落

长城信息（000748）走势图中出现回落再涨型后，股价并没有继续上涨，而是见顶回落并出现暴跌。其原因可能是行情已达天井，再次上涨时，股价创新高，成交量反而萎缩。上涨需要成交量的支撑，成交量萎缩常常是买力式微的表现。

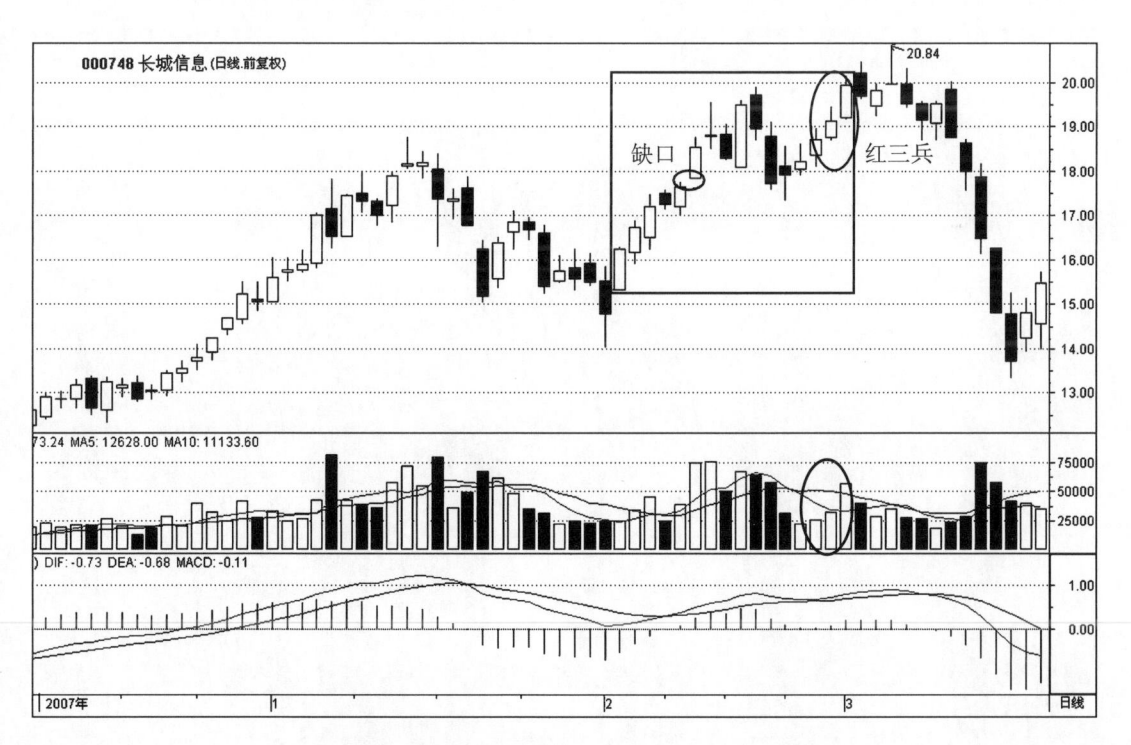

长城信息（000748）2007 年 12 月至 2008 年 3 月截图

小 结

回落再涨型形态复杂，走势复杂，不好把握。对它的研判需要综合考虑以下两个问题。

（1）该形态出现在上涨途中哪一段？如果处于上升初期或上升中期，则后市看涨；如果处于上升末期，则看跌。

判断行情属于哪一段，一种简便方法是，第1周属于前段，第2周属于中段，第3周及以后属于后段。

（2）与标准形态的吻合度如何？吻合度越高，上涨概率越大；反之，则下跌概率越大。

战法55：上升前阻型——卖出

在一连串上升的走势中连出阳线，当出现明显上影线时，多头必须特别谨慎。K线基本理论为，上升走势中如连出10根阳线，则走势大多已步入天井或必须回档一下。图形中的最后一根阳线已呈萎缩状态，此意味着未来行市将转为看跌，故此刻空头可趁机寻高点抛售。

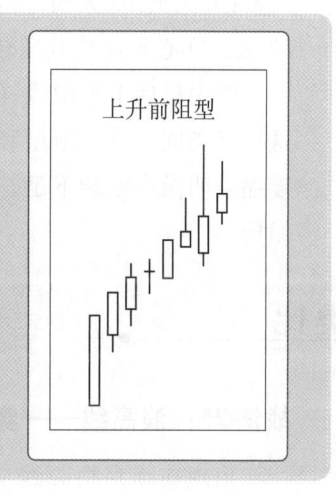

上升前阻型

形态特征

上升前阻型，是指在一连串上升的走势中连出阳线，到最后出现明显上影线的K线组合。其形态特征如下。

（1）处于上升趋势的末期。

（2）连出8~10根阳线。

（3）最后3根阳线的上影线特别长，类同浪高线。

（4）最后1根阳线已呈萎缩状态，运行在前1根阳线的上影线部分，两者形成"尽头线"。

（5）变式形态的上升前阻型：

①从底部开始连拉8~10根阳线，以急涨的形式从底部直接到达反弹的顶部；

②连续8根阳线中间夹杂十字星，有时偶尔有1根小阴线。

技术含义

在一连串的上升走势中连出阳线，表示买力旺盛，多头完全控制了局势。到后来，虽然继续收阳线，但出现了明显的上影线，说明空头正跃跃欲试，故多头必须特别谨慎。

K线基本理论认为，在上升走势中，如果连出8～10根阳线，则这时走势大多已进入头部了，必须回档一下。因为连续上升后，短期资金积累了大量的获利盘，有获利回吐的要求。这一点在酒田战法74中也有论述："连涨8天或10天的行情，此时必须注意其回档下跌；反之，连跌8天或10天，亦必须注意其反转上升。"

图中最后1根阳线（第8根）实体已呈萎缩状态，表明买力已渐式微。这一点类同三兵前阻型和浪高线，都是长上影线表示上档抛压较重，实体萎缩表明做多动能不足。这些都是看跌的信号，故此刻空头可趁机寻高点抛售。

形态类比

战法25：浪高线——卖、分歧

出现连续多根阳线（阳线数量与上升前阻型相当），倒数第2根为小阳线，上下影线甚长（上升前阻型中出现多根带上影线的阳线，带上影线的阳线实体比浪高线的略大些）。

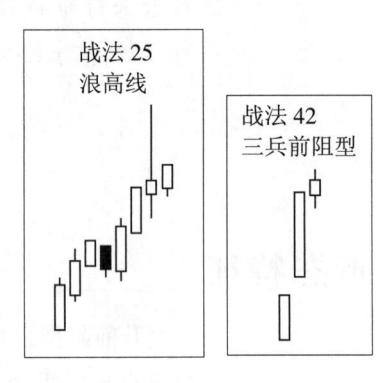

战法42：三兵前阻型——卖出

连续出现3根阳线（阳线数量少于上升前阻型），最后1根为小阳线且上端出现影线。

实战验证

例题1 形态识别

中泰化学（002092）截图中方框内为标准的上升前阻型，其特征有：①处于长期上升趋势中，图中已经上升了近2个月，上升时间长，上升幅度大；②连续拉出多根阳线（此处连续拉出了9根阳线，但不是发出看涨信号的低档九连阳），矩形框内前3根阳线实体较大，后几根阳线实体较小；③最后3根阳线的上影线特别长；④最后2根阳线的实体已呈萎缩状态，几

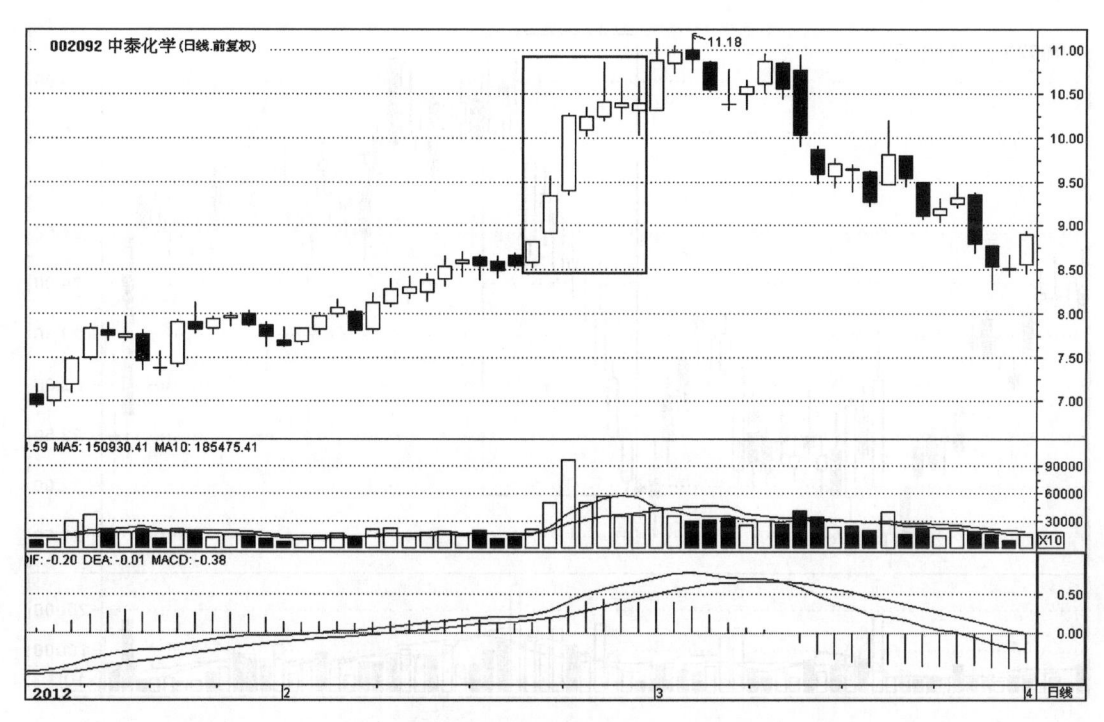

中泰化学（002092）2012年1—3月截图

乎接近十字星，而十字星表示多空分歧，说明多方的力量受到了挑战。

需要注意的是，上升前阻型表示行情到达天井，但并不表示股价会立刻下跌，甚至反而会创新高。顶部构成常常需要一段时日，稳健的投资者应不追求卖在最高点，不应在乎最后几个点位，而应关注"掐头去尾烧中段"。故遇到上升前阻型，择机出局为妙。

例题2 变式研究

如图所示，东方电气（600875，上升前阻型）从底部直接涨至顶部，然后回落。

矩形框中K线组合的特征为：从底部起涨，连续收阳线，偶尔夹杂十字星，上升角度很陡，最后1根阳线有长上影线，随后2根阴十字星运行在带长上影线阳线的影线部分。

如图所示，金发科技（600143，低档十一连阳）底部连续出现11根阳线，但不是上升前阻型，后市继续看涨。

方框中K线组合的特征为：从底部起涨，连续出11根阳线，成交量温和放大，阳线实体都不大，总体涨幅也不大，这是低档十一连阳，它比低档五连阳更具上涨动力，后市上涨空间更大。

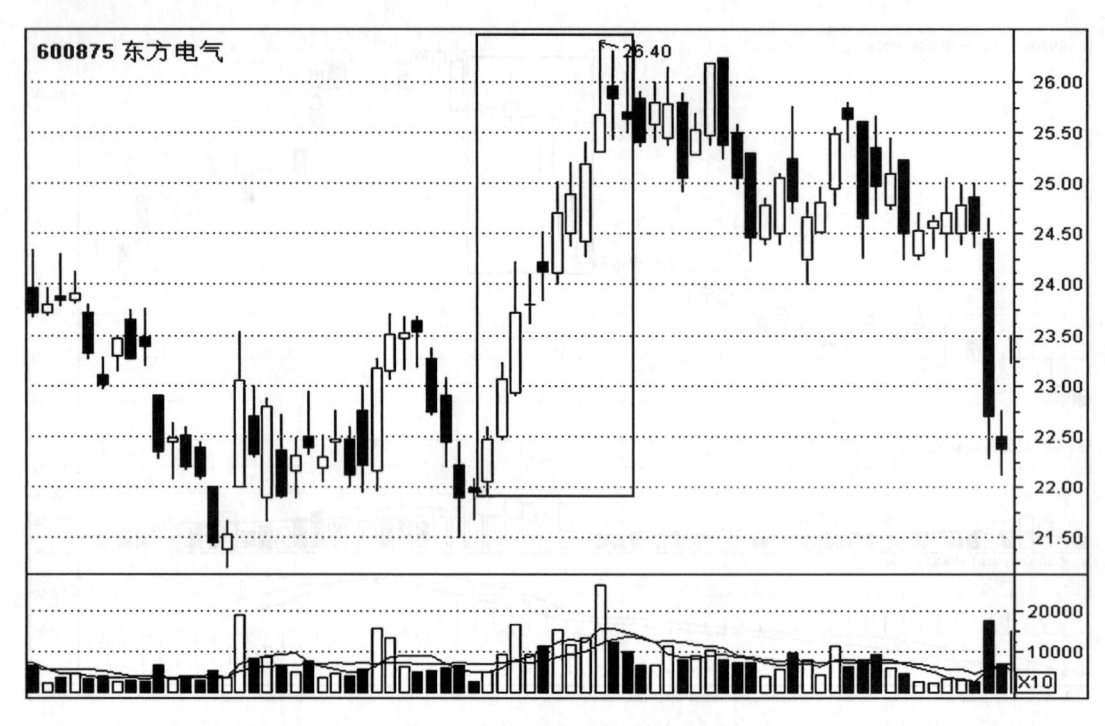

东方电气（600875）截图中的上升前阻型

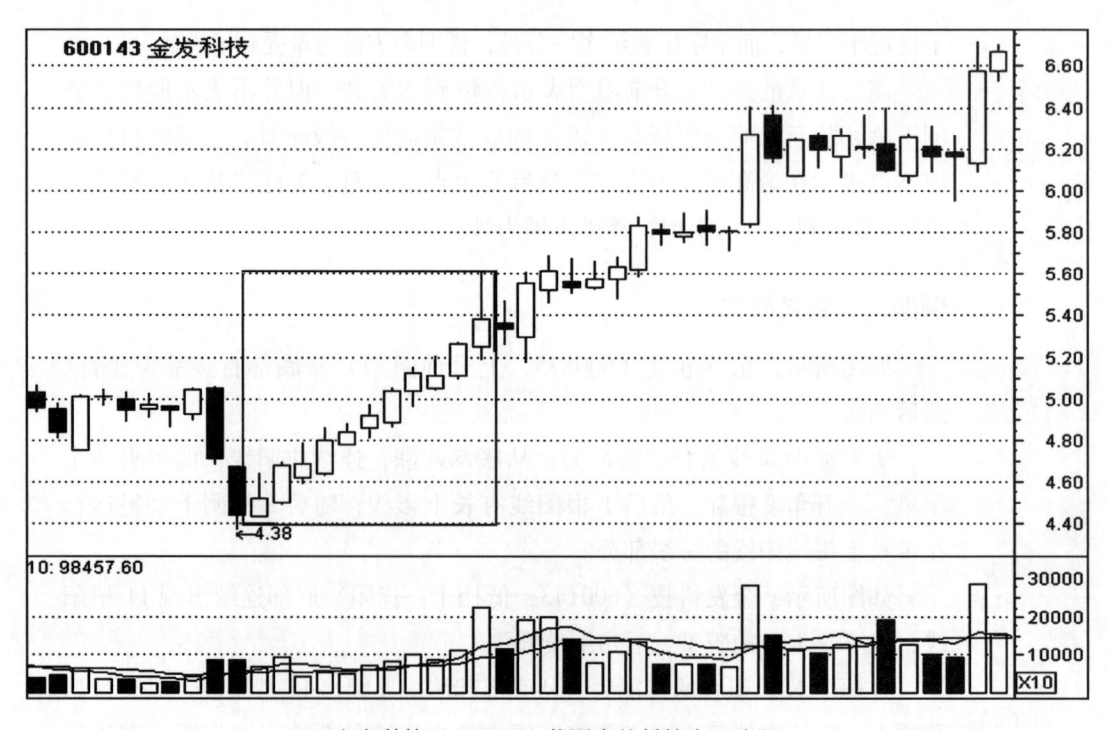

金发科技（600143）截图中的低档十一连阳

战法 55
上升前阻型——卖出

小 结

上升前阻型为卖出信号，主要原因有两点：一是连续收出多根连阳，涨幅较大，有回调要求；二是出现明显的上影线，为买力受阻的表现。所以，遇到这种线形投资者卖出股票为妙，如此，才能保住胜利的果实。

战法 56：上升最后怀抱线——卖出

在一连串上升之后，突然出现 1 根大阳线，几乎环抱前面几根 K 线的涨势。乍看之下，这好像是一种上涨信号，但最后多头全力买进的结果很可能会引发日后的下挫。上升怀抱线出现后，投资者必须确认它是否属于骗线，如次日低开即可确认为骗线，投资者可立刻改持空头抛售方针。当然也有次日开高的情况，但最后如果收阴线仍然为看坏，故上升最后怀抱线为"转抛"线形的一种。

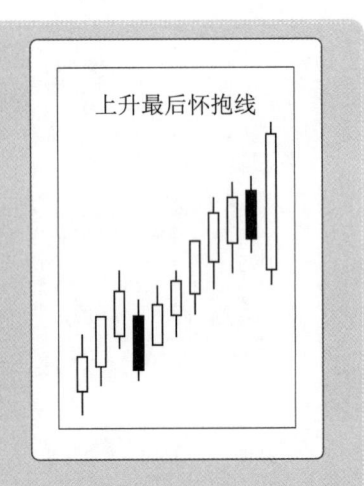

形态特征

上升最后怀抱线为怀抱线的特例，是指在一连串上升之后，突然出现 1 根大阳线几乎怀抱前面几根日线的涨势。其形态特征如下。

（1）由 11 根日线构成，形成了连续的上升走势。

（2）核心线形：最后 1 根大阳线。

（3）大阳线怀抱前面 3 根日线，而且前一天为中阴线，形成阳抱阴。

（4）确认线——大阳线后，第 2 天如果出现高开高走的阳线，则后市看涨；如果出现低开或高开低走的阴线，则后市看跌。

技术含义

图中展示了 11 根 K 线，揭示了两层含义：一是上升时间较长，至少有 2 周；二是此波上涨没有出现回调，说明买力强盛。

上升最后怀抱线是怀抱线的特例，K 线理论认为，怀抱线反映出一种多空僵持的局面。如图所示，在一连串上升的走势中倒数第 2 根为阴线，表明上升动力有所不足，行情处于多空胶着状态，这是变盘的征兆。如果这波上涨持续了 1 个月之久，则后市下跌概率相当大。

最后出现 1 根大阳线几乎怀抱着前面几根日线的涨势，乍看之下，好像是一种上涨的信号。坊间流传着"一阳包三阴是上涨信号""长阳突破是大涨的信号"等说法，许多投资者一看到大阳线，就欢欣鼓舞，放松警惕，追高买入。其实，这可能是一种骗线，是主力拉高出货的伎俩。当然，是否是骗线需要确认。如果次日低开就可确定为骗线，投资者应该立刻改持空头抛售的方针。如果次日高开，但是高开低走，最后收阴线，行情依然看坏。所以上升最后怀抱线是典型的顶部 K 线组合之一，是"转抛"线形的一种。

在盘整期间出现大阳线怀抱前几日 K 线，不能看作上升最后怀抱线，只能当作普通的怀抱线看待（因为不是在一连串上升走势中）。它出现后，股价以下跌居多。

变式研究

与上升最后怀抱线类似的线形为大阳前阻线。

两者的相同点：在一连串上升走势中，出现 1 根大阳线怀抱前几根日线。

不同点：对于大阳前阻线，大阳线之前出现了 2 天回落。

对于上升最后怀抱线，大阳线之前没有出现回调。

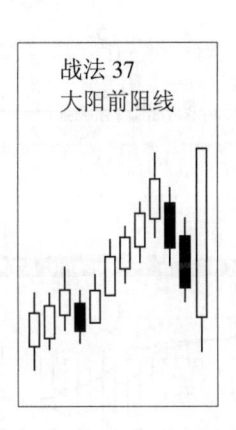

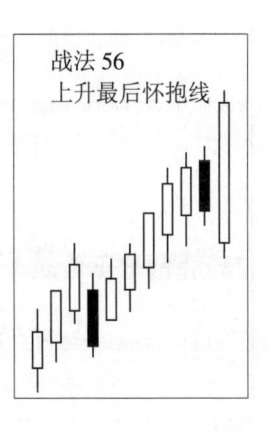

实战验证

例题 1　形态识别与操作策略

巨轮智能（002031）自 2020 年 2 月 4 日以来，股价持续上涨了一个多月，到 3 月 10 日一根大阳线怀抱前面 3 根 K 线，形成了标准的上升最后怀抱线。其特征有：①处于长期上涨途中，且涨幅较大；②阴线（3 月 9 日）之前连收 5 根阳线；③最后出现一根大阳线（矩形框中的最后一根），将前面三根 K 线怀抱，而且大阳线前 1 根为阴线，形成了阳抱阴。

上升最后怀抱线是卖出信号，投资者此时应卖出股票，即大阳线处是第一个卖出点。

大阳线出现后第 2 天股价低开，短暂冲高后一路走低，收带长上影线的倒锤头线，这是上升最后怀抱线的确认线，表明行情已经步入天井圈。故此根大阳线为骗线无疑，股价将步入下降通道。在出现大阳线当天没有卖出的投资者，在第 2 天应择机出局。其实，2020 年 3 月 11 日股价冲高回落时，是第 2 个卖出点。

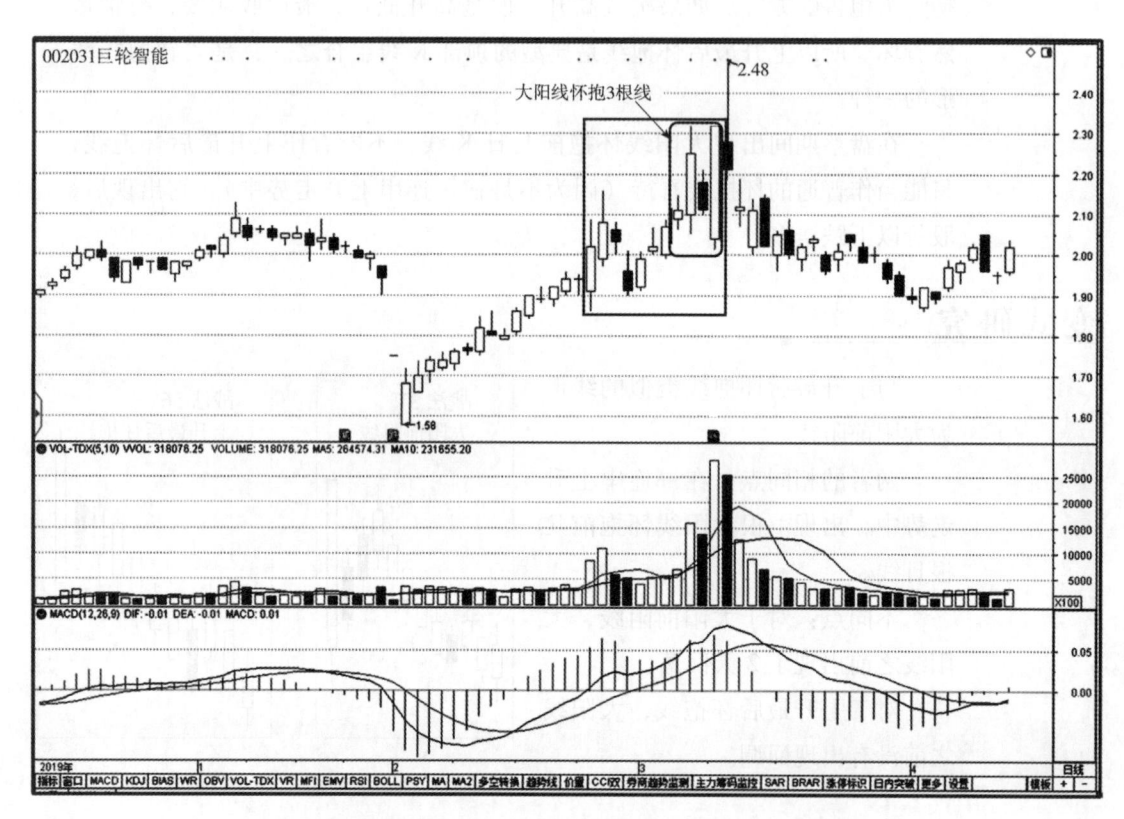

巨轮智能（002031）2019 年 12 月—2020 年 4 月截图

例题 2　确认线最关键

科力远（600478）截图中矩形框内的 K 线组合处于明确的上升趋势中，最后 1 根大阳线怀抱前面 2 根日线，形成了上升最后怀抱线。但是该上升最后怀抱线出现后，股价不跌反涨。

按照酒田战法的观点，确定最后 1 根大阳线是不是骗线，关键看第 2

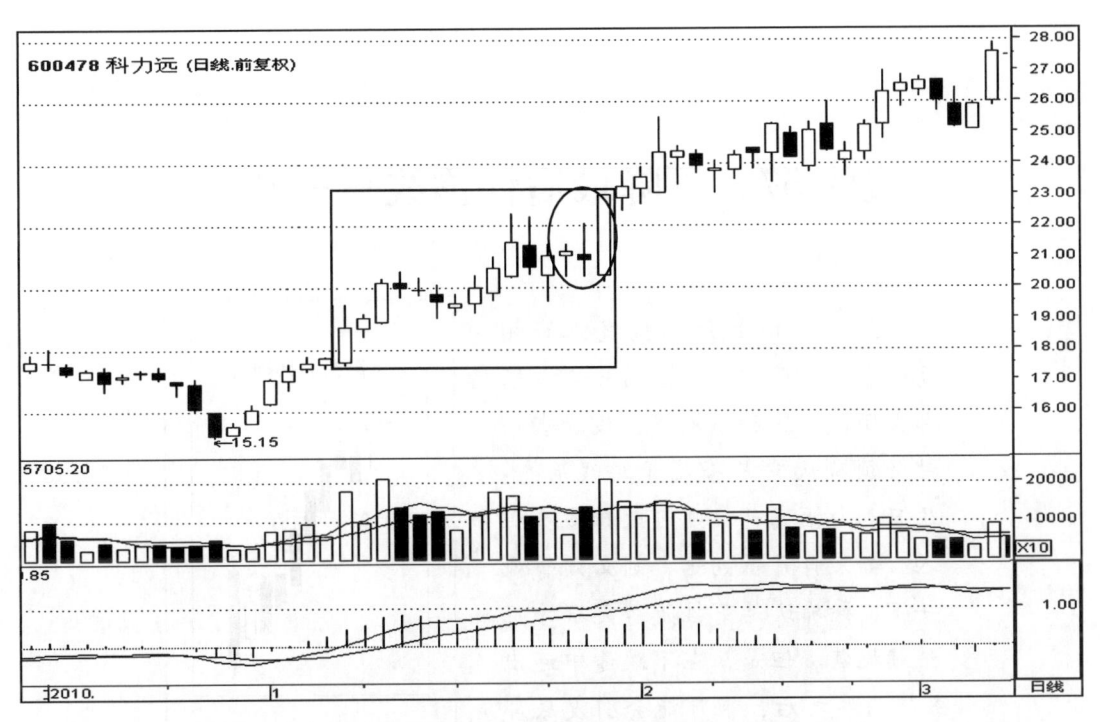

科力远（600478）2010年12月至2011年3月截图

天的确认线。该股第2天高开高走收小阳线，即没有确认这根大阳线是骗线。既然没有确认行情会反转，那么通常行情将继续原来的走势。当然，它能不能继续上升，还得看今后的走势。图中一直都没有出现卖出的K线形态，因而可以一路持股做多。

另一方面，该股自出现最低点15.15元到出现怀抱大阳线，大约历时20个交易日。时间说长不长（图中后续再涨1个月之久），说短不短（已经上涨了1个月之久），所以，这里时间不是问题，确认线才最关键。

小 结

上升最后怀抱线是见顶信号，后市以下跌为主。但是，确认线也很重要，如果确认大阳线不是骗线，那么行情多半会继续原来的走势。

统计心得

盘整期间出现大阳线怀抱前几根K线，后市下跌概率超过75%。

战法 57：下降最后怀抱线——买入

此形态和上升怀抱线正好相反，在一连下挫声中最后出现 1 根超大阴线。这种情况下，投资者仍然必须确认它是否属于骗线形态：次日如大幅高开，则可改持多头买入；如果再开低的话，则必须暂观一下，待确认是下挫走势无疑才可继续抛售。但是，在下跌途中连出 8 根阴线之后，很可能会引发底部反弹，故下降最后怀抱线出现后，一般反涨的概率居大。

形态特征

下降最后怀抱线是上升最后怀抱线的对偶战法，是指在一连下挫声中最后出现 1 根超大阴线，几乎怀抱着前面几根日线的跌势。其形态特征如下。

（1）处于下降走势中。

（2）由 11 根日线构成，中间曾出现了八连阴的下降走势。

（3）核心线形：大阴线——最后突然出现 1 根大阴线，怀抱前面几根日线（图中怀抱前面 3 根日线，而且大阴线前 1 天为中阳线，形成了阴抱阳）。

（4）确认线——第 2 天如果高开高走收阳线，则后市看涨；如果低开或高开低走收阴线，则后市看跌。

技术含义

下降最后怀抱线也是怀抱线的特例，在一连下挫声中出现 1 根超大阴线（有时是 1 根大阳线）怀抱前几根日线，此表示下跌动能不足，行情处于多空胶着状态，是变盘的征兆。特别是如果下跌途中连出7~8根阴线，则很可能引发超跌反弹。如果这波下跌持续1个月之久，则见底概率相当大。

最后出现1根大阴线几乎怀抱着前面几根日线，乍看之下好像是一种下跌的信号。坊间流传着"一阴包三阳是下跌信号""大阴线突破是大跌的信号"等说法，许多投资者一看到大阴线，就忧心忡忡，割肉逃跑。其实，这可能是一种骗线，是主力打压建仓的伎俩。当然，是否是骗线需要确认。如果次日大幅高开，投资者就可改持多头介入；如果低开的话，投资者就要暂时观察一下，待确认下挫的走势后，才可继续抛售。

总体而言，在下降最后怀抱线出现后，一般以反涨居多。

变式研究

如图 a 所示，①在一连串的下挫中，最后出现1根大阳线怀抱前1根阴线；②下跌途中虽然没有出现八连阴，但是下跌角度比较大，中间没有像样的反弹；③后市见底回升。

如图 b 所示，①在一连串的下挫中，最后出现1根大阴线怀抱前2根日线；②下跌途中虽然没有出现八连阴，但是下跌角度比较大，中间没有像样的反弹；③后市见底回升。

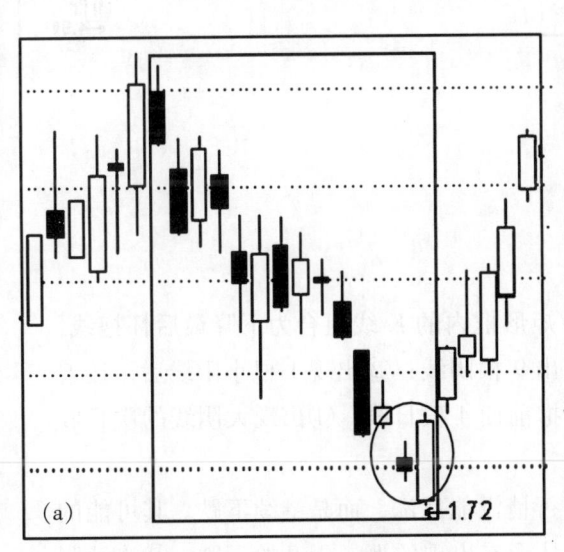

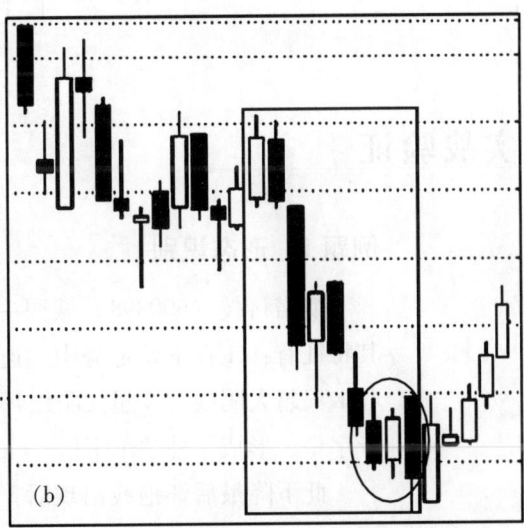

如图 c 所示，①在一连串的下挫中，最后出现1根大阴线怀抱前1根阳线；②下跌途中虽然没有出现八连阴，但是下跌角度比较大，而且出现向下跳空缺口，出现缺口后第3天出现大阴线，这也可以看作"擎天一柱

底"；③后市见底回升。

如图 d 所示，①在一连串的下挫中，最后出现 1 根大阴线怀抱前 1 根阳线；②下跌途中虽然没有出现八连阴，但是下跌角度比较大；③后市继续下跌。

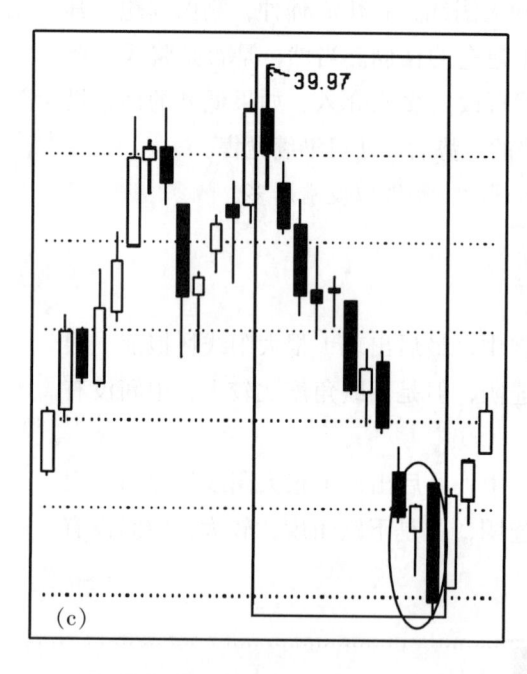

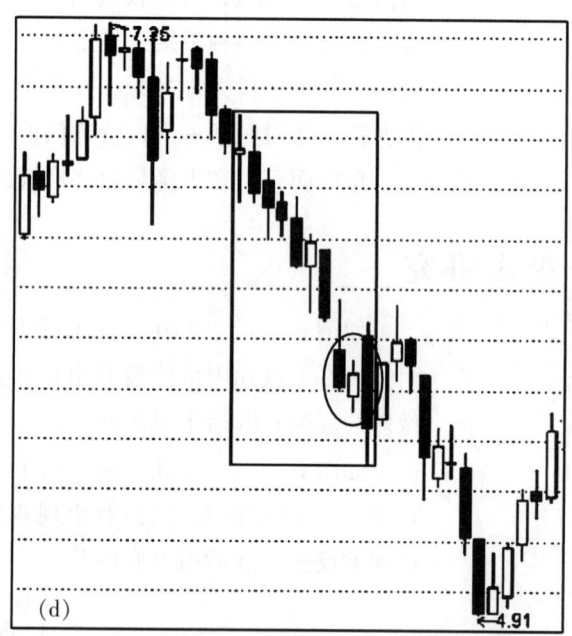

实战验证

例题 1　形态识别

凯诺科技（600398）截图中矩形框内的 K 线组合为下降最后怀抱线，其特征有：①在下跌走势中，连出 9 根阴线；②出现 1 根小阳线后，接着收 1 根超大阴线；③超大阴线怀抱前面 4 根日线；④出现大阴线的次日收十字星，形成了外孕十字星。

此下降最后怀抱线出现后，行情没能反涨，而是继续下跌。其可能的原因有：①下跌时间较短，只是从形态出现的那一天开始下跌；②连续阴跌，中间一点反弹都没有，出现这种走势后通常不会马上见底，因为股价的走势通常不是直线形的，而是复杂的、多变的，存在反复，没有反弹的下跌，是很难反转的；③确认线为十字星，上涨途中的十字星表示多空分歧，下跌途中的十字星则没有任何含义，更不是止跌信号；④十字星后再

战法 57
下降最后怀抱线——买入

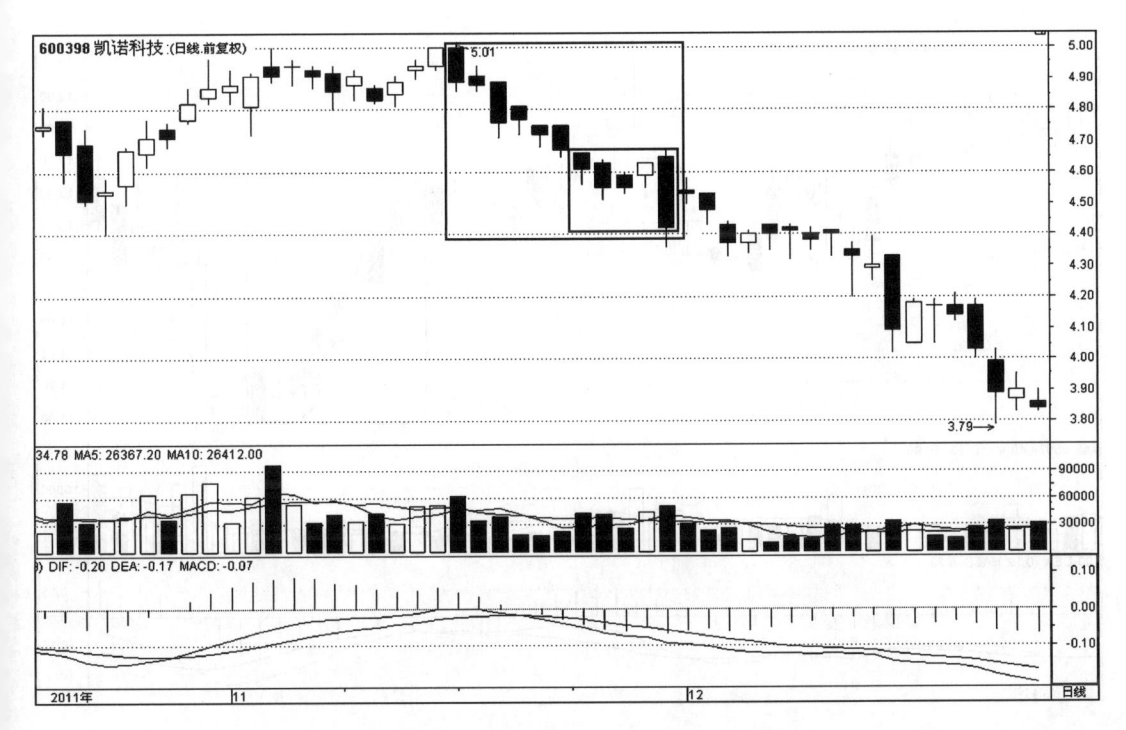

凯诺科技（600398）2011年10—12月截图

收 2 根阴线，其收盘价低于大阴线的收盘价，表明下降最后怀抱线止跌失败，后市走势自然不容乐观。

下降最后怀抱线中的大阴线出现当天通常不是买入时机，投资者不要以为前期已经出现九连阴，再接着出现 1 根大阴线，超跌了就会有反弹。其实，很多时候超跌是没有反弹的，这种情况下抢反弹的结果只能是"套在半山腰"。股市谚语讲："连续 3 日不创新低，即可进场。"此大阴线后，第 3 天又创新低了，故此时不但不该进场，反而应该离场。

例题 2 见底回升

金钼股份（601958）截图中矩形框内的 K 线组合处于下降趋势中，最后 1 根阴线实体超大，包含前 2 根 K 线。虽然此处没有出现八连阴，但是下跌角度比较大，故可以看作下降最后怀抱线。它出现后，股价走出了一波强劲反弹。

请注意这里的确认线，大阴线后收十字星的当天方向是不明的，必须第 2 天再确认；第 2 天收小阳线，方向还是不明，必须再等 1 天；第 3 天高开高走，收大阳线，此时我们才可以确认此前的大阴线为骗线，此下降最后怀抱线为买入信号。

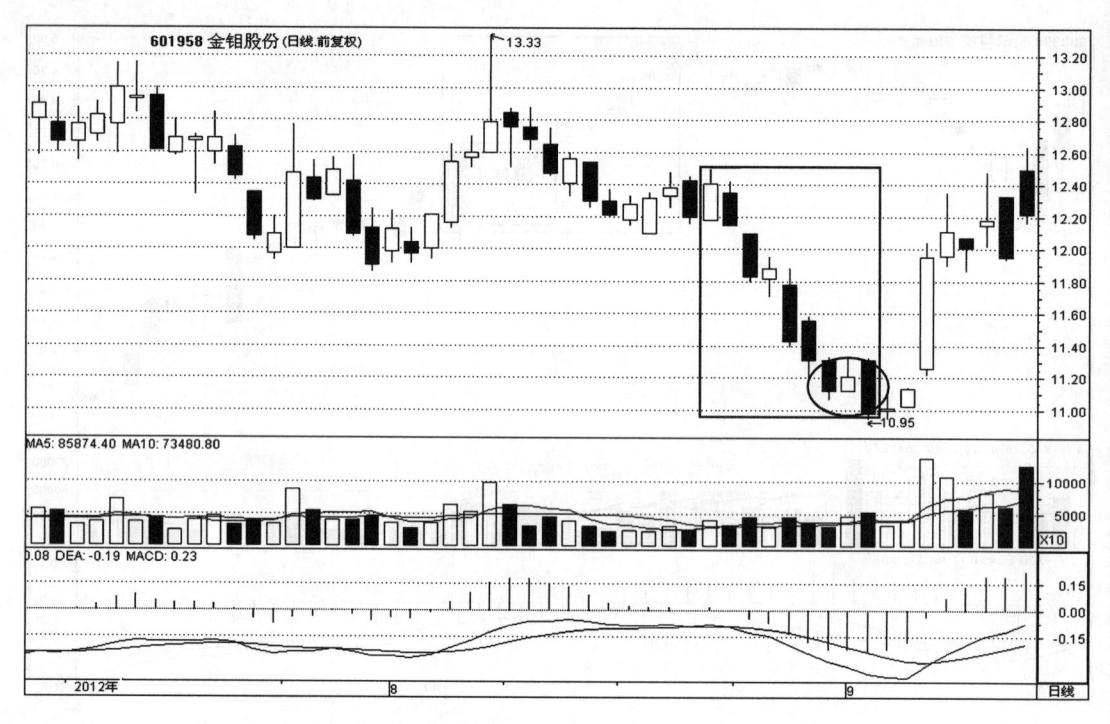

金钼股份（601958）2012年7—9月截图

　　有时我们可以借助确认线之后3根K线的强弱来研判即将到来的上升波气势的强弱。如果阴线居多，那么涨幅就不乐观了；如果阳线居多，那么今后的涨幅就相当可观了。

小　结

　　和上升最后怀抱线正好相反，下降最后怀抱线是见底信号，或至少有超跌反弹的要求，但能否止跌回升需要进行确认。

战法 58：上舍子线——卖出

> 这种线形很少出现，"舍子"这个名称颇具其意。图中的上舍子线即一连上升的走势中，先出现开盘与收盘在同一价位的长十字星，随后行市即告回落，不但向下跳空，而且以大阴线收市，表示多头的买力至十字星发生时已告枯竭，故此后得弃守阵地全面撤退。上舍子线出现后，行市很容易下挫，故空头应该乘胜追击之。

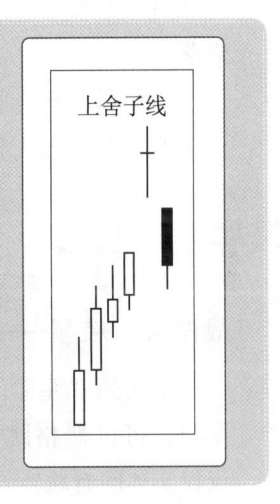

形态特征

所谓上舍子线，即一连上升的走势中，先出现开盘与收盘在同一价位的长十字星，随后行市即告回落，不但向下跳空，而且以大阴线收市。其形态特征如下。

（1）出现在上升趋势中。

（2）核心线形：两边严格跳空的十字星——十字星与两边的K线都有跳空缺口，不能仅实体间有缺口，影线与影线之间也要留有跳空缺口。

（3）确认线——十字星后下跳空的中阴线。

（4）此为十字夜明星的特例，符合夜星和十字夜明星的形态特征。

技术含义

上舍子线也叫"顶部弃婴形态"，从形态上看，它与前后的价格趋势格格不入，仿佛掉队的士兵、被遗弃的婴儿一样，因此得名。

上舍子线是十字夜明星的一种，之后股价反转向下的概率大大高于十字夜明星。有人认为，此形态是所有K线组合形态中反转意义最"变态"

的一种，因为两边都有跳空且跳空几乎发生在同一价格水平位置。

在一连串的上升走势中，图中连出4根阳线后跳空高开，表示买力旺盛。但是，跳空当天的行情并没有延续前面的涨势，而是收长十字星，而长十字星代表多空分歧，表明此时买力已渐渐减弱。最后行情不但跳空跌落，而且以大阴线收市。这表明多头的购买力到十字星处时已经衰竭，在这之后，多头已经弃守阵地，全面撤退，故后市将在空方的肆虐下，走向衰落。

从形态上看，上舍子线与西方技术分析中的岛形反转形态相当，只是这里的"岛"是1根十字星。

形态类比

战法45：夜星——卖出

中间的"星"可以不是十字星，可以严格跳空，也可以仅仅实体间有跳空。

战法48：十字夜明星——卖出

中间十字星的上下影线可以不跳空。

战法58：上舍子线——卖出

中间十字星两边都严格地跳空，即上下影线也必须跳空。

实战验证

例题1 形态识别

宏图高科（600122）截图中出现了标准的上舍子线，其特征有：①出现在上升趋势中，该股持续上升超过3个月之久；②先连出4根阳线，再出现上跳空的阴螺旋桨线（接近十字星），螺旋桨线后收中阴线；③螺旋桨线的影线与前后K线之间都留有跳空缺口。

上舍子线左右两边的走势几乎相同，具有完美的对称性：左右都出现2

战法 58
上舍子线——卖出

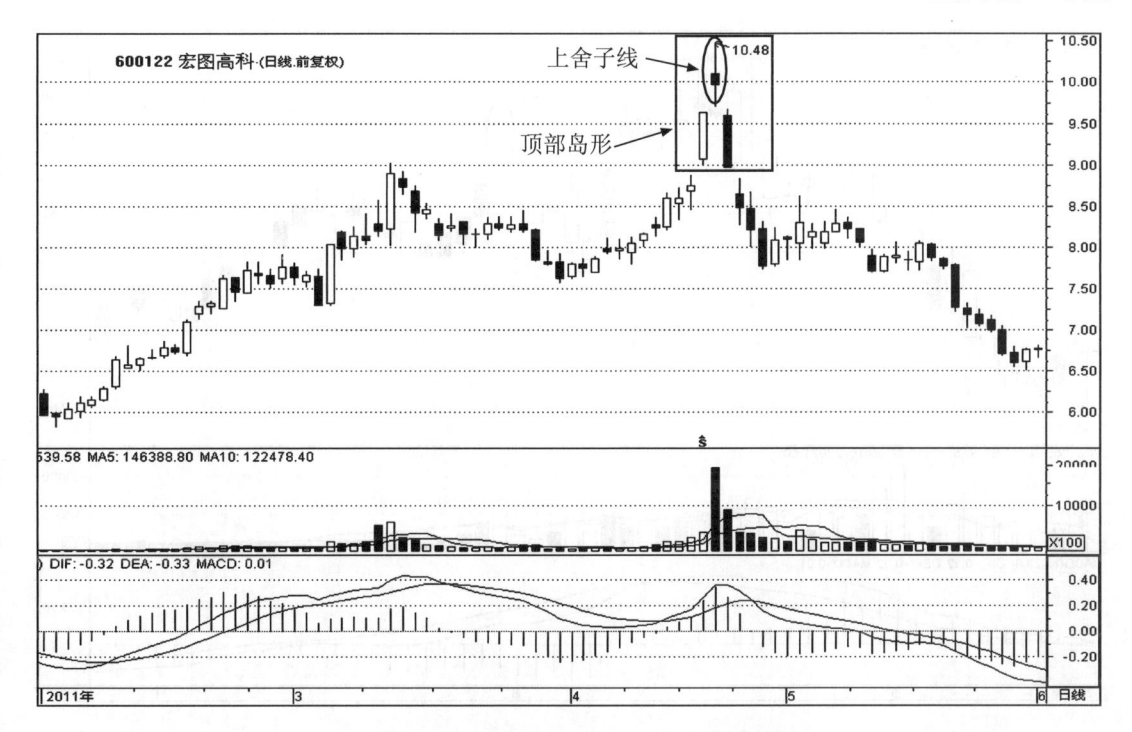

宏图高科（600122）2011 年 2—5 月截图

次跳空，左右两边线形也几乎一致，左边有四连阳，右边有四连阴。图中螺旋桨线好像一叶孤舟，形成了顶部岛形，此为反转的信号，后市一路走低。所谓"从哪里涨上去，就跌回到哪里"，该股后市跌至 5.78 元才止跌回升。

例题 2　反弹顶部

联美控股（600167）2012 年 5 月中旬见顶回落，回落至 2012 年 5 月底出现了一波反弹。在反弹途中，2012 年 6 月 4 日跳空高收留下缺口，成交量明显放大。第 2 天（2012 年 6 月 5 日）突然跳空低开，而且收中阴线，形成了上舍子线。上舍子线的出现使得本波反弹夭折，后市继续下跌。虽然 2012 年 6 月中旬出现了一波弱势反弹，但刚到缺口下沿就遇阻回落。此后该股一路走低，到 2012 年 7 月 31 日最低跌至 8.78 元。故不论是在长期的上升趋势中，还是在下跌的反弹途中，只要遇到上舍子线，都应行抛售方针。

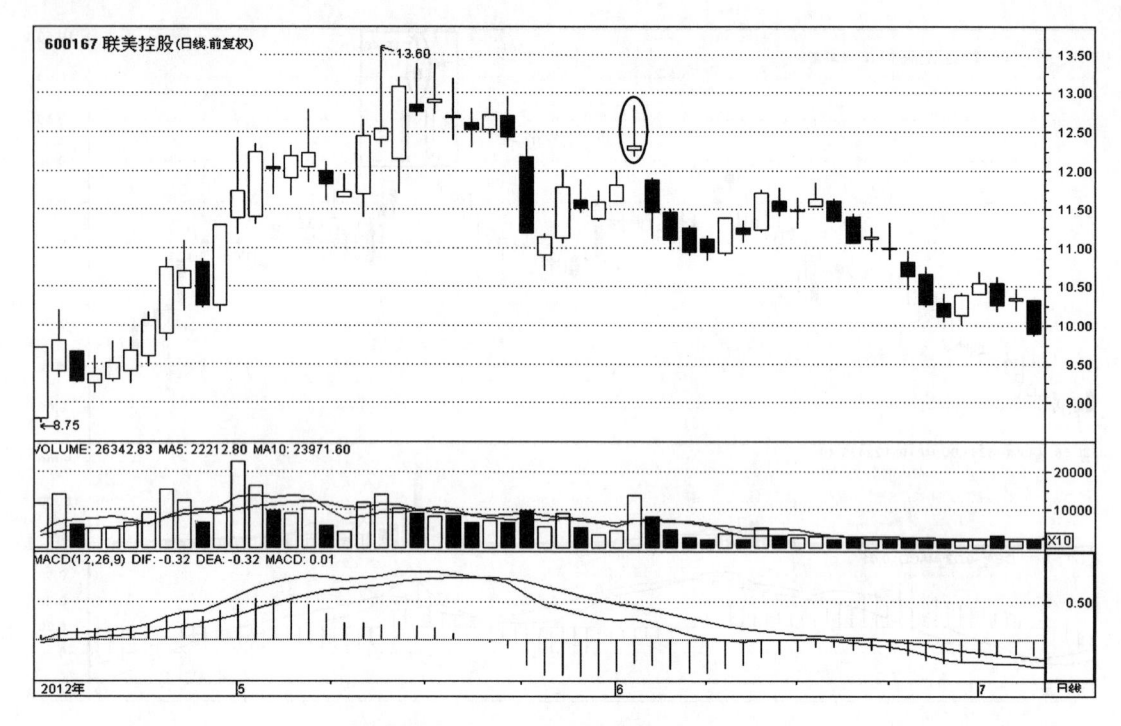

联美控股（600167）2012年4—7月截图

顶部岛形

岛形反转分为顶部岛形反转和底部岛形反转，都是股市中强烈的反转信号。出现底部岛形后看多，后市上涨；出现顶部岛形后看空，后市看跌。本文只论述顶部岛形。

名称由来

股价持续上升一段时间后，某天突然出现向上跳空缺口，股价加速上升，但随后在高位徘徊，不久出现了向下跳空缺口。这个向下跳空缺口和向上跳空缺口，基本处在同一价格区域的水平位置。从图形上看，其就像是一个远离海岸的孤岛，左右两边的缺口令这岛屿孤立地处于海洋之上，故称为顶部岛形。

形态特征

（1）岛形的左右两个缺口处于同一价格区域的水平位置。
（2）岛形左侧缺口为衰竭缺口，右侧缺口为突破缺口。
（3）两个缺口之久的时间间隔，最短的可能只有1个交易日，较长时可达数天至数月。

（4）岛形顶部一般是一个相对平坦的区域，有时"岛"是1根伴随天量的K线。

（5）成交量呈递减状，左侧成交量最大，右侧最小。

技术含义

股价不断上涨，使原来想在低位买入的投资者没法在预定价位处买入，但又难以忍受踏空的痛苦，终于忍不住不计价位地抢入，于是形成一个向上跳空缺口。股价却没有因他们的买入而继续快速上扬，反而在高位出现放量滞涨横盘，说明此时有着巨大的抛压。经过短时间的争持后，主力和先知先觉的机构大量出逃，股价终于没法在高位支撑，开始下跌。下跌引发市场信心的崩溃，于是出现了向下跳空缺口，此为向下的突破缺口，是行情崩溃的标志。下跌缺口之上套牢了大量的筹码，一时半会儿是不可能解套的，故这缺口也是投资者的逃命缺口。

实战验证

厦门国贸（600755）2012年2—7月截图

厦门国贸（600755）在持续上升途中出现了向上跳空缺口，成交量明显放大，经过数日的大量换手，又出现了向下跳空缺口。中间的 10 根日线与先前上升趋势隔着一个竭尽缺口，并且与之后下降趋势隔着一个突破缺口，形态宛如一个孤岛。

两边的缺口使得中间的"岛"形成了一个孤立的密集成交区，向下跳空缺口将缺口上方的买盘全部套牢。可以预计，今后较长时间内价格不会反弹。实际上，该股一直跌至 4.30 元附近才出现了像样的反弹。

小　结

上舍子线是强烈的见顶信号。不论在何波段、何位置，只要出现上舍子线，投资者都应持抛售策略。

此时，投资者不必分析波段性质，不用看形态所处位置，卖出股票是正确的选择——这是上舍子线与其他战法的最大区别。

战法59：下舍子线——买入

与上舍子线相反，在下落过程中连出阴线，途中出现1根十字星跳空而下，然后再度出现跳空阴线，表示卖力已濒临尽头，随时有反弹可能。尤其在十字星舍子线出现后，空头必须警惕，不可再行抛售，见底部反转之时立刻改行多头买入。图（2）和图（1）情况相似，在下落过程中出现黑三兵为不祥之兆，但十字星舍子线出现时一切情形已改观，故投资者必须改行多头买入。

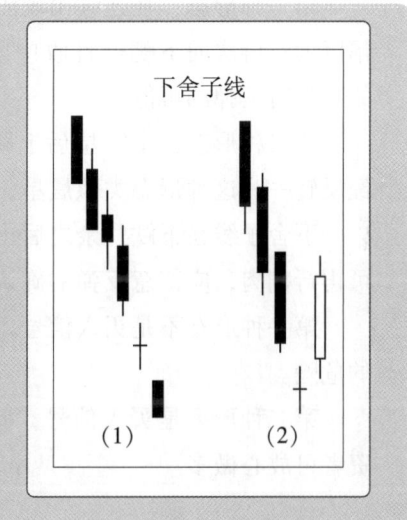

形态特征

下舍子线，是指在下落过程中连出阴线，途中出现1根十字星跳空而下，然后再度出现跳空阴线，表示卖力已濒临尽头，随时有反弹的可能。其形态特征如下。

（1）出现在下降趋势中。

（2）核心线形——中间十字星与前后2根K线（包括影线）之间有跳空缺口。

（3）有两种形态：

①出现十字星后继续向下跳空，且收中阴线；

②出现十字星后向上跳空，收中阳线，形成"底部弃婴形态"。

技术含义

在下落过程中连续收三四根阴线，表示卖力旺盛，接着出现向下跳空的十字线，表示空头卖力濒临尽头，随时有反弹的可能。注意，这里指的是反弹，即超跌反弹，而不是反转。

第一种形态：在连续出现阴线后向下跳空收十字星，此时股价已经跌幅巨大；再次向下跳空且收中阴线，表明市场已经严重超跌，物极必反，故有随时反弹的可能。

第二种形态：十字星后上跳空收中阳线，表明多头已经进场，形势已经反转——这种形态类似晨星，也叫"底部弃婴形态"。

下舍子线在下跌月余之后出现，通常表明行情已经接近底部，这时不可再行割肉，应留意反弹的确认信号，试探性买入股票。

第一种形态不是买入信号，此时买入属于左侧交易，后市有继续下跌的危险。

第二种形态是买入信号，此时买入属于右侧交易，趋势已经明朗，投资者可放心做多。

变式研究

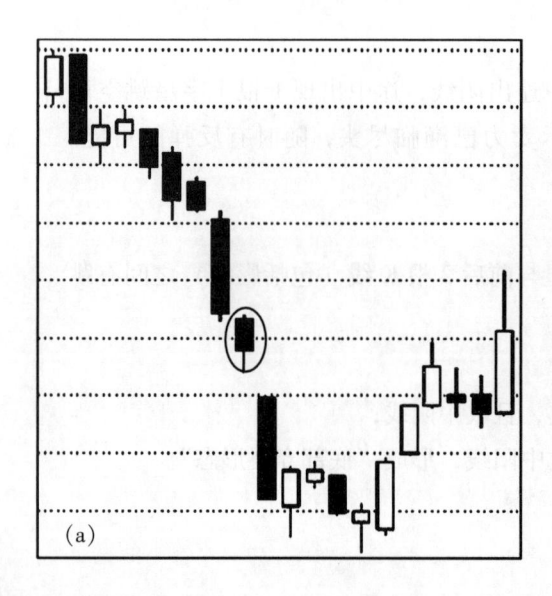

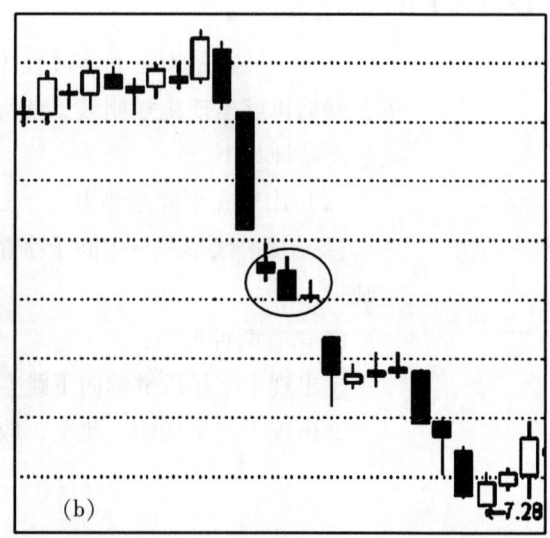

图 a 所示为下舍子线第一种形态的变式——在下跌趋势中，出现下跳空的小阴线（仅仅实体跳空），小阴线出现后的第 2 天再次下跳空收中阴线。后市见底回升。

(a)

(b) 7.28

战法 59
下舍子线——买入

图 b 所示为下舍子线第一种形态的变式——在下跌趋势初期，出现下跳空（严格跳空），跳空后连续收 3 根小阴线，随后再次下跳空收中阴线。后市继续下跌。

图 c 所示为下舍子线第二种形态的变式——在连续出现阴线后向下跳空，接着出现十字星（实体间有跳空，影线间没有跳空），十字星出现后的第 2 天出现严格上跳空的涨停一字线。底部反转成功，后市一路上升。

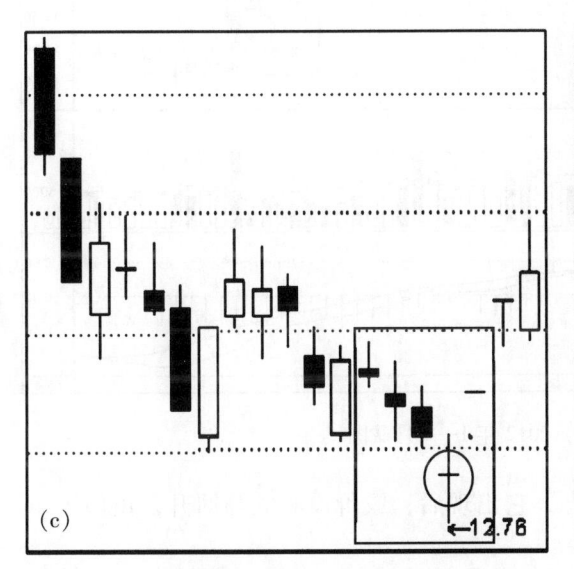

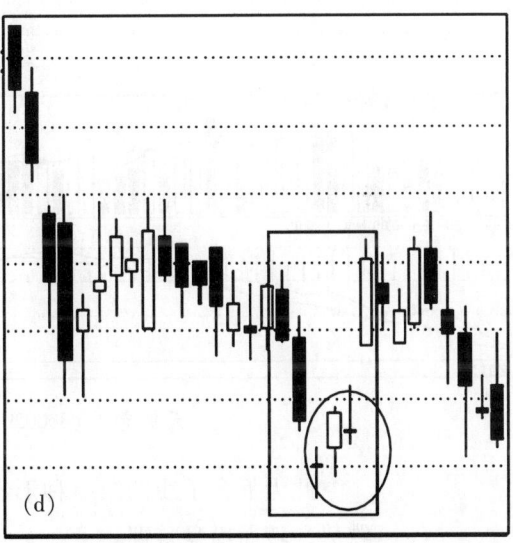

图 d 所示为底部岛形的变式——下跌途中出现向下跳空，3 天之后出现向上跳空，形成了底部岛形。但是，两边跳空缺口不在同一水平位置，右边明显高——不是标准的底部岛形。反转失败，后市继续下跌。

（注：下舍子线 2 个跳空缺口之间只有 1 个交易日，而图 d 所示底部岛形的 2 个缺口之间有 3 个交易日。）

实战验证

例题 1　第一种形态识别

天龙光电（300029）截图中出现了标准的下舍子线，其特征有：①出现在下降趋势中，如图所示，该股已经跌了近 30 个交易日；②在连续 4 根阴线后出现了下跳空的十字星，十字星后出现下跳空的大阴线；③十字星与前面阴线的实体间有跳空，与后面大阴线间也有跳空（严格跳空）；④大阴线后收低开高走的阳线。

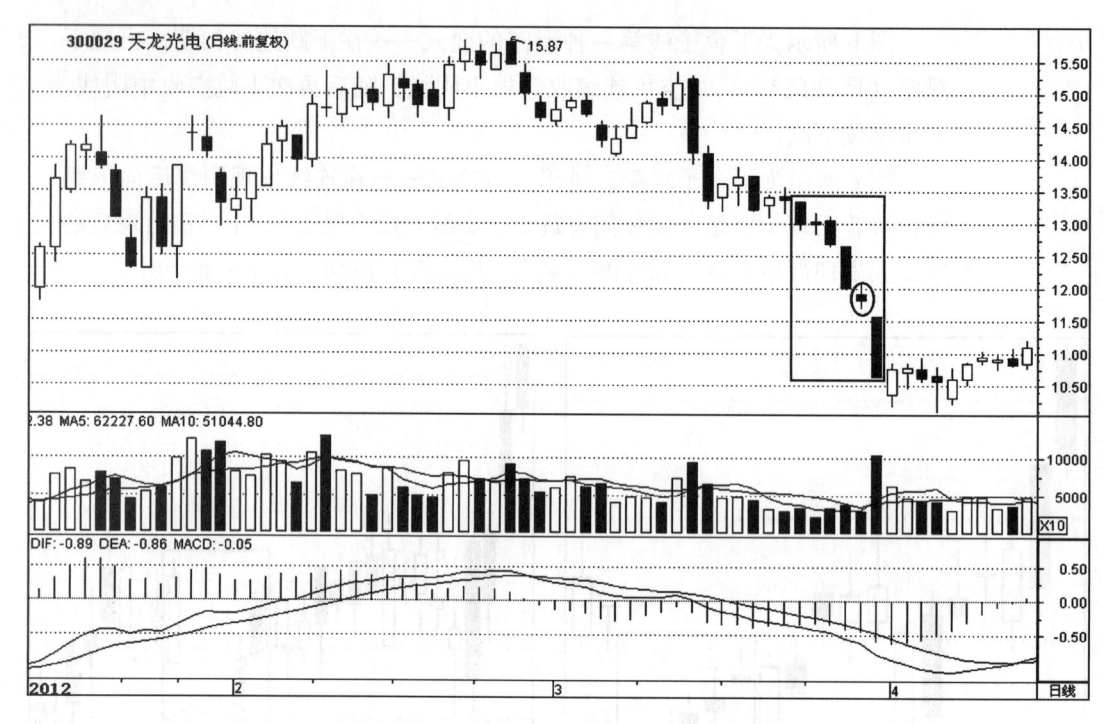

天龙光电（300029）2012年1—4月截图

此为下舍子线的第一种形态，它出现后，股价没有立马回升，止住了跌势，转而横盘整理。

按照酒田战法的观点，下舍子线由于跌幅巨大，随时有反弹的可能。但是，对于下舍子线的第一种形态，应小心为妙，因为此时行情还处于下跌趋势中，有继续下跌的可能。谨慎的投资者只有等到趋势明朗了，才可进场交易，而且只做右侧交易，不会冒险去抢反弹，进行左侧交易。

例题2　第二种形态识别

中国铝业（601600）在一连串下跌中，出现了下舍子线的第二种形态，即在连续收多根阴线后突然出现跳空低开的十字星，十字星后反转向上跳空，收中阳线。

与标准形态不同的是，本例中两个跳空缺口之间为2根小K线。这既可以看作晨星的变式，又可以看作底部岛形。它出现后，股价见底反弹，但能否形成反转，需日后走势的确认。

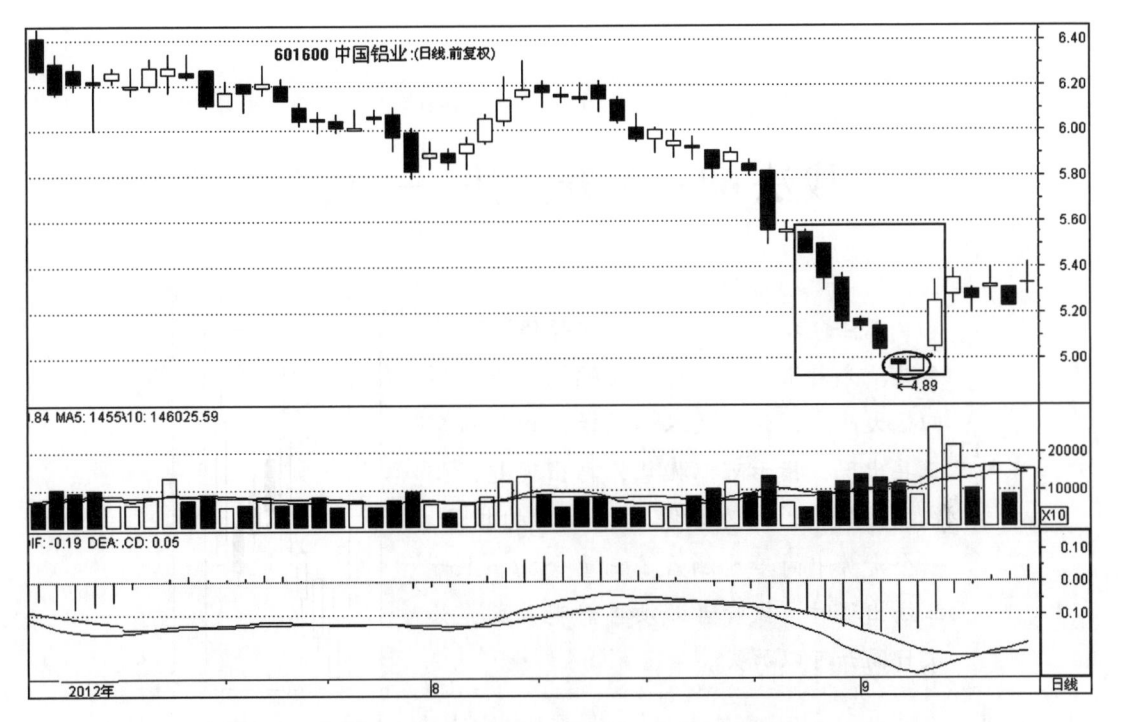

中国铝业（601600）2012年7—9月截图

小　结

在下落过程中出现下舍子线，有可能因为超跌而出现反弹，所以有一定的参与机会。但是，只有出现第二种形态才可以试探性做多，第一种形态的机会则相对小些。

统计心得

A股市场中出现上舍子线的情况很少，出现下舍子线的情况更少。

战法60：上升三法——买入

三法包括"买""卖""暂停"三重含义。先看上升三法中的大幅上升乃至第四根大阳线，此为买入的信号，但随后黑三兵出现，指示可以抛售，再出现超大阳线稳住跌势，此为暂停（休战）的信号。一个走势中简单地涵盖了三重含义。上升三法出现时，投资者必须再静观片刻，如次日高开可以加买。

形态特征

上升三法又叫上升三部曲、N形反转走势，是指在连续上升途中出现1根大阳线，接着出现黑三兵回落，再出现超大阳线稳住跌势。其形态特征如下。

（1）处于上升趋势中，图中第一次上升连出4根阳线。

（2）核心线形：由5根K线组成，先出1根大阳线，接着收3根回调的小阴线，最后再拉1根大阳线。

（3）回调的3根阴线形成了黑三兵：

① 3根阴线都为小阴线，不能为大阴线；

② 3根小阴线与前1根大阳线形成孕出线；

③ 3根小阴线没有跌破前1根大阳线的开盘价；

④ 中间的小阴线可以是2根、4～5根或更多根，也可掺杂小阳线或十字星。

（4）最后1根大阳线的收盘价高于第1根大阳线的收盘价，并创近期新高。

技术含义

上升三法包括"买""卖""暂停"三重含义。此 K 线组合分为三个步骤完成。第一步,股价在上升趋势中,拉 1 根较有力度的大阳线,向上启动攻击,为买入信号。第二步,股价连续收 3 根小阴线,形成黑三兵,此为卖出信号。第三步,股价短期洗盘结束,再次拉出较有力度的中阳线或大阳线止住跌势,此为暂观(休战)信号。

对于此形态,成交量的配合尤为重要。第 1 根大阳线向上启动攻击时,要求带量攻击,或称放量攻击。而回落的小阴线的成交量要求呈现逐渐萎缩的态势。只有股价回调,成交量配合逐渐萎缩,才是缩量洗盘行为。最后的大阳线,表示洗盘结束,向上突破,要求成交量再次放大。

注意,对于最后的大阳线,酒田战法的定位是止住跌势,为暂停(休战)的信号,即没有说是买入信号。能否买入做多,需要第 2 天确认,这与坊间流传的观点有所不同。

坊间流传的看法是,最后的大阳线为"再次向上攻击",既然是向上攻击,所以对收盘价是有要求的,即要求价格创近期新高。既然是攻击性大阳线,而且创新高,故为买入信号。

结合 A 股的实际走势,笔者认为,酒田战法的观点更谨慎、更安全、更具指导性。

变式研究

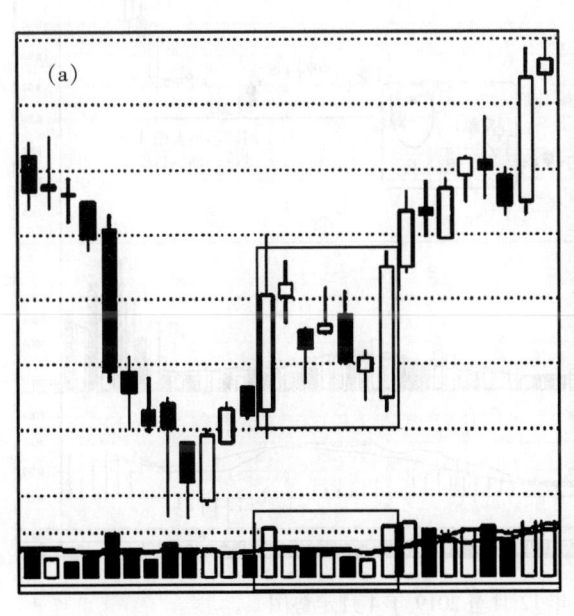

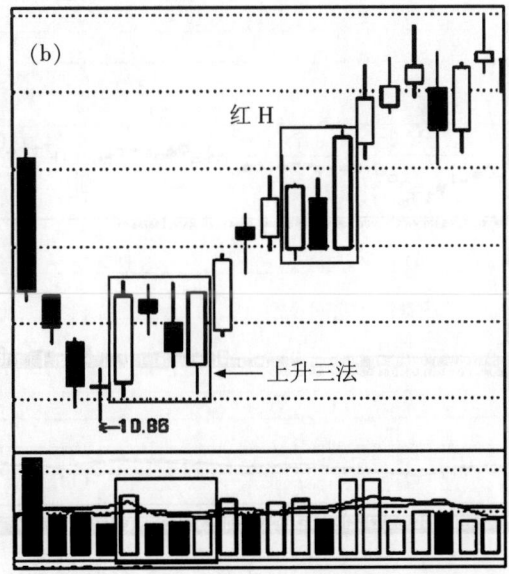

图 a 所示为上升三法的变式形态——中间小阴线、小阳线有 5 根，而且阴阳夹杂。

如图 b 所示，2 根大阳线之间夹杂 2 根小阴线，为上升三法的变式形态；2 根大阳线之间夹 1 根小阴线，则为"两红夹一黑"，或称"红 H"，它们都是上涨信号。

实战验证

例题 1　形态识别与操作策略

中粮糖业（600737）自 2019 年 1 月以来，股价缓步攀升，到 2 月底出现一波大幅上涨。在一片看好声中，其突然连收三根阴线，形成了黑三兵，市场情绪落入低谷，谁知随后 3 月 11 日拉出了一根大阳线。面对这种大涨大跌，投资者到底是该卖出还是买入呢？

不用怕！这里形成了典型的上升三法，如图中方框处。根据酒田战法，上升三法是买入信号。

而且这里的成交量也非常配合，先前上涨时逐渐放量，中间黑三兵处缩量，后 1 根大阳线处又放量。所以这时投资者应该买入，而不是卖出。

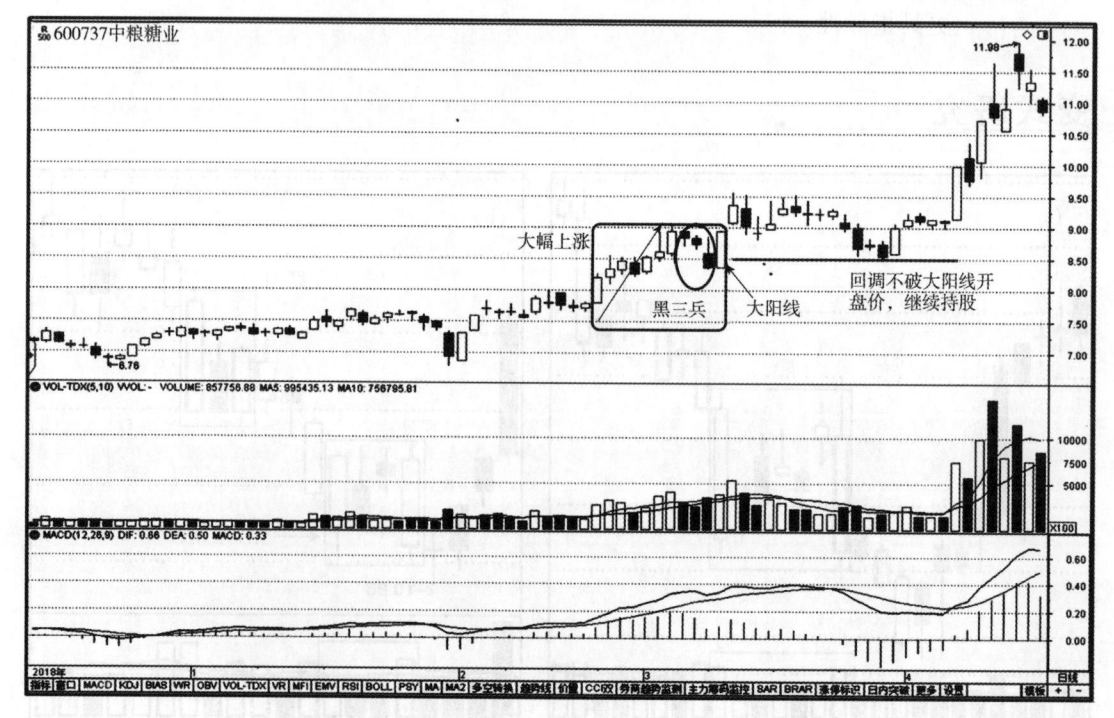

中粮糖业（600737）2018 年 12 月至 2019 年 4 月走势图

我们注意到上升三法出现后，股价虽有回调，但没有跌破最后 1 根大阳线的开盘价，故投资者可以一路持股做多。随后股价再次出现一波拉升，到 2019 年 4 月 15 日，股价最高达 11.98 元。

最后说明一点，如果出现上升三法之后股价跌破了最后 1 根大阳线的开盘价，我们应该止损，卖出股票。

例题 2　变式研究

宁波银行（002142）2011 年 11 月至 2012 年 2 月截图

宁波银行（002142）截图中出现了三处类似上升三法的 K 线组合，见图中标注的 A、B、C 处。下面对它们做简要分析。

A 处：处于上升初期，可看作上升三法，后市继续看涨。变化之处为：中间小 K 线不是黑三兵，而是阴阳夹杂的 4 根小 K 线。

B 处：处于上升中期，可看作上升三法，后市继续看涨。变化之处为：中间小 K 线为 2 根小阴线。

注意，该股回调时，没有跌破此处第 2 根阳线的低点，投资者可以一路持股做多，不要一出现风吹草动，就吓得不知所措，稍微有点儿震荡，就被主力洗盘洗了出来。我们强调，一旦按照某种形态买入股票，就要坚持把这一波完整的形态做完，而不是半路下车。

C处：处于上升后期，不是上升三法，后市看跌。变化之处为：其一，两根小阴线与前1根中阳线没有形成孕出线；其二，第2根小阴线的收盘价跌破了前1根阳线的开盘价。

小　结

上升三法是买入信号，但投资者须谨慎，买入时应注意三点：①没有确认，不能买入；②位置太高不能买入；③形态形成当天不能买入。

上升三法出现后，后市通常会回档到第2根大阳线的中心线处——这是最佳买入点，通常在第2天或第3天出现。同时，我们将后1根大阳线的开盘价作为止损位，今后若回调，只要不破第2根大阳线的开盘价，就可以一路持股做多。

战法61：下降三法——卖出

此形态为上升三法的相反形态，其中仍然包括"卖""买""暂停"三重含义。最后1根大阴线撑住红三兵的涨势，并暗示投资者须冷静一下，如次日出低开阴线可以加抛。

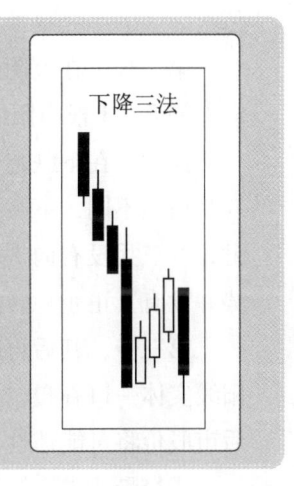

形态特征

下降三法又称下降三部曲、降势三鹤，是指在连续下跌途中出现1根大阴线，接着出现红三兵反弹，再出现大阴线消耗了红三兵的涨势。其形态特征如下。

（1）处于下降趋势中，图中第一波下跌已经连出4根阴线。

（2）核心形态：由5根K线组成，先出1根大阴线，接着出现红三兵，最后再出1根大阴线向下破位。

（3）中间反弹的3根阳线形成了红三兵：

① 3根阳线为小阳线，不能为大阳线；

② 3根阳线与前面的大阴线形成孕出线；

③ 3根小阳线没有突破第1根大阴线的开盘价；

④ 中间的阳线可以是2根、3根、4根、5根或更多根，也可能掺杂小阴线或十字星。

（4）最后1根大阴线的开盘价低于第1根大阴线的开盘价，且创近期新低。

技术含义

下降三法为上升三法的相反形态，仍然包括"卖""买""暂停"三重含义。此 K 线组合也分三个步骤完成：第一步，股价在下跌趋势中出现 1 根较有力度的大阴线向下破位，表示空方下跌量能强盛，为卖出信号。

第二步，在大阴线之后，多头出现短暂抵抗行为，股价连续收小阳线向上攀升，3 根小阳线类似于红三兵的走势，此为买入信号。

注意，在下跌趋势中紧接大阴线出现的红三兵与上升趋势中红三兵的含义截然不同，下跌行情中的红三兵多半昙花一现，后续将再次下跌。况且，红三兵没有向上突破，股价无法收复第 1 根阴线的失地，所以股价走势并没有真正企稳转强。

第三步，其后再次出现 1 根较有力度的大阴线，将前面持续反弹的小阳线实体一口吞噬，且创新低。小阳线组成的红三兵的弱势反弹已经结束，后市股价将可能惯性下滑寻底，此为卖出信号。

成交量要求：第 1 根大阴线的成交量较大，持续反弹的小阳线成交量减少，这样的量价配合，说明股价属于弱势反弹，没有主力资金介入；最后 1 根大阴线的成交量应再次放大，表明股价短暂反弹之后，空头能量再次聚集，新一轮下跌再次开始。

类似上升三法，最后 1 根大阴线出现时，酒田战法的观点与坊间流传的观点有所不同：酒田战法的观点是"暂停"，而坊间流传的观点是"卖出"。

形态类比

如图 a 所示，矩形框内的 K 线组合不是下降三法：① 2 根大阴线之间夹杂 4 根小阴、小阳线，略向下排列，没有反弹，而是横盘走势；②最后 1 根中阴线开盘过低。

如图 b 所示，矩形框内的 K 线组合不是下降三法：① 2 根大阴线之间夹杂 5 根小阴、小阳线；②它们在一个矩形内横盘整理，成为下跌中继站；③最后 1 根大阴线跌破矩形下沿。

如图 c 所示，矩形框内的 K 线组合为下降三法的变式：①中间红三兵变为小阴、小阳线夹杂，反弹上升；②反弹的第 3 根小阴线高于第 1 根小阳线的开盘价，为假阴线，其本质是阳线；③最后出 1 根超大阴线，且创近期新低。

战法 61
下降三法——卖出

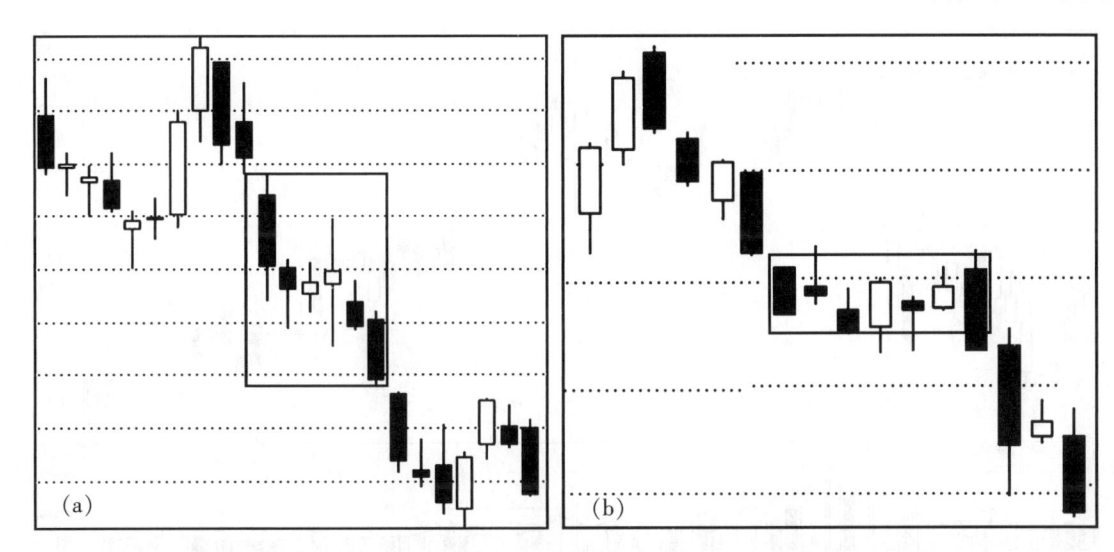

如图 d 所示，矩形框内的 K 线组合为下降三法的变式：①处于上升趋势中，而不是下跌趋势中；②中间红三兵变为 4 根小阳线加 1 根十字星；③随后 1 根大阴线形成了穿头破脚形态，反弹到此结束。

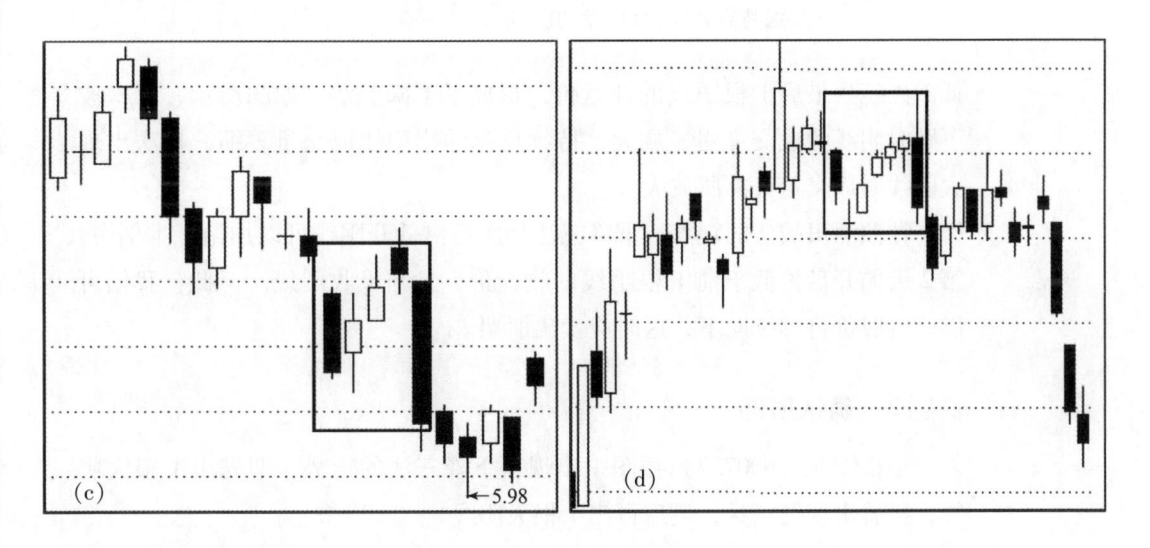

实战验证

例题 1　形态识别

海特高新（002023）2012 年 5 月连拉 6 根阳线，股价见顶回落。在黑三兵之后，连续收出 3 根反弹的小阳线，随后收出 1 根中阴线，且开盘价

海特高新（002023）2012年3—6月截图

低于黑三兵最后 1 根阴线的开盘价，形成了下降三法。如图所示，第一波下跌时阴线的成交量明显放大，持续反弹的小阳线成交量萎缩，再次出现大阴线时成交量又有所放大。

按照酒田战法的观点，下降三法如次日出低开阴线可以加抛。本例中，第 2 天的开盘价低于前 1 根阴线的收盘价，且当天收阴线。至此，我们可以确定股价将继续向下，这时应卖出股票。

例题 2 确认顶部

中粮糖业（600737）截图中出现了下降三法的走势，即先出 1 根大阴线，接着出现红三兵，最后再出 1 根大阴线。

在上升趋势中，先出 1 根穿头破脚的大阴线，表明股价可能已经到达天井。随后出红三兵，可以看作对下跌过激的修正，可能是主力诱多的骗线。之后再次出现中阴线，说明主力已经在不计成本地抛售，市场出现了恐慌性抛售。

K 线理论认为，每一根较有力度大阴线的开盘价位，都非常关键，它是后期走势的压力位。如图中所示的红三兵，收盘价刚好触及大阴线的开盘价，接着再出 1 根中阴线，说明上升受到了沉重的抛压，此阻力位近期

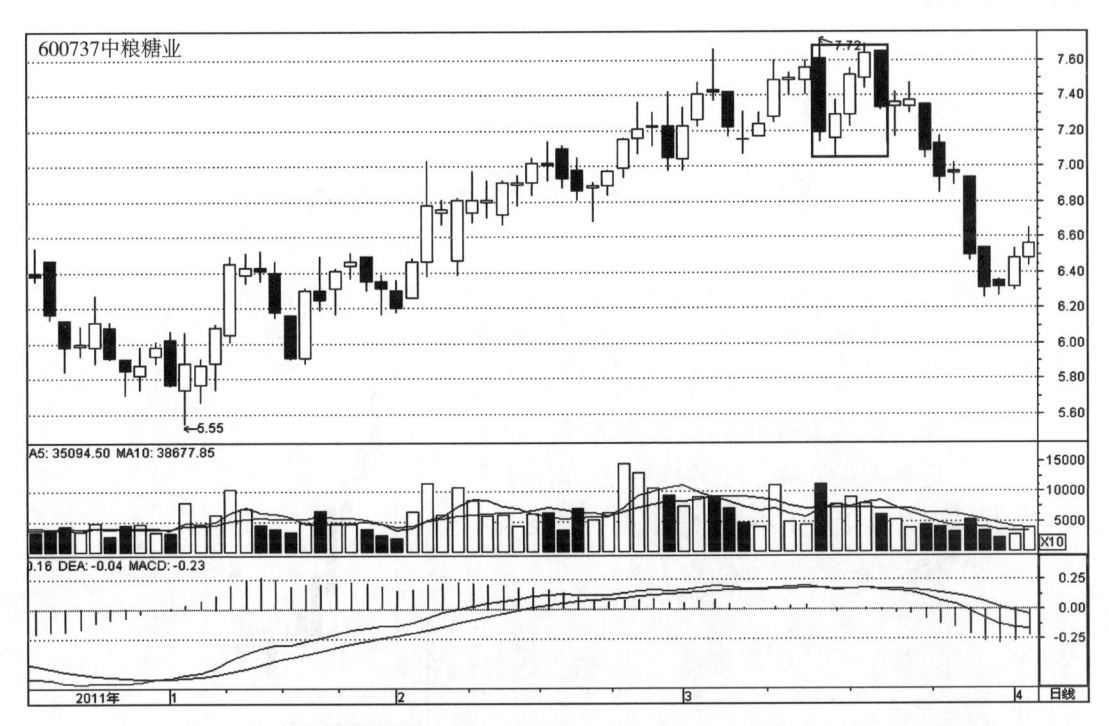

中粮糖业（600737）2011年12月至2012年3月走势图

不能突破，股价将继续往下走。

此中阴线形成的当天是卖出的最佳时点。特别是，当盘中发现股价反弹运行到第1根大阴线开盘价附近，掉头翻身向下，盘中分时图显示分时线跌破均价线，有放量加速下行迹象时，可以在盘中提前出局。

小 结

下降三法为上升三法的相反形态，是主力经过诱多、筹码出尽后，不计成本抛售的结果，后市将继续下跌。所谓"下跌容易上升难"，下降三法后市续跌的概率大大高于上升三法后市续涨的概率。下降三法形态形成之后，投资者应果断止损出局，换股操作。

统计心得

下降三法中的第1根大阴线若是"断头铡刀"形或刚刚跌破下跌中继平台，股价继续大幅下挫的概率将超过85%。

战法62：U字形——买入

在一连串下跌之后，急速由底部翻转过来，犹如U字，最后冒出的大阳线可覆盖前面数日线的幅度，并迅速形成一底部。U字形一出，行情常会持续上涨1个月以上，故为"上涨"信号之一。

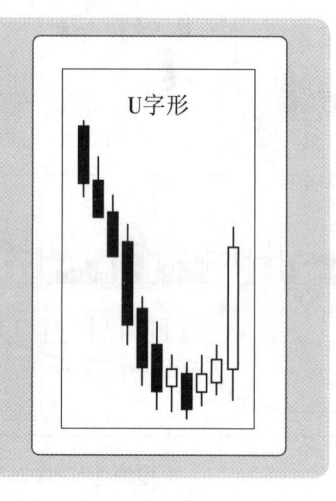

形态特征

U字形，是指整体形状犹如U字的K线组合，是见底信号。其形态特征如下。

（1）处于下降趋势中，通常要求下跌时间超过1个月之久。

（2）整体形状犹如U字。

（3）U字形的左边是一波急跌，图中出现了六连阴的走势，下跌角度很大。

（4）U字形的底部为4根阴阳夹杂的小K线横盘整理。

（5）U字形的右边为1根大阳线，大阳线收复之前若干天的跌幅。

技术含义

股价持续下跌，连续收出6根阴线，空方肆无忌惮地做空。但是多头从来没有放弃抵抗，随着多头力量渐强和空头力量衰竭，市场进入了短暂的多空平衡。股价没有因为暴跌而继续下行，而是在低点处获得支撑，进而横盘整理。最后出现1根高开高走的大阳线，收复了前期好几天的跌幅，

战法 62
U字形——买入

表明市场进入了多头控制的局面。

酒田战法认为，U字形形态出现后，股价常会持续上涨1个月以上，是上涨的信号之一。因此，如果某只股票在低位形成U字形，且有成交量的配合，后期往往会有一段可观的涨幅，投资者应抓住机会，顺势买入。

变式研究

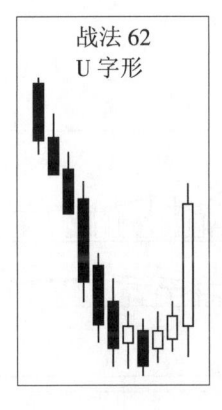

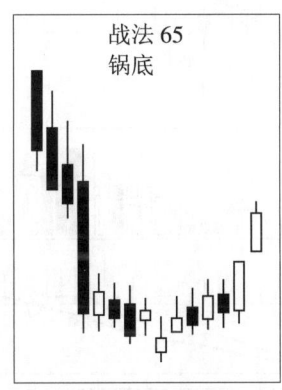

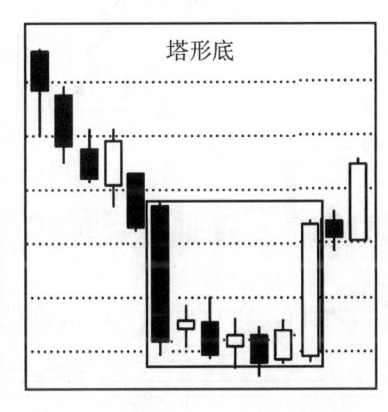

与U字形相类似的形态有塔形底和锅底。整体上看，它们都呈现"下跌（急跌）——横盘（形成平底）——上涨（急涨）"的形态，都是买入信号。

塔形底——买入

塔形底的左边要求有1根大阴线，与右边的大阳线对称；U字形左边不一定有大阴线，可以是一些连续的中阴线。

锅底（战法65）——买入

（1）锅底底部形成时间较长，大锅底有时长达半年以上；U字形底部通常在1周之内。

（2）锅底以向上跳空确立形态，而U字形中没有出现跳空，以1根大阳线确立形态。

实战验证

例题1 形态识别

格力电器（000651）截图中矩形框内的K线组合整体形状犹如一U字，其特征有：①出现在下降趋势中，下跌时间有1个月之久；②在一连串下跌中，连出4根阴线，下跌角度很大，形成了U字形的左半部分；

格力电器（000651）2011年11月至2012年2月截图

③接着出现4根小K线并排，股价出现短暂的横盘整理，此为U字形的底部；④最后出现1根大阳线，此为U字形的右半部分；⑤U字形形成前几天成交量萎缩到了地量，到U字形时，成交量略有放大，"下跌时缩至地量，盘整及初升时略有放大"是典型的底部特征，说明有主力在悄悄吸筹，后市通常会有一段不错的涨幅。

按照酒田战法的观点，U字形一出，行情常会持续上涨1个月以上。此U字形出现后，该股一路上涨，从2011年12月16日一直涨至2012年3月9日才出现较大幅度的回调，上涨时间持续了两个多月。股价从最低时的16.16元，最高涨至21.55元，涨幅近30%。故U字形为大涨信号之一。

例题2 塔形底或U字形

国电南瑞（600406）截图中矩形框内K线组合的特征：在下跌趋势中，突然拉出1根大阴线，随后出现9根小K线运行在大阴线的下方，它们基本在同一水平位置，形成了平底，随后（2011年6月7日）再拉出1根大阳线，与左边的大阴线对称，形成了U字形。由于底部横盘时间超出1周，故也可以将其看作塔形底，它们都是看涨信号。

此形态出现后，后市虽然有回调，但始终没有跌破2011年6月7日大

战法 62
U字形——买入

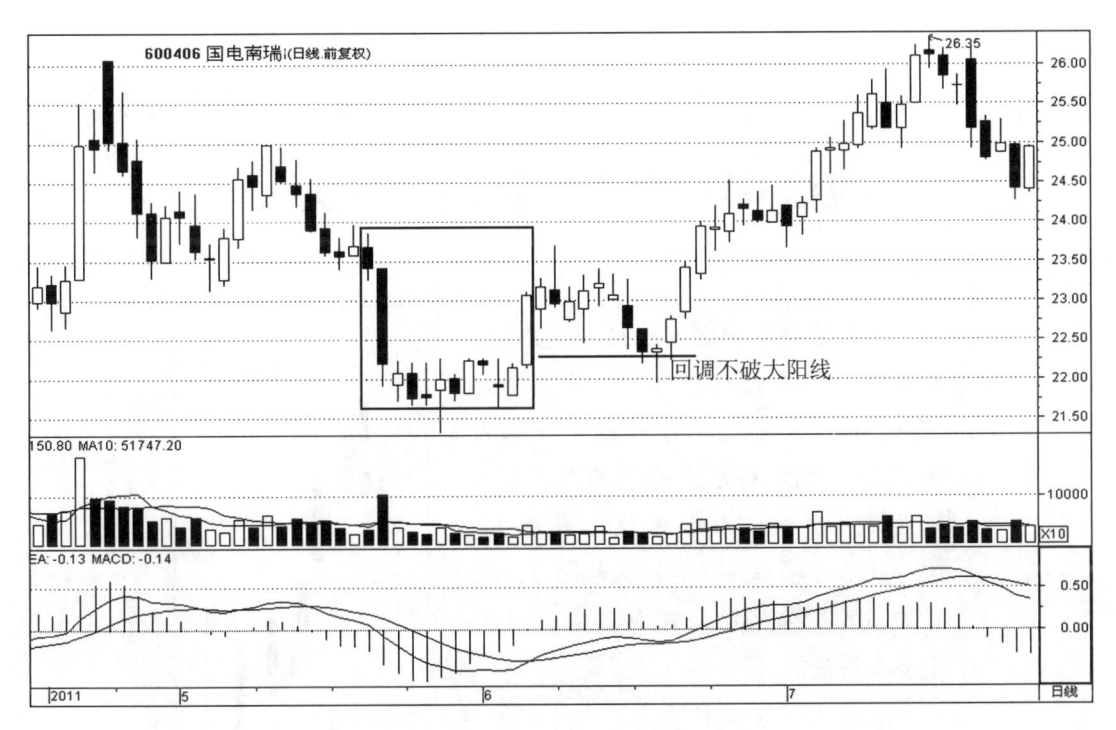

国电南瑞（600406）2011年4—7月截图

阳线的开盘价，故投资者可以一路持股做多（即使盘中跌破了，只要收盘时能拉回来，就不算有效跌破）。如图所示，此波上升行情持续了两个月之久，在形态刚出现时买入股票的投资者，取得了不错的收益。

小　结

U字形是买入信号，但并不意味着U字形出现后，股价会直线上升。一般情况下，股价会回调到大阳线的中间位置（此为最佳买入点）。之后只要股价不破大阳线的开盘价（此为止损点位），投资者就可以一路持股做多。

U字形为什么不叫U字底呢？可能的原因是，底部的形成过程通常比较复杂，而且需要较长的时间，而U字形底部盘整时间较短，主力吸筹不够充分，故它的反转功效就会大打折扣，谨慎起见，不叫U字底。

战法63：擎天一柱底——买入

在一连串下挫之后迅速到达底部，且最后1根以大阴线收市，获如擎天砥柱。通常跳空之后的K线达5根之多，其中阴阳线交互排列而下，第5根再出大阴线，表示落底已到尽头。这种线形是多头不断抛售造成的，次日如高开走势将整个反转过来，有利于多头买进。

（注：图已修正）

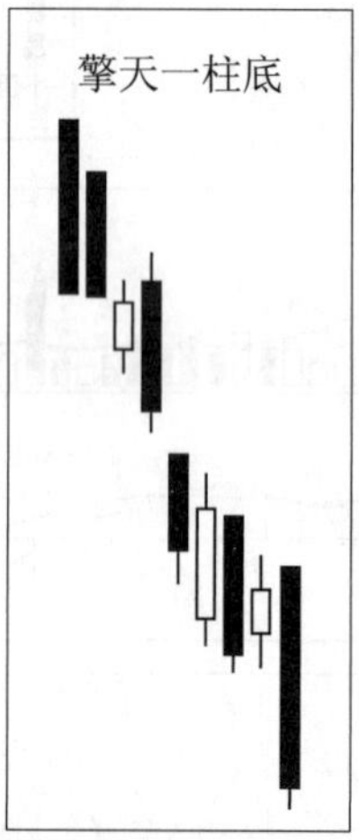

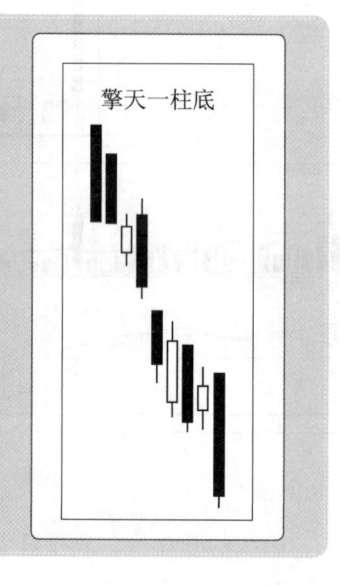

形态特征

擎天一柱底，是指在一连串下挫之后迅速到达底部，且最后1根以大阴线收市，犹如擎天砥柱。其形态特征有：

（1）处于下降行情中。

（2）核心线形——缺口+超大阴线。

①缺口——向下跳空前已经下跌了一段时间，此缺口为持续性缺口或者衰竭缺口，不是突破缺口；

②超大阴线——向下跳空后第5天出现超大阴线，犹如擎天砥柱（图中大阴线怀抱前1根阳线）。

（3）跳空之后的日线达5根之多，其中阴阳线交互排列而下（不能出现反弹走势）。有时跳空后的日线可能只有3根，也可能达到8根之多（股市中3、5、8、13等通常被认为是神奇的预测数字）。

（4）确认线：大阴线出现后，第2天如果收高开高走的阳线，则后市看涨；如果收十字星、锤头线等，则需进一步确认。

技术含义

酒田战法中共描述了三个"底"：擎天一柱底、下落变化底和锅底。既然是"底"，就应该有"底"的特征，即前期下跌时间较长或下跌幅度较大，已经跌无可跌，即使再跌，也跌不了多少。

在一连串下挫之后，股价出现向下跳空，之后股价下探，再出 1 根超大阴线，表明市场悲观到了极点。股谚云："多头不死，空头不已。"股价只有来一个干干脆脆的大跌，才会真正砸出一个底部来。最后 1 根超大阴线，犹如擎天砥柱一般，其真正的功能是显示探底成功。故酒田战法认为，擎天一柱底这种线形，是多头不断抛售造成的。后市可能出现物极必反，见底回升。

当然，底部是需要确认的。次日如果高开高走收阳线，后市将反转向上，这时投资者可以买进。次日如果收十字星或锤头线，则投资者需要观察第 3 天的走势。如果第 3 天收大阳线，则构成晨星，也可以确认股价即将上涨。次日如果继续低开，或收阴线，后市则可能继续下挫。

形态类比

酒田战法中连续出现阴线，股价快速下跌的战法有以下几种。

战法 40：下落跳双阴——卖出

与擎天一柱底的相同点：①处于下跌趋势中；②出现向下跳空。

不同点：①下落跳双阴出现跳空后连出 2 根阴线，而擎天一柱底出现跳空后阴阳夹杂，继续下跌，K 线达 5~8 根之多（下落跳双阴可能演变成擎天一柱底）；②下落跳双阴为卖出信号，擎天一柱底为买入信号。

战法 40
下落跳双阴

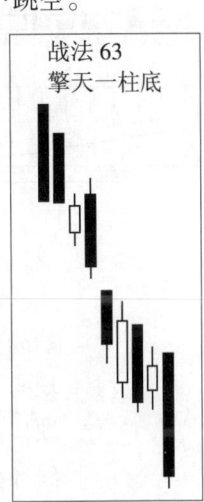

战法 57
下降最后怀抱线

战法 63
擎天一柱底

战法 57：下降最后怀抱线——买入

与擎天一柱底的相同点：①处于下跌趋势中；②出现超大阴线；③都是买入信号。

不同点：擎天一柱底在下跌途中出现向下跳空缺口，而下降最后怀抱线没有出现跳空缺口。

实战验证

例题 1　形态识别

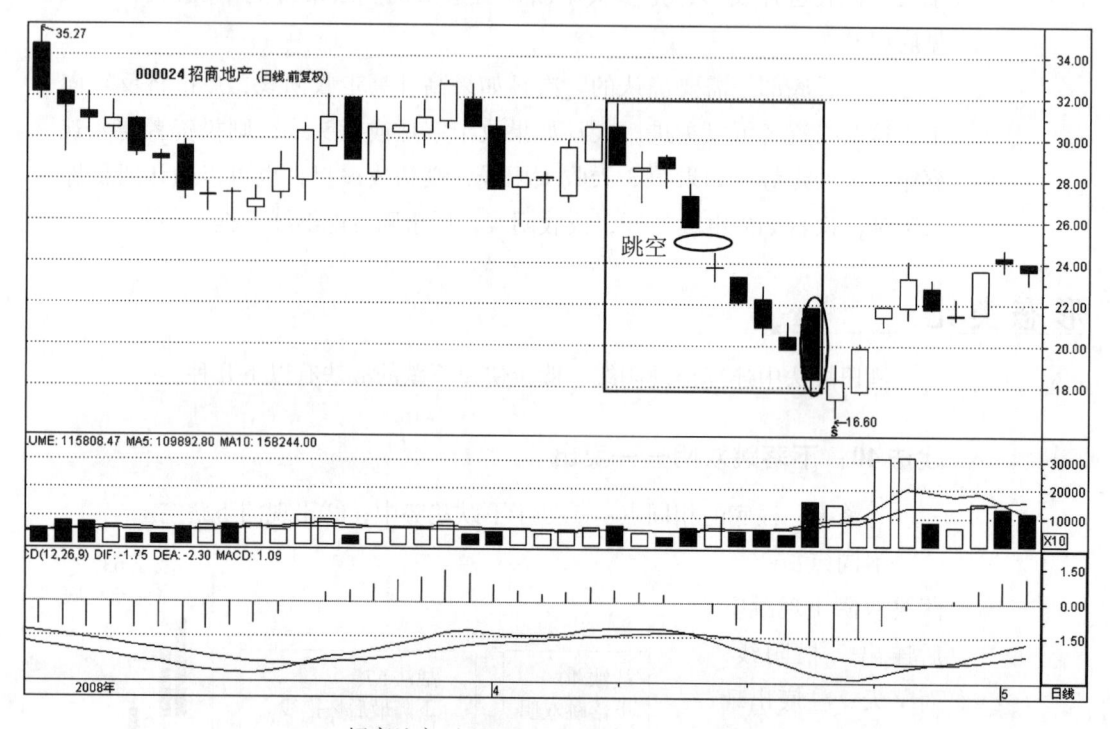

招商地产（000024）2008 年 3—5 月截图

招商地产（000024）截图中矩形框内 K 线组合的特征有：①处于下跌趋势中，该股自 2008 年 3 月 28 日见反弹顶部以来，股价出现回落；②出现向下跳空缺口，2008 年 4 月 15 日出现向下跳空缺口当天收十字星，出现缺口前已经连续下跌了 4 天；③出现缺口之后的第 5 天出现大阴线，大阴线怀抱前 1 根小阴线，至此，擎天一柱底形态形成；④大阴线出现后，第 2 天收小阳线，第 3 天收中阳线，形成了晨星，这是对擎天一柱底探底成功的确认。如图所示，擎天一柱底出现后，该股出现了一波强势反弹，短短几天，从16.60元反弹到24.66元，反弹幅度接近50%。

一般地，擎天一柱底中的大阴线出现后，第2天如果收阳线，激进的投资者可以试探性买入（第一买点）；之后股价如果继续放量上涨并收复大阴线的开盘价，则投资者可以加码买入（第二买点）。当然，投资者也需要设置好止损位。

例题2　后市续跌

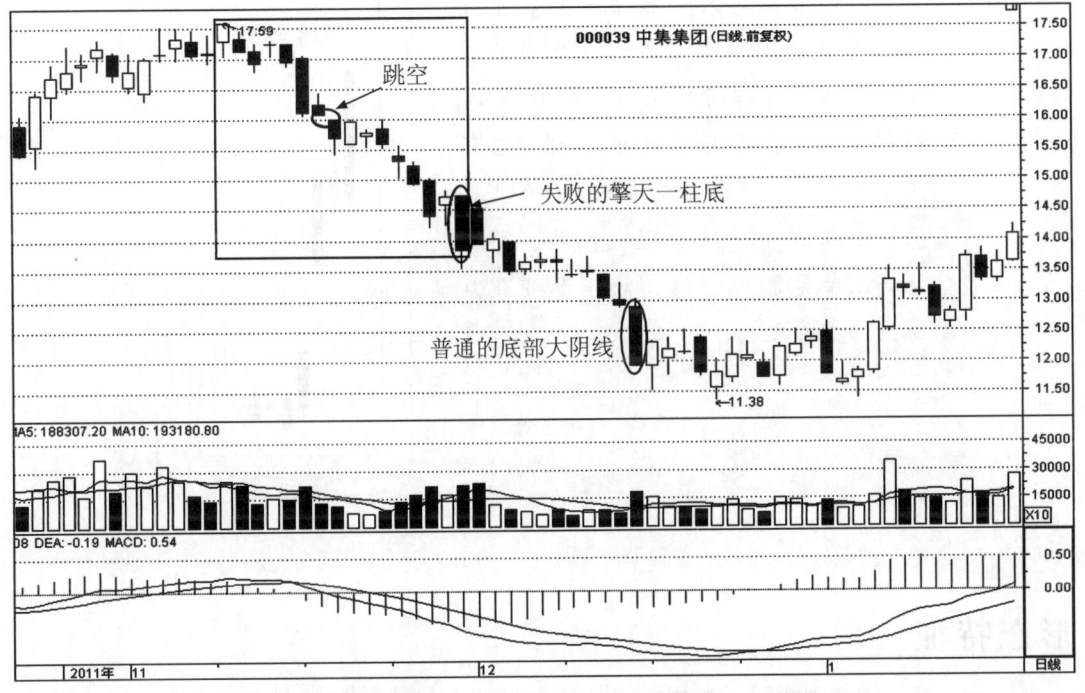

中集集团（000039）2011年10月至2012年1月截图

中集集团（000039）截图中出现的擎天一柱底（矩形框中的K线组合）并没有探底成功，股价继续下跌。通常只有当大阴线出现后，第2天收阳线才算探底成功，而此时为中阴线，即探底失败，股价将继续下跌。从更长的时间走势角度看，该股的跳空缺口发生在下降旗形的下沿，属于突破缺口，后市会有比较大的跌幅。况且，跳空后下跌角度约45°，这是最稳健的下跌走势，故仅凭1根大阴线，股价是难以出现超跌反弹的。

小　结

擎天一柱底的核心特征是跳空后再收大阴线，是见底信号。下跌途中的大阴线并不都是擎天一柱底，有的是加速下跌大阴线，后市继续下跌；有的是底部大阴线，后市可能见底回升。

战法64：下落变化底——买入

此形态和擎天一柱底一样，也是一种迅速落底的走势。它在底部出现高开阳线，有意回补先前的跳空缺口，但仍嫌不足，今后有可能再涨。在下落变化底中，底部通常包括5～6根小阴、小阳线，一旦出现大阳线，股价就会立竿见影地上涨，故下落变化底为买入信号之一。

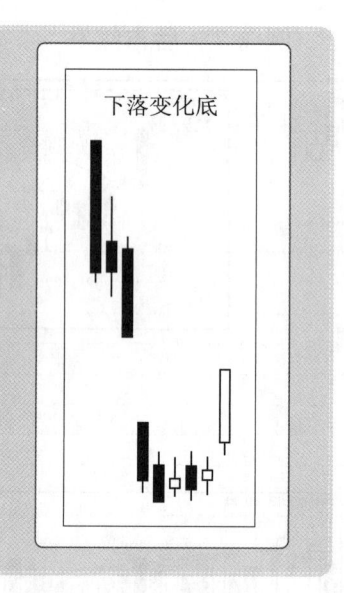

下落变化底

形态特征

下落变化底，是指在一连串下跌中，出现向下跳空，从而迅速到达底部，在底部出现高开阳线，有意回补先前的跳空缺口，但仍嫌不足。其形态特征如下。

（1）出现在下降趋势中。

（2）三连阴后出现向下跳空缺口，此为衰竭缺口。

（3）跳空之后，出现5～6根小阴、小阳线横盘整理，形成了平底（区别：擎天一柱底中，出现跳空后5根小K线交互排列而下）。

（4）出现高开的中大阳线，部分回补了前期的下跳空缺口。

（5）变式：最后1根中大阳线如果跳空高开，则为岛形底。

技术含义

下落变化底和擎天一柱底一样，也是一种迅速落底的走势，开始时快

战法 64
下落变化底——买入

速下跌，而且以下跳空的形式下跌，表明市场已经极度悲观。但物极必反，跳空之后，股价已经跌无可跌，进而横盘整理。正所谓"危机，也就是危险中的转机"，市场此时已经酝酿着反转的时机，只等那个时间点的到来。果不其然，之后在底部出现高开阳线，并有意回补先前的跳空缺口，虽然当天不能完全回补缺口，但多头的意愿已很明显，因此今后有可能再涨。

在下落变化底中，底部通常包括 5~6 根小阴、小阳线，它们形成了平底。平底本身具有反转的功效，故一旦出现大阳线，就是对上涨信号的进一步加强。所以，下落变化底为买入的信号之一。

变式研究

下列所展示的两个图形，都是下落变化底，它们的共同特征有：①处于下跌趋势中；②出现向下跳空缺口；③跳空后出现横盘整理；④最后出现高开的阳线。

如图 a 所示，下跳空后横盘时间较短，才 4 天时间，横盘后高开的阳线回补了前期缺口，之后股价被直线拉升。

如图 b 所示，中间横盘的大多是十字星，最后高开的阳线只是部分填补了缺口，后市继续盘整，没有出现大涨行情，没有操作的价值。

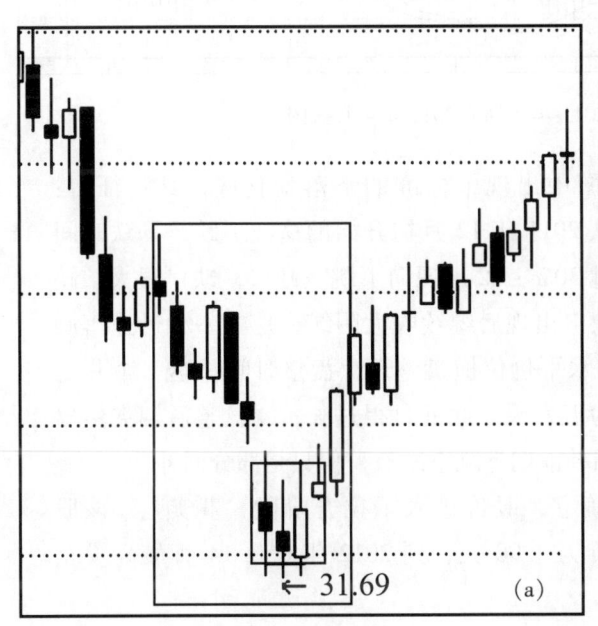

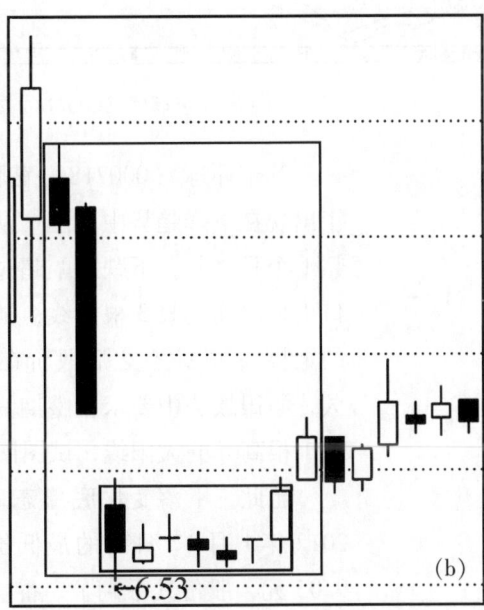

实战验证

例题 形态识别

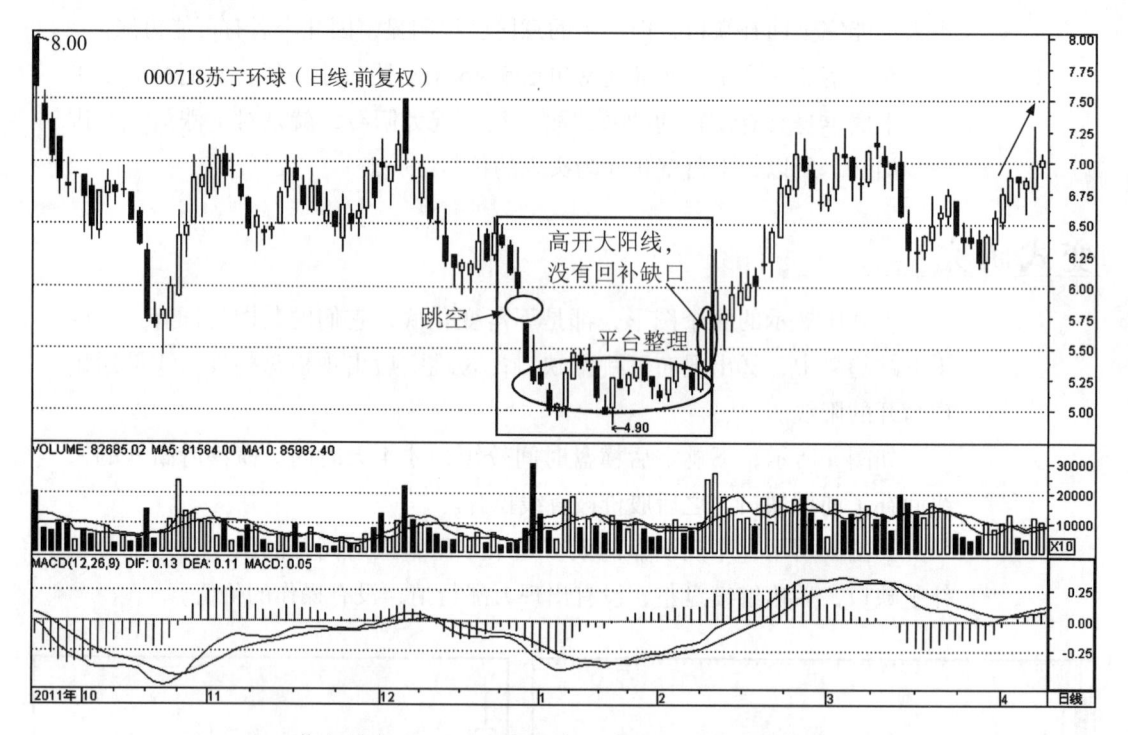

苏宁环球（000718）2011年9月至2012年4月截图

苏宁环球（000718）截图中出现了标准的下落变化底，其特征有：①出现在下降趋势中，图中从2011年12月初开始的这波下跌，下跌时间超1个月之久，下跌跌幅超过30%；②出现向下跳空缺口，缺口很大，缺口出现前连续收3根阴线，缺口出现后继续收大阴线，是"一种迅速落底的走势"；③跳空之后股价在水平价位横盘整理，盘整时间长达1个月之久，酒田战法中要求盘整期为五六天，此处显得过长；④盘整后期突然出现1根高开的大阳线，试图回补前期下跳空缺口，但只是部分回补。

至此，下落变化底形态确立，股价进入了拉升阶段。事实上，该股2012年1月17日时的最低价为4.90元，到2012年6月14日最高摸至9.05元，股价几乎翻了一番。

小　结

下落变化底、擎天一柱底和锅底是酒田战法中三大底部（实际上，战法 68 三川也是底，即西方技术分析中的头肩底、双顶）。既然是底，就是绝佳的买入时机，但问题的关键是要能准确地判断当前的行情是不是"底"。

战法65：锅底——买入

市场在长期低迷的时候，经常会出现这种线形，对于利空消息亦无反应。股价急跌后，逐渐盘落，在底部呈半圆底分布，随后再缓缓上升。这种底部在西方技术分析中称为碟形底，和W底、V形底、三重底并称为四大底部形态。锅底形态为期甚长，大锅底有时长达半年以上，故锅底的形成不容易清楚看见，它属于上涨的信号之一。

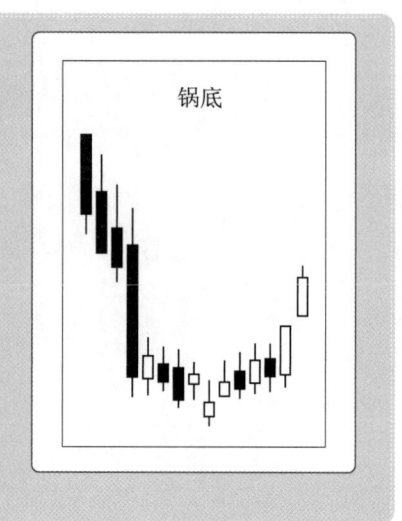

锅底

形态特征

锅底又叫作碟形底或者圆底，是市场在长期低迷的时候，股价先逐渐盘落，然后在底部呈半圆底再缓缓上升形成的形态，整体形态犹如锅底。其形态特征如下。

（1）在下跌趋势中，下跌至少持续半年以上。

（2）市场处于长期低迷期，利空对股价也不起作用。

（3）筑底时间较长，短时几周，长时可达半年以上。

（4）底部股价波动幅度极小，呈现圆弧形态或平底形态。

（5）底部成交量极度萎缩，至尾端时成交量缓慢递增。

（6）确认线：最后出现1根向上跳空的中大阳线，中大阳线的成交量须为前一天的1倍以上。

技术含义

锅底是经典的底部形态，在西方技术分析中，锅底（碟形底、圆底）、

战法 65
锅底——买入

W底、V形底与三重底并称为四大底部形态。

锅底形成的机理如下。股价从高位开始回落之初，投资者对反弹充满信心，市场气氛依然热烈。股价继续走低，这时市场很难挣钱，甚至还常常亏钱，因此投资者参与的兴趣逐渐降低。参与的人越少，股价就越容易往下跌。如此恶性循环，导致股价不断下跌，离场的人也就越来越多。

经过长时间的换手整理，想离场的人已经离场了，余下的都是多头，即使股价再跌也不肯斩仓。这样股价不再下跌，但这时候也没有什么人想买股票，大家心灰意冷，成交量越来越少，形成了股价底部横盘的局面（该跌不跌，理应看涨）。

横盘时间有时会持续几周，有时会持续几个月甚至1年，至尾端时成交量开始放大，这一现象的实质是有新的买入力量介入。当新的买入力量持续增强的时候，市场筑底成功，有向上发展的内在要求，此时主力通常会以向上跳空的形式脱离成本区，于是圆底的形态形成，市场将进入拉升阶段。

圆底的形成所耗时间较长，在底部积累了较充足的动力，一旦向上突破，将会引发一段相当有力而持久的上涨。向上跳空突破的当天，是买入的最佳时机。

变式研究

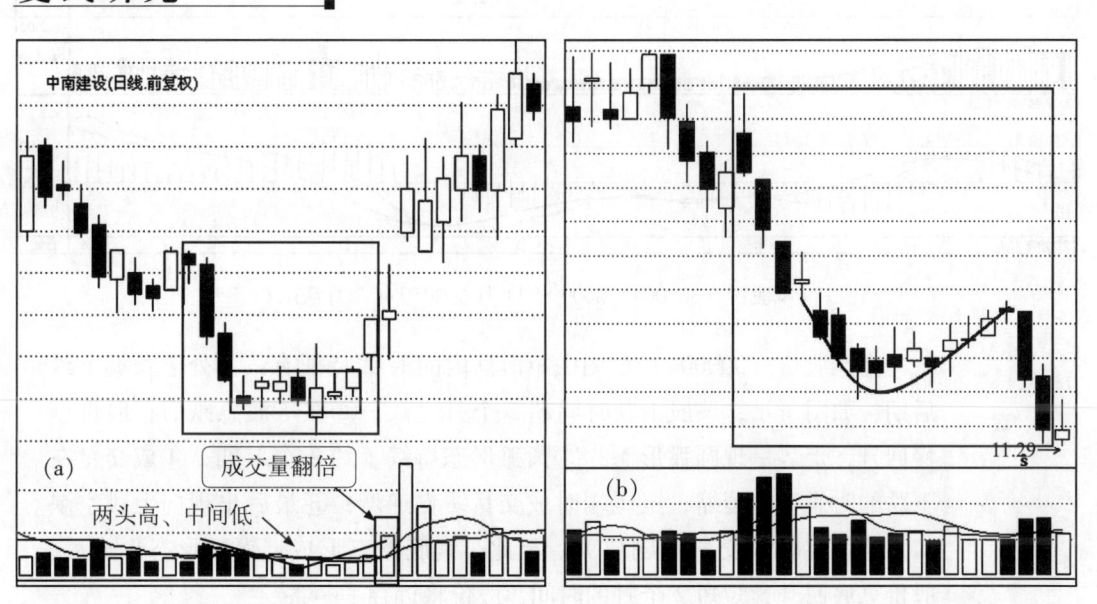

如图a所示，在下跌趋势中，连出2根大阴线后，出现7根小K线并

排，形成平底，最后出现向上跳空，当天成交量翻倍。至此，锅底形态确立，后市一路走高。

如图 b 所示，在下跌趋势中，连出中阴线后，跌势渐缓，整体呈现出圆弧形态的走势，没有出现向上跳空，锅底形态没有形成，后市股价继续下跌。

实战验证

例题 1　形态识别

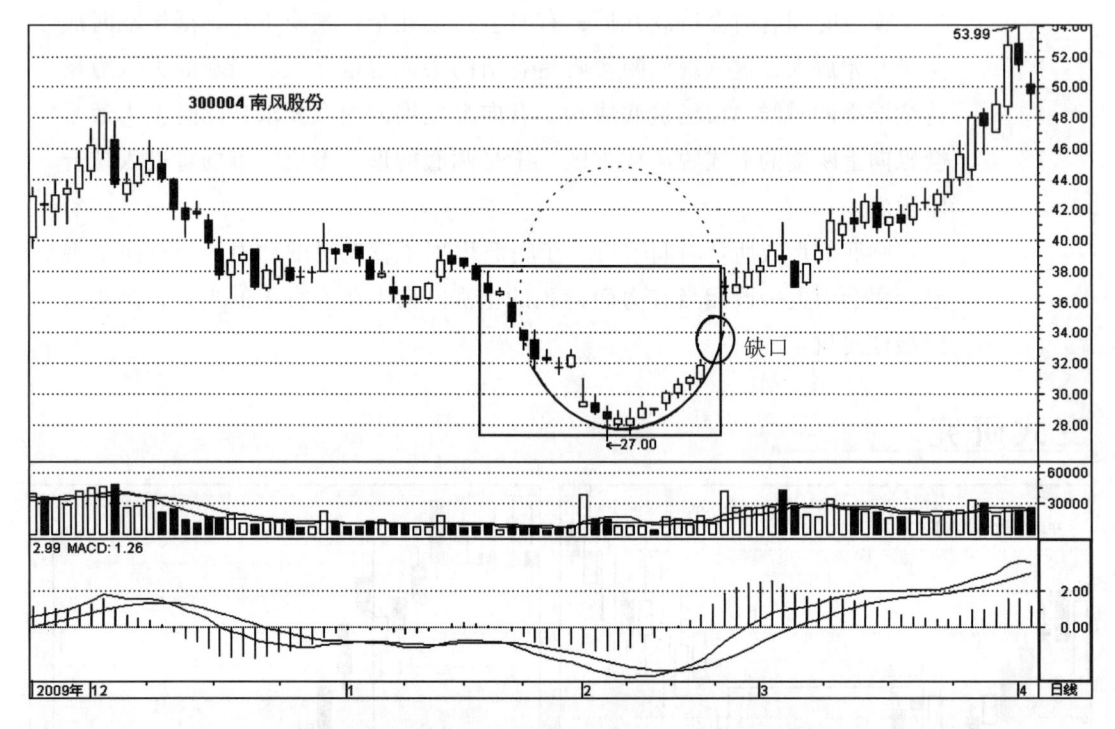

南风股份（300004）2009 年 11 月至 2010 年 3 月截图

南风股份（300004）截图中矩形框内的 K 线特征有：①处于长期下跌后期，如图所示，该股下跌时间超 2 个月之久；②在一波急跌后，股价慢慢回升，走势呈现圆弧形态；③圆弧形态持续了约 3 个星期；④成交量在下跌的时候极度萎缩，至尾端时成交量缓慢递增；⑤最后出现向上跳空缺口，且跳空时成交量急剧放大。至此，锅底形态形成。锅底形态形成后，股价见底回升，短短 2 个月的时间，股价将近翻了一番。

通常出现跳空的当天，就是锅底形态确立的时候，也是投资者进场的最佳时间。我们不要过早进场，不要指望买在最低、卖在最高。佛语有云：

"凡事太尽，缘分势必早尽。"投资时不要苛求自己赚到所有的钱，稳稳地拿到该拿的部分足矣。

例题 2　西方技术分析中的圆底——没有出现上跳空

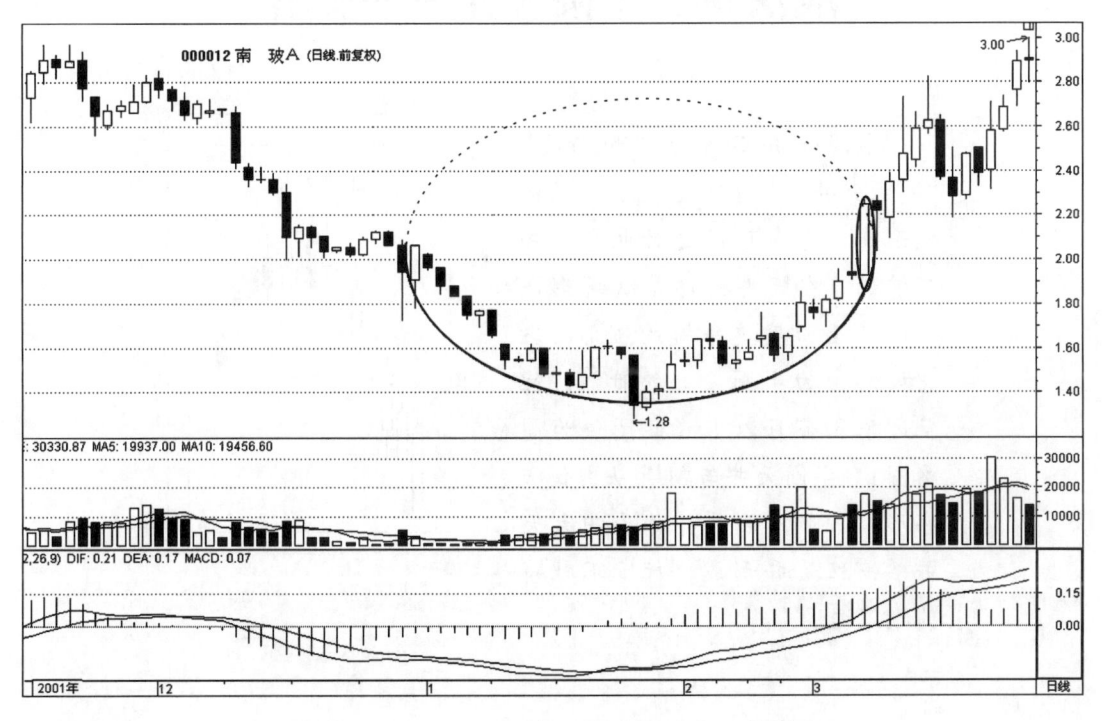

南玻 A（000012）2001 年 11 月至 2002 年 3 月截图

南玻 A（000012）在 2002 年 1—2 月的走势呈现出一个圆弧形，像个碗底一样。这种走势持续了 2 个月之久，在回升时，没有出现向上跳空缺口，这与酒田战法中的锅底有所不同。

（注：酒田战法中的锅底以上跳空的形式确立形态，而西方技术分析中的圆底不一定出现跳空，本书对这两者不做严格的区分。）

小　结

锅底形态即西方技术分析中的圆底形态，是最经典、最安全的买入信号之一。锅底形态的结构非常简单，以至于投资者不需要花费多少时间加以研究。它可能是最具有逻辑性并且最易于理解的一种反转形态。

战法66：半圆天井——卖出

半圆天井俗称为"和尚头""高原天井""圆顶"，为锅底的颠倒形态。它在形成之时也是不知不觉的，在天井处亦是缓缓形成半圆甚至曲度更平缓的弧形。当它被看出为半圆天井的时候，往往过了3个月以上（此图仅为简略图）。半圆天井与M字头、倒V字形、三重顶天井并称为四大天井，一旦天井形成，行情下挫将为期不远。

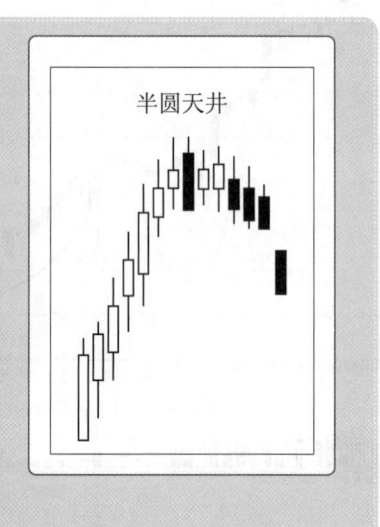

形态特征

半圆天井俗称"和尚头""高原天井""圆顶"，是锅底的颠倒形态。半圆天井的特征如下。

（1）在上涨趋势中，股价连续向上拉出大阳线或中阳线。

（2）之后上涨速度逐渐减缓，出现小阴、小阳线，在大阳线或中阳线右上方做圆弧整理。

变式：在天井圈缓缓形成半圆，有的曲度很平缓，接近平顶。

（3）圆顶一般由6~10根K线组合而成，有的筑顶时间长达3个月以上。

（4）之后出现向下跳空的缺口，此为圆弧顶的确立。

（5）成交量没有明显固定的特征，盘面上有时出现巨大而不规则的成交量。

战法 66
半圆天井——卖出

技术含义

半圆天井、M 头、倒 V 字形、三重顶天井并称为四大天井。

市场在经过一段疯狂拉升之后，买方力量趋弱，卖方力量却不断加强，随后双方取得均衡。随着卖方力量的增强，股价开始回落。开始时只是慢慢改变趋势，跌势并不明显，此时形成了一个圆弧形的顶部；后期卖方完全控制市场，出现向下跳空，随后行情急剧下挫。

有时圆弧形顶部形成后，股价并不会马上快速下跌，只是反复横向发展，形成徘徊区域。在多空双方拉锯形成圆弧顶期间，影响股价的经济事件、政治事件等均没有发生，市场中只是物极必反的转势心理占据了主导地位，此为"温水煮青蛙"式的出货情况。一旦向下突破这个横向区域，主力即完成了出货，通常会出现加速下跌的走势。

半圆天井不像其他形态有着明显的卖出点，但其形成时间较长，故也有足够的时间让投资者出货。卖出点可以是：①趋势线——跌破重要趋势线的支撑线；②重要均线——跌破中期均线，如跌破 20 天均线或 30 天均线，或者出现均线黏合向下发散；③出现向下跳空的当天。

变式研究

图 a 为塔形顶，图 b 为圆顶（半圆天井）。它们的相同点：①出现在上升趋势中；②小阴、小阳线形成顶部；③都是见顶信号。

不同点：①半圆天井以向下跳空确立形态，塔形顶则以 1 根大阴线来确立形态；②半圆天井盘整时间较长，以 1 个月为宜，塔形顶盘整时间较短，以一两周为宜；③通常认为半圆天井的下跌力度比塔形顶更大。

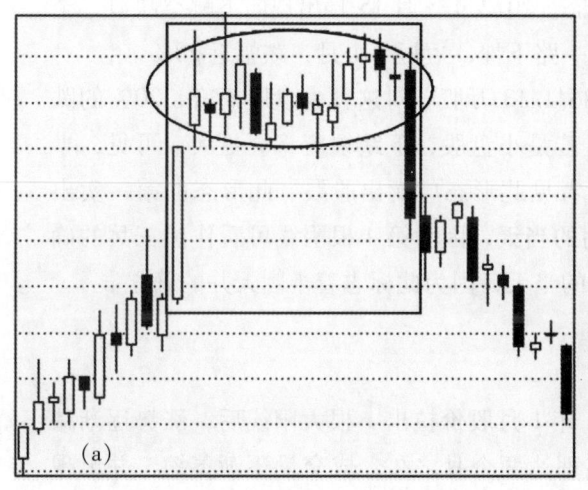

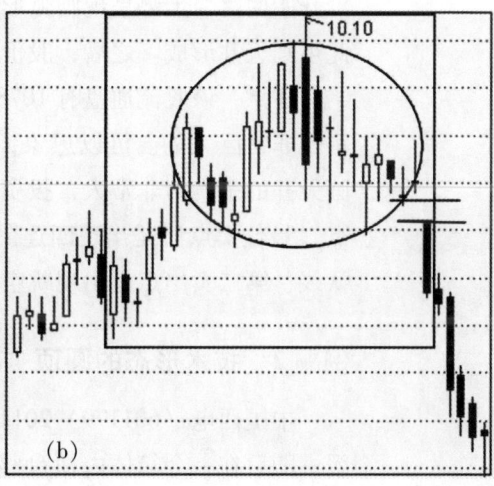

(a)

(b)

实战验证

例题1 兴业银行——形态识别

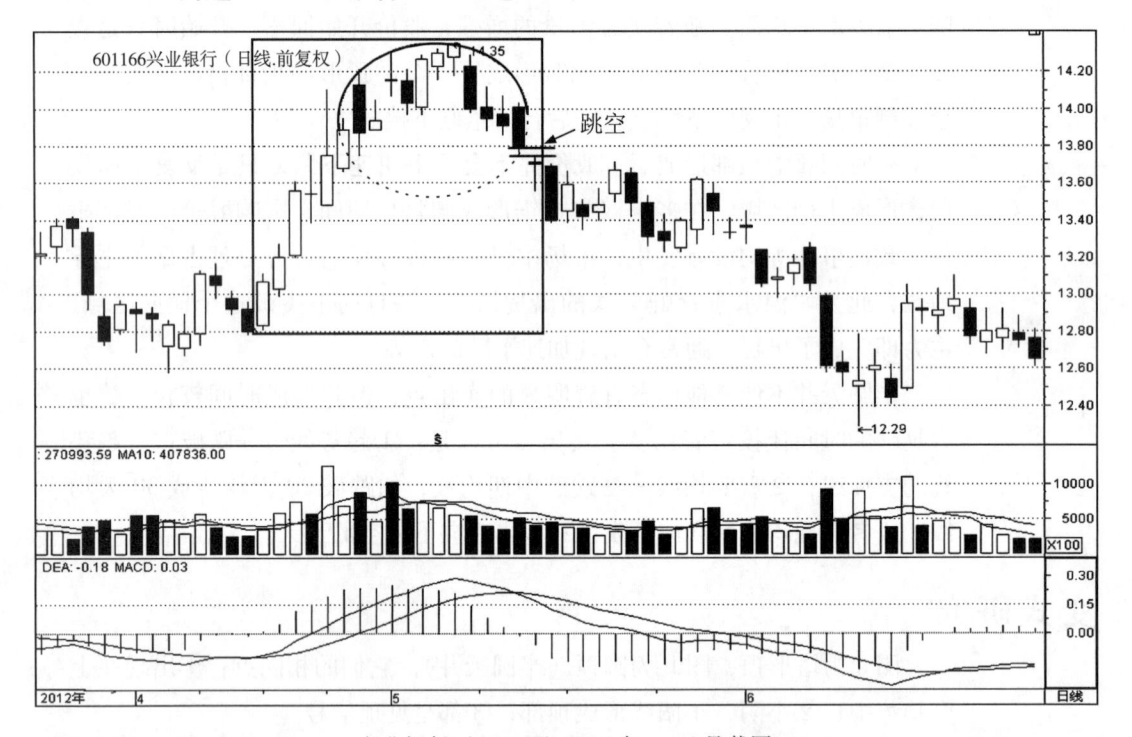

兴业银行（601166）2012年4—6月截图

兴业银行（601166）2012年4月连续拉出几根中阳线，股价直线上升；随后上涨速度逐渐减缓，并出现滞涨迹象；到14.35元高点之后，股价开始回落，走势呈现圆弧形态。2012年5月15日出现向下跳空缺口，至此半圆天井形成。之后，股价一路下挫，短短1个月，跌幅近20%。

注意，该股流通盘有1078641.13万股。对这种大盘股而言，20%的跌幅是非常巨大的。可以想象，若是小盘股，下跌幅度将会更大。可见，半圆天井的杀伤力非常大，投资者见此形态应卖出股票。此形态的第一卖出点（最佳卖点）是出现四连阴的当天，因为第4根阴线可看作黑三兵的确认线；第二卖出点是出现跳空的当天，因为此标志着半圆天井的确立。

例题2 技术形态的圆顶

中国西电（601179）2011年1月股价拉出1根大阳线后，涨势逐渐减缓，随后在一个箱体内横盘整理达两个月之久，成交量逐渐萎缩，并出现

战法 66

半圆天井——卖出

中国西电（601179）2010年11月至2011年5月走势图

向下跳空缺口。

此形态的显著特征是，顶部几乎在同一水平价位，符合酒田战法中提到的"缓缓形成半圆甚至曲度更平缓的弧形"的特征，这可看作半圆天井，也可以看作西方技术形态中的圆顶。

（注：酒田战法中的半圆天井和西方技术分析中的圆顶，有一定的差别。酒田战法中的半圆天井盘整时间以2周之内为宜，而西方技术分析中的圆顶持续时间可达半年之久，即区别在于时间长短。换句话说，半圆天井是圆顶形态的一种最小规模形态，本书对它们不做严格的区分。）

小　结

半圆天井（圆顶）是锅底的颠倒形态。半圆天井、M头、倒V字形、三重顶天井并称为四大天井，即四大顶部形态。锅底（圆底）是经典的底部形态，在西方技术分析中，锅底（碟形底、圆底）、W底、V形底与三重底并称为四大底部形态。一般来说，锅底向上突破需要成交量的支撑（即成交量必须放大），而半圆天井向下突破不一定需要成交量的支撑。

战法67：三山——卖出

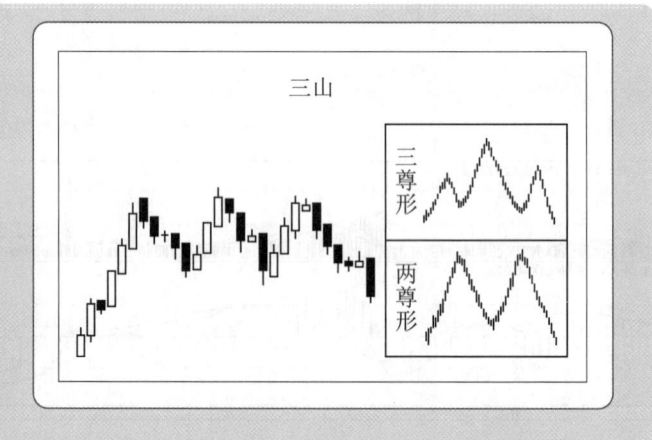

三山即所形成的天井形如三座高山，图中右上图为中间较为突出的三尊形，三尊形亦称为头肩顶，中间的天井略高于两侧。三尊形为日本人的典型称谓，因古时候日本人笃信佛教，该图形就像三尊佛像一般。

上图的另一种形态为两尊形，俗称为M头。

这两种形态的形成期都相当长（至少需半年），一旦形成，日后行情即将反转。

形态特征

三山是指股价走势形成的天井形如三座高山，此形态即西方技术分析中的头肩顶或三重顶形态。如果天井圈只有两座高山，则为双顶（或称M头）。其形态特征如下。

（1）出现在上升趋势中。

（2）形成时间较长，短时约半个月，长时可达半年之久。

（3）出现3个顶峰：如果中间的顶峰高于两侧的顶峰，则为头肩顶；如果3个顶峰高度基本相同，则为三重顶。

（4）3个顶峰处的成交量从左至右依次递减。

（5）只有2个山峰的形态，为双顶形态。

技术含义

三山即市场3次向一个高位价格进行冲击,结果都告失败。所谓"不成功,便成仁",后市将反转向下,走向崩溃的深渊。

一开始,看多的力量不断推动股价上升,市场情绪高涨。股价上升一段时间后投资者开始获利回吐,股价出现回落,形成了第一个峰顶。当股价落至某一价位时吸引了一些看好后市投资者的兴趣,之前在高位卖出股票的投资者也可能逢低回补,于是行情再度回升。当股价回升至前一高位附近时,那些对前景没有信心、错过了上次高点获利回吐的投资者,或是在回落低点处买进的短线投机客纷纷卖出,于是股价再次回落,形成了第二个峰顶。股价第三次上升,为那些后知后觉错过了前次上升机会的投资者提供了机会,但股价无力越过上次的高点,出现第三次回落,形成了第三个峰顶。

在最后一个峰顶处,常常会出现某种看跌K线组合,比如覆盖线、黑三兵等,对三山顶部形态进行确认。如果成交量再配合呈现逐渐萎缩的势态,则可确信主力并不看好后市,一波大幅的下跌即将来临。

变式研究

三重顶:3个峰顶基本等高,2次回落也基本在同一水平位置,成交量逐渐递减。

头肩顶:3个峰顶呈现"中间高、两头低"的形态,2次回落基本在同一水平位置,成交量逐渐递减。

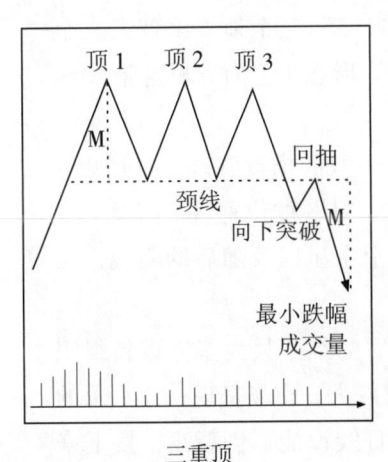

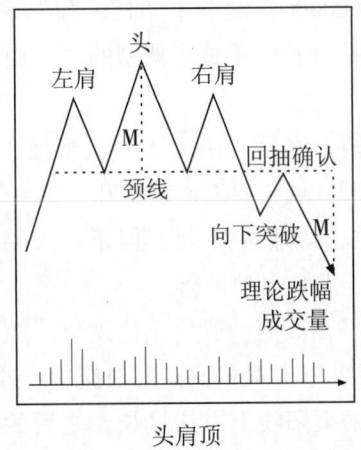

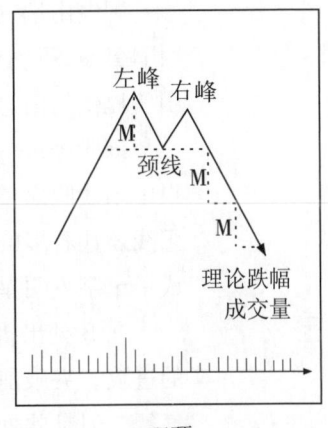

双顶：只有 2 个高峰，两者高度基本相等，成交量逐渐递减（通常右峰略低，但两者相差不能超过 3%，否则形态失败）。

实战验证

例题 1　形态识别

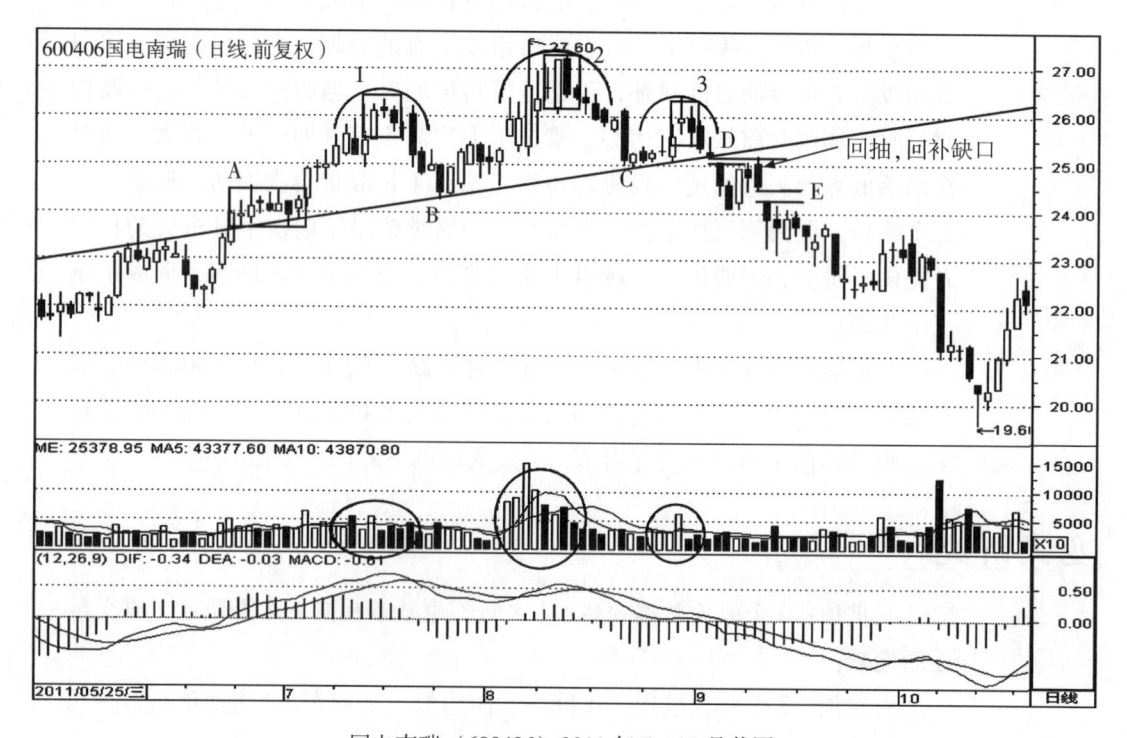

国电南瑞（600406）2011 年 5—10 月截图

国电南瑞（600406）截图中"1""2"和"3"三个地方出现了三个"山峰"，两边比中间低，形成了典型的"三山"形态。下面分析这张 K 线图所提供的信息。

该股经过一段上涨后，在区域 A 处形成了短暂的横盘整理，最后以 1 根中阳线脱离整理区域，向上连续拉升。在到达"1"的位置后，前面 1 根阳线还让看多的投资者信心十足，但第 2 天的十字星以及随后的阴线，构成了十字夜明星，股价见顶回落。

在 B 处出现孕出线后，股价止住跌势。随后的红三兵为多方重新组织的进攻，突破前期"1"处的高点时成交量有效放大，市场呈现一片欢乐的气氛。但是此处的大阳线上影线极长，之后的日线没能再创新高，接下来的十余根日线都被大阳线包含，形成了外孕多胞胎。种种迹象表明此时股价上涨乏力，在"2"处见到阶段性顶部后，股价再次回落。

到达 C 处后股价再次上攻，但成交量不能有效放大，此时上涨已为强弩之末。到达"3"处时，股价再次回调，回调到颈线位置 D 时，出现下跳空，宣告头肩顶的确立（这里的缺口 D 是突破缺口，因为它是突破颈线位置的缺口）。技术分析的基本理论认为，头肩顶跌破颈线位置后，通常会进行回抽，但此时回抽没能再次站上颈线，仅回补缺口。故我们可以得到的结论是，此时市场已经十分弱势，后市将大幅下挫，而不是小幅回调。

同时，由于区域 A 是一个平台整理位置，这里聚集了较多的筹码，所以应该在该价位处还有一番争夺，但只是无谓的挣扎。随着向下跳空缺口 E 的出现，多头终于偃旗息鼓，放弃抵抗，行情彻底走向崩溃。事实上，该股跌至 19.60 元才出现一波较大的反弹。

小 结

酒田战法中三山包含三尊形和两尊形两种形态：三尊形即股票走势中出现三座山峰，此为西方技术分析中的头肩顶（或三重顶）；两尊形即股票走势中只出现两座山峰，此即西方技术分析中的双顶。

下面将分别论述头肩顶和双顶。

三山之两尊形——双顶

双顶，又称 M 头，股价在某段时间连续上涨至相同的高点，随后反转下跌而形成的走势图。其形状类似于英文字母"M"，因而得名。在连续上升过程中，当股价上涨至某一价格水平时，成交量显著放大，股价开始掉头回落；下跌至某一位置时，股价再度反弹上行，但成交量较第一高峰时略有收缩，反弹至前高峰附近之后出现第二次下跌，并跌破第一次回落的低点。

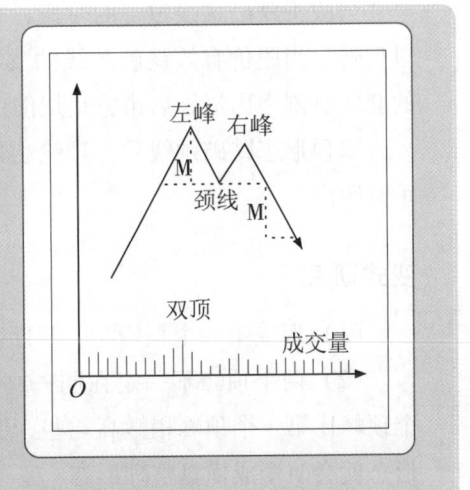

形态特征

（1）出现两个顶峰，分别叫作左峰和右峰，或称左头和右头。

（2）理论上，两个高点处的价位基本相同，实际走势中左峰一般比右峰高，但两者相差必须在3%之内。

（3）两个顶峰之间的时间间隔为数周至数月，最佳间隔为1个月。

（4）过第一个顶峰形成后回落的低点位置画水平线，此即颈线。当股价再度冲高回落并跌破颈线时，双顶形态正式宣告成立。

（5）成交量呈现递减现象：左峰成交量较大，右峰成交量次之。

技术含义

双顶的形成与头肩顶形态中左肩和头部的形成原理大致相同。

股价长时间上涨，市场情绪高涨，投资者疯狂买进，成交量非常大。但正是由于投资者的疯狂买进，给看淡后市的投资者提供了很好的出货机会，他们逢高卖出，于是股价回落，形成左峰。

错过了左峰的投资者，看见股价回落，逢低吸纳，从而导致股价止跌企稳，并再度上升。但毕竟买方力道已大不如前，再加上越来越多的投资者发现前景不妙，纷纷选择逢高出货，获利了结，故股价再度回落，形成右峰。

当股价跌破颈线位置的时候，往往会出现反抽走势，但反抽力道不足以反转。当股价有效跌破颈线的支撑后，双顶形态得到确认，将引发更多的套牢盘割肉出局，后市将呈崩溃走势。

双顶形态跌破颈线后，理论上的最小跌幅为颈线与双顶最高点之间的垂直距离。

变式研究

（1）形成第一个顶峰时，其回落的幅度大致在10%~20%之间。

（2）两个顶峰不一定在同一高度，但相差必须在3%之内。有时第二个顶峰比第一个顶峰稍微高一些，但如果第二个顶峰超过第一个3%，双顶形态就会演变成横盘整理形态。

（3）双顶形态如果长时间没有向下跌破颈线支撑，则有可能演变为整理形态。

实战验证

例题 2　M 头形态识别

国投新集（601918）于 2012 年 5 月 2 日、21 日形成了两个顶峰，它们基本在同一水平价位（右峰略低）；左峰高点到颈线的跌幅约为 11%；两峰之间的时间间隔大约为 3 周，这是标准形态的双顶。

下面我们来预测双顶形成后股价回调的位置。左峰最高价为 15.20 元，颈线位约 13.50 元，下跌的垂直距离为 15.20 - 13.50 = 1.70（元），跌幅为 1.70 ÷ 15.20 × 100% ≈ 11.2%。根据双顶的预测理论，它跌破颈线后的最小跌幅也应为 11.2%，则其目标价位为 13.50 × (1 - 11.2%) = 11.98（元）。事实上，该股跌破颈线后，正是到了此位置，才出现了小幅反弹，最后跌至 11.50 元才见底回升。

我们还可以看到，该图形具有完美的对称性：从左边起涨点到右峰的升势幅度、持续时间与从右峰开始下跌的幅度、持续时间基本相等，从左峰回落到颈线的时间、幅度与颈线到右峰的时间、幅度也基本相等。

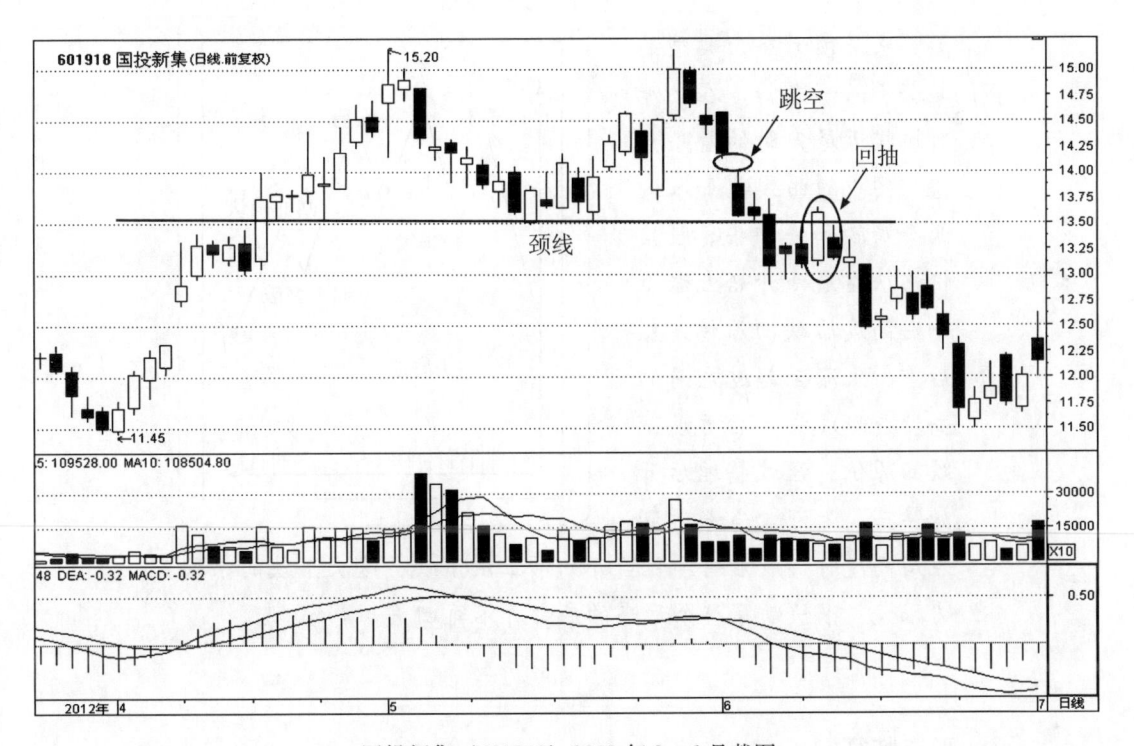

国投新集（601918）2012 年 3—6 月截图

小结

通常认为,两个顶峰之间的时间间隔越大,有效性越强。但如果两峰时间间隔超过半年,则此双顶的判断价值就很小。

在颈线没有被有效跌破之前,投资者不可先行主观臆断为双顶。潜在的双顶形态,也可能会演化成三重顶、矩形或三角形形态。

双顶形态正式确立,即股价有效跌破颈线支撑后,持股者应及时清仓。对于未能及时止损的投资者,可以等待股价再度反抽至颈线阻力位置时,再逢高出局。

有时第一个顶峰出现后股价跌幅较大(第一个顶峰与下跌后的最低点相差达8%以上),其后股价再度上升至第一个高点附近时,若成交量与前期相比显著减少,投资者就要预测它有可能构成双顶,此时应卖出一部分股票,而不要等到双顶形成后才将股票卖出。

三山之三尊形——头肩顶

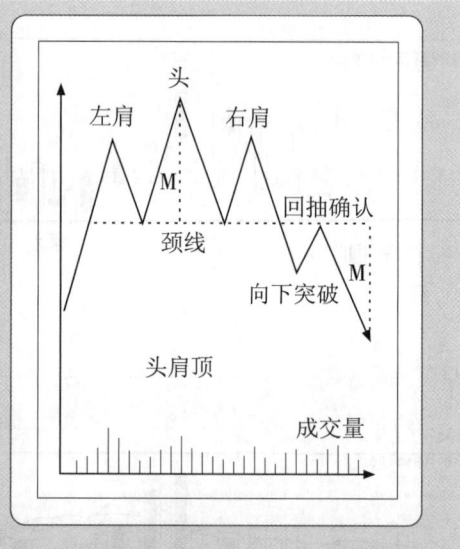

头肩顶形态为典型的趋势反转形态,是在上涨行情接近尾声时的看跌形态。图中的曲线犹如人的两个肩膀和一个头。股票价格从左肩处开始上涨至一定高度后跌回原位,然后重新上涨至超过左肩的高度,形成头部后再度下跌回原位;经过整理后开始第三次上涨,当涨达到左肩高度时形成右肩,之后开始第三次下跌,这次下跌的杀伤力很大,很快跌穿整个形态的底部并不再回头。

形态特征

(1)图形由左肩、头部、右肩及颈线构成。

（2）左肩、右肩的最高点基本相同，头部最高点比左肩、右肩最高点要高。

（3）股价回落时形成的两个低点基本上处在同一水平线上，这一水平线叫作颈线。

（4）当股价第三次上冲失败回落时，如果颈线被跌破，头肩顶就正式宣告成立。

（5）成交量呈递减趋势：左肩处的成交量最大，头部处的成交量略小些，右肩处的成交量最小。

技术含义

（1）左肩——股价经历一段时间的持续上升，过去在任何时间买进股票的人都能赚到钱。此时成交量明显放大，说明交易活跃，许多投资者开始获利沽出，股价出现短暂的回落，于是左肩形成。

（2）头部——股价经过短暂的回落后，又出现一次强力的上升，成交量随之增加（小于左肩）。股价向上突破上次的高点后再一次回落，于是头部形成。

（3）右肩——股价下跌到上次回落低点附近再次获得支撑，出现第三次上升，可此时成交量较左肩和头部明显减少，表明市场投资的情绪显著减弱，股价没法升到头部的高点便告回落，于是右肩形成。

（4）突破——从右肩处开始的下跌跌破颈线，当颈线被有效跌破时，头肩顶形态便宣告确立。

所谓有效跌破颈线支撑，是指股票收盘价在颈线之下，时间上要求跌破颈线后保持3天（至少2天）；幅度上则要求股价跌破的百分比大于或等于3%。如果只是下影线刺穿颈线位置，不算有效跌破颈线，投资者可继续持股观望。

（5）预测——突破颈线后股价的跌幅大致等于头部到颈线的跌幅。

变式研究

（1）一般来说，左肩和右肩的高点大致相等，有的头肩顶形态右肩较左肩高，但如果右肩的高点较头部高，则头肩顶宣告失败。

（2）成交量方面，左肩处最大，头部次之，右肩处最少。不过，有统计表明，大约1/3头肩顶的左肩处成交量较头部大，1/3的情况是左肩处和头部大致相等，其余1/3的情况是头部大于左肩处。

（3）如果颈线向下倾斜，则市场非常疲乏无力。

（4）在跌破颈线后可能会出现暂时性的回升（回抽），通常回抽是不超越颈线的。也有的股票不出现回抽而直接下跌。

（5）假如股价最后在颈线处回升且高于头部，或跌破颈线后回升高于颈线，则头肩顶形态不成立。

实战验证

例题3　头肩顶形态识别

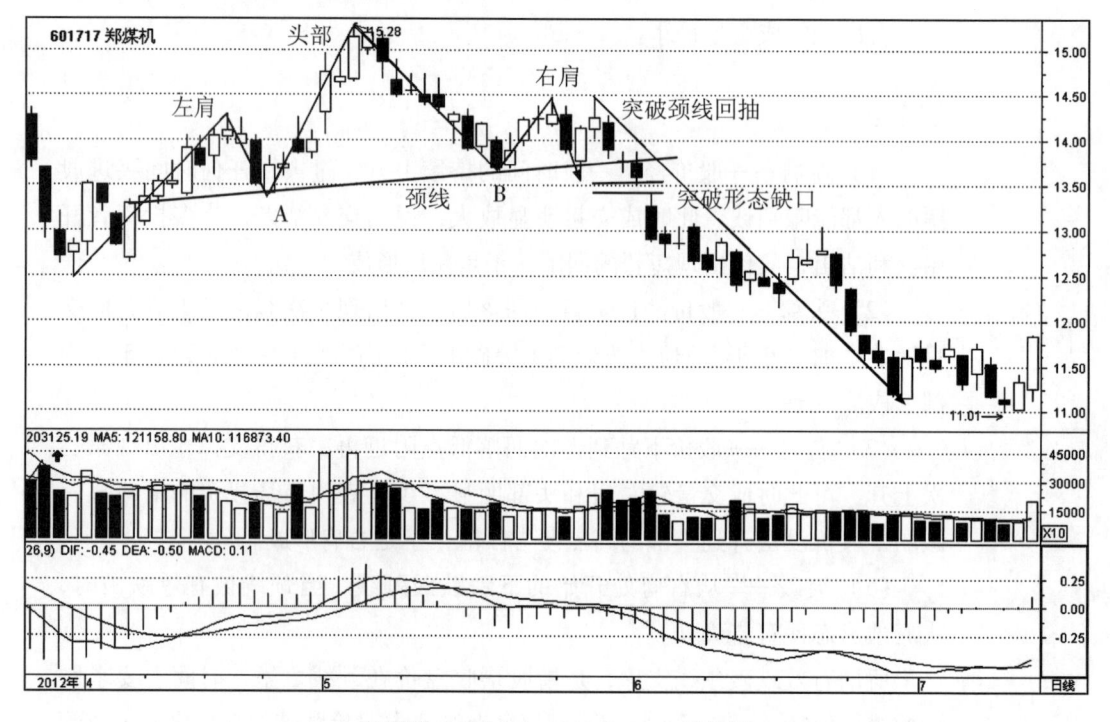

郑煤机（601717）2012年3—7月截图

郑煤机（601717）截图中2012年3月30日出现1根锤头线，股价见底回升，到2012年4月19日形成了一个高点（即左肩），随后出现回落。回落到A处后股价再次上升，此次上升突破了前期（左肩）的高点，于2012年5月5日形成了第二个高点（即头部），股价再次回落。回落到B处后再次获得支撑，股价第三次上冲，但到了与左肩大致相当的位置出现第三次回落，形成了右肩。

如图所示，A、B两处的股价大致相当（B处略高，但没有高出3%），这两处的连续就是颈线。股价第三次回落到颈线位置时出现短暂的反抽，这是多头最后的挣扎，也是头肩顶的最佳卖点。2012年6月4日出现向下跳空缺口，颈线被有效突破，至此头肩顶形态完全确立。

此处成交量也是呈现中间高、两头低的形态，即头部的成交量大于两肩部的成交量。

头肩顶形成后，理论上的最小跌幅大致等于头部到颈线的跌幅（实际常常大于这个跌幅）。该股头部股价最高为15.28元，它与颈线之间的垂直距离为1.77元，跌幅约11.5%。回抽后再次跌至颈线时股价约为13.78元，以百分比测量，则后市应下跌至 $13.78 \times (1-11.5\%) = 12.19$（元）。实际上，该股跌至12.16元才出现一点儿反弹。由于在突破颈线时出现了缺口，这是一个突破缺口，所以后市的跌幅应比这更大。

例题4　突破失败

高金食品（002143）走势图中出现了标准形态的三尊头，它的三个顶峰基本相同，也可看作三重顶形态。但是第三次下跌未能有效跌破颈线，股价再次回升并高于前三个顶峰，这是一个失败的三尊头形态。

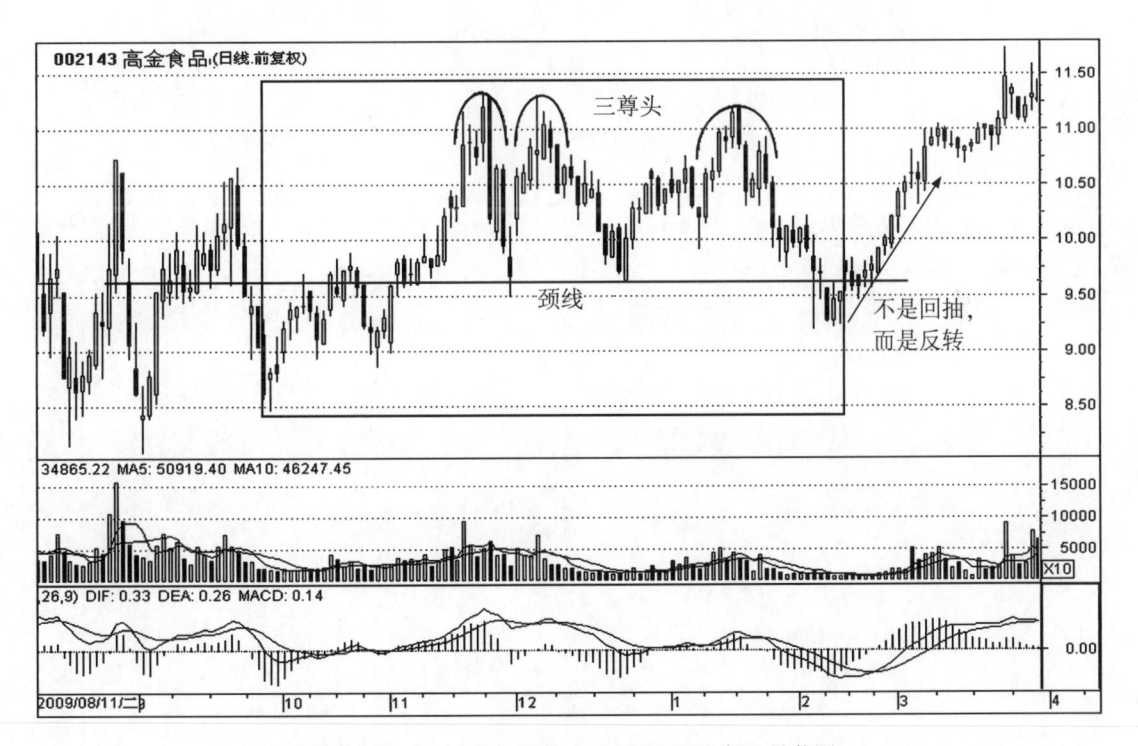

高金食品（002143）2009年8月至2010年3月截图

小结

头肩顶是杀伤力很强的一种技术形态，突破颈线后有两种走势：一是突破颈线后出现回抽，二是突破颈线后不回抽而呈现直线下跌。

一般认为，股价击破颈线3天后不能收于颈线上方，这样头肩顶形态才算真正确立。不过，到头肩顶真正确立时，股价已跌了很多，此时止损离场，损失已经很大了。

为了避免头肩顶造成的重大伤害，在实战操作中投资者要注意以下两点。

（1）当形成头肩顶雏形时，投资者就要高度警惕。这时股价虽然还没有跌破颈线，但投资者可先卖出部分筹码，减轻仓位，日后一旦发觉股价跌破颈线，就将剩余的筹码全部卖出，退出观望。

（2）头肩顶对多方杀伤力度的大小，与其形成时间长短成正比。因此，投资者不仅要关心日K线图，对周K线图、月K线图中出现的头肩顶更要高度重视。如果周K线图、月K线图中形成头肩顶走势，则该股中长期走势已经转弱，股价将会出现一段较长时间的跌势。

战法68：三川——买入

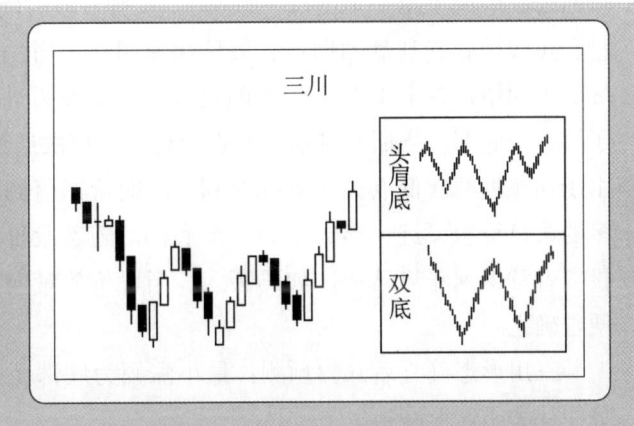

三川为三山的相反形态。三川的形成期亦相当漫长，通常需半年以上才可见一漂亮的三川。图中右上图的中间底部较为明朗，称为"头肩底""倒三尊"。另一种底部为双底（俗称为"W底"）。不论头肩底、双底还是锅底，一旦底部形成，不久将行市反弹，故谓三川为"上涨"信号之一。

形态特征

三川是指股价走势形成三个低谷的形态。其形态特征如下。

（1）出现在长期下跌趋势中。

（2）出现三个低点（相差在3%以内）。如果三个底平齐，则为三重底；如果中间较低，则为头肩底。

（3）三个底部低点的时间间隔：短时为10天左右，最佳为15～20天，长时可持续半年以上。

（4）成交量呈现出逐渐放大的态势，第三个底的成交量会明显放大。

（5）只有两个低点的称为双底，也称"W底"，是M头的相反形态。

技术含义

三川是三山的相反形态，是经典的底部形态，也是安全的上涨信号之一。

股价持续下挫，当跌至某一低位时，一些试探性买盘的介入，推动股价回升，形成了第一个低点（底部）。反弹一段时间后，遭遇前期套牢止损盘和短线抄底获利盘的抛压，股价快速回落。当跌到前次低点附近时，看好后市而错过在上次低点买入的投资者，随即买进，股价返身向上，形成了第二个底部。当回升到前期高点附近时，再次遇到抛售，股价再度走低。由于在相近两次低点买入者都获利，故股价回落到接近前两次低点时，更多的买盘纷纷买进，形成了第三个底部。随着股价逐级上升，愈来愈多的投资者意识到涨势已成，加码买入。当股价放量向上突破颈线，三川形态便告确立。

三川形态确立后涨幅预测：最小涨幅为底部至颈线的距离，但实际走势往往大于这个涨幅。

变式研究

三重底：三个低点基本相同，两次反弹也基本在同一水平位置，成交量逐渐递增。

头肩底：三个低点呈现"中间低、两头高"的形态，两次反弹基本在同一水平位置，成交量逐渐递增。

双底：只有两个低点，股价基本相同，成交量逐渐递增，通常右底比左底略高，但不能超过3%，否则形态失败。

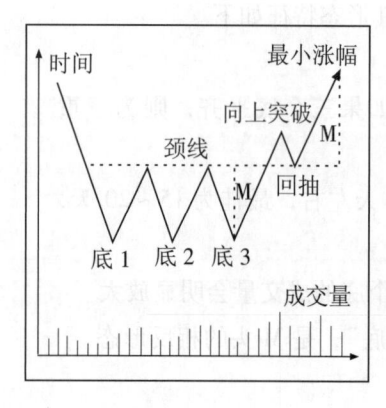

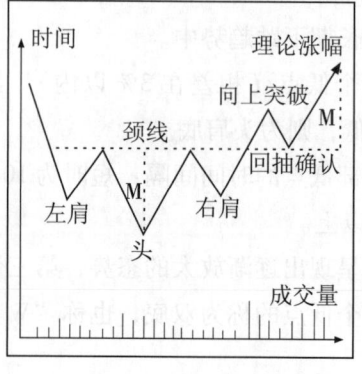

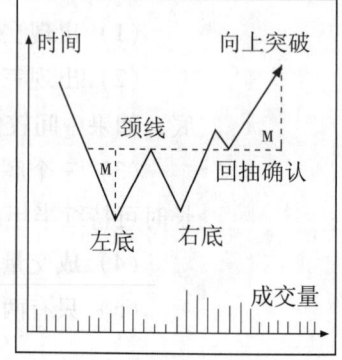

三重底　　　　　　　头肩底　　　　　　　双底

实战验证

例题1　三川与三底

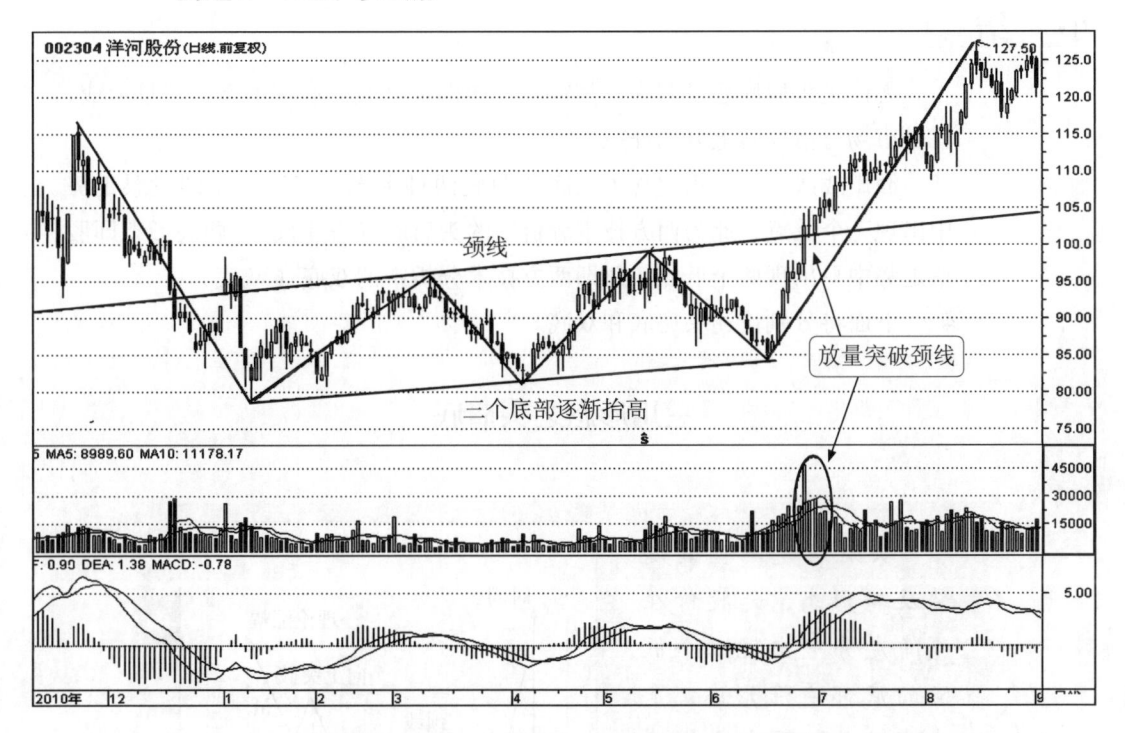

洋河股份（002304）2010年11月至2011年8月截图

　　这是一个持续了半年以上的三川形态（酒田战法：三川的形成期亦相当漫长，通常需半年以上才可见一漂亮的三川）。其形成过程如下。该股自2010年11月持续下跌了1个多月，股价从116元回落到79元时出现小幅反弹，第一个底部形成。反弹到95元附近受阻回落，回探至80元附近获得支撑，再次出现反弹，第二个底部形成。反弹至99元时第三次回落，当股价再次探至84元时出现第三次反弹，第三个底部形成。

　　这里的三个低点依次为79元、80元和84元，底部逐渐抬高。两次反弹高点分别为95元和99元，它们连线所形成的颈线向上倾斜。之后，股价反弹到颈线位置时，大约为100元。随后，2011年6月下旬的1根放量的大阳线，一举突破100元的颈线位，至此三川形态形成。

　　下面我们来度量此三川形态突破颈线后的目标价位：第一个低点到颈线的距离为99－80＝19（元），涨幅为19÷80×100%≈24%。根据三重底的测算标准，其后的最小涨幅也大概为24%。由于颈线位为100元，故其上涨的目标价位是：100×(1+24%)=124（元）。实际上，该股此波上涨最终到达127.50元（以上价格均为前复权价格）。

小　结

无论是头肩底还是双底，与锅底一样都是经典的底部形态，一旦形成，就是市场行情反转上升的征兆。

酒田战法中，三川包含了三底和两底两种形态。三底形态即股票走势中出现三个低点，此为西方技术分析中的头肩底（三重底）；两底形态即股票走势中只出现两个低点，此即西方技术分析中的双底（W底）。

下面将分别论述头肩底和双底。

三川形态之头肩底

头肩底是典型的趋势反转形态，是股价在下降走势中出现三个低点的底部看涨形态，是牛市信号。图中曲线犹如倒置的两个肩膀和一个头。股票价格下跌至一定深度后弹回原位，形成左肩，然后重新下跌超过左肩的深度，形成头部后再度反弹回原位；经过整理后，开始第三次下跌，当跌至左肩位置形成右肩后，开始第三次反弹，这次反弹的力度很大，很快穿过颈线一路上扬。

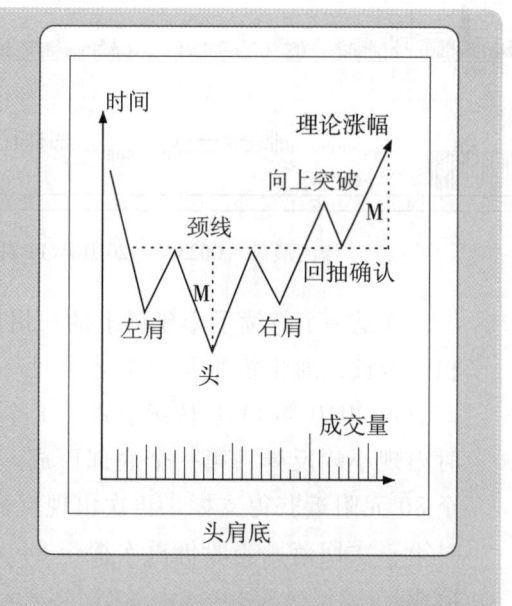

形态特征

头肩底，是指在行情下跌中出现三次低点，中间低点比两边都低的形态。其形态特征如下。

（1）图形由左肩、头部（底）、右肩及颈线构成。

（2）左肩、右肩的低点处股价基本相同，头部低点比左肩、右肩都低。

（3）股价两次反弹高点基本上处在同一水平线上，这一水平线叫作颈线。

（4）股价第三次反弹如果有效突破颈线，头肩底就正式宣告成立。

（5）三个低谷处的成交量逐渐放大，向上突破颈线时成交量明显放大。

技术含义

头肩底的形成机理与头肩顶刚好相反，它表明过去的长期下跌趋势已扭转过来。

在下跌趋势中，股价连创新低，由于跌幅较大，股价出现短期的止跌反弹，形成了左肩。但反弹时成交量并未相应放大，说明主动性买盘不强，特别是股价还受到了下降趋势线的压制。接着股价再次下跌且跌破左肩的最低点，成交量较左肩底有所减少，说明下跌动力有所减小，之后股价反弹，形成头部。当股价回升到左肩的反弹高点附近时，出现第三次回落，股价回跌至左肩的低点附近时再次回升，形成"右肩"。最后股价有效突破颈线阻挡，成交量更是显著放大。至此，头肩底形态确立。

头肩底突破颈线后的理论涨幅为颈线与头部最低点之间的垂直高度，但实际走势往往大于这个涨幅。

变式研究

（1）左、右肩处的低点股价可以不相同，但相差必须在3%之内。

（2）颈线不一定是平行的，可以向上或向下倾斜，但不能倾斜太多，否则表示两次反弹高度相差太大。

（3）突破颈线后股价可能出现回抽，也可能不回抽而直接上涨。

（4）有时会出现"一头多肩"或"多头多肩"的复合形态。

实战验证

例题 2 三川之头肩底

亚星化学（600319）2011 年 10 月至 2012 年 2 月截图

亚星化学（600319）在下跌趋势中出现了三个低点，分别形成了左肩、头部和右肩，其中头部低于左、右肩部。两次反弹的高点几乎在同一水平线上，即颈线基本上是水平的。2012 年 2 月 8 日 1 根中阳线放量突破颈线，至此，头肩顶形态确立，后市一路拉升。

（注：头肩底理论上的最小涨幅为头部到颈线的涨幅。该股头部最低价 4.64 元到颈线 5.45 元，上涨了 $5.45 - 4.64 = 0.81$（元），涨幅百分比为 $0.81 \div 4.64 \times 100\% \approx 17\%$，那么突破颈线后的目标价位为 $5.45 \times (1 + 17\%) \approx 6.37$（元）。事实上，该股突破颈线后短期最高涨至 6.77 元，大于理论涨幅。）

例题 3 复合头肩底

上证指数于 2010 年 5—10 月期间出现了一个完美的头肩底形态，此为复合头肩底，左肩部分有两个低点，右肩部分更加复杂，但左、右肩部分基本在同一水平线上，即颈线是水平的。从图中可以看出，右肩部分的成交量明显比左肩部分大，在突破颈线时成交量明显放大，而且是以向上跳

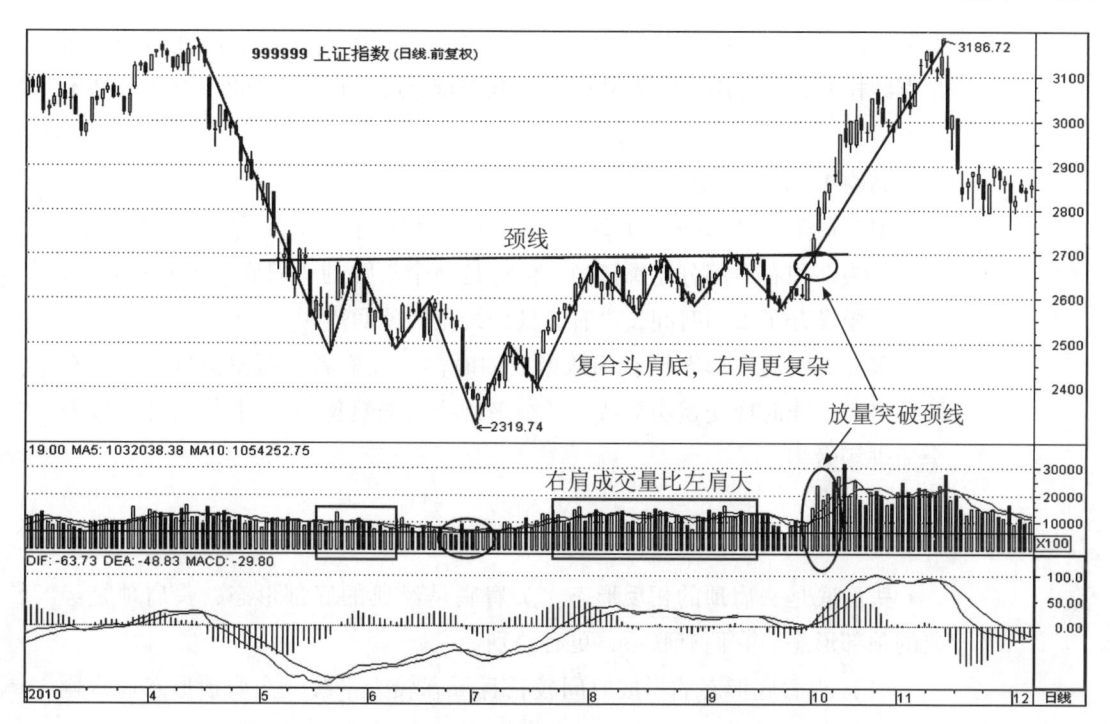

上证指数（999999）2010年3—11月截图

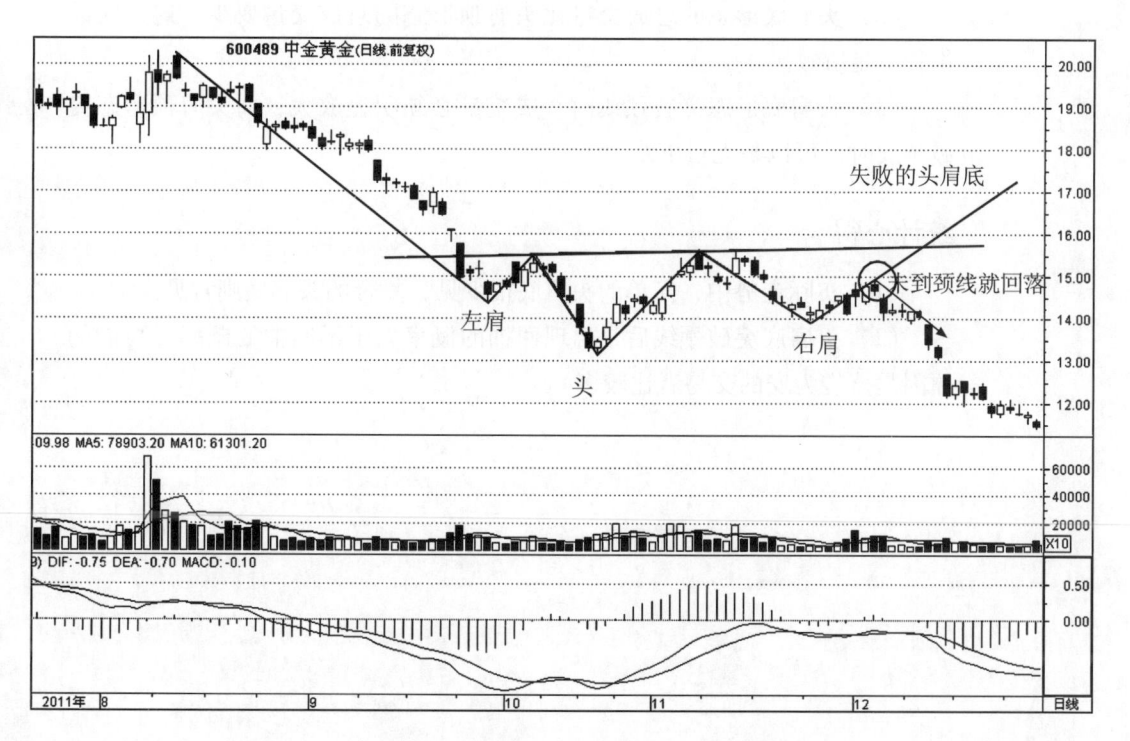

中金黄金（600489）2011年7—12月截图

空缺口的形式来突破颈线阻力位的。突破颈线后，行情没有出现回抽，而是直线拉升，至2010年11月最高涨至3186点，与头肩底的理论度量基本一致。

例题4　形态失败

中金黄金（600489）在2011年8—12月期间走出了头肩底形态雏形，左肩、头部和右肩部分轮廓清晰。但这是一个失败的头肩底，形成右肩后，股价缓慢攀升了1周时间，没有达到颈线位置就回落。

因此，头肩底形态没有确认形成的时候，投资者不可提前抄底。只有股价突破颈线时成交量明显放大，突破颈线后涨幅超3%，投资者才可以安全地进场做多。

小结

头肩底是头肩顶的相反形态。头肩底是经典的底部形态，头肩顶是经典的顶部形态。它们有联系，更有差别。

（1）头肩底形态的形成时间较长且形态较为平缓，头肩顶形态通常剧烈而急促。

（2）头肩底形态的总成交量比头肩顶形态的总成交量要少，这是底部供货不足所致。

（3）头肩底形态突破颈线时，成交量必须明显放大；而头肩顶形态突破颈线时，可以是无量下跌。

统计心得

（1）实际走势中，简单的头肩底很少见，复合的头肩底则常见。

（2）头肩底突破颈线后，出现回抽的概率大于不回抽的概率（可能的原因是落袋为安的交易者比较多）。

三川形态之双底

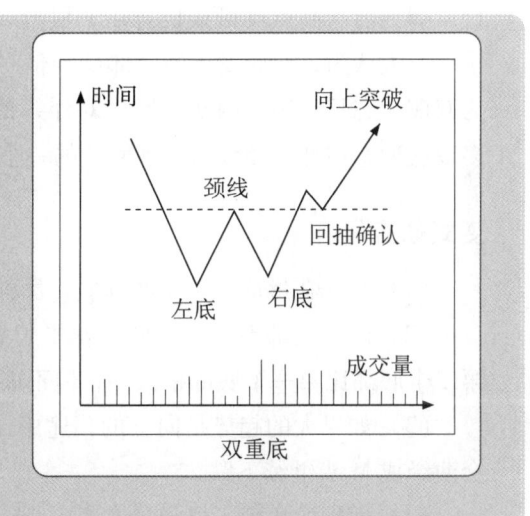

双底也称双重底，又叫W底，是指股价在某段时间内，连续2次下跌至相近低点，随后反转上升而形成的走势图形。出现双重底，通常反映当前市况正由跌市转为升市。当带量突破颈线时，一轮上涨行情就来临了。

双重底在突破不成功时，常会演变为三重底或多重底。

形态特征

（1）出现两个低点，分别叫作左底和右底。

（2）两个低点处股价应基本相同，通常右底比左底略高，但两者相差必须在3%之内。

（3）两个低点之间的时间间隔：最少为10个交易日，最佳为15～20个交易日，也可长达半年。

（4）过第一个反弹高点的水平线就是颈线，当股价再度冲高有效突破颈线时，双底形态正式宣告形成。

（5）第二个低点处的成交量比第一个低点处的略大，但当向上突破颈线时，需有大成交量配合，成交量太小的突破有可能是假突破。

技术含义

双底的形成原理与头肩底形态左肩和头部的形成原理大致相同。

在下跌行情的末期，有些投资者见股价较低，开始进场买入，股价慢慢地回升，形成了左底。但这时投资者仍受下跌惯性思维的影响，不敢大胆地买进，而卖者觉得价格不理想，在一旁观望，因而成交量不是很大。到达一定阶段后，低位买入者获利回吐，价格再次回落。当回落到前一次下跌的低价位附近时，买盘力量增加，股价再次反弹，形成了右底。当股价反弹到前次高点（颈线位）后，股价放量向上突破，双底形态宣告确立。

有人认为，双底发出的底部反转信号的可靠程度比头肩底要差些，因为双底形态只经历了两次探底，对浮筹的清理不如头肩底彻底，这也是很多双底形态在冲破颈线后出现回抽的一个重要原因。

变式研究

（1）双底在形成第一个底部后，反弹高度一般在10%左右。

（2）两个底部不一定在同一水平位置，但相差必须在3%之内。有时第二个底部比第一个底部稍低些，但不能低于3%，否则双底形态失败。

（3）如果大的趋势是向下的，途中出现短期的双重底，则多数情况下会演绎成M头继续下跌。

（4）回抽的幅度不能超过右底到颈线的1/3，否则双底形态失败。

实战验证

例题5　双底形态识别

古越龙山（600059）2011年7—11月截图

古越龙山（600059）于 2011 年 9 月 30 日和 10 月 24 日形成了两个低谷，它们基本在同一水平价位（右边略高）；左底低点（10.05 元）到颈线（11.39 元）的涨幅约为 13%；两低谷之间的时间间隔大约为 3 周，2011 年 11 月 2 日出现 1 根大阳线，放量突破颈线位置。至此，双底形态形成。

突破颈线位置后，出现了短暂的回抽，回抽时股价没有触及颈线，之后再次上升，短短几天股价上涨到了 13.04 元，上涨幅度约为 15%，大于理论预测的涨幅。

小结

双底与头肩底、锅底都是经典的底部形态。对双底而言，如果大的趋势是向下的，途中出现这种短期的双重底，多数情况下会演绎成 M 头而继续走低。真正成功使用该技术形态是在大趋势向上的牛市中，股价在中、小级别的回调中形成双底形态，后市上涨的概率才大。

股价的走势是极其复杂的，有时看上去形成了 W 底，转眼间又变成了 M 头。因此，在颈线没有被有效突破之前，投资者不可先入为主地断定为双底，不可贸然提前入场做多。

战法 69：三兵——买、卖

三兵包括红三兵和黑三兵两种，本图中一并示之。前面已述及红三兵为大涨信号，黑三兵为大跌信号。图中一开始即出现黑三兵，然后重复出现两次黑三兵，最后在脱出牛皮后出现红三兵。红三兵出现后不久，行市即上扬。

形态特征

三兵包括红三兵和黑三兵两种，本战法中的"三兵"特指在同一走势图中出现了 3 次黑三兵和 1 次红三兵的 K 线组合。其特征如下。

（1）出现在下跌后的盘整期间。

（2）由一组 K 线构成，形成时间约为 1 个月。

（3）核心线形：3 次黑三兵和 1 次红三兵。

变式：有时出现 4 次黑三兵或 2 次黑三兵，但头肩顶形态完美。

（4）总体呈头肩底形态，3 次黑三兵分别构成 2 个肩和 1 个头部。第 3 个黑三兵的最低点不低于第 2 个黑三兵的最低点。

（5）最后出现红三兵，红三兵收盘不一定高于颈线位置。

技术含义

三兵一般指的是三种兵器，即矛、戟、钺。本战法中的三兵特指在同一走势图中出现了 3 次黑三兵和 1 次红三兵的 K 线组合。

通常情况下，黑三兵看跌，红三兵看涨。但任何事情都不是绝对的，有时黑三兵反而是见底信号，比如在长期下跌的后期出现黑三兵。图中一开始就出现黑三兵，然后又重复出现2次黑三兵。连续3次出现黑三兵，股价并没有出现暴跌，而是在一个箱体内震荡。股市中有句谚语："该跌不跌，理应看涨。"最后脱出牛皮档后出现的红三兵，预示着股价要大涨了。有人认为，如果三兵的三重底波动幅度较大，所形成的尖底越深，则反转成功的机会越大。

在一段不长的时间之内出现3次黑三兵，形成了三个低点，其中第2次黑三兵出现后形成的低点最低，形态上接近西方技术分析中的头肩底。头肩底是经典的见底信号，加之随后出现红三兵，这是对行情见底的双重确认。因此，一旦股价向上突破颈线位置，后市将会有一段可观的涨幅。

变式研究

格力电器（000651）截图中出现了3个黑三兵和1个红三兵，但没有形成头肩底，3个底部逐步走低，向上反转失败，后市继续下跌。

格力电器（000651）截图

航天机电（600151）截图中的整体走势形成了头肩底，头部只有黑二兵（即该形态只有2个黑三兵），但反转成功，后市见底回升。

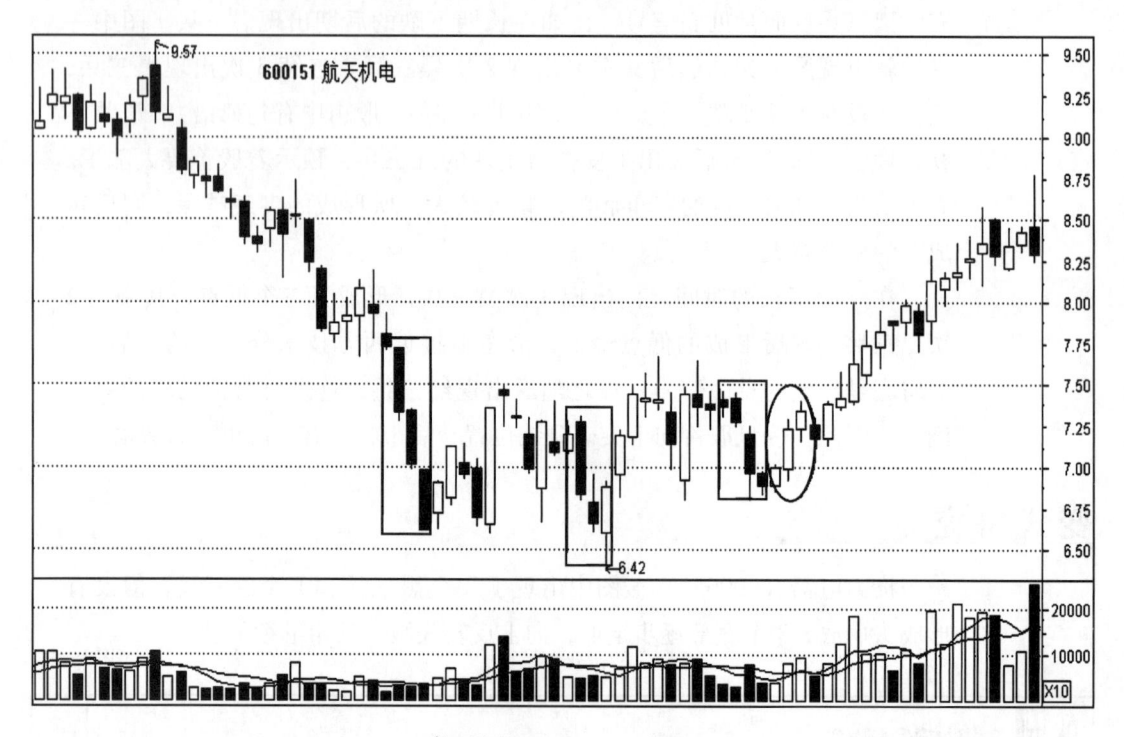

航天机电（600151）截图

实战验证

例题　形态识别

中国人寿（601628）截图中出现了标准的三兵形态，其特征有：①在经历一波较大的下跌后，股价转而横盘整理；②底部出现3次黑三兵（图中实际有4次黑三兵）和1次红三兵；③总体走势呈现头肩底形态，3次黑三兵形成了3个低点，分别构成了左肩、头部和右肩；④最后出现红三兵，且成交量逐步放大。至此，三兵形态确立。

如图所示，股价连续拉出10根阳线，其中第5根阳线以上跳空的形式突破头肩底的颈线，突破后股价呈现直线拉升。

此处三兵形态的买入点有两个，第一买入点是红三兵形成的当天（并不是所有的红三兵形成的当天都可以买入），第二买入点是放量突破颈线的当天。

值得注意的是，三兵不是长期牛市的底部起点。因此，投资者对三兵

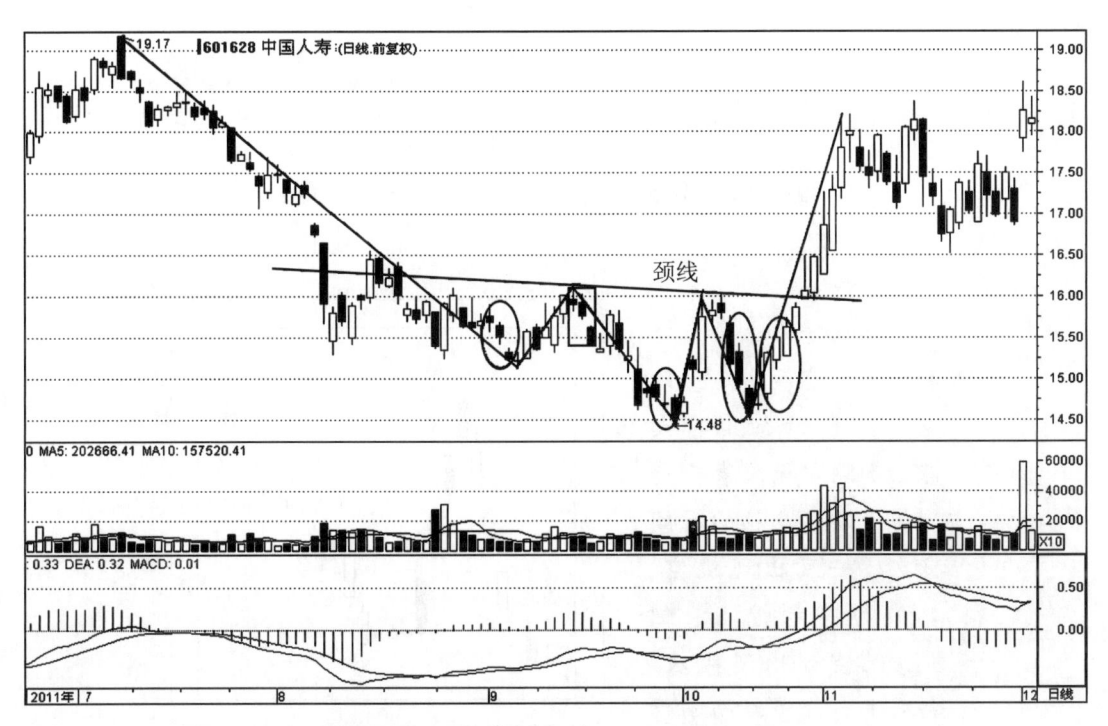

中国人寿（601628）2011年7—11月截图

的获利期望不能太大，有 15%~20% 的收益就可以止盈出局。

小　结

　　三兵的显著特征是在震荡行情中出现 3 次黑三兵和 1 次红三兵。从形态上看，3 次黑三兵形成 3 个低谷，进而形成了三重底或头肩底，随后出现的红三兵即为后市上涨的起点。

　　通常，出现头肩底形态后，只有当股价向上突破颈线时，投资者才可买入做多，而三兵形态中的红三兵并没有突破颈线。从这个意义上讲，三兵形态为头肩底提供了一个提前入场的买点。

统计心得

（1）在 A 股市场，标准的三兵形态很少见。

（2）对三兵的获利期望不能太大，若有 15%~20% 的获利，则可止盈。

战法70：三空——买、卖

三空分为上跳三空和下跳三空两种。上跳空3次表示行市将大涨，下跳空3次表示行市将大跌。盘档的时间愈久，一旦出现跳空，其威力将愈惊人。但是，跳空如出现4次，将引发高价警戒而回落（或低价反弹）。本图中K线甚短，仅能代表两个名词，读者如查阅较长的K线图，当可发现向上（下）跳空的真正含意。

形态特征

（1）三空包括上跳三空和下跳三空两种。

（2）三空可以是出现3次连续跳空，也可以是间隔一段时间后再出现跳空。

（3）在牛市中，可能出现五六次甚至十来次向上跳空而不回落。同理，熊市中也可能出现十来次向下跳空而大盘还不见底。

技术含义

股市谚语讲："跳三跳，气数尽。"市场如果出现向上或向下的三跳空，短期内向上做多或向下做空的量能大量释放，多方或空方都会"气数尽"。

以上跳空为例，第一个向上跳空的缺口意味着新近入场的资金实力雄厚，在大量购入股票后，以跳空的方式脱离成本区。第二个跳空缺口是由于看好后市，实力资金加码买入形成的，此时股价加速上扬。第三个跳空缺口，则可能是主力故意炒作，拉高出货所致。所以，投资者应该在第三个跳空缺口处卖出股票。

但股票市场中从来没有绝对的事情。上跳三空如果处于上升初期，表示市场行情将要大涨；下跳三空如果处于下跌初期，则表示市场行情继续大跌。这里的"初"字，是本战法的精髓所在，如果一波涨跌已经到了后段，那么就会是"跳三跳，气数尽"了。但是，如果出现第四次跳空，将引发高价警戒而回落（或者低价反弹）。

变式研究

(1) 连续一字涨停（例题3图）。
(2) 连续一字跌停（例题3图）。
(3) 多次跳空（例题2图）。
(4) 间隔多日再跳空（例题2图）。

实战验证

例题1 初升的上跳三空

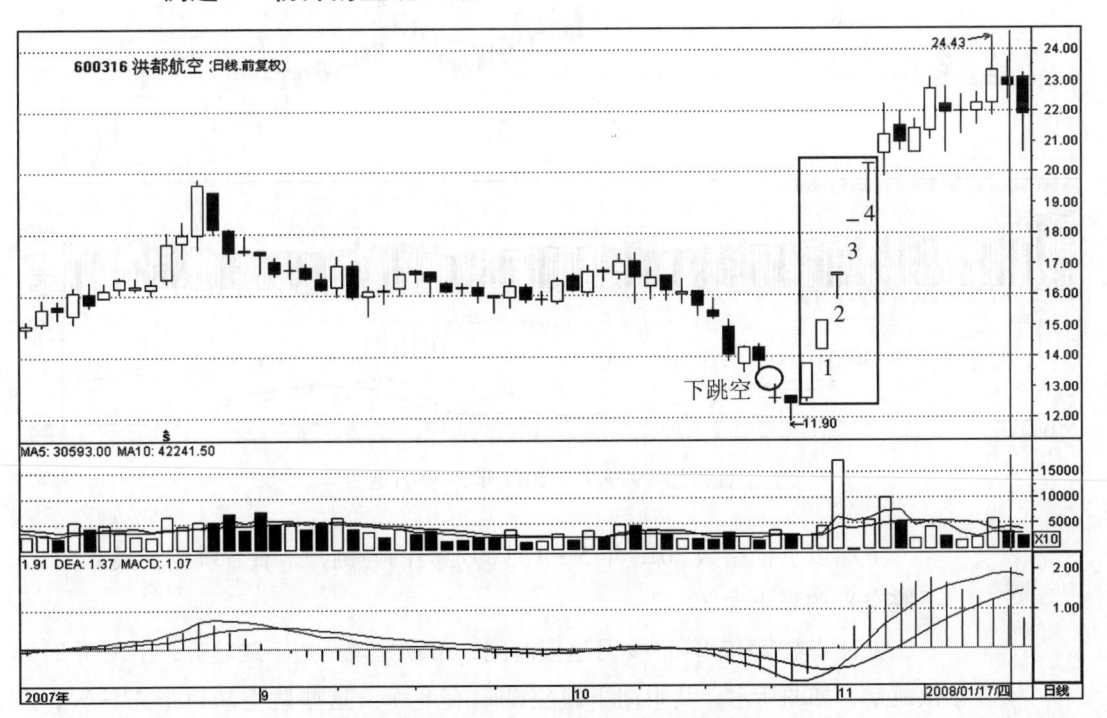

洪都航空（600316）2007年8—11月截图

洪都航空（600316）2007年8月底股价见顶回落，然后在一个平台整理；2007年10月中旬突然出现连续暴跌，暴跌之后又立马大涨，以连续跳空涨停的形式形成了V形反转。此处出现连续4个向上跳空缺口，按照酒田战法所说，在上升初期上跳空3次表示行市将大涨。如图所示，出现缺口1、2、3后，股价继续狂飙，后市继续上涨，涨幅超过20%。故初升时的三空是主力强势拉升的表现，该股短短十几个交易日，股价翻了一倍以上。

酒田战法同时认为，当出现第四次缺口时，将引发高价警戒而回落（或者低价反弹）。如图所示，第四次跳空时，股价再次涨停，上涨趋势明显减缓，进而在高位盘整，此时行情已达天井圈，随时有下跌的可能。

例题2　熊市的下跳空

上证指数（999999）2012年5—9月截图

下面以上证指数2012年5—9月的走势图为例，来看看跳空（此处为下跳空）的真正含义。

上证指数2012年5—9月这段时间，市场呈现单边下跌趋势，出现了9次跳空，如图所示，其中向下跳空缺口有8个。这些跳空缺口形态各异，有的缺口大，有的缺口小，有的缺口回补了，有的缺口没有回补。

按照缺口理论，缺口分为普通缺口、突破缺口、持续性缺口（测量缺口）及竭尽缺口。此图中缺口1、2、3都是属于下跌初期的缺口，按照酒田战法中"下跳空3次表示行市将大跌。盘档的时间愈久，一旦出现跳空，其威力将愈惊人"的论述，这三个缺口都没有回补，应属于突破缺口或持续性缺口。特别是，在缺口3出现时，我们可以粗略估计此波行情将继续大幅下跌，至少还有一半的跌幅。此波行情自2453点起跌，第三个缺口下沿处约为2250点，近似地按照中等位置测算，大盘将会跌至2000点附近。这一测算到缺口4出现时，可以得到进一步确认，因为这几天的弱势反弹没能回补缺口3，而且股价再次下跌，说明缺口3近期不会回补。

在大熊市期间，有时会出现十来次跳空。即便如此，投资者也没有十足把握断定此时已经见底了。可见"跳三跳，气数尽"这句话是有适用条件的，对盘整期比较适用，对大牛市或大熊市则不适用。对大熊市而言，出现3次向下跳空，可能下跌才刚刚开始。

例题3　ST股的跳空

*ST金泰（600385）走势图中出现的连续跳空，既有向上跳空，又有向下跳空。2012年6月，其曾连续出现11个向上跳空缺口，即连续拉出12个涨停；接着连续出现4个向下跳空缺口，即连续5天"一"字跌停。这种忽上忽下，一会儿涨停一会儿跌停的走势，是ST股的一大特点，让人难以捉摸。有时运气好，乌鸡变凤凰；运气不好时，买入就被套，有时甚至永世不得翻身。

故操作ST股时投资者要非常谨慎，要搞清楚它的特性。一般来说，ST股具有三大特性。

（1）齐涨共跌性。我们经常见到某一天或某段时间ST股大面积涨停或大面积跌停，这就是其齐涨共跌性。这种特性的形成原因有两个：一是它们性价比具有一致性，二是政策具有一致性。

（2）变化无常性。有时连续涨停，有时又莫名其妙跌停，有时同一天从涨停到跌停，或从跌停到涨停。这种特性主要是投资者跟风所致：涨停了以为有什么利好内幕消息，可以乌鸡变凤凰，于是竞相追涨；跌停了，以为大难临头，争着逃跑。

（3）市场先驱性。通常大行情来临的时候，大多数情况下ST股先涨，然后是绩优股上涨，因为ST股拉升容易，容易制造赚钱效应，带动市场氛围。

关于ST股与大盘指数涨跌的关系，坊间流传着一种错误观点，认为它

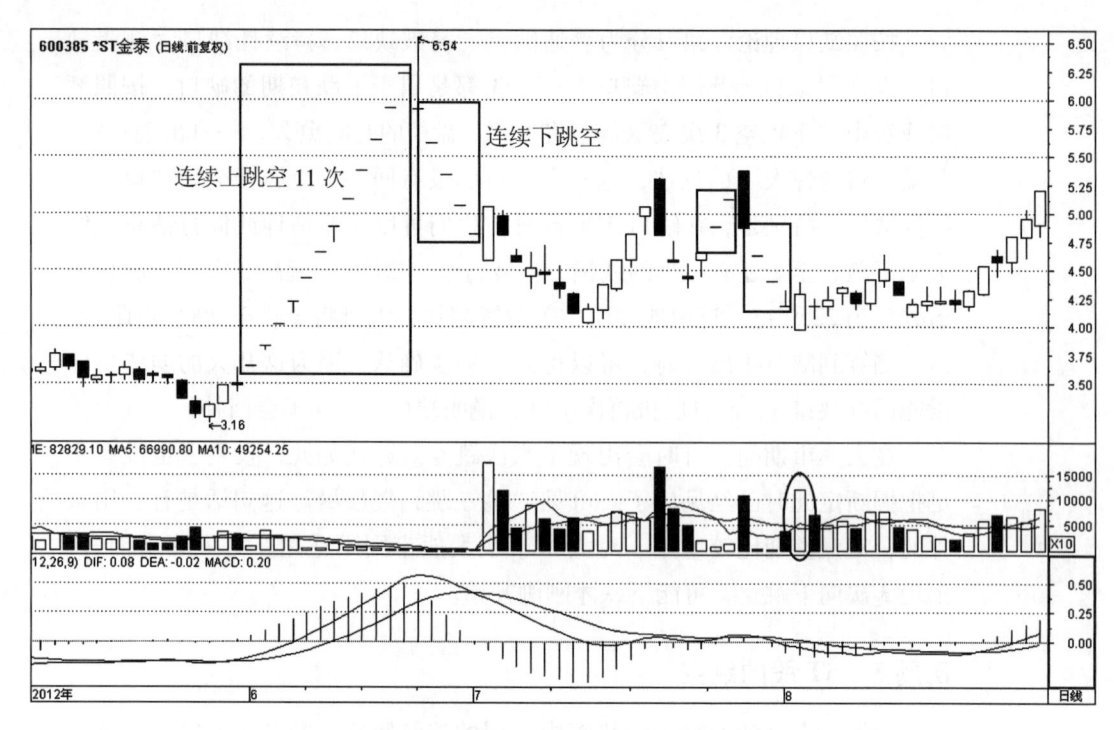

*ST 金泰（600385）2012 年 5—8 月截图

们具有"跷跷板"关系。实际上并非如此，有关研究表明，ST 股的涨跌与大盘指数涨跌之间不存在"跷跷板"关系，投资者不能通过 ST 股与其他非 ST 股之间的转换来规避市场风险。

小 结

三空分为上跳三空和下跳三空两种。上跳空 3 次出现在上升初期，表示行市将大涨；下跳空 3 次出现在下降初期，表示行市将大跌。在牛市中可能出现十来次向上跳空而不回落；熊市中可能出现十来次下跳空而不见底。可见"跳三空，气数尽"这句话是有适用条件的，对盘整期比较适用，但对大牛市或大熊市则不适用。

战法 71~78：简要介绍

战法 71~78 均为本间宗久实战中总结的策略性波段战法，这里仅做简要介绍，不展开详述。

战法 71：三阳与三阴——买、卖

连收 3 根阳线可以买进；反之，连收 3 根阴线可以抛售。

战法 72：乱线——出场

出现乱线时市场走势十分险恶。所谓乱线，即上下波动幅度甚大的 K 线。如三四天后仍然未能获利，投资者应迅速出场为妙。

战法 73：转折波——暂观

对于盘整时的转折波，投资者千万不可勉强支撑买进或抛售，否则一旦行情崩溃或往上直蹿，必遭大败。

战法 74：连涨 8 天或 10 天——买、卖

连涨 8 天或 10 天的行情，此时必须注意其回档下跌；反之，连跌 8 天或 10 天，亦必须注意其反转上升。周线如连出 9 根阳线应高度警惕。

战法 75：两次的利多与利空——买、卖

遇到突发事件形成跳空上涨或下跌时应顺势买进或卖出，但出现"连续"的情况，则有待考虑。

战法 76：中段三连线——买、卖

中段三连阳发生后，多头可乘胜追击，因为后面还有一段较大的涨幅。中段三连阴发生后，空头可乘胜追击，因为后面还有一段较大的跌幅。

战法 77：回档 3 根或 5 根——买入

在上升走势中，常出现回档 3 根或 5 根的现象。出现回档 3 根现象时

投资者可以买进，出现回档 5 根现象时投资者应加码买进。

战法 78：底部大阳的确认——暂观

　　由底部上升，随即出现大阳线，应等连出 3 根后再买进为佳；反之，从天井处下挫时，也应等连出 3 根阴线后再抛售。